자아의식과 예수의식

자아의식과 예수의식

KSi 한국학술정보㈜

자아의식과 예수의식

양창삼 지음

KSi 한국학술정보㈜

머리말

이 땅에서 그리스도인으로 살아가기 위해서는 변혁(transformation), 곧 우리의 삶을 철저히 갱신하는 일이 필요하다. 오스왈드 챔버스의 표현을 빌린다면 자아의식으로 충만한 나를 예수의식으로 충만한 나로 바꾸는 것이다. 지금까지 오랫동안 그리스도인으로 살아왔지만 정말 자아의식을 청산하고 주님의 것으로 채워졌는가 묻는다면 입을 다물 수밖에 없다. 말로는 그리스도인이라 하면서 그렇지 못한 면들이 너무나 많기 때문이다.

그래서 우리는 날마다 주님 앞에 엎드린다. 그 말씀이 내 안에서 힘 있게 역사하기를 기도한다. 주님이 아니면 설 수 없다는 것을 너무나 잘 알기에. 그리고 그 말씀을 묵상한다. 그 말씀이 내 영혼의 양식이 되기에. 그 순간 우리는 주님과 하나가 된다.

이 책은 엎드림과 묵상의 결과물이다. 여러 주제들이 담겨 있지만 순간순간 자신을 채찍질하며 좀 더 주님 앞에 나아가고자 한 열정이 이 책에 담겨 있다. 어떤 것은 이야기로도 시작되지만 그 모두는 주님의 말씀으로 귀결된다. 때로는 자아의식이 강했던 사람들이 어떻게 주님 앞에 엎드리게 되었는가도 소개되어 있다. 그 모습이 바로 우리가 바라는 것들이다. 그러나 모든 것의 중심에는 하나님의 말씀이 있다. 그 말씀이 우리 영혼을 먹이고 주 앞에서 살아 있게 한다.

우리는 늘 바쁘게 살아간다. 그러다 보니 묵상할 시간은 물론 차분히 앉아 성경 읽을 시간조차 없다. 그리스도인으로서 하나님과 함께할 시간을 낼 수 없다면 문제가 아닐 수 없다. 최근 데스몬드 투투 주교가 "더 이상 나를 찾지 마세요"라는 주문을 했다. 은퇴했지만 바쁘게 지내다 보니 식구들과 함께할 시간도 부족하고, 더욱이 성경을 읽고 묵상할 시간을 가질 수 없었다는 것이 그 이유다. 우리도 이제 "더 이상 나를 찾지 마세요"라는 선언이 필요하지 않을까.

이 책은 바쁜 와중에도 우리 모두 한순간이나마 하나님 앞에 홀로 서도록 하는 데 뜻이 있다. 그 시간은 귀하다. 자신을 비우고, 주님을 채우는 시간이기 때문이다. 우리는 주님과 동행하는 사람들이다. 그때마다 주님은 우리를 풍성한 자리로 이끄신다.

변혁을 통해서 주님을 만나기 바란다. 주님을 뵈면 우리의 생각도 달라지고 삶도 달라진다. 우리 안에 주의 영이 넘치기 때문이다. 그로 인해 우리의 삶이 달라진다면 얼마나 귀한가. 오늘도 우리 속에 풍성히 임하시는 주님, 그리고 놀랍게 임하는 주의 능력에 압도될 때 세상이 줄 수 없는 행복을 소유하게 될 것이다. 주님을 앙망하라. 그리고 매 순간 주님을 찾으라. 그와 동행할 때 아무리 험난한 길이 우리 앞에 놓여 있다 할지라도 그것을 넘을 수 있다. 주님과 함께.

2012년
양창삼

차례

2부 자아의식과 예수의식 • 99

3부 나를 붙드시는 하나님의 은혜 • 185

4부 그 찬란한 생명의 강가에서 주님을 만나라 · 263

5부 주의 빛을 세상에 드러내라 • 387

1부

미켈란젤로와 카라바조의 초상화

1부 미켈란젤로와 카라바조의 초상화

1. 미켈란젤로와 카라바조의 초상화: 이것이 우리의 초상화다

카라바조(Caravaggio)의 작품 가운데 <골리앗의 머리를 든 다윗>의 그림과 미켈란젤로의 <최후의 심판> 가운데 미켈란젤로 자신을 묘사한 부분은 공통분모가 있다. 두 작가 모두 자신의 영적 상태를 겸허한 필치로 그려냈다는 점이다. 이것이 어찌 그들만의 초상화가 될 수 있겠는가. 바로 우리의 초상화다.

카라바조의 원래 이름은 미켈란젤로 메리시(Michelangelo Merisi)이다. 카라바조는 자신의 고향 이름에서 따온 것이다. 그의 여러 작품 가운데 가장 사람들의 입에 오르내리는 작품은 골리앗의 머리를 베어 들고 있는 다윗의 그림이다. 그는 같은 그림을 1605년에도 그렸고, 1609년에도 그렸다. 아래

〈골리앗의 머리를 든 다윗〉
(카라바조, 1609)

그림은 1609년의 것이다. 두 그림 모두에서 잘린 머리의 골리앗의 얼굴로 말년의 자기 모습을 그려 넣었다. 카라바조의 자화상인 것이다. 골리앗의 이마는 다윗이 던진 돌팔매에 맞은 흔적이 있고, 그의 목에서는 피가 쏟아지고 있다.

그뿐 아니다. 골리앗의 머리를 들고 서 있는 다윗은 카라바조의 젊은 날의 초상화다. 화가가 성경의 역사화에 자신의 초상을 그려 넣는 것은 르네상스 시대부터 있던 전통과 같은 것이다. 그러나 두 인물 모두 자신의 초상화라는 점에서 이중 자화상이라는 특색이 있다.

다윗이 블레셋 장수 골리앗을 죽인 사건은 사무엘상 17장에 있다. 카라바조는 이 말씀을 바탕으로 그림을 그렸다. 이 사건은 낮에 일어난 일인데, 카라바조는 그림에서 다윗과 골리앗의 모습만 어둠 속에 두드러지도록 그려놓았다.

이 그림은 화가 자신의 내면을 드러내는 것이자 골리앗처럼 교만하다 죽어 마땅한 자신을 반성하며 그린 것이라는 평가를 받고 있다. 화가의 영성이 드러난다. 나이가 들면서 세속화되어 가는 자신의 모습을 그래도 순수했던 젊은 날의 눈으로 애석하게 내려다보는 모습이 인상적이다. 그만큼 불쌍한 자신을 복종시켜 하나님 앞에 낮아지고자 했다면 카라바조는 높이 평가받을 만하다.

미켈란젤로의 <최후의 심판>은 보다 긴 설명이 필요하다. 승리의 나팔을 부는 천사들 위에 인간의 모습을 한 하나님이 한 팔과 굳센 오른손을 들고 서 계신다. 천사들이 그의 거룩한 명령을 집행하고 있다. 그림의 중간 부분에는 베드로와 바돌로메오가 심판자 앞에 있다. 베드로는 열쇠를 들고 있다. 바돌로메오의 한 손엔 칼이 있고, 다른 한 손은 등가죽처럼 말라버린 한 인간을 잡고 있다. 그 인간이 바로 미켈란젤로 자화상이다. 미켈란젤로는 칼로 동물 껍질 벗기듯 피부를 벗겨 순교 당한 바돌로메오의 가죽 속에 자신의 추한 초상화를 그려 넣음으로써 속죄의 심정을 나타냈다.

미켈란젤로의 〈최후의 심판〉

〈최후의 심판〉 중 바돌로메오의 부분

미켈란젤로나 카라바조가 어떤 심정으로 자신의 초상화를 그림 속에 그려 넣었는지 정확히 알 수는 없다. 그러나 짐작건대 회개하는 심정으로 자신의 모습을 그려 넣었을 것이다. 이 그림들은 우리 모두 주님을 생각하면 죽어 마땅하다는 것을 가르쳐준다. 헬라어로 회개는 "마음을 변화시켜 새롭게 시작하게 한다"는 뜻을 가지고 있다. 회개의 본래의 의미는 바로 '변화'에 있다. 두 화가는 바로 성화를 그리면서 회개를 통한 변화를 모색하지 않았을까.

이제 우리도 1907년 회개운동이 이 땅을 휩쓸었던 때를 기억한다. 다음은 여러 회개의 모습들이다. 평양 대부흥회 산파 역할을 한 토마스 하디 선교사는 회개의 기도를 드린다. "저는 한국 사람들은 미개한 민족이라 어쩔 수 없는 민족이라는 편견에 사로잡혀 있었습니다. 선교의 실패는 오직 저의 교만과 아집 때문이었습니다." 장대현 교회 길선주 장로도 회개한다. "나는 아간 같은 놈입니다. 친구가 죽어가며 아내 대신 재산을 정리해달라고 맡긴 돈을 제 마음대로 가로챘습니다. 주여, 저 같은 놈도 용서해주실 수 있습니까? 하나님, 제 추악한 죄를 깨끗게 하여 주옵소서." 그 교회의 한 성도는 "병들어 아파하는 마누라를 보면서 매일 술만 마시고 빨리 죽어버리라고 저주했습니다"며 회개했다. 그 교회 어린이도 회개했다. "하나님, 선교사님의 돈을 14전이나 훔쳤습니다. 저를 용서해주세요." 1938년 신사참배 가결

후 주기철 목사는 기도했다. "주님, 우리는 한때의 편함을 위해 주님을 멀리하였습니다. 우리는 죄의 유혹을 이기지 못하고 주님을 버렸습니다. 우리는 모두 우상숭배자이며, 그들 앞에 무릎 꿇고 말았습니다. 우리가 믿음의 정절을 잃어버렸기 때문에 지금 우상이 판을 치고 있습니다."

카라바조든 미켈란젤로든 하디든 길선주든 주기철이든 어른이든 아이든 회개하는 자는 아름답다. 하나님은 회개하며 돌아오는 아들의 모습을 기뻐하신다. 탕자를 기다리는 아버지처럼 오늘도 우리가 돌아오기를 애타게 기다리신다.

2. 바우하우스와 바실리카: 서로 교제하고 소통하라

점심을 하면서 건축 이야기가 나왔다. 그날 나는 앞으로, 옆으로 건축과 교수님들에게 포위되어 있었다. 마침 독지가의 도움으로 연변과기대 상경관 건립문제가 제시되었기 때문에 자연 건축 얘기가 오가게 되었다.

이야기는 상대 건물 이외에도 바우하우스 이야기, 바실리카 이야기 등 건축사 전반으로 흘러갔다. 역사를 건축과 연관시켜 보니 꽤나 흥미 있는 주제가 아닐 수 없었다. 그래서 자리에 앉아 있는 시간이 길어졌다. 일종의 점심 세미나인 셈이다.

특히 주수길 교수의 얘기가 시선을 집중시켰다. 지금도 잊을 수 없는 대목은 바우하우스와 공산주의적 디자인, 그리고 코이노니아(koinonia), 곧 교제와 소통 중심의 바실리카 건축양식이다. 건축 하나하나에 사상이 담겨 있다는 것이다. 그의 말을 듣고 난 후 관심이 있어 여러 자료를 찾아보았다.

우선 바우하우스는 유명한 독일의 디자인 학교다. 정식 이름은 슈타틀리헤스 바우하우스(Staatliches Bauhaus). 그란드 듀칼 색슨 예술 아카데미와 그란드 듀칼 색슨 공예학교를 합병한 건축가 발터 그로피우스가 학교 이름을 바우하우스라 했다. '건축의 집'이라는 뜻으로, 원래 '가옥 건물'이라는 뜻의 독일어 '하우스 바우'를 거꾸로 조합해 만들었다. 그는 예술의 모태인 건축과 관련된 여러 가지 수공예를 가르쳤다. 1919~1933년 사이에 존속한 이 학교는 바이마르, 데사우, 베를린 등지로 옮겨 다니다가 1933년 나치에 의해 폐쇄되었다. 공산주의를 싫어한 히틀러가 이 학교를 곱지 않게 본 것이다.

바우하우스 디자인 학파는 공산주의 사상을 가졌다. 그들은 개혁가들이었다. 그 개혁을 건축과 디자인에서 발휘한 것이다. 그들은 개인적으로 창안한 사치품에 관심을 두지 않았다. 그리고 일상생활의 모든 측면을 고려한 훌륭한 디자인에 정성을 쏟았다. 일상생활에 쓸 여러 가지 물품들을 편리하고 수수하게 설계한 것이다. 인민의 생활에 보탬이 되어야 한다는 생각에서다. 그들은 부유층을 위한 개별 작품보다는 전체 사회를 위하여 쓸모 있는 작품과 미적 즐거움을 주는 물품을 대량으로 생산하고자 했다. 이것은 건축에서도 나타나 개인을 위한 대저택 건축보다 모두가 함께 모여 살 수 있는 아파트형 건축 디자인을 선호했다. 현대인의 일반적인 주거 형태인 아파트가 기실 공산사상을 담은 것이라니 놀랍다.

바실리카(basilica)는 일반적으로 교황으로부터 특권을 받아 일반 성당보다 격이 높은 성당을 가리킨다. 여러 바실리카 유적 가운데 유명한 것으로는 4세기 초 로마에서 막센티우스 황제가 짓기 시작해 그의 계승자 콘스탄티누스 대제가 완성한 것들이 있다. 콘스탄티누스 대제는 313년 기독교를 공인한 로마 황제다. 황제의 승인 아래 교회가 건축되기 시작했다. 그때 어떤 형식의 건축물을 교회가 택하는가는 교회의 성격을 결정짓는 데 중요한 역할을 한다. 당시 초기 기독교 교회는 바실리카 양식을 택했다. 이 양식은 후에 로마네스크 및 고딕 건축 양식의 기초가 되었다.

바실리카는 원래 고대 로마에서 재판소(law court), 시장, 관공서, 지붕이 덮인 야외극장, 강당 등 직사각형의 집회소였다. 특히 고대 로마의 법정 건물에서 유래한 특수한 건축 양식이다. 내부가 끝에서 끝까지 텅 빈 강당으로 되어 있는 직사각형 건물로 중앙에 본당, 측면 복도 및 반원 벽이 아치 또는 돔형 감실로 되어 있다. 정면에 높은 단이 있고, 중앙에 채광을 위한 네이브(nave, 身廊), 그리고 좌우에 기둥들이 늘어선 측랑으로 구성되었다. 큰 건물의 경우는 기둥들이 내부 가장자리를 빙 둘러 서 있다.

콘스탄티누스는 로마에 3채의 웅장한 기독교 바실리카를 짓도록 했다. 산피에트로 바실리카, 산파올로 푸오리 레 무라 바실리카, 산조반니 라테라노 바실리카가 그것이다. 그는 기존의 바실리카에 새로운 특징을 덧붙였는데, 그것은 앱스(apps)로 연결되는 네이브 바로 앞에서 옆으로 가로지르는 익랑(翼廊)이다. 이로써 중세 전체에 걸쳐 서유럽 교회들의 표준이 된 십자형 평면도가 생기게 되었다.

초기 기독교인들이 교회 건물을 왜 바실리카 양식을 택했을까? 그 이유는 콘스탄티누스가 기독교를 공인하기 전부터 이와 비슷한 공간을 갖춘 개인의 대저택들에 모여 예배를 드려왔기 때문으로 추측되고 있다. 주 교수는 당시 교회가 코이노니아를 중시했기 때문이라 보았다. 당시 교회가 얼마나 코이노니아를 중시했는가를 보여준다는 것이다.

교회 건축 양식에도 정신이 담겨 있다는 말이 새롭다. 고레스는 예루살렘에 성전을 재건하도록 했다.

> "바사 왕 고레스는 말하노니 하늘의 하나님 여호와께서 세상 모든 나라를 내게 주셨고 나에게 명령하사 유다 예루살렘에 성전을 건축하라 하셨나니 이스라엘의 하나님은 참 신이시라 너희 중에 그의 백성 된 자는 다 유다 예루살렘으로 올라가서 이스라엘의 하나님 여호와의 성전을 건축하라 그는 예루살렘에 계신 하나님이시라 (에스라 1:2~3)."

물론 그들은 옛 성전 모습을 생각하며 복구하려 했을 것이다. 당신은 어떤 생각을 가지고 교회를 짓겠는가? 이 땅에서 당신은 어떤 집을 갖고 싶은가? 왜 그런가? 그리스도인이라면 한번 생각해볼 만한 문제다.

3. 베토벤: 절망의 끝자락에서도 하나님을 바라보라

인간은 누구나 자신을 경영하는 사람이다. 성공과 실패는 자기를 어떻게 다스리느냐에 따라 달라진다. 베토벤을 가리켜 음악의 영웅이라 부른다. 그만큼 거장이라는 뜻이다. 그러나 그가 거장이 되기까지 많은 어려움과 고비를 겪어야 했다.

베토벤은 귓병에다 위장병, 간 경변, 황달, 수종, 신장병과 폐질환 등 어느 한군데 성한 곳이 없었다. 한마디로 걸어 다니는 종합병원이었다. 베토벤이 죽은 후 그의 시신을 해부했던 의사는 그 몸으로 57세까지 산 것이 기적이라고 했다.

베토벤의 아버지 요한은 아들이 모차르트처럼 음악가로 성공하기를 바랐다. 베토벤의 나이 7살 적에 아버지는 그를 제2의 모차르트로 만들기 위해 나이를 한 살 줄여 어린이 베토벤이라는 이름으로 쾰른의 궁정 음악회에 데뷔시켰다. 어린 신동이라는 말을 듣고 싶어 한 것이다. 12살 때 그는 선제후 막시밀리안에게 피아노 소나타 3곡을 작곡해 헌정함으로써 자신을 드러냈다. 16살 되던 해 그는 어릴 적부터 사모해온 모차르트를 만나러 빈을 방문하였다. 그리고 모차르트 앞에서 즉흥 연주를 했다. 즉흥 연주의 대가 모차르트 앞에서 모차르트의 흉내를 낸 것이다. 이것은 그가 얼마만큼 모차르트를 닮고자 했는가를 보여준다.

그러나 베토벤의 삶에 결정적 영향을 준 선생은 모차르트가 아니라 하이든이었다. 그의 예술적 벤치마킹 대상이 모차르트에서 하이든으로 바뀐 것이다. 하이든의 낭만적 음악에 빠진 그는 본거지를 아예 빈으로 옮겨 그로부터 교향곡 작법을 배워나갔다. 그리고 계속 정열과 낭만을 담은 곡을 쏟아냈다. <월광>, <전원 교향곡>과 같은 낭만적 음악은 사람들로부터 많은 사랑을 받았다.

이것만 보면 그는 매우 부유한 가정에서 자라 성공의 가도를 달린 것처럼 보인다. 그러나 그것은 사실이 아니다. 그의 삶을 가장 잘 보여주는 것이 그가 평소 사용했던 피아노다. 그 피아노는 건반 거의 모두가 패어 있다. 닳아 없어진 것이다. 얼마나 열심을 다했으면 그랬을까. 그러나 그 열심 뒤에는 그의 고통과 시련이 배어 있다. 그의 아버지는 알코올 중독자로 가정을 돌보지 않았다. 베토벤은 11살 때부터 오케스트라 극단에 들어가 돈을 벌어야 했다. 17세가 되던 해엔 어머니가 폐결핵으로 세상을 떠났다. 이로 인해 주벽이 심해진 아버지는 폐인이 되고 말았다. 베토벤은 식구들을 부양해야 하는 짐을 떠맡지 않으면 안 되었다.

23세에 음악적인 자질을 인정받아 하이든의 지도를 받게 되었다. 하지만 불행히도 귀가 멀어졌다. 한창 자신의 음악성을 발휘하던 전성기에 그는 청력을 잃게 된 것이다. 30세 때 난청이 시작되었고, 47세에는 완전 난청상태에 들어갔기 때문에 그 17년은 작곡가로서, 지휘자로서 견디기 어려운 인고의 세월이었다. 아무리 치료를 해도 호전이 안 되자 절망 상태에 이르렀다. 그는 하나님께 저항하며 등을 돌리기도 했다. "하나님은 내 머릿속을 소리로 가득 채우고, 내 마음을 음악으로 감염시키고는 귀머거리로 만들었어! 내게서 곡을 듣는 즐거움을 빼앗았어. 그게 하나님의 사랑인가? 친구가 할 짓인가?" 게다가 그는 애인 테레제로부터 실연의 아픔을 당했다. 그는 32세에 동생들에게 비통한 유서를 남기고, 자살할 결심까지 했다. 유서에는 삶에 대한 회한과 원망이 가득 담겨 있다.

그는 유서에서 좌절과 슬픔을 거침없이 쏟아냈다. "어릴 적부터 나는 착한 것과 부드러운 감정을 가지고자 했다. 위대한 업적을 이루며 그것을 보고자 했다. 그러나 생각해보라. 지난 6년 동안 내 처지가 얼마나 비참했던가를. 나아질까 막연한 희망을 가지기도 했다. 그 희망은 헛되기만 하다. 나는 쾌활하고 사교적인 성격을 가지고 태어났건만 고독한 생활을 하지 않으면 안 되었다. 오오, 불구자라는 것을 깨닫는 슬픔에 얼마나 부딪혔던가. 사람들이 모인 자리에 가면 남들이 내 병세를 알아차리게 되지 않을까 하는 무서운 불안에 사로잡힌다. 이제 머잖아 삶을 마감할 것이다. 오, 하나임이시여, 내게 기쁨의 날을 허락해주소서." 그는 절망의 끝자락까지 내려갔다.

그러나 하나님은 그를 놓치지 않았다. 그 사망의 골짜기에서 그를 붙잡으셨다. 그는 점차 신앙의 세계로 깊이 들어갔고, 자살의 유혹에서 벗어나 고뇌와 아픔을 작품으로 승화시키기 시작했다. 그는 자기 폐쇄를 벗어나 음악에 자신을 전적으로 투입했다. 난청이 있기 전 완벽했던 감각을 보다 완전무결하게 표현하고자 했다. 죽음보다 삶을 택한 그는 달라졌다. 완전히 난청에 빠진 이후에도 소나타 32번을 완성했고, 러시아 상트페테르부르크까지 가서 '미사 솔렘니스'를 초연하기도 했다. 그는 불굴의 투지로 고난을 극복하고 <운명 교향곡>, <영웅교향곡> 등 수많은 곡을 내놓았다. 가곡 <나를 잊지 마세요>도 내놓았다. 그 기막힌 환경에서 그는 외쳤다. "나는 괴로움을 뚫고 나아가 마침내 기쁨을 발견했다." 그는 음악을 통해 환희를 노래했다. 그의 천재성이 가장 빛을 발휘하게 된 때는 청력을 상실하기 시작했을 때부터이다. 신체적으로는 견디기 어려운 고통의 시간이었지만 하나님은 그에게 아름다운 걸작을 남기게 하셨다.

나아가 그는 도덕을 세우고자 했다. "이제 내가 길잡이로 택해야 할 것은 참고 견디는 것이다. 사람들을 사랑하고 선을 행하고자 하는 마음이 나의 가슴에 뿌리박혀 있음을 당신은 아실 것입니다." "너희 아이들에게 도덕을 권하라. 도덕만이 사람을 행복하게 해줄 수 있다. 돈이 아니다. 내 경험에 따르면 내가 비참에 빠져 있을 때 나를 받들어준 것은 도덕이었다." 죽으려 한 사람이 도덕을 강조한 것이 아이러니한 일이지만 그는 과감하게 도덕을 말했다. 그만큼 달라진 것이다.

베토벤은 임종 직전 최후의 명곡인 c단조를 내놓았다. 그것은 마치 마지막 하나님 곁에 가기 전 그가 바친 감사의 찬송가였다. "사랑의 손이 위에서 내려와 우리를 천국으로 들어 올리는구나. 첼로는 땅에 남고, 나머지 바이올린들은 날아오른다. 그 안에서 영원히 살 수 있어. 땅은 존재하지도 않고, 시간은 사라져버린다. 그리고 하나가 된다. 평화롭게 된다. 드디어 자유로워진다.” 그의 삶은 한마디로 음악이었다. 그는 자신의 음악을 통해 하나님의 숨결과 소리를 드러내고자 했다.

1827년 그는 슈베르트와 브로닝 등이 간병을 하는 가운데 세상을 떠났다. 죽음은 자신을 끝없는 고뇌로부터 해방시켜주는 것이 아니겠느냐며 늘 죽음 가까이 있었던 그가 세상을 떠난 것이다. 슈베르트를 비롯한 많은 음악가와 시민이 그의 마지막 가는 길을 지켜보았다. 자기가 죽은 다음에도 자기를 잊지 말아달라던 그는 많은 사람들의 애도를 받았다.

베토벤은 1미터 63센티미터의 작은 체구를 가지고 있었다. 그러나 그의 삶은 결코 작지 않았다. 그는 자신에게 주어진 운명을 넘어섰다. 그의 삶 전체는 절망을 넘어서고, 죽음을 넘어서 오늘도 우리를 감격케 한다. 그의 곡 못지않게 그의 삶도 박수를 받기에 충분하다. 그 뒤에는 하나님이 계신다. 그분이 바로 환희의 원천이시다. 죽기 3년 전 발표한 9번 <합창> 4악장 ‘환희의 송가’에서 그는 말한다. “포옹하라 만민들이여, 푸른 하늘 위에는 사랑하는 주가 꼭 계시리. 하늘 위에서 주를 찾으라. 많은 별 위에 그는 꼭 계실 것이다.”

4. 나무 이야기: 시련 가운데서 오히려 기뻐하라

나무에는 나이테가 있다. 나이테는 나무의 나이를 나타낸다. 프린스턴 대학을 방문했을 때 교정에 있는 우람한 고목들을 보며 나무도 학교의 역사와 함께하는구나 생각했다. 매우 인상적이었다. 프린스턴

하면 지금도 그 나무들이 생각날 정도다.

그런데 책을 읽다가 나이테에도 여름의 나이테와 겨울의 나이테가 다르다는 구절을 읽고 신기하게 생각했다. 겨울에 죽은 서 있는 나무도 자란다니 우선 신기하다. 더 신기한 것은 같은 나이테라 할지라도 겨울에 자란 부분이 여름에 자란 부분보다 더 단단하다는 것이다. 그 순간 나무도 사람처럼 고난의 시기가 있구나 생각했다. 그저 아무런 느낌 없이 서 있는 것이 아니라 바람의 흔들림에 반응하고, 온갖 추위에 반응하면서 안으로는 나이테를 형성하는 것이다. 힘든 환경일수록 더 단단하게 자신을 추스르라는 것이 자연의 가르침이다.

연변과기대에는 소나무가 많다. 모두 옮겨 심은 것이다. 소나무를 옮겨 심는다고 해서 다 잘 자라는 것이 아니다. 연길은 춥다. 최상일 교수에 따르면 더 추운 북쪽 지방에서 옮겨온 소나무는 이곳에서도 살아남았지만 좀 따뜻한 남쪽 지방에서 가져온 소나무는 거의 예외 없이 죽었다는 것이다. 나무도 온도에 얼마나 민감한가를 보여주는 말이다. 같은 종의 나무라 할지라도 그가 자라온 환경보다 열악하고 추우면 죽는다. 따라서 어떤 조건에서라도 살아남기 위해서는 고난을 이겨내는 힘이 중요하다.

야고보는 우리에게 권면한다. "내 형제들아 너희가 여러 가지 시험을 당하거든 온전히 기쁘게 여기라 이는 너희 믿음의 시련이 인내를 만들어내는 줄 너희가 앎이라 인내를 온전히 이루라 이는 너희로 온전하게 구비하여 조금도 부족함이 없게 하려 함이라(약 1:2~4)."

우리는 살면서 시험을 당한다. 시험에는 마음의 상태를 점검하고 확인하는 시험(dokimazo, examine)과 입증하는 시험(peirazo, prove)이 있다. 개인마다 당하는 시험이 다르다. 어떤 사람은 불같은 시험일 수 있고,

어떤 사람에게는 연한 수준의 시험일 수 있다. 하나님은 우리가 감당할 시험밖에는 주지 않으신다(고전 10:13) 하셨으니, 힘든 고난을 당할수록 내가 감당할 수준이 되었기에 주신 것으로 생각하며 오히려 감사해야 할 것이다. 그것은 우리를 연단하기 위한 시험이다. 믿음은 시련을 통해 자란다는 것을 알 수 있다.

야고보는 여러 가지 시험(peirasmois)이라 했다. 시험들, 곧 복수의 시험이다. 여러 가지 시험이라면 과연 무엇이 있을까? 예수를 믿게 되자 당하는 시험이 있을 수 있고, 하나님의 말씀에 불순종할 때 나타나는 시험이 있을 수 있다. 또 욥의 시험처럼 생각지도 않게 갑작스럽게, 때론 이해할 수 없는 시험을 당할 수 있다. 페라이조는 당신이 그 시험에 준비되어 있는가를 따지지 않는다. 욥처럼 한 가지가 아니라 연이어 당할 수 있다. 그럴 때 얼마나 황당하겠는가.

그러나 믿음의 사람에겐 이 시험이 인내(endurance)를 가져온다. 인내의 능력을 갖게 한다는 것이다. 인내는 '휴포모네(hupomone)'로 훌륭하게 견디어내는 것을 말한다. 불굴의 정신을 가지고, 지치지 않는 야성을 가지고 문제를 극복해낸다.

야고보는 우리로 하여금 인내를 온전히 이루라 당부한다. '온전히(perfect)'는 '테레이오이(teleioi)'다. 이 단어 속에는 목적이라는 뜻이 담겨 있다. 하나님의 계획과 창조목적을 완전히 이룬다는 뜻이다. 예수님도 십자가 위에서 "다 이루었다(tetelestai, 요 19:30)" 외치셨다. 하나님이 목적하신바 구원의 사역을 다 이루었다는 말씀이다. 우리의 인내를 통해 하나님의 목적을 이룬다고 상상해보라. 얼마나 귀한가.

어린이도 여러 힘든 과정을 거쳐 성인이 된다. 도토리가 참나무가 되기 위해서도 힘든 과정을 거친다. 겨울나무에서 나이테가 더 단단해지듯 우리의 시련을 통해 신앙의 진가가 드러난다. 더 연단된 나무가 된다.

우리 모두 시련의 과정을 거친다. 예외가 없다. 그만큼 다 힘들다. 힘들수록 서로 격려하고 안아줄 필요가 있다. 미국 서부 해안에는 세쿼이아 나무가 많다. 해안은 강풍이 자주 분다. 강풍으로 금방 날아갈 것 같다. 더욱이 뿌리가 얕은 이 나무의 경우 얼마나 견디기 힘들겠는가. 그러나 그 거센 강풍에도 날아가지 않는다. 그 비결은 나무들이 혼자 있지 않고 여럿이 숲을 이루고 있기 때문이다. 뿌리는 얕지만 서로 단단히 얽혀 있다는 말이다. 인생의 찬 겨울, 거센 광풍을 이겨내기 위해서는 서로 믿음으로 격려하며 잡아주어야 한다. 그럴 때 나도 살고 이웃도 산다.

5. 스펄전: 지금 당신의 행동이 필요하다

여러 글을 읽으면서 지금도 잊지 못하는 두 장면이 있다. 하나는 라가디아의 판결 얘기이고, 다른 하나는 밥 피얼스 목사가 잊지 못해한 예배 장면이다.

뉴욕의 명 시장으로 라가디아(Laguardia)가 있었다. 그는 한때 뉴욕시 즉결재판부 판사로 있었다. 그때의 일화는 지금도 많은 사람의 심금을 울리고 있다.

어느 날 가게에서 빵을 훔치다 붙잡혀온 노인이 기소되었다. "당신의 행위는 10달러 벌금형에 해당됩니다." 판결이 났다. 판사의 말은 그것으로 끝나지 않았다. 그는 자기의 지갑에서 10달러를 꺼내며 "그 10달러를 제가 내겠습니다. 이토록 배고픈 사람이 뉴욕거리를 헤매고

있었는데 나는 그동안 매우 좋은 음식을 배불리 먹어 그 벌금으로 내
는 것입니다.”

판사는 자기의 중절모를 벗어 법원 서기에게 주며 크게 말했다.
“이 재판정에 계신 분들 가운데 저처럼 너무 잘 먹은 데 대한 벌금을
내시고 싶으면 이 모자에 넣어주시기 바랍니다.” 모두 47달러가 걷혔
다. 이 노인은 47달러를 손에 쥔 채 눈물을 흘리며 재판장을 나섰다.
뉴욕엔 그의 이름을 딴 비행장이 있다. 라가디아 공항. 왜 그의 이름
을 딴 공항이 있는지 알 것 같다.

밥 피얼스 목사가 한국전쟁 때 대구를 방문했다. 대구에는 수십만
의 피난민들이 몰려들었다. 피얼스 목사가 새벽예배를 드리기 위해
교회에 들어섰을 때 놀랍게도 교회는 이미 교인들로 만원이었다. 그
해 겨울은 유난히 추웠다. 교회 안에는 난로 하나 없었다. 넘쳐나는
교인들로 교회 밖까지 사람들로 붐볐다. 그들의 모습은 가난, 빈곤,
아픔 그 자체였다. 그런 가운데서도 그들의 찬송은 뜨거웠고, 그들의
눈에는 눈물이 흘렀다.

사회자가 가난한 피난민을 위해 헌금을 하자고 했다. 새벽예배 때
다. 그 가난한 사람들에게 돈이 어디에 있겠는가. 돈이 없는 줄 알기
때문에 옷으로 할 것을 제안했다. 너무나 불쌍한 사람들이 많기에. 참
석한 사람들은 자기가 입고 있던 옷들을 내놓았다. 모두 헌 옷이었지
만 기꺼이 내놓았다. 두 벌 입은 사람은 그 하나를 내놓았고, 아기를
덮었던 보자기를 내놓았다. 피얼스 목사는 그것을 보며 눈물의 헌금
시간을 보았다 했고, 그는 그것을 잊지 못해 기록으로 남겼다. 피얼스
목사는 고통당하는 한국인을 돕는 데 앞장섰다. 다 이유가 있다.

이 얘기의 공통점은 무엇일까. 그것은 미루지 않고 바로 행동했다

는 점이다. 라가디아 판사는 즉석에서 모금을 했고, 대구의 피난민들은 그 새벽에 미루지 않고 자기보다 못한 사람들의 처지를 생각하며 지금 도왔다.

다음은 설교가 스펄전의 시 <지금 하십시오>이다.

> 할 일이 생각나거든 지금 하십시오.
> 오늘 하늘은 맑지만
> 내일은 구름이 보일는지 모릅니다.
> 어제는 이미 당신의 것이 아니니
> 지금 하십시오.
>
> 친절한 말 한마디가 생각나거든
> 지금 하십시오.
> 내일은 당신의 것이 안 될지도 모릅니다.
> 사랑하는 사람이 언제나 곁에 있지는 않습니다.
> 사랑의 말이 있다면 지금 하십시오.
>
> 미소를 짓고 싶다면 지금 웃어 주십시오.
> 당신의 친구가 떠나기 전에
> 장미가 피고 가슴이 설렐 때
> 지금 당신의 미소를 주십시오.
>
> 불러야 할 노래가 있다면
> 지금 부르십시오.
> 당신의 해가 저물면
> 노래 부르기엔 너무나 늦습니다.
> 당신의 노래를 지금 부르십시오.

쉬운성경은 히브리서 6장 10절을 다음과 같이 소개하고 있다. "하나님께서는 공평하시기 때문에 여러분이 한 일들과, 성도들을 도우면서 보여준 사랑을 잊지 않으실 것입니다. 또한 여러분이 지금도 그들을 돕고 있다는 것을 기억하실 것입니다." 지금도 돕고 있는 당신, 하나님은 그 사랑을 잊지 않으신다. 너무나 아름답기에.

6. 케네디 효과: 외모보다 내면의 아름다움을 추구하라

캐나다의 연구자들이 의회선거에 입후보한 후보들의 매력을 세 등급으로 나누고 그것을 득표수와 비교했다. 그 결과 외모가 뛰어난 후보들이 그렇지 않은 후보들보다 거의 세 배 이상 더 많은 표를 얻었음을 발견하게 되었다. 그들은 이러한 현상을 케네디 효과라 했다. 이 조사는 뛰어난 외모가 때론 권력이 된다는 점을 드러냈다.

삶에서 아름다움은 여러모로 인정을 받는다. 남자든 여자든 아름다운 사람을 보면 곱다고 느낀다. 아름다운 것을 보면 아름답다고 느끼는 것은 자연스러운 일이다. 배려에서 미모의 여성은 그렇지 못한 여성보다 더 배려를 받는다. 관심도 다르다. 그런데 그 아름다움이 때로 문제가 될 때가 있다. 그것이 편견으로 작용할 땐 더욱 그렇다. 아름다운 여인에 대한 케네디 효과가 그렇다.

휴스턴 대학 교수들이 텍사스 법원의 판결 2천여 건을 분석했다. 그 결과 같은 죄를 저질렀더라도 피의자의 외모에 따라 많게는 벌금 400달러에서 1,400달러까지 차이가 나고, 형량도 두 배 가까이 차이가 있음이 발견되었다. 특히 혐오감을 주는 남성 용의자들은 더 엄한 처벌을 받았고, 같은 죄라도 외모가 뛰어난 여성들의 형량이 반 정도에 지나지지 않았다. 여인의 얼굴이 얼마나 빛을 발하는가를 보여준다.

로체스터대학 교수 랜디와 시걸은 제자들에게 여고생이 쓴 에세이에 점수를 매기게 했다. 에세이 앞에 사진을 첨부하지 않았을 때는 학생들이 그 내용에 따라 충실하게 점수를 매겼다. 그러나 에세이 앞에 사진을 붙이자 결과는 달랐다. 예쁜 여학생의 경우 평균 1.5점 이상 점수가 올랐고, 외모가 떨어진 경우 0.7점 정도 떨어졌다. 심지어 2.7점이나 떨어진 학생도 있었다. 외모 때문에 불이익이 생긴 것이다. 여기서 미모가 영향력을 발휘한다는 것을 실감한다.

하나님께 케네디 효과가 통할까. 대답은 "아니요"다. 하나님은 사람의 외모를 취하지 아니하시기 때문이다(롬 2:11; 갈 2:6; 골 3:25). 야고보도 강하게 주문한다. "내 형제들아 영광의 주 곧 우리 주 예수 그리스도를 믿는 믿음을 너희가 받았으니 사람을 외모로 취하지 말라(약 2:1)." 외경의 집회서는 특히 아름다운 여인에 대해 언급한다. "여자의 아름다움에 정신을 팔지 말며, 여자가 아름답다고 하여 탐내지 말아라(집 25:21)." 하나님은 중심을 보신다.

하나님이 아름다움을 평가 절하하는 것은 아니다. "아름다운 열매를 맺지 아니하는 나무마다 찍혀 불에 던져지느니라(마 7:19)." 외모보다는 아름다운 열매를 원하신다. 성령의 열매들이다. 그리고 하나님을 찬양하는 모습을 아름답게 보신다. "여호와를 찬양하라. 여호와는 선하시다. 그 이름을 찬양하라. 그 이름은 듣기에 아름답다(시 135:3)." "피리와 양금은 아름다운 소리를 낸다. 그러나 사람의 좋은 목소리가 보다 더 아름답다(집 40:21)." 하나님은 우리가 목소리를 높여 아름답게 찬양하는 것을 기뻐하신다.

여인의 아름다움에 대해선 어떤 말씀들이 있을까. "아름다운 여인이 삼가지 아니하는 것은 마치 돼지 코에 금 고리 같으니라(잠 11:22)." 외모의 아름다움보다 절제의 아름다움이 더 좋다는 것이다. 집회서를 보면 "살림살이를 알뜰하게 하는 좋은 아내는 주님의 산에 떠오르는 태양처럼 아름답다(집 26:16)” 하였다.

사람들은 외모를 본다. 보이는 것에 더 관심이 가고, 아름다운 외모에 시선이 간다. 그것을 막을 수는 없다. 그러나 외모로만 사람을 보려는 것은 하나님의 뜻에 어긋난다. 인생에 있어서 외모는 10년이라 한다. 외모가 아무리 출중해도 10년을 넘기기 어렵다. 모두 늙어가기 때문이다. 그러나 내면의 아름다움은 영원하다. 하나님은 우리로 하여금 내면에 더 집중하도록 하신다. 외모가 때로 권력이 되고 힘이 되기는 하지만 그것이 영원한 것은 아니다. 우리는 잠시 이 세상에 살지만 영원을 사모하는 자다. 아니 영원을 사는 자다. 영원을 사는 자는 외모보다 내면의 아름다움을 더 존중한다. 그것이 바로 성경적이다.

7. 카오스: 하나님은 혼돈이 아니라 질서를 기뻐하신다

하나님은 창조주시다. 그 창조에는 혼돈에서 질서를 창조하는 특성이 있다. 하나님은 혼돈이 아니라 질서를 기뻐하신다.

창세기 1장 2절은 땅의 혼돈과 공허, 그리고 흑암의 모습이 그려져 있다. 이 혼돈의 모습이 바로 카오스(chaos)다. 이 혼돈의 상태에서 빛의 창조를 시작해서 우주 창조로 나아간다. 우주는 코스모스(cosmos)다. 코스모스는 질서라는 뜻을 가지고 있다. 이 질서의 창조 모습에 대해 성경은 한마디로 “하나님 보시기에 좋았더라”로 표현된다. 하나님의 창조역사의 바탕에는 바로 하나님의 질서가 있다. 보기에 좋을 뿐 아니라 하나님은 그 질서를 기뻐하신다.

그 질서가 순간적으로 깨어지게 된 것은 인간 속에 죄가 들어왔을 때다. 어둠의 세력인 사단이 인간의 마음을 장악하고 하나님의 질서를 멀리하도록 했기 때문이다. 인간은 철저히 사단에 의해 농락을 당했다. 인간 스스로 혼돈으로부터 구원할 수 없었다. 그 상태에서 구원의 팔을 뻗으신 분이 바로 하나님이시다. 하나님은 특별한 방식으로 독생자 예수를 이 땅에 보내 십자가를 지게 하셨다. 그를 믿는 자마다 구원을 얻을 수 있게 된 것이다. 이것은 혼돈에서 질서로의 회복을 의미한다.

질서. 그것은 인간을 향한 하나님의 간절한 소망이다. 그 질서는 인간의 질서가 아니라 하나님의 질서다. 하나님의 나라엔 바로 이 질서가 있다. 그 나라의 백성으로서 이 땅에서도 그 나라의 삶을 사는 것이 바로 그리스도인이다. 그만큼 달라야 한다는 말이다.

창세기 11장에 바벨탑 사건이 나온다. 이들이 탑을 쌓는 목적은 매우 불순하다. "자, 성과 대를 쌓아 대 꼭대기를 하늘에 닿게 하여 우리 이름을 내고 온 지면에 흩어짐을 면하자(창 11:4)." 사악한 인간이 얼마나 하나님에 대해 도전적인가를 보여준다.

그들이 한 족속이요, 언어도 하나이기에 이런 구상이 가능한 것을 아신 하나님은 결국 언어를 혼잡게 하셨다. 언어의 혼잡으로 인해 성 쌓기가 중단되었다. 하나님은 그들을 온 지면에 흩으셨다. 그들이 염려했던 바가 결국 구체화되고 만 것이다.

그래서 붙여진 탑 이름이 바벨탑이다. 바벨은 혼잡, 혼동, 혼란이라는 뜻을 가지고 있다. 질서의 하나님이 혼돈의 상태를 만들어낸 것이다. 질서의 하나님은 혼돈의 세계를 질서의 세계로 만드는 것을 기뻐하시지만 어둠의 세력이 결집해 하나님을 대항하게 될 때는 오히려 그들 속에 혼돈을 만들고 흩으신다.

그 복잡한 언어가 하나로 역사한 때가 바로 오순절 성령강림 때다.

성령 충만 제자들이 예루살렘 거리로 나아가 담대히 복음을 전하기 시작한 것이다. 그런데 그들이 사용한 언어는 하나가 아니었다. 다양한 방언이었지만 예루살렘을 찾아온 많은 사람들은 자국어로 그 복음을 듣게 되었다. 제자들이 그 언어를 배운 것도 아니었다. 성령이 역사하시면 얼마든지 언어도 통일될 수 있다는 것을 보여준다.

중요한 것은 그 다양한 언어가 하나로 이해될 수 있는 것은 하나님의 질서 안에서는 언어도 통일될 수 있음을 말해준다. 성령 언어를 통한 질서의 창조다. 우리가 하나님의 능력과 그 위대하심을 안다면 부인할 수 없는 일이다. 흩어진 언어도 주님의 일을 위해서는 하나로 통일되는 것이다. 중요한 것은 우리의 하는 일이 하나님의 영광을 위한 것인가 아닌가 하는 것이다. 영광을 위한다면 하나님은 질서를 창조할 것이고, 그렇지 않다면 우리 안에 혼돈과 어둠은 계속될 것이다.

하나님의 질서가 우리 안에 자리하면 하늘의 평안(샬롬)이 자리한다. 그 평안은 우리를 하나님의 품으로 인도한다. 그 품에서 우리는 아늑함과 편안함을 누릴 수 있다. 이 땅에서도 자유 함이 있다. 그러나 그 질서를 벗어나면 우리의 삶은 매우 혼란스럽다. 정체성이 깨어지고 삶의 균형이 깨어진다.

우리는 지금 혼돈과 질서라는 이중주가 연주되는 공연장에 나와 있다. 사단은 세상을 업고 혼돈 속의 자기들 세계가 얼마나 재미있고 신 나는가를 말한다. 그 입김에 많이들 몰려간다. 그러나 그 길로 가면 어둠과 죽음이 기다리고 있다. 질서의 길을 택하라. 그곳에는 하나님과 그분으로 나오는 빛이 있고, 그분만이 주시는 기쁨과 평안이 있다. 세상이 줄 수 없는 평안이다.

8. 빛: 세상을 비추는 빛이 되라

요한은 고백을 좋아한다. 요한복음 1장에서는 예수님을 구주로 고백하는 여러 제자들의 모습을 보여주었다. 그런데 요한일서 첫머리부터 그는 고백하기 시작한다. "하나님은 빛이시라." 비가 연이어 오는 날이나 추운 겨울 햇빛을 보지 못하던 차에 햇빛을 보면 얼마나 기쁜지. 달려나가 맞아주고 싶다. 예수님도 자신을 가리켜 "나는 세상의 빛이라" 하셨다. 그러니 결코 낯설거나 틀린 말이 아니다. 그러나 요한이 다시 그렇게 고백했을 때는 나름대로 의미가 있을 터.

"사도 요한님, 하나님은 왜 빛이신가요?" 그의 답은 명쾌하다. "그에게는 어둠이 조금도 없으시기 때문입니다(요일 1:1)." 낮과 밤이 교대하는 일상에서 살아가는 우리에게 빛과 어둠은 결코 낯설지 않다. 하지만 요한이 말하는 빛과 어둠은 단지 낮과 밤의 차이가 아니다. 죄 가운데 사는 삶은 어둠의 삶이요, 죄로부터 자유 하는 삶은 빛의 삶이다. 하나님을 드러내는 삶은 빛이요, 하나님을 가리는 삶은 어둠이다.

요한은 그리스도인을 가리켜 그 빛을 드러내는 사람이라 한다. 하나님의 백성이요, 그의 자녀이기 때문이다. 하나님이 빛 가운데 행하시는 것 같이 우리도 빛 가운데 행해야 한다는 것이 기본적인 생각이다. 하나님과 그 자녀 사이에는 일관성(consistency)이 있어야 한다. 그래야 교제가 가능하다.

우리는 늘 하나님을 향해 기도하고 그분이 주신 말씀을 읽으며 하루가 그의 가르침 아래 온전하기를 바란다. 하나님과 이렇듯 함께하는 삶, 곧 '하나님과의 사귐(교제)'이 있으면서 거짓말을 하고 진리에 서지 않으며 어둠의 길을 가고 있다면 문제가 아닐 수 없다. "만일 우리가 하나님과 사귐이 있다 하고 어둠에 행하면 거짓말을 하고 진리를 행하지 아니함이거니와 그가 빛 가운데 계신 것 같이 우리도 빛 가운데 행하면 우리가 서로 사귐이 있고 그 아들 예수의 피가 우리를 모든 죄에서 깨끗하게 하실 것이요(6~7절)." 주의 자녀는 달라야 하리라.

어둠의 자식이었던 우리가 죄로부터 해방되려면 무엇보다 예수의 피가 필요하다. 죄를 씻을 수 있는 가장 강력한 세제는 그리스도의 피다. 그 피로 죄가 씻겨 내려가면 하나님과의 교제가 가능하다. 거듭나고, 더욱 성결의 삶을 살려 할 것이기 때문이다.

전도할 때 죄의 문제를 언급하면 어떤 이는 자기는 죄가 없다고 말한다. 누구를 죽인 일 없고, 도적질한 일 없다는 것이다. 그러나 요한은 단호히 말한다. "만일 우리가 죄가 없다고 말하면 스스로 속이고 또 진리가 우리 속에 있지 아니할 것이요(8절)." 우리가 죄가 없다고 말하는 것은 손바닥으로 해를 가리는 것과 같다.

지금은 죄를 범하려 하지 않기보다 오히려 자기의 죄를 자랑하는 시대로 변질되고 있다. 그렇게 되면 죄에 둔감해지고, 죄를 죄로 여기지 않게 된다.

그리스도인은 죄에 민감해야 한다. 그리스도인이라고 죄를 짓지 않는 것은 아니다. 그러나 어둠보다는 빛에 더 거하려 한다. 빛 속에 살면 조그만 죄를 지어도 불안하다. 그 불안이 자신을 보다 경건한 자리로 나가게 할 것이다.

요한은 죄를 자백하라 한다. "만일 우리가 우리 죄를 자백하면 그는 미쁘시고 의로우사 우리 죄를 사하시며 우리를 모든 불의에서 깨끗하게 하실 것이요 만일 우리가 범죄하지 아니하였다 하면 하나님을 거짓말하는 이로 만드는 것이니 또한 그의 말씀이 우리 속에 있지 아니하니라(9~10절).” 죄를 자백하면 사해주신다. 자백은 죄에 대해 죽는 것이다. 바울은 “날마다 죽노라” 했다. 날마다 자백하고 회개하면 그만큼 깨끗해진다. 그때 하나님은 기뻐하시고 우리를 기꺼이 용서하신다. 그 용서와 화해가 있는 자리에 하나님과 교통이 있게 된다. 교통이 있다는 것은 우리가 빛에 산다는 것을 의미한다. 하나님은 빛이시다. 그의 자녀도 이 세상에서 빛이 되어야 한다. 예수님도 우리를 향해 세상을 비추는 빛이 되라 하셨다. 과연 지금 우리는 빛인가. 빛이라 불림 받기에 정녕 합당한가. 자문하지 않을 수 없다.

9. 부르심: 지존자의 부르심에 순종하라

데라(Terah)와 아브라함은 부자관계다. 두 사람 다 갈대아 우르에서 살았다. 우르는 당시 매우 발전된 도시이기는 했지만 우상숭배가 강해 영적으로 문제가 있었다. 데라는 식구들을 데리고 우르를 떠나 가나안 땅으로 가고자 하는 마음을 가지고 있었다.

창세기 11장은 셈의 후예에 대해 소개하고 있다. 셈으로부터 시작해서 데라의 후손까지 소개하고 있다. 데라는 아브람과 나홀과 하란을 낳았다. 하란은 롯을 낳았다. 하지만 이미 우르에서 죽었다. 아버지가 살아계시는데 먼저 죽은 것이다. 이로보아 하란은 데라에게 있어서 장자였던 것으로 보인다. 우르를 떠날 때 데라는 아들 아브람과 그의 아내 사래, 그리고 손자 롯을 데리고 갔다. 그는 곧장 가나안으로 들어가지 않고 하란으로 갔다. 아들 이름도 하란(Haran)이고, 거주한 지역 이름도 하란이어서 그들이 거한 지역을 하란이라 한 것인지 확실하지 않다.

데라는 하란에 머물다 그곳에서 205세의 나이로 죽었다. 가나안으로 가려는 뜻을 가지고 있었지만 이루지는 못했다. 그 꿈은 자신이 아니라 자식 대에서 이루어진다. 비록 꿈을 가지고 있었다 할지라도 이루시는 이는 하나님이심을 느끼게 한다.

그가 얼마나 하나님을 사모했는지는 알 수 없다. 여호수아가 이스라엘의 모든 지파를 세겜에 모이게 한 후 한 연설에서 데라가 짧게 언급된다. 그는 "옛적에 너희 조상들, 곧 데라가 강 저편에 거하여 다른 신들을 섬겼으나(수 24:2)라 하였다. 여기서 보면 데라가 그곳의 풍속에 상당히 물들었을 가능성이 높다.

데라가 셈의 후손이었음을 생각할 때 하나님을 전혀 모른다 할 수 없다. 하나님을 아는 자로서 우상숭배의 도시 우르에 살면서 그 풍속으로부터 자유롭지 못하다는 것은 얼마나 가슴 아픈 일인가. 어떤 이는 데라가 이방신상을 만들어 파는 업을 가진 사람이었다고 말한다. 하지만 성경에 그의 직업에 대해 언급한 곳은 없다.

중요한 것은 데라가 그곳을 떠나고 싶어 했고, 식구들과 함께 실제 결행했다는 사실이다. 왜 가나안으로 가지 않고 하란으로 갔을까는 의문이지만 그 모든 것엔 하나님의 오묘한 계획과 섭리가 있다. 훗날 야곱이 하란에 가서 살게 된 것을 보면 더 확실해진다. 비록 우리가 이해할 수 없다 할지라도 하나님은 우리의 생각을 뛰어넘어 활동하신다. 그만큼 넓고 깊다.

데라가 죽은 다음 하나님은 아브라함을 부르신다. "너는 너의 본토 친척 아비 집을 떠나 내가 네게 지시할 땅으로 가라 내가 너로 큰 민족을 이루고 (…) 너는 복의 근원이 될지라 (…) 땅의 모든 족속이 너를 인하여 복을 얻을 것이니라(창 12:1~3)." 아브라함은 하나님의 말씀을 따랐고, 조카 롯도 그와 함께 갔다. 그의 나이 75세였다.

여호수아는 이것을 이렇게 요약한다. "내가 너희 조상 아브라함을 강 저편에서 이끌어내어 가나안으로 인도하여 온 땅을 두루 행하게 하고 그 씨를 번성케 하려고 그에게 이삭을 주었고(수 24:3)." 우상을 섬기던 땅, 곧 강 저편에서 가나안으로 이주하게 하신 것이다.

이 과정을 살펴볼 때 아브라함에게는 하나님의 부르심이 있었고, 아브라함은 그 부르심에 순종했다. 부르심은 콜링(calling)이다. 부르심은 사명을 주시는 것이며, 부르심을 받은 자는 그 사명에 충실해야 한다. 그 부르심은 지존자의 부르심 아닌가. '내가 네게 지시할 땅'은 다름 아닌 데라가 소원했던 가나안이었다.

여호수아는 데라가 살았던 땅을 강 저편으로 간주했다. 그 땅은 우상이 많은 곳이요, 하나님을 거역하는 땅이다. 그 땅은 우리가 벗어나야 할 땅이다. 가나안이라고 우상이 없을 수 없다. 가나안에 사는 여러 민족도 마찬가지 문제를 안고 있었기 때문이다. 가나안에 왔다 해도 강 저편은 그대로 존재한다.

그래서 여호수아는 백성들에게 호소한다. "그러므로 이제는 여호와를 경외하며 온전함과 진실함으로 그를 섬기라 너희의 조상들이 강 저쪽과 애굽에서 섬기던 신들을 치워버리고 여호와만 섬기라 만일 여호와를 섬기는 것이 너희에게 좋지 않게 보이거든 너희 조상들이 강 저쪽에서 섬기던 신들이든지 또는 너희가 거주하는 땅에 있는 아모리 족속의 신들이든지 너희가 섬길 자를 오늘 택하라 오직 나와 내 집은 여호와를 섬기겠노라(수 24:14~15)."

가나안을 꿈꾼 데라. 그러나 그 꿈은 당대에 이뤄지지 못했다. 그러나 그 꿈은 그의 아들 아브라함에 가서야 이뤄질 수 있었다. 그 차이는 무엇일까? 그것은 하나님의 때와 그의 부르심에 있다. 하나님의 때에 강 저편에 있는 자를 부르시는 하나님, 그리고 그 부르심에 순종한 아브라함. 그 안에는 하나님의 오묘하신 뜻과 섭리가 있다.

가나안의 여호수아. 이스라엘 민족을 향해 그 부르심에 보다 철저하도록 촉구한다. 하나님은 오늘도 우리를 부르신다. 강 저편에 눌러 살 것인가 아니면 그 부르심에 즉각 응답할 것인가. 문제는 결단과 순종이다. 그 결단에 따라 가나안에로의 꿈이 이뤄질 것이다. 데라가 이루지 못한 그 꿈이 지금 우리 안에 실현된다. 부르심의 끝이 이르기 전에 응답하라.

10. 만남: 지식보다 인격으로 하나님을 만나라

연변과기대 채플은 연변토산물인 사과배나무 사이 오솔길을 지난다. 5월에 들어섰지만 들판이든 나뭇가지든 어떤 푸름도 보이지 않는다. 얼마 있지 않으면 사과배나무에도 꽃이 필 것이다. 그 흰 꽃들이 피면 온 천지를 뒤덮을 것이다. 그 꽃들을 생각하며 봄빛 완연한 오솔길에 들어선다. 이러다 곧 여름으로 들어서지 않을까. 이곳은 여름이 아주 짧다는데.

마침 최상일 교수와 함께 걷게 되었다. KT에서 잔뼈가 굵은 분으로, 이곳 정보통신학부를 열 때부터 공로가 크신 분이다. 사랑의 교회 장로님이기도 하다. 며칠 전 뵐 때 막스 베버 얘기를 꺼내셨다. 대학 때 읽으셨다며. 그런데도 『프로테스탄트 윤리와 자본주의 정신』에 대한 기억은 아주 또렷하셨다. 공학자가 베버 얘기를 꺼내니 사회학자가 따로 없구나 하는 생각이 들었다. 물론 자본주의 초기에 가톨릭이

나 그 밖의 영향도 있었겠지만 당시 프로테스탄트의 윤리가 얼마나 긍정적으로 역할을 할 수 있었나 하는 것을 돌아보며 오늘날 우리 기독교는 사회에 얼마나 긍정적 임팩트를 주고 있는가를 반성해보았다.

오늘은 칸트 얘기를 꺼내셨다. 학장이 될 때까진 책을 내지 못했는데 학장이 되고 나서 『순수이성비판』과 『실천이성비판』을 썼고, 특히 그가 쓴 『노동론』에서 도덕의 필요성을 많이 강조했는데, 이것은 하나님이 있음을 전제한 것이라 했다. 우리의 이야기는 그가 말한 하나님은 여호와 하나님이 아니라 지식적 하나님이라는 것이 문제라는 데 의견을 같이했다. 그의 할머니가 별이 빛나는 밤에 창공을 바라보며 "창조의 하나님이 만드신 저 오묘한 별들을 보라"던 말씀을 자주 언급하곤 했던 그가 하나님을 지식적 하나님으로 인식했다는 것에 아쉬움을 표했다. 그러다 보니 그가 '현대신학의 아버지'라는 별명을 얻지 않았는가.

나는 프로이트의 얘기를 꺼냈다. 그는 유대인이다. 그러나 그는 말했다. "진선미가 하나님이다." 유대인의 입에선 여호와 하나님이 하나님이라는 말이 나와야 당연한데 진선미가 곧 하나님이라는 말에 나는 놀라지 않을 수 없었다. 하나님의 속성 가운데 진선미가 있다고 했다면 그래도 이해할 수 있다. 그러나 진선미가 곧 하나님이라 할 때 하나님에 대한 관점은 칸트와 마찬가지로 지식적 하나님일 수밖에 없다.

최 교수는 기독교인들이 중국인, 특히 공산주의 사상을 가진 사람들과 대화할 때 "중국을 그리스도에게로"라고 말하면, 그들은 이렇게 응수한다고 한다. "그리스도를 중국에게로." 이것은 비슷한 말 같지만 목적은 아주 다르다. 전자는 중국의 많은 사람을 그리스도에게로 인도하는 것이지만, 후자는 그리스도를 중국화, 곧 중국공산당원으로 만든다는 의미를 가진다. 이처럼 다르다.

인간은 하나님마저 자기 위주로 해석한다. 아니면 그리스도를 자기에게로 이끌려 한다. 그러나 기독교는 우리의 시선을 주님께로 향하고, 그분의 이끄심을 받고자 한다. 순간순간 주님을 닮고자 한다.

채플에서 박덕호 교수가 창세기 22장 1~19절의 말씀을 읽고 "믿음의 정상을 향해서" 가라고 강하게 권한다. 그리고 아브라함의 하나님을 신뢰하고 사랑하라 한다. 들길 대화의 연속이다.

아브라함은 실수도 많고 문제도 많았던 사람이다. 그때마다 하나님은 그를 붙드시고 선히 인도해주셨다. 이제 모리아 산에서 이삭을 바치라는 하나님의 명령 앞에서 최종적으로 그의 믿음을 디펜스 해야 하는 위치에 서게 되었다. 그는 전폭적으로 하나님을 신뢰하고, 즉각 순종했다. 그는 조금도 머뭇거리지 않았고, 아내 사라와도 상의하지 않았다. 사환도 멀리 떼어놓았다. 방해될 요소를 미리 제거한 것이다. 그뿐이랴. 그는 주님을 위해 그가 가장 귀하게 여기는 이삭을 포기했다. 나 중심이 아니라 하나님 중심의 삶을 산 것이다. 우리는 주님을 위해 살겠다고 말하고, 입으론 내 생명까지 주님께 드리노라 찬양하면서 우리 안에 있는 이삭을 포기할 수 없어 주저주저하지 않는가.

믿음의 정상에 서기 위해서는 하나님을 전폭적으로 신뢰하고, 완전히 순종하며, 가장 귀한 것을 주님을 위해 포기해야 한다. 나아가 하나님의 사랑을 진심으로 깨달아야 한다. 이삭을 드리는 사건은 독생자 예수를 드리는 사건의 그림자다. 번제할 나무를 손수 지고 간 이삭은 십자가를 지신 예수를, 자기의 손발을 묶는 아버지 아브라함에게 반항하지 않고 순종한 것은 '내 원대로 마옵시고 아버지 원대로 되기를 원하나이다(눅 22:42)' 기도하신 예수님을 보게 한다. 자기의 자식을 번제로 드린다고 생각해보라. 각 뜬 제물, 그리고 다 태워 향기로운 제물로 드려야 하는 모든 과정. 하나님은 칼을 든 아브라함을 보시고 거기에서 멈추게 하셨지만 하나님은 우리의 죄를 속죄하기 위해 독생자 예수를 번제물로 드리셨다. 우리가 영원히 짊어져야 할 그 큰 죄 짐을 십자가 위에서 담당하시고 기꺼이 화목제물이 되신 것이다. 예수님은 말씀하셨다. "너희 조상 아브라함은 나의 때 볼 것을 즐거워하다가 보고 기뻐하였느니라(요 8:56)." 속죄의 기쁨이다. 인류 구원의 기쁨이다.

우리가 만나야 할 하나님은 지식적 하나님이 아니다. 칸트의 하나님도 아니요 프로이트의 하나님도 아니다. 아브라함이 만난 하나님이다. 그의 삶을 변화시키고, 인도하시고, 온 인류 구원의 중심에 서게 하신 하나님이다. 오늘도 그 주님을 만나야 한다. 이를 위해선 믿음의 정상에 서야 한다. 정상에 오른 자는 남이 느낄 수 없는 기쁨과 보람, 그리고 성취감을 느낀다. 그 정상에서 당신은 지금까지 선히 인도하신 하나님을 생각하며 감격할 것이고, 하나님은 그곳에 선 당신을 보며 기뻐하실 것이다.

11. 여리고 작전: 하나님이 우리의 사령관이시다

여리고 성이 왜 무너졌는가? 이스라엘이 그 성을 7바퀴 돌아서? 그렇게만 생각한다면 여호수아 6장만 중하게 생각하는 것이요, 결과 중심의 사고일 수 있다. 여리고 성의 무너짐은 이미 하나님의 계획 속에 있었다. 이스라엘이 강해서도 아니고, 여리고 사람들이 약해서도 아니다. 여호수아 2장과 3장, 그리고 5장에 그 답이 있다. 바로 하나님의 여리고 작전이다.

2장에서는 여리고를 정탐케 한다. 정탐을 통해 알아낸 것은 그곳 사람들이 이미 전의를 상실했다는 것이다. 성경을 보자.

> "여호와께서 이 땅을 너희에게 주신 줄을 내가 아노라 우리가 너희를 심히 두려워하고 이 땅 주민들이 다 너희 앞에서 간담이 녹나니 이는 너희가 애굽에서 나올 때에 여호와께서 너희 앞에서 홍해 물을 마르게 하신 일과 너희가 요단 저쪽에 있는 아모리 사람의 두 왕 시혼과 옥에게 행한 일 곧 그들을 전멸시킨 일을 우리가 들었음이니라 우리가 듣자 곧 마음이 녹았고 너희로 말미암아 사람이 정신을 잃었나니 너희의 하나님 여호와는 위로는 하늘에서도 아래로는 땅에서도 하나님이시니라(수 2:9~11)."

이 말 하나로도 정탐꾼들은 승리를 확신했을 것이다. 하나님은 이미 그들의 간장을 녹이셨다.

3장은 요단강을 건너라는 명령이다. 정탐은 소수의 작전이었다면 요단강 도강은 이스라엘 민족 모두를 동원한 하나님의 작전이다. 하나님은 그들이 강을 건너기 전에 명령하신다.

> "내가 오늘부터 시작하여 너를 온 이스라엘의 목전에서 크게 하여 내가 모세와 함께 있었던 것 같이 너와 함께 있는 것을 그들이 알게 하리라 너는 언약궤를 멘 제사장들에게 명령하여 이르기를 너희가 요단 물가에 이르거든 요단에 들어서라 하라(수 3:7~8)."

"오늘부터 시작하여." 하나님은 이스라엘을 향해, 이제 싸움이 시작되었음을 알린다. 도강 자체가 시작이다. 여호수아는 강을 건너기 전 이스라엘 모두를 향해 "스스로 성결케 하라" 명령했다. 하나님 앞에 정결한 마음을 가지도록 한 것이다. 그들은 요단강을 건넜다. 모세는 애굽을 빠져나온 이스라엘 백성과 함께 홍해를 건너는 기적을 체험했다. 그리고 여호수아는 광야에서 태어난 이스라엘 백성과 함께 요단강을 건너는 기적을 체험했다. 당신은 지금 어떤 바다, 어떤 강을 건너고 있는가.

바다든 광야든 강이든 인간의 한계를 뛰어넘는 체험은 전능자의 돌보심 없이는 불가능하다. 성경은 이것을 안아주심으로 표현했다. "광야에서도 너희가 당하였거니와 사람이 자기의 아들을 안는 것 같이 너희의 하나님 여호와께서 너희가 걸어온 길에서 너희를 안으사 이곳까지 이르게 하셨느니라(신 1:31)." 연약한 우리를 안으시는 것이다. 주님이 함께하지 않으시면, 우리를 안지 않으시면 요단강을 건너기 어렵다. 하나님은 이 체험을 통해 하나님이 함께하시면 능치 못할 일이 없고, 영원토록 여호와만을 경외하도록 하셨다(수 4:24).

5장은 여리고 함락에 들어가기 전 세 가지 사건이 있었음을 보여 준다. 그 하나하나에 전략적 의미가 있다.

첫째, 길갈에서의 할례다(수 5:2~9). 하나님은 요단강을 건너자 이스라엘 자손들에게 할례를 행하도록 명령하셨다. 광야에서 태어난 이스라엘 사람들은 할례를 받지 못했기 때문이다. 할례는 하나님의 백성임을 나타내는 외적 표시로(창 17:10~14), 가나안에 들어가기 전 하나님 앞에 성별된 백성이 되도록 하신 것이다. 그러나 할례를 행하게 되면 이스라엘의 장정들이 며칠 동안 힘을 쓰지 못하게 된다. 적은 눈앞에 있다. 만일 이 일을 적이 안다면 위험상태에 빠질 수 있다. 적어도 인간의 눈으로는 그렇다. 그러나 그들은 하나님의 보호하심을 믿었다. 전쟁의 승패는 하나님께 달려 있다. 전쟁이 하나님께 달려 있다면 먼저 하나님의 백성이 되는 것이 중요하다.

둘째, 만나의 그침이다(수 5:10~12). 길갈에 진치고 있는 동안 이스라엘은 유월절을 맞았다. 여리고 평지에서 그 땅의 소산을 먹게 되자 그다음 날부터 만나가 그쳤다. 땅의 소산에서 '소산'의 히브리어는 '아부르(abur)'다. 이것은 "쌓여 있다"는 뜻을 가지고 있다. 이것은 그곳 원주민들과의 싸움에서 얻은 노략물이 쌓였고, 그것을 음식으로 삼았음을 의미한다. 이젠 싸워서 얻어야 한다. 그만큼 삶이 절실해졌다.

끝으로, 여호수아가 여호와의 군대장관을 만난 사건이다(수 5:13~15). 이것은 이 전쟁의 사령관이 하나님이심을 보여주는 사건이다. 13절을 보면 여호수아가 여리고 근처를 방문했다. 이것은 6장의 여리고 일곱 번 돌기 이전의 일이다. 돌파작전을 짜기 위해 성 가까이 가 탐색을 한 것으로 보인다. 함께 간 인물들이 기록되지 않아 혼자만의 사건인지 극소수의 인물이 동행했는지 알 수 없다. 혼자 갔을 가능성도 없지 않다. 거기서 그는 자신을 향해 칼을 빼어든 한 사람을 만나게 된다. 여호수아는 묻는다. "우리 편인가 적 편인가?" "이도 저도 아니다(Neither, NIV). 나는 여호와의 군대장관으로 왔느니라(14절)."

여호와의 군대장관이란 '하나님 군대의 사령관(commander of the army of the Lord, NIV)', '만군의 주 사령관(captain of the host of the Lord, KJV)'으로, '만군의 여호와'와 같은 표현이다. 천사라기보다 여호와 자신을 상징한다. 하나님 자신이 사령관으로 임하신 것이다.

그 순간 여호수아는 자신이 사령관이 아니라 하나님의 종인 것을 깨닫게 된다. 공격루트를 탐색하러 왔지만 이것이 문제가 아니라는 것을 느끼게 된 것이다. 하나님이 "어느 편도 아니다"라고 했을 때 그는 당황했을 것이다. 당연히 자기편이라 했어야 했는데. 그러나 하나님은 인간적인 방법을 찾으려는 여호수아 편을 들지 않았다. "이쪽도 저쪽도 아니라"는 말씀은 오직 하나님 쪽에 선 자의 편임을 확인시켜 준다. 하나님의 방법을 찾으라는 것이다. 아니 사령관이신 하나님의 말씀을 들으라는 것이다.

그는 하나님께 엎드려 묻는다. "내 주여 종에게 무슨 말씀을 하려 하시나이까?" 이것은 "주님은 나의 사령관님이시며 저는 종입니다. 말씀하옵소서. 제가 듣겠나이다"라는 말이다. 주님이 주인이시며, 자신은 종임을 철저히 인정한 것이다. 정체성이 바르게 회복되었다.

그때 주님은 그에게 명하신다. "네 발에서 신을 벗으라 네가 선 곳은 거룩하니라(15절)." 모세는 떨기나무 앞에서 주님의 이 말씀을 들었지만 모세는 여리고 성 앞에서 이 말씀을 들었다. "신을 벗으라"는 말씀은 가나안 정복이 거룩한 전쟁이며, 하나님이 인도하시는 전쟁임을 가리킨다. 이제 그 출발점에 서 있다. 그는 말씀대로 신을 벗었다. 나아가 여호수아와 이스라엘 백성 모두 주님의 말씀에 따라 여리고 성을 돌았다.

하나님의 일에는 하나님의 때가 있으며, 하나님의 방법이 있다. 우리는 만군의 여호와를 사령관으로 모신 그의 군사들이다. 하나님은 지금 우리의 삶을 통해서도 여리고 작전을 펴신다. 당신은 삶에서 주님을 진정 사령관으로 모시고 사는가.

12. 메롬 물가의 전투: 하나님은 결코 방관자가 아니시다

여호수아 10장이 가나안 남방 정복사를 기록하고 있다면, 11장은 가나안 북방 정복사를 기록하고 있다. 그런데 여호수아 11장 전반부에 아주 긴박한 전투 하나를 소개하고 있다. 바로 메롬 물가(the Waters of Merom)의 전투다. 이것은 가나안 정복사에 있어서 아주 중요한 전투로, 가나안 북방 모든 잔존 세력이 모두 집결하여 일전을 치른 곳이다. 특히 하솔 왕 야빈(Jabin)이 주변 왕들을 모아 가나안 북방 연합군을 형성해 여호수아에 대적했다.

4절과 5절은 이렇게 소개하고 있다. "그들이 그 모든 군대를 거느리고 나왔으니 백성이 많아 해변의 수많은 모래 같고 말과 병거도 심히 많았으며 이 왕들이 모두 모여 나아와서 이스라엘과 싸우려고 메롬 물가에 함께 진 쳤더라(수 11:4~5)."

'백성이 많아 해변의 수많은 모래 같고 말과 병거도 심히 많았으며', 이것은 가나안 북방 연합군들의 수가 엄청났음을 보여준다. 그들의 위세가 얼마나 당당했는지, 이스라엘이 두려워할 만큼 위협적이었다. 이것은 북방민족들의 제2차 동맹이었다.

이 북방 연합군의 총사령관은 하솔 왕 야빈이었다(수 11:10). 하솔(Hazor)은 당시 가나안 북부의 가장 크고 강력한 왕도로, 단과 긴네롯 바다(sea of Kinnereth, 갈릴리 호수) 사이에 위치해 있었다. 야빈은 이스라엘 민족이 아모리와의 싸움에서 승리하고, 그곳 아모리 다섯 왕들을 처형했다는 소식에 더 이상 물러설 수 없다는 것을 깨달았다. 가나안 남방이 점령당한 것이다. 그는 북방 산지와 동서편 가나안 사람, 그리고 산지의 여부스 사람, 헤르몬 산 아래 히위 사람들에게 사람을 보내 동맹군을 형성했다. 그들로서는 더 이상 물러설 수 없는 전투였다.

가나안 연합군은 대군을 이끌고 메롬 물가로 나왔다. 메롬은 원래 하솔에서 가까운 산악 도시다. 메롬 물가는 산악에서 흐르는 물이 긴

네롯으로 흘러들어 가는 여러 강줄기가 있었다. 그래서 메롬 물가다. 쉽게 말하면 갈릴리 위 북서부 지역에서 결전을 벌이게 된 것이다. 우리도 때로 사단의 세력과 결전을 벌여야 할 때가 있다.

이스라엘도 두려웠다. 상대의 결의가 대단하다는 것을 볼 수 있기 때문이다. 하나님은 여호수아에게 말씀하셨다.

"그들로 말미암아 두려워하지 말라 내일 이맘때에 내가 그들을 이스라엘 앞에 넘겨주어 몰살시키리니 너는 그들의 말 뒷발의 힘줄을 끊고 그들의 병거를 불사르라(수 11:6)."

하나님이 함께하시니 무엇이 두려우랴. 아모리와 싸울 때도 태양을 중천에 머물게 하지 않으셨는가. 이 말씀도 하나 떨어지지 아니하고 이루시리라. 우리는 하나님을 의지할 수밖에 없다. 이 일은 내가 할 수 있는 일이 아니다. 전쟁은 하나님께 속했다 하지 않았는가.

여호수아는 이 말씀에 힘입어 모든 군사를 이끌고 메롬 물가로 가 그들을 격파했다. 졸지에(suddenly) 습격을 당한 그들은 가나안 곳곳으로 도망쳤다. 여호수아 군대는 시돈뿐 아니라 미스바 골짜기 할 것 없이 그들을 쫓아가 한 사람도 남기지 않고 죽였다. 여호수아는 하나님의 말씀대로 그들의 말 뒷발의 힘줄을 끊고 불로 그 병거를 불살랐다. 다시는 일어서지 못하게 만든 것이다. 여호수아 군대는 대승을 거두었다. 여호수아는 야빈은 물론 가나안 연합군에 속한 모든 왕들을 처단했고, 그리고 하솔 성을 불살랐다. 하솔은 훗날 납달리 지파에게 주어졌다.

메롬 물가의 전투를 끝으로 여호수아는 가나안 정복을 마무리한다. 11장 후반은 가나안 정복을 끝내는 장면이 소개된다. 가나안 남방도 가나안 백성 중 이스라엘과 화친한 기브온 거민 외에는 모두 제거 대상이 되었다.

20절은 가나안 정복사에서 하나님은 결코 방관자가 아니었음을 보여준다. 이 절은, 가나안 사람들의 마음이 강퍅해 이스라엘을 대적하게 된 것은 '여호와께서 그렇게 하신 것'이라 했다. 은혜를 받지 못하고 저주를 받게 하신 것이다. 그들 가운데 일부가 기브온 사람들처럼 화친을 청할 수도 있었을 것이다. 그러나 그들은 화친을 택하지 않고 끝까지 대적했다. '여호와께서 그렇게 하신 것'이란 하나님이 그들로 그렇게 하도록 '허용'하신 것을 의미한다. 전쟁은 하나님께 속한 것이요, 하나님의 언약은 확실히 성취된다는 사실을 일깨워준다.

11장에서 잊을 수 없는 또 다른 대목은 "온 산지에서 아낙 사람을 멸절하고(수 11:21)" 그 성읍들을 진멸한 것이다. 아낙 사람이 누구인가? 가나안을 정탐했던 사람들이 돌아와 아낙 사람들을 보고, 그들이 거인이라면 자신들은 메뚜기 같다 하지 않았던가. 그렇게 두려워했던 대상이었건만, 가나안 정복을 끝내면서 이스라엘 자손의 땅 안에는 아낙 사람이 하나도 남음이 없고 가사와 가드와 아스돗에만 약간 남았다(수 11:22)고 적고 있다. 아낙 사람도 이제 더 이상 두려움의 대상이 아니라는 말이다.

15절의 말씀을 보자. "여호와께서 그의 종 모세에게 명령하신 것을 모세는 여호수아에게 명령하였고 여호수아는 그대로 행하여 여호와께서 모세에게 명하신 모든 것을 하나도 행하지 아니한 것이 없었더라(15절)." 철저한 명령 수행이다. 23절은 수행결과를 나타낸다. "이와 같이 여호수아가 여호와께서 모세에게 말씀하신 대로 그 온 땅을 점령하여 이스라엘 지파의 구분에 따라 기업으로 주매 그 땅에 전쟁이 그쳤더라(23절)." 마지막 문구가 마음에 와 닿는다. 더 이상 전쟁을 말하지 않는 때다. 마침내 평화가 찾아온 것이다. 우리에게도 하나님이 주신 평화가 필요하다. 그래서 이 절을 읽을 때마다 그때를 바라본다. 믿음의 눈으로.

13. 여호와를 위한 단: 신앙에는 원칙이 있다

여호수아 22장을 보면 이스라엘 지파 사이, 특히 요단강을 경계로 이편과 저편에 사는 지파 사이에 제단(altar) 문제로 큰 논쟁이 있었다. 르우벤 자손과 갓 자손과 므낫세 반 지파 등 강 이편에 사는 지파들이 요단강가에 '아주 볼 만한 큰 단'을 만든 것이다. 이 소식을 들은 저편, 곧 이스라엘 자손들이 실로에 모여 '싸우러 가자' 했다. 여호와를 위한 단이 아니라 우상의 단을 쌓은 것으로 본 것이다. '싸우러 가려'는 것은 여호와에 대한 이스라엘의 신앙이 얼마나 투철했는가를 보여준다.

우선 대표단을 파견하기로 했다. 대표단에는 제사장 비느하스를 비롯해 각 지파에서 한 방백씩 10방백이 함께했다. 족속의 리더들이 제사장과 함께 간 것이다. 그들은 강을 건너가 요단 이편에 사는 족속들을 강력하게 비난한다.

> "너희가 어찌하여 이스라엘 하나님께 범죄하여 오늘 여호와를 따르는 데서 돌아서서 너희를 위하여 제단을 쌓아 너희가 오늘 여호와께 거역하고자 하느냐(16절)."
> "브올의 죄악으로 말미암아 여호와의 회중에 재앙이 내렸으나 오늘까지 우리가 그 죄에서 정결함을 받지 못하였거늘 그 죄악이 우리에게 부족하여서 오늘 너희가 돌이켜 여호와를 따르지 아니하려고 하느냐(17~18절)."

> "오직 우리 하나님 여호와의 제단 외에 다른 제단을 쌓음으로 여호와를 거역하지 말며 우리에게도 거역하지 말라(19절)."

그들이 전한 메시지는 아주 단호했다. 만약 분배된 토지에 불만이 있어 그런 것이라면 요단 이편으로 건너와 분배를 받으라 했다. 할 말을 다한 것이다.

그러나 문제는 소통이었다. 그렇게 책하기 전에 알아봤어야 했다. 왜 그들이 제단을 쌓고자 했는지, 그 제단이 어떤 성격을 가졌는지. 대표단들은 제단의 성격을 속단하고, 그들을 정죄부터 했다. 그들이 쌓은 제단은 여호와를 위한 제단이 아니라 자기를 위해 쌓은 단이라는 것이다.

질책을 들은 요단 이편에 속한 족속들은 자신들을 변호하기 시작했다. 우선 단을 쌓은 것은 제사를 위한 것이 아니요 증거를 위한 것임을 확실히 했다. 그리고 그것이 아니라면 벌 받아 마땅하다 했다.

> "하나님 여호와께서 아시나니 이스라엘도 장차 알리라 이 일이 만일 여호와를 거역함이거나 범죄함이거든 주께서는 오늘 우리를 구원하지 마시옵소서 우리가 제단을 쌓은 것이 돌이켜 여호와를 따르지 아니하려 함이거나 또는 그 위에 번제나 소제를 드리려 함이거나 또는 화목제물을 드리려 함이거든 여호와는 친히 벌하시옵소서(22~23절)."
>
> "우리가 목적이 있어서 주의하고 이같이 하였노라 곧 생각하기를 후일에 너희의 자손이 우리 자손에게 말하여 이르기를 너희가 이스라엘 하나님 여호와와 무슨 상관이 있느냐 너희 르우벤 자손 갓 자손아 여호와께서 우리와 너희 사이에 요단으로 경계를 삼으셨나니 너희는 여호와께 받을 분깃이 없느니라 하여 너희의 자손이 우리 자손에게 여호와 경외하기를 그치게 할까 하여 우리가 말하기를 우리가 이제 한 제단 쌓기를 준비하자 하였노니 이는 번제를 위함도 아니요 다른 제사를 위함도 아니라(24~26절)."

대표단들은 그들의 말을 듣고 좋게 여겼다(30절). 좋게 여겼다는 것은 그들 사이에 더 이상 거리낌 없이 완전히 소통되었다는 의미다. 그들이 만든 단의 모습을 둘러보고, 그들의 진정성을 확인한 대표들은 돌아가 이스라엘 백성들에게 보고했다. 그러자 이스라엘 자손들은 더 이상 "가서 싸우자"는 말을 하지 않았다. 소통된 것이다. 이것은 소통이 얼마나 중요한가를 보여주는 사건이다.

요단 이편 족속들은 이 단의 이름을 '엣(Ed)'이라 했다. 이것은 '증거(a witness)'라는 뜻으로, 우리 사이에 여호와가 하나님이 되신다는 것을 이 단이 증거하기를 바란 것이다. 훗날 후손들이 그 단을 보며 선조들이 얼마나 하나님을 신앙하며 살았는가를 인식하기 바란 것이다.

이 사건은 우리에게 두 가지 교훈을 준다. 하나는 여호와를 향한 그들의 열심이다. 단을 쌓아도 자기를 위해 쌓지 않고 오직 여호와 하나님을 위한 것이어야 한다는 것이다. 하나님을 향한 신앙의 원칙은 흔들릴 수 없다. 다른 하나는 소통의 중요성이다. 처음에는 오해에서 비롯되었지만 소통이 되자 서로 이해하고, 일이 원만하게 해결되었다. 신앙의 원칙을 지키되 서로 소통하며 이해하는 태도가 중요하다는 것을 보여준다. 그렇지 않으면 싸움이 일어날 수 있다. 소통에는 서로 믿고 신뢰하는 태도가 중요하다.

14. 쉐마: 이스라엘아, 들으라

> "이스라엘아 들으라 우리 하나님 여호와는 오직 유일한 여호와이시
> 니 너는 마음을 다하고 뜻을 다하고 힘을 다하여 네 하나님 여호와
> 를 사랑하라 오늘 내가 네게 명하는 이 말씀을 너는 마음에 새기고
> 네 자녀에게 부지런히 가르치며 집에 앉았을 때에든지 길을 갈 때

에든지 누워 있을 때에든지 일어날 때에든지 이 말씀을 강론할 것
이며 너는 또 그것을 네 손목에 매어 기호를 삼으며 네 미간에 붙여
표로 삼고 또 네 집 문설주와 바깥문에 기록할지니라(신 6:4~9)."

히브리인의 교육을 쉐마(shema) 교육이라 한다. 쉐마는 바로 신명기
6장 4절에 나오는 "들으라"는 명령문에서 따온 것이다. 이 명령은 하
나님을 사랑할 뿐 아니라 하나님의 말씀을 부지런히 가르치고 배우
라는 것이다. 하나님은 왜 이스라엘에게 이 명령을 내리셨을까? 하나
님의 말씀을 배우면 "하나님이 어떻게 우리를 사랑하셨는가", "앞으
로 그를 어떻게 섬길 것인가"를 알 수 있게 되기 때문이다. 히브리인
은 교육 목적을 언제나 하나님을 사랑하고, 그분의 뜻을 살피는 것에
두었다.

히브리인의 가정교육은 4가지 방식으로 이루어졌다. 첫째, 생존을
위한 직업교육이다. 랍비도 직업을 가지며 종교적인 일을 담당했다.
일은 하나님이 주신 것으로 귀하게 생각했다. 둘째, 가부장이 부권을
가지고 교육을 실시했다. 할례는 남자 중심이었다. 이것은 부권을 통
해 신의 뜻을 나타내는 것으로 간주했다. 셋째, 구전에 의한 방법이
다. 말로 전해 내려오는 것을 자식에게 가르쳤다. 그만큼 전통을 중시
한다는 말이다. 넷째, 종교의식을 통한 방법이다. 할례는 구속을 받은
표로 예식에 참여한다. 생후 4개월 후 속죄제 의식을 행한다. 13살이
되면 성인의식을 행한다. 이것을 '바 미트화(Bar Mitwha)'라 한다. 이
것은 '견고하게 해준다(confirmation)'는 뜻을 담고 있다. 토라 기초교
육을 마쳤기 때문에 히브리 공동체 성인회원으로 받아들이는 것을
의미하며, 앞으로 의무와 책임이 따른다는 것을 인식케 한다.

"이스라엘아 들으라(4절)." 가나안은 우상숭배의 땅으로 타락한 문

화가 만연되어 있었다. 이스라엘은 광야 40년 동안 검소하고 단순하며 순수한 영적인 삶을 영위해왔다. 모세는 그들이 가나안에 들어가 물들 것을 염려했다. 특히 모세는 들어가지 못하고 이스라엘 백성들만 들어가게 되므로 걱정이 이만저만이 아니었다. 신명기는 그들이 올바른 삶을 살기를 바라는 모세의 설교를 담고 있다.

"하나님 여호와는 오직 하나인 여호와시니(4절)." 여호와 하나님은 가나안의 우상과는 비교가 되지 않는 오직 한 분뿐인(one and only) 여호와 하나님이심을 강조하고 있다. "오직 하나"는 하나님만 절대적이며 그분 외에 다른 신이 없음을 의미한다. 이것은 히브리 민족의 신앙고백이다. 다신교가 풍미했던 당시 유일신 선포는 혁명적인 것이었다.

"마음을 다하고 성품을 다하고 힘을 다하여 하나님 여호와를 사랑하라(5절)." 마음을 다하고 성품을 다하고 힘을 다하여 여호와를 사랑하라는 말씀은 가장 큰 계명으로 율법의 대강령이라 한다. 이 말씀은 신명기 10장 12절, 11장 1절, 13절 그리고 22절에 되풀이 강조되고 있다. 예수님도 강조하셨다(마 22:37). "마음과 성품과 힘을 다하여"란 우리의 전 존재를 다 바쳐서, 내 인생과 삶의 모든 것을 다 바쳐서라는 의미이다.

"마음에 새기고(6절)." 우리의 전 존재를 다해 하나님 한 분을 사랑하게 되면 그 말씀을 마음에 새기게 된다. 새긴다는 말은 "가장 중심에 둔다"는 것으로, 그 말씀을 가장 중요하게 여기고 가장 권위 있는 것으로 인정하며, 그 말씀을 삶의 기준이자 원칙으로 삼는다는 것을 의미한다.

"네 자녀에게 부지런히 가르치며(7절)." 자신뿐 아니라 집에서 자녀들에게 가르칠 것을 강조하고 있다. "가르친다"는 것은 단지 지식을 전달하는 것만 의미하지 않는다. 이 말은 "막대기로 찌른다", "날카롭게 한다"는 뜻을 가지고 있다. 막대기로 찌르는 것은 깊이 뿌리박히도록 자극을 주어 가르치는 것이다. 그리고 "날카롭게 한다"는 것은 예리한 칼처럼 하나님의 말씀이 자녀의 악한 성품을 도려낸다는 뜻을 가지고 있다.

"부지런히" 가르치되, 집에 앉아 있을 때든지 길을 갈 때든지 누웠을 때든지 일어날 때든지 가르친다. 이는 언제 어디서나 어떤 경우나 환경에 있든지 하나님의 말씀을 가르쳐야 한다는 것을 말해준다. 이것은 하나님의 말씀을 가르쳐 삶에 적용하도록 한 것으로, 자식과 부모의 대화가 어떠해야 하는가를 가르쳐준다. 하나님의 말씀이 없는 대화, 오직 공부만 강조하는 대화는 신앙적으로 죽은 대화이다.

손목, 미간, 문설주, 바깥문(8~9절)도 말씀의 도구가 된다. 당시 책의 수는 적고 분산되어 있으므로 율법의 중요한 부분을 문지방에 써 붙이고 팔과 이마에 감고 다니며 외웠다. 후대에도 유대인들은 이 말씀을 문자대로 해석하여 양피지에 율법 문구를 기록하여 손이나 이마에 붙이고 다녔다. 이스라엘 사람들은 지금도 자기 집뿐 아니라 호텔 문이나 문틀에도 말씀을 붙여 그 말씀대로 살도록 하고 있다. 히브리인은 여행을 할 때 '메주자(mezuzah)'를 가지고 다닌다. 이것은 문자적으로는 '문설주'라는 말이다. 양피에 글을 새겨 문지방에 달아놓는다. "나는 너를 사랑했다", "나는 너를 구원했다", "하나님이 너와 함께하신다", "너희 출입을 지키시리라" 등 여러 글들이 쓰여 있다. 이것은 종교교육이 얼마나 중요한가를 보여준다. 이런 가르침을 통해 하나님의 말씀이 삶의 원칙이 되도록 하고, 타락한 문화 환경 속에서도 홀로 설 수 있도록 만들어가야 한다.

1세대가 생명력 있는 신앙을 유지하지 못하면 2세대는 화석신앙을 가질 수밖에 없다. 따라서 1세대의 확고한 신앙과 가르침이 중요하다. 이스라엘 사람들은 이방인들과 섞여 살면서도 거룩하고 순수한 삶이 무엇인가를 보여주며 살았다. 신앙의 정체성을 유지하고자 한 것이다.

모세가 이렇듯 명령하며 타일렀지만 세월이 지나면서 이스라엘은 이 말씀을 지키지 못했다. 사사기 2장 10절을 보자. "그 세대의 사람도 다 그 조상들에게로 돌아갔고 그 후에 일어난 다른 세대는 여호와를 알지 못하며 여호와께서 이스라엘을 위하여 행하신 일도 알지 못하였더라." 그리스도인은 세상의 영향을 받으며 함께 타락해가는 존재가 아니다. 세상에 영향을 주고, 세상을 변화시키는 하나님의 자녀들이다.

15. 아즈카라: 당신의 삶을 구별하여 드리라

불로 태우는 화제에는 동물도 있지만 곡식도 있다. 레위기 2장 9절을 보면 "그 소제물 중에서 기념할 것을 가져다가 제단 위에서 불사를지니 이는 화제라 여호와께 향기로운 냄새니라" 하였다. 이 말씀 중에 '그 소제물 중에서 기념할 것을 가져다가'라는 말씀이 있다. 소제물 중에서 기념할 것은 화제를 드릴 때 곡식으로 바친 소제물(grain offering) 중 일부를 따로 구별하여 드리는 것을 말한다. '기념할 것'을 히브리어로 '아즈카라(azkara)'라 한다. 아즈카라는 '기념물(memoir, a memorial)', '기억될 만한 부분(memorial portion)'이라는 뜻을 가지고 있다. 그 기념물을 통해 자신이 지은 죄와 하나님의 용서를 생각한다.

민수기 31장에도 아즈카라가 나온다. "모세와 제사장 엘르아살이 그들에게서 그 금으로 만든 모든 패물을 취한즉 천부장과 백부장들이 여호와께 드린 거제의 금의 도합이 만 육천칠백오십 세겔이니 군인들이 각기 자기를 위하여 탈취한 것이니라 모세와 제사장 엘르아살이 천부장과 백부장들에게서 금을 취하여 회막에 드려 여호와 앞에서 이스라엘 자손의 기념을 삼았더라(민 31:51~54)." 미디안을 치고 난 다음 전리품을 분배했다. 군대장관들, 곧 천부장과 백부장들이 자신들의 속죄를 위해 전리품 중 일부를 떼어 하나님께 드림으로 이스라엘 자손의 기념을 삼은 것이다. 이때 기념이 바로 아즈카라다.

아즈카라는 비록 백성들이 바친 제물 중 일부를 구별해 드리지만 그것이 제사의 대표가 되고, 하나님이 기뻐하시며 기억하신 바 되게 하는 기념물이다. 일부분을 드렸지만 전체를 드린 것과 같은 효과를 내는 것이다. 일부를 드려서 하나가 되었다는 것도 마찬가지 표현이다. 결혼식 때 신랑 신부가 사랑의 정표로 반지를 교환한다. 반지는 하나의 기념물이다. 작지만 서로 반지를 나눔으로써 두 사람이 하나가 된다. 또한 반지를 보면서 서로의 사랑을 확인하고 생각한다. 이것이 우리 삶에서의 아즈카라다.

우리가 주님께 기념할 만한 무엇을 드리고 싶다면 그것이 아즈카라다. 아즈카라는 꼭 물질을 드림만이 아니다. 하루 중 한 시간을 구별하여 드릴 때, 내 삶의 전체에서 일부를 주님께 드려 헌신하고자 할 때 그 시간은 바로 아즈카라다. 작은 것을 나누어 온전한 사랑을 이룰 때 그것도 아즈카라다. 그 기도, 그 헌신, 그 사랑을 주님은 기뻐 받으신다.

우리가 주님께 드리는 아즈카라는 극히 일부다. 하나님은 우리가 다 드리지 않아도, 아니 드리고자 하는 마음만 비쳐도 기뻐하신다. 다윗에게 있어서 아즈카라는 주님을 사랑하는 진실한 마음이다. "나는 궁에서 거하는데, 하나님을 장막에 거하게 하다니." 그 마음이 성전 건축으로 구체화되었다. 다윗이 하나님을 위해 거할 집(성전)을 건축하고자 하는 마음을 비쳤는데도 기뻐하시며 오히려 축복을 부어주셨다.

"내가 너를 이스라엘의 주권자로 삼고 네가 어디를 가든지 내가 너와 함께 있어 (…) 네 이름을 존귀케 만들어 주리라 (…) 네 집과 네 나라가 내 앞에서 영원히 보전되고 네 위가 영원히 견고하리라(삼하 7:8~16)."

이 대목에서 우리는 부모의 마음을 읽는다. 자녀들이 조금만 효도를 해도 부모의 마음은 기쁘다. 부모는 그들이 하는 것 이상으로 주고 싶다. 하나님을 위한 우리의 아즈카라는 영육 간에 풍성함을 낳는다.

이스라엘이 요단강을 건넌 다음 그 강에서 가져온 열두 돌을 길갈에 세웠다. 훗날 이 돌들이 무슨 뜻이냐 묻거든 "이스라엘이 이 요단강을 발을 적시지 않고 건넌 일을 기념하는 것이라고 일러주어라(수 4:22, 공동번역)" 하였다. 요단강에 그 많은 돌을 대신해 취한 돌이 바로 이 열두 돌이다. 이것이 그 사건을 기념하는 것이다. 열두 돌은 이스라엘을 향하신 하나님의 자비를 드러내는 아즈카라다. 시편 기자는 노래한다. "그들이 주의 크신 은혜를 기념하여 말하며 주의 의를 노래하리이다(시 145:7)." 그리스도인은 늘 우리 삶에서 행하신 주님의 그 놀라운 행적을 기억하고 찬양하는 사람들이다. 성경에는 구석구석에 아즈카라가 보인다.

아즈카라에서 빼놓을 수 없는 것, 아즈카라 중 아즈카라가 바로 예수님이다. 아즈카라에 해당하는 신약의 말씀은 성찬에 있다.

"내가 너희에게 전한 것은 주께 받은 것이니 곧 주 예수께서 잡히시던 밤에 떡을 가지사 축사하시고 떼어 이르시되 이것은 너희를 위하는 내 몸이니 이것을 행하여 나를 기념하라 하시고 식후에 또한 그 와 같이 잔을 가지시고 이르시되 이 잔은 내 피로 세운 새 언약이니 이것을 행하여 마실 때마다 나를 기념하라 하셨으니(고전 11:23~25).”

이 말씀 가운데 “나를 기념하라”는 말씀이 두 번이나 나온다. 예수 님의 피와 살은 예수님의 아주 작은 부분이지만 중요한 아즈카라다. 떡과 잔은 우리를 위해 대속하여 찢기신 몸과 흘리신 피를 기념하는 것이다. 예수의 피와 살을 먹지 않는 자는 주님과 상관이 없다. 작지 만 그것은 주님의 구속 사역 전체와 직결되어 있기 때문이다.

호세아서를 보면 “여호와는 만군의 하나님이시라 여호와는 그를 기억하게 하는 이름이니라(호 12:5)” 하였다. 개역한글에는 “저는 만 군의 하나님 여호와시라 여호와는 그의 기념 칭호니라” 하였다. KJV 에서도 “the LORD is his memorial”이라 했다.

이스라엘 백성들은 그 칭호에서 구원의 하나님을 보았다. 지금 우 리는 우리를 죄에서 구하기 위해 독생자 예수를 아끼지 아니하고 우 리에게 보내주신 하나님의 그 깊은 사랑을 본다. 우리는 주 하나님을 섬기는 사람들이다. 하나님은 단지 하나의 이름이 아니다. 우리의 기 념칭호요 우리의 모든 것이다.

그 하나님은 우리가 다 드리지 않아도, 조금만 떼어 드려도 기뻐 받으신다. 다 드리지 않아도 다 드린 것으로 여겨주시는 하나님, 그것 은 하나님의 크신 은혜요, 특권이요, 사랑이다. 그런데 그 하나님께서 우리를 위해 자신의 보혈을 아즈카라로 주셨다. 보통 피가 아니다. 하 나님의 피다. 이제 우리가 우리 각자의 아즈카라를 주님께 드릴 차례 다. 무엇을 드릴까 고민되는가? 짧은 시간이지만 좀 더 가까이 주님 께 나아갈 때 주님은 기뻐하시고, 작은 사랑이라 할지라도 이웃과 함께 나눌 때 풍성한 은혜를 더하신다.

주 안에서 변화된 삶을 살고 싶은가, 아니 영적으로 풍성한 삶을 누리고 싶은가. 그러면 당신의 소중한 것, 진정성이 담긴 아즈카라를 먼저 구별하여 주님께 드리라. 가슴에 품은 좋은 것을 이웃과 나누라. 그러면 주님은 당신의 아즈카라를 기억하실 것이다. 아니 당신의 삶이 달라질 것이다. 오늘 당신이 주님께 구별해드린 아즈카라는 무엇인가.

16. 원수사랑: 하나님의 가르침에는 일관성이 있다

"너희는 도둑질하지 말며 속이지 말며 서로 거짓말하지 말며 너희는 내 이름으로 거짓 맹세함으로 네 하나님의 이름을 욕되게 하지 말라 나는 여호와이니라.
너는 네 이웃을 억압하지 말며 착취하지 말며 품꾼의 삯을 아침까지 밤새도록 네게 두지 말며 너는 귀먹은 자를 저주하지 말며 맹인 앞에 장애물을 놓지 말고 네 하나님을 경외하라 나는 여호와이니라. 너희는 재판할 때에 불의를 행하지 말며 가난한 자의 편을 들지 말며 세력 있는 자라고 두둔하지 말고 공의로 사람을 재판할지며 너는 네 백성 중에 돌아다니며 사람을 비방하지 말며 네 이웃의 피를 흘려 이익을 도모하지 말라 나는 여호와이니라.
너는 네 형제를 마음으로 미워하지 말며 네 이웃을 반드시 견책하라 그러면 네가 그에 대하여 죄를 담당하지 아니하리라 원수를 갚지 말며 동포를 원망하지 말며 네 이웃 사랑하기를 네 자신과 같이 사랑하라 나는 여호와이니라(레 19:11~18)."

이 말씀은 레위기 19장에 있는 말씀이다. 11절에서 18절까지 모두 8절에 걸쳐 있는 이 말씀은 우리가 이웃과의 관계가 어떠해야 하는가를 아주 극명하게 표현해준다. 두 절이 끝날 때마다 "나는 여호와이니라"고 말씀하심으로써 이 말씀이 하나님의 말씀이며, 우리가 꼭 지켜야 할 말씀인 것을 다시 한 번 강조하고 있다.

나는 이 말씀을 읽을 때마다 느낀다. "구약과 신약은 다르지 않구나." 우리는 흔히 구약의 내용과 신약의 내용이 다르다고 말한다. 그러나 따지고 보면 그렇지 않다. 일관되게 가르친다.

원수를 사랑하라는 것을 생각해보자. 우리는 이 부분에서 상당히 헷갈린다. 예수님의 말씀을 상고해보면 더욱 그렇다. 주님은 말씀하셨다. "또 네 이웃을 사랑하고 네 원수를 미워하라 하였다는 것을 너희가 들었으나(마 5:43)." 이 부분에서 "네 원수를 미워하라"는 말씀만 꼭 집으며 마치 구약에 있는 말씀으로 생각하기 쉽다. 그러나 그렇지 않다. 레위기 19장 18절에 "원수를 갚지 말며"라 하지 않았는가.

그런데 예수님은 왜 그런 말씀을 하셨을까? 이것은 하나님의 가르침이 아니라 바리새인들이 그렇게 생각하고 가르쳐왔다는 것이다. 잘못 가르쳐왔음을 지적하는 말씀이다. 예수님의 가르침도 명확하다. "그러나 너희 듣는 자에게 내가 이르노니 너희 원수를 사랑하며 너희를 미워하는 자를 선대하며(눅 6:27)." 네가 사랑해야 할 이웃에도 원수가 포함되어 있다는 말씀이다. 구약에서도, 신약에서도 "네 형제를 마음으로 미워하지 말며 원수를 갚지 말며 이웃 사랑하기를 네 몸과 같이 하라" 하지 않으시는가. 하나님의 정신은 이처럼 일관성이 있다.

레위기 19장의 말씀 가운데 강조되는 부분은 가난한 자에 대한 것과 공의를 확실히 하라는 말씀이다. 성경은 가난한 자, 고아와 과부, 나그네 등을 돌보도록 한다. 가난한 자라고 업신여긴다든지 돌보지 않는 것은 이웃을 내 몸과 같이 사랑하지 않는 것이다. 이웃 사랑에 관한 한 가난한 자를 돌봐야 한다. 그러나 가난한 자가 잘못을 했는데도 가난한 자라고 두둔하는 것은 공의롭지 못하다는 것이다. 이것은 부자나 권세 있는 자에게도 마찬가지다. 하나님의 말씀은 확고하다. "가난한 자의 편을 들지 말며 세력 있는 자라고 두둔하지 말고 공의로 사람을 재판할지며." 하나님은 사랑의 하나님이시지만 공의의 하나님이시다. 가난한 자를 돕는 것은 돕는 것이고, 잘못한 것은 잘못한 것이라는 것이다. 하나님의 정신은 이처럼 일관성이 있다.

웨스트민스터 신앙고백에 따르면 하나님은 사랑이시고 우리 죄악을 용서하시는 분이시지만 죄를 미워하시는 분이시다. 우리는 그분의 뜻에 따라 이웃을 사랑해야 한다. 원수까지도 사랑하는 경지로 발전해야 한다. 그러나 재판은 항상 공정해야 한다. 불의를 행하는 것이 사랑은 아니기 때문이다. 하나님의 공의와 사랑은 두 날개와 같다. 이웃과의 관계에서도 하나님의 정신은 일관되게 드러나야 한다.

17. 하나님 경험: 경험을 통해 더 깊은 신앙의 자리로 나아가라

헨리 블랙가비(H. T. Blackaby)와 클로드 킹(C. V. King)이 쓴 책으로 『하나님을 경험함(Experiencing God)』이 있다. 이 책의 1장은 '경험으로 하나님을 아는 것'에 대해 논했다.

아브라함의 삶은 하나님을 경험하는 삶이었다. "본토 친척 아비 집을 떠나라"는 명령으로부터 시작해서 삶의 과정 하나하나에 하나님이 함께하셨다. 특히 여호와 이레는 그의 대표적 경험이다. "아브라함이 가로되 아들아 번제할 어린 양은 하나님이 자기를 위하여 친히 준비하시리라(창 22:8)." 아브라함은 하나님이 준비해주신다는 믿음에 따라 자기의 삶을 조정했고 행동으로 옮겼다. 하나님은 아브라함의 믿음과 순종을 보시고 이삭을 바치려는 아브라함을 제지하셨다.

대신 숫양을 준비해주셨다. 아브라함은 금방 경험으로 알게 된 하나님을 따라 그곳 이름을 '여호와 이레(Jehovah Jireh)', 곧 '하나님이 공급하신다(place the Lord will provide)'라고 지었다. 그는 자신의 경험을 통해서 하나님이 공급자(provider)이심을 알게 되었다.

모세는 '여호와 닛시(Jehovah Nissi)', 곧 "여호와는 나의 깃발이시다(the Lord is my banner)"는 하나님을 경험했다. 홍해를 건넌 이스라엘 족속을 아말렉 족속이 가로막고 나섰다. 여호수아와 이스라엘 민족이 나서 싸웠고, 모세는 가까운 산꼭대기에서 이 싸움을 지휘하고 있었다. 그가 하나님을 향해 손을 들고 있을 때 이스라엘이 이겼고, 손을 내리면 지기 시작했다. 하나님은 그날 이스라엘을 통해 아말렉 족속을 물리치셨다. 모세는 그곳에 단을 쌓고 '여호와닛시'라 했다. 깃발은 누구의 군대인가를 알려주는 역할을 한다. 여호와닛시는, 우리가 하나님께 속한 군병이라는 것을 확고히 해주었다. 우리는 오늘도 하나님의 군사로 행동해야 한다.

말로만 듣던 하나님이 아니라 살아계신 하나님을 체험했다. 야곱의 하나님 경험은 창세기 28장에 소개되어 있다. 야곱이 에서의 분노를 피해 브엘세바를 떠나 하란을 향해 가다 해가 져 돌을 베개 삼아 잠을 청하였다. 꿈에 땅과 하늘을 잇는 사닥다리가 보이고 하나님의 사자들이 오르락내리락했다. 하나님이 사닥다리 위에 서서 그에게 약속의 말씀을 주셨다.

"나는 여호와니 너의 조부 아브라함의 하나님이요 이삭의 하나님이라 네가 누워 있는 땅을 내가 너와 네 자손에게 주리니 네 자손이 땅의 티끌같이 되어 네가 서쪽과 동쪽과 북쪽과 남쪽으로 퍼져 나갈지며 땅의 모든 족속이 너와 네 자손으로 말미암아 복을 받으리라 내가 너와 함께 있어 네가 어디로 가든지 너를 지키며 너를 이끌어 이 땅으로 돌아오게 할지라 내가 네게 허락한 것을 다 이루기까지 너를 떠나지 아니하리라(13~15절)."

약속의 말씀을 듣는 순간 잠이 깨었다. 말로만 듣던 하나님의 음성을 직접 들은 것이다. 그는 소리쳤다. "여호와께서 과연 여기 계시거늘 내가 알지 못하였도다(16절)." "이곳이 다름 아닌 하나님의 집이요, 이는 하늘의 문이로구나." 그 이튿날 일찍 일어나 베게 삼았던 돌을 가져다 기둥을 세우고, 그 위에 기름을 붓고 그곳 이름을 벧엘(Bethel)이라 했다. 벧엘은 하나님의 집(the house of God)이란 뜻이다. 그는 하나님을 경험했을 뿐 아니라 그분의 약속을 통해 마음의 평안을 얻었다. 하나님을 경험한 자는 하늘의 평안을 얻는다.

고난 속에서 하나님을 경험한 욥은 이렇게 고백한다. "주께서는 못 하실 일이 없사오며 무슨 계획이든지 못 이루실 것이 없는 줄 아오니 무지한 말로 이치를 가리는 자가 누구니이까 나는 깨닫지도 못한 일을 말하였고 스스로 알 수도 없고 헤아리기도 어려운 일을 말하였나이다 내가 말하겠사오니 주는 들으시고 내가 주께 묻겠사오니 주여 내게 알게 하옵소서 내가 주께 대하여 귀로 듣기만 하였사오나 이제는 눈으로 주를 뵈옵나이다 그러므로 내가 스스로 거두어들이고 티끌과 재 가운데에서 회개하나이다(욥 42:1~6)." 특히 5절은 하나님 체험을 극명하게 드러낸다. "내가 주께 대하여 귀로 듣기만 하였사오나 이제는 눈으로 주를 뵈옵나이다." 야곱도, 욥도 듣기만 하던 하나님이었다. 그런데 하나님을 경험하고 더 깊은 신앙의 자리로 나아갔다는 점에서 공통된다.

하나님을 경험한 다윗은 시편에서 하나님을 다양한 모습으로 부른다.

나의 방패시오 나의 영광이시요(시 2:3), 내 의의 하나님이여(시 4:1), 나의 왕 나의 하나님이여(시 5:2), 나의 반석이시오 나의 요새시요(시 18:2), 나의 목자시니(시 23:1). 이 모두는 그의 하나님 경험이 얼마나 다양했는가를 보여준다.

나에게 있어서 하나님은 누구신가? 그저 성경에 쓰인 하나님이신가, 나의 심령에서 "아바 아버지"라 부를 수 있는 분이신가? 오늘 나의 삶에서 경험한 하나님은 어떤 분이신가. 그 하나님을 경험하라. 그 경험이 당신을 더 높은 차원의 신앙으로 이끌어줄 것이다.

18. 앎: 하나님을 아는 백성은 강하다

> "우리가 그의 계명을 지키면 이로써 우리가 그를 아는 줄로 알 것이요 그를 아노라 하고 그의 계명을 지키지 아니하는 자는 거짓말하는 자요 진리가 그 속에 있지 아니하되 누구든지 그의 말씀을 지키는 자는 하나님의 사랑이 참으로 그 속에서 온전하게 되었나니 이로써 우리가 그의 안에 있는 줄을 아노라(요일 2:3~5)."

아침 기도회 때 요한일서 2장을 묵상하며 말씀을 나누었다. 말씀 중에 가장 초점이 된 것은 '하나님을 아는 것'이었다. 요한은 하나님을 아는 것이 그저 인식적 차원이 아니라 행위적 차원으로 나아가야 한다는 것을 가르쳤다. 하나님을 안다 하면서 그분이 가르치신 말씀을 지키지 않는 것은 하나님을 진정으로 안다 할 수 없다는 것이다.

그에 따르면 하나님을 안다는 것은 우리가 그분 안에 있는 것이며, 하나님의 말씀을 지켜 행함으로써 그분의 뜻을 이루는 것이다. 그것은 하나님을 사랑하는 것이며, 하나님의 사랑이 그 속에서 온전하게 된다. 온전하게 되는 것은 우리를 향하신 그분의 목적을 이루는 것이다. 그러므로 하나님을 아는 것은 하나님의 목적, 곧 그분의 뜻을 이루는 일에 적극 동참하게 되는 귀중한 사역임을 알 수 있다.

요한은 그 실천사항에 대해 이렇게 권고한다.

> "아비들아 내가 너희에게 쓰는 것은 너희가 태초부터 계신 이를 알았음이요 청년들아 내가 너희에게 쓰는 것은 너희가 악한 자를 이기었음이라 아이들아 내가 너희에게 쓴 것은 너희가 아버지를 알았음이요 아비들아 내가 너희에게 쓴 것은 너희가 태초부터 계신 이를 알았음이요 청년들아 내가 너희에게 쓴 것은 너희가 강하고 하나님의 말씀이 너희 안에 거하시며 너희가 흉악한 자를 이기었음이라 이 세상이나 세상에 있는 것들을 사랑하지 말라 누구든지 세상을 사랑하면 아버지의 사랑이 그 안에 있지 아니하니 이는 세상에 있는 모든 것이 육신의 정욕과 안목의 정욕과 이생의 자랑이니 다 아버지께로부터 온 것이 아니요 세상으로부터 온 것이라 이 세상도, 그 정욕도 지나가되 오직 하나님의 뜻을 행하는 자는 영원히 거하느니라(요일 2:13~17)."

요한은 여기서 아비들, 청년들, 아이들을 거론한다. 이 일은 어느 특정 인물에게만 한정된 것이 아니다. 우리 모두의 일임을 드러낸다. 그는 실천항목으로 이 세상이나 세상에 있는 것들을 사랑하지 말라 한다. 그리스도인은 세상을 사랑하는 사람이 아니라는 것이다. 세상 것에는 육신의 정욕과 안목의 정욕과 이생의 자랑이 들어 있다. 그리스도인은 예수로 충만한 사람들이다. 세상으로 충만한 사람들이 아니다. 육신의 정욕과 이생의 자랑은 세상으로 충만한 것을 보여준다. 이것을 드러내고자 함은 예수를 드러내는 것이 아니라 자기를 드러낸다. 이것은 크게 잘못되었고, 하나님을 아는 자로서 있어서는 안 될 일이다.

요한은 강조한다. "이 세상도, 그 정욕도 지나가되 오직 하나님의 뜻을 행하는 자는 영원히 거하느니라." 세상 것은 다 지나가는 것이다. 육신의 정욕도, 이생의 자랑도 다 지나간다. 부질없는 것이다. 그러나 영원한 것은 오직 하나님의 뜻을 행하는 것이다. 하나님을 아는 것은 바로 그분의 뜻을 행하는 것이다. 요한은 이 점을 우리에게 강조한다.

잠언 기자는 여호와를 경외하는 것이 지혜의 근본이요, 거룩하신 자를 아는 것이 명철이라 하였다(잠 9:10). 하나님은 번제보다 하나님을 아는 것을 더 원하신다(호 6:6). 왜 그럴까? 하나님을 아는 사람은 다르기 때문이다. 하나님을 아는 자는 하나님께 속하고, 진리의 영으로 인도함을 받는다. 하지만 그렇지 아니한 자는 하나님께 속하기를 거부하며 미혹의 영을 따른다(요일 4:6). 바울은 교인들에게 "주께 합당하게 행하여 범사에 기쁘시게 하고 모든 선한 일에 열매를 맺게 하시며 하나님을 아는 것에 자라게 하시고(골 1:10)"라며 간구했다. 하나님을 아는 것에 지속적인 발전이 있기를 바란 것이다. 하나님을 아는 일은 거룩한 산 모든 곳에서 일어난다. "내 거룩한 산 모든 곳에서 해 됨도 없고 상함도 없을 것이니 이는 물이 바다를 덮음 같이 여호와를 아는 지식이 세상에 충만할 것임이니라(사 11:9)." 하나님을 아는 지식이 충만한 그날, 우리는 지금까지 느끼지 못한 하늘의 감격으로 주님 앞에 나아가게 될 것이다. 다니엘은 말한다. "오직 자기의 하나님을 아는 백성은 강하여 용맹을 떨치리라(단 11:32)."

19. 승리의 근원: 하나님은 우리에 앞서 싸우신다

여호수아 23장은 여호수아의 유언장이다. 나이 든 그는 이스라엘의 여러 지도자들을 부르고 지나온 날을 회고하며 이스라엘 민족이 앞으로 어떻게 살아가야 하는가를 하나씩 말해주었다. 그의 유언 가운데 인상에 남는 말은 하나님을 가리켜 '너희를 위하여 싸우신 이(God who fought for you)'라 한 것이다.

그는 애굽을 떠나온 후 지금까지 수많은 전쟁에서 선봉에 섰던 인물이다. 광야에서 아말렉과 싸울 때도 그랬고, 요단 저편 아모리 족속과도 싸웠고, 가나안에 들어와 여러 견고한 성을 쳤을 때도 앞장섰다. 이스라엘도 그와 함께했다. 그렇게 치열하게 싸웠던 그가 그 공을 이스라엘이나 자신에게 돌리지 않고 승리할 수 있었던 것은 하나님이 우리를 위해 싸웠기 때문이라는 것이다. 하나님이 없었다면 승리는 생각할 수 없었다는 말이다.

그의 말을 직접 들어보자.

> "너희의 하나님 여호와께서 너희를 위하여 이 모든 나라에 행하신 일을 너희가 다 보았거니와 너희의 하나님 여호와 그는 너희를 위하여 싸우신 이시니라(수 23:3)."
> "이는 여호와께서 강대한 나라들을 너희의 앞에서 쫓아내셨으므로 (the Lord has driven out before you great and powerful nations) 오늘까지 너희에게 맞선 자가 하나도 없었느니라 너희 중 한 사람이 천 명을 쫓으리니 이는 너희의 하나님 여호와 그가 너희에게 말씀하신 것 같이 너희를 위하여 싸우심이라(수 23:9~10)."

하나님은 이스라엘을 위해 싸우셨다. 그분은 강한 나라들을 이스라엘 앞에서 쫓아내셨고, 이스라엘로 하여금 일당 천으로 싸우도록 힘을 주셨다. 우리에게 승리를 안겨주신 분, 우리에게 힘을 주신 분은 바로 하나님이시라는 말이다. 그래서 그는 결론적으로 말한다.

"그러므로 스스로 조심하여 너희의 하나님 여호와를 사랑하라(수 23:11)."

여호와를 사랑해야 할 이유가 많지만 그중 지금까지 치러온 모든 전쟁에서 승리를 주신 분이 하나님이심을 안다면, 아니 우리를 위해 직접 싸워주신 분이 주님이심을 안다면 어찌 사랑하지 않을 수 있으랴. 여호수아는 그 감격을 되새기고 있는 것이다.

하나님이 우리를 위해 싸우신다는 생각은 세월이 흘러도 지속되었다. 모압과 암몬 자손의 침공에 여호사밧이 두려워 이렇게 기도한다.

"우리 하나님이여 그들을 징벌하지 아니하시나이까 우리를 치러 오는 이 큰 무리를 우리가 대적할 능력이 없고 어떻게 할 줄도 알 지 못하옵고 오직 주만 바라보나이다(역하 20:12)."

이때 레위사람 야하시엘이 성령이 충만한 가운데 말한다.

"온 유다와 예루살렘 주민과 여호사밧 왕이여 들을지어다 여호와 께서 이같이 너희에게 말씀하시기를 너희는 이 큰 무리로 말미암 아 두려워하거나 놀라지 말라 이 전쟁은 너희에게 속한 것이 아니 요 하나님께 속한 것이니라(역하 20:15)."

우리는 지금도 삶의 전쟁을 치르고 있다. 하나님이 내 편이 되어 싸워주신다는 것을 생각하면 하나님을 찬양하지 않을 수 없다. 그 안에서 하늘의 평안을 얻는다. 당신은 그 삶의 전쟁에서 어떤 모습을 하고 있는가? 치열한 전쟁으로 당신은 때로 지쳐 있을 수 있다. 쓰러지기도 하고, 다시는 일어설 수 없을 것 같기도 하다. 그때 주님은 당신을 안아주신다. 어떤 것이든 전쟁은 언제나 두렵다. 그러나 주님은 나의 연약함과 두려움을 아시고, 나보다 앞서 싸우신다는 것을 기억하라. 그분이 있어 지금의 당신이 되었다. 앞으로도 주님은 당신의 깃발이 되실 것이다.

그뿐이랴. 주님은 때로 영적인 전쟁터에서 우리를 최전선에 세우실 것이다. 그때마다 감사하라. 만군의 여호와가 우리 주시기 때문이다.

20. 삶의 방식: 인간의 방법보다 하나님의 방법을 택하라

하나님이 지시하신 땅으로 내려간 아브라함. 가나안에서 그는 기근을 만났다. 이제 당장 살아남아야 하는 문제에 부닥쳤다. 당신이라면 어떡할 것인가. 하나님은 왜 나를 이런 곳으로 인도하셨을까 푸념을 늘어놓을까. 그러기엔 너무 시급하다. 먹고사는 문제가.

그는 상황판단을 한다. 이 기근이 금방 해결될 것 같지 않다. 해결된다 해도 그것이 미치는 영향이 길 것이다. 그렇다면 이 기근으로부터 벗어나는 길은 애굽으로 가는 것이 아닌가. 많이들 간다. 그는 결단한다. "애굽으로 가자." 그는 애굽을 택했다. 그곳에 내려가 사는 것이다. 인간적으로 볼 때 아무 문제가 없다. 오히려 현명한 선택일 수 있다. 오늘날도 일할 곳을 찾아 세계를 누비지 않는가. 그것이 우리가 이 땅에서 사는 방식이다.

그러나 하나님의 방식은 다르다. 약속의 땅은 애굽이 아니라 가나안이다. 물론 기근은 먹고사는 문제와 직결된 문제다. 그러나 그것을 경제적 방식으로만 풀어가는 것이 최선은 아니다. 그 땅에 기근을 허락하신 분이 하나님이고, 그 문제를 해결해주실 분도 하나님이기 때문이다. 그 엄중한 시간에 아브라함이 바라봐야 할 것은 눈에 보이는 기근이 아니라 보이지 않는 하나님이다. 자신이 판단하기 전에 하나님께 묻고 그분이 기뻐하시는 방향으로 행동해야 했다. 애굽으로 가고 안 가고 하는 것이 중요한 것은 아니다. 이것이 바로 믿음의 방식이다. 하나님은 이런 상황에서 주님을 바라보는지, 아니면 문제에 집중하는지를 보신다.

애굽에서의 아브라함. 문제인 기근으로부터 당장 벗어날 수 있었지만 가정적으로는 위기를 맞는다. 남의 아내를 빼앗고 죽이는 위험이다. 아내 사래를 탐내는 바로. 그 앞에서 아브라함은 아내에게 누이라 말하게 함으로써 거짓 쪽에 섰다. 자기를 합리화한 말이기도 하지만 속임이 있다. 하나님을 믿는 사람이 거짓을 말해야만 하다니. 그의 마음은 착잡했을 것이다.

결국 사래는 바로의 궁으로 들어갔다. 아브라함이 염려하던 일이 현실이 된 것이다. 그 대가로 많은 짐승을 얻고, 금방 부자가 되었지만 정말 괜찮은 것인가. 아내를 빼앗긴 그에게 진정한 평화가 있을리 없다. 이러자고 이곳에 왔던가. 후회도 했을 것이다. 그러나 일은 벌어지고 말았다.

하나님은 그의 거짓 상황에 개입하시고 그 구조를 과감히 깨뜨리셨다. 하나님은 바로에게 재앙을 내리셨다. 그 재앙이 무엇인가에 대해서는 설명이 없다. 사래가 아브라함의 아내인 것을 말한 것을 보면 하나님께서 이미 말씀하셨음에 틀림없다. 하나님의 개입에 놀란 바로. 그는 아브라함을 불러 왜 그 큰 거짓말을 했느냐며 책망한다. 하나님의 사람 아브라함이 이방 왕으로부터 면박을 당한다. 그것도 잘못된 행위 때문에. 정말 치욕이다. 이 말을 들을 때 정말 숨고 싶은 심정이었을 것이다. 지금 교회가 세상으로부터 많은 비판을 듣고 있다. 치욕을 당하더라도 물질이 중할까, 아니면 물질이 없더라도 믿음의 순수성을 지키는 것이 중요할까. 하나님의 방식은 우리의 생각을 뛰어넘는다.

아브라함은 그때까지만 해도 하나님의 방법으로 푸는 방법을 잘 알지 못했다. 하나님으로 인하여 산다는 것이 어떤 뜻인지 알지 못했다. 그의 시야는 보이는 것에 한정되었다. 그러나 이 사건으로 그는 하나님이 과연 어떤 분이신가를 깨닫게 된다. 사람이 물질을 풀어가는 주체가 아니라 하나님이시라는 사실을. 우리가 문제에 직면해 있을 때도 마찬가지다. 우리가 문제에 이끌리는 것이 아니라 문제보다 크신 하나님이 우리와 함께하심을 인식하며 그 문제를 주님과 함께 풀어가는 것이다. 주님이 우리 안에 있으면 풀이방식이 다르다.

창세기 12장은 기근과 가난이 문제였다. 반면 창세기 13장은 풍부가 문제이다. 풍부의 문제를 통해 삶에서 하나님의 방식을 어떻게 실현해나가야 하는가를 보여준다. 아브라함과 조카 롯이 거한 벧엘은 물과 초지가 부족했다. 아브라함의 목자와 롯의 목자가 서로 다투는 일이 많아졌다. 그는 조카에게 선택권을 주고 양보했다. 당장의 이익을 생각하기보다 하나님이 자신에게 허락하실 먼 미래를 바라보았다. 보이지 않는 그것을 바라보는 믿음이 있기에 이 땅의 자그마한 풍요를 양보할 수 있었다. 하나님은 그를 축복하고 다시금 언약을 주셨다. 복의 근원은 아무나 되지 않는다. 세상방식보다 하나님의 방식을 행할 때 이뤄진다.

롯이 택했던 쪽은 물이 많고 초지가 좋았을지 모르지만 분쟁에 휘말리게 된다. 소돔을 비롯한 가나안 연합군도 패배했다. 그로 인해 롯이 포로가 되었다. 그 소식을 들은 아브라함은 자신의 사병 318명을 데리고 직접 싸움에 나섰다. 조카의 행실로 보아 인간적인 섭섭함이 있을 법한데 그 모든 것을 뒤로 하고 골육의 슬픔을 먼저 생각했다. 하나님은 작은 수로 큰 수를 이기게 하셨다. 그는 살렘 왕 멜기세덱의 축복까지 받았다.

그 후 아브라함이 지속적으로 하나님의 방식을 택했을까. 아니다. 그가 완벽하지 않았다는 점에서 위로가 될까. 아브라함은 자신의 혈통을 통해 민족을 이루고 창대케 되리라는 하나님의 약속을 가지고 있었다. 하지만 자신이 보기에 그 실현은 요원해보였다. 기다려도 자식이 없자 마침내 결정을 내린다. 자기의 종 엘리에셀을 상속자로 삼으리라. 인간적인 방법을 택한 것이다. 그러나 하나님은 그에게 인내를 요구하셨고 더 기다리게 하셨다. 그리고 마침내 이삭을 허락하셨다.

그 이삭을 지극히 사랑하자 하나님은 그를 하나님께 바치도록 했다. 바친다면 후사는 어떻게 하시려고. "하나님, 약속 위반이십니다." 그렇게 말하고 싶을 것이다. 아이를 택할 것인가, 아니면 하나님을 택할 것인가. 인간적으로 불합리해 보여도 그는 하나님을 택하는 데 주저하지 않았다. 자신을 한 번도 실망시킨 적 없는 분 아니신가. 하나님은 그 선택을 좋게 보셨다. 그리고 아브라함을 인정하셨다.

그 어느 것보다 하나님으로부터 인정받는 것이 중요한 것이 아니겠는가. 그를 통해 예수 그리스도께서 이 땅에 오셨고 별처럼 수많은 사람들이 구원을 받았다. 하나님은 인간의 방식이 아니라 하나님의 방식대로 문제를 풀어가신다. 하나님을 아는 것이 무엇보다 중요하다. 오늘 하나님을 체험하라. 내 방식을 내려놓고 하나님의 방식에 귀를 기울이라.

21. 삼손: 하나님은 우리를 버리지 않으신다

역사적으로 보면 헤라클레스, 항우, 임꺽정과 같은 사람은 힘이 장사였다. 성경의 기록에 따르면 삼손의 힘은 이에 비할 수 없을 만큼 장사였다. 그는 사자를 염소 죽이듯 했고, 블레셋 사람 30명을 만나 쉽게 처치했으며, 나귀 턱뼈로 블레셋 군 천 명을 죽일 만큼 힘이 강했다. 가히 초자연적이다. 성경은 그의 괴력이 나타날 때마다 하나님이 그에게 임하셨다고 기록하고 있다. 그 힘의 원천이 하나님이었음을 보여주는 것이다.

삼손은 블레셋의 압제로부터 이스라엘을 구원하기 위해 부름을 받은 사람이었다. 그는 나실인(Nazirite)이었다. 나실인이란 하나님과 약속한 사람이라는 뜻을 가지고 있다. 그 약속의 증표로 머리를 깎지 않고, 술을 마시지 않으며, 부정한 것을 먹지 않도록 했다. 선별된 자임을 알 수 있다.

그러나 그는 술을 좋아했고, 잘못된 여성관계에 빠졌으며, 수수께끼로 내기를 하는 등 지금으로 말하면 도박을 좋아했다. 이런 모습은 그가 나실인으로서의 삶의 모습을 보여준 것이 아니라 방자한 삶을 살았다는 것을 보여준다. 그는 하나님과의 약속을 지키지 않을 만큼 교만했다.

성경이 소개하는 그를 보면 무섭다. 너무 쉽게 분노한다. 사람들을 쳐 죽이고 곡식밭에 불을 지르고 원수를 갚는다. 나실인이라면 하나님의 사람으로서 뭔가 다른 모습을 보여줘야 하는데 혈기가 더 앞선다. 그의 주변엔 나쁜 친구들도 많았다. 좋은 친구가 좋은 친구를 만든다는데 잘못된 친구를 만나면 인생의 통찰력을 잃는다. 그는 비록 육체적으로 강했지만 무절제했고 도덕과 정욕에 약했다. 그는 계속 나쁜 모습을 보여주었다. 자기를 제어하지 못하고 통제력을 상실한 것이다.

특히 그는 여자와의 관계에서 실패했다. 들릴라는 삼손을 진정으로 사랑하지 않았다. 돈을 밝힌 여자였을 뿐이다. 그럼에도 불구하고 삼손은 그녀에 집착했다. 하나님보다 그녀를 더 중시한 것이다. 그럴수록 그녀는 집요하게 조르며 힘 빼기 작전에 돌입했다. 묶여 있을 때도 들릴라가 자기를 해칠 여자임을 전혀 생각하지 않았다. 이성조차 마비된 것이다.

그때 삼손은 자기의 영적 느슨함을 깨달아야 했다. 하지만 그는 사태의 심각성을 의식하지 못한 채 마치 철없는 아이처럼 행동했다. 진지하지 못한 그. 여자는 매번 핵심 부분을 건드렸지만 삼손은 매번 장난스럽게 대했다. 급기야 끝까지 비밀에 붙였어야 할 것까지도 말해버린 그. 집요한 사단에 굴복하고 만 것이다. 머리털이 밀리는 순간에도 그는 들릴라의 무릎에서 단잠을 잤다. 닥칠 어두운 상황 앞에서 단잠을 잔다는 것은 그만큼 영적 감각을 상실했음을 의미한다. 그러므로 깨어 근신하라 항상.

나실인인 그가 왜 그 지경이 되었을까. 자신의 힘이 우상이 된 그는 한 번도 하나님을 진지하게 생각하지 않았다. 이미 그는 하나님을 떠나 있었다. 그것이 문제다. 하나님과의 관계는 그저 표피적이었다.

하나님을 두려워하며 살지도 않았다. 그동안 하나님 앞에서 해서는 안 될 것을 너무 많이 했다. 들릴라에게 내쳐지기 이전에 그는 이미 하나님으로부터 내침을 당했다고 봐야 옳다. 힘을 쓰고자 했을 때 그는 더 이상 과거의 그가 아니었다. 하나님의 능력은 더 이상 나타나지 않았다. 그러나 그는 하나님이 자기를 떠난 줄도 모르고 있었다. 여인은 이미 떠났다. 하나님께 집중하라. 하나님을 내 인생에 최고의 자리에 놓으라.

능력을 거두어 가시면 삼손이 아니라 누구든 아무것도 아닌 존재로 전락한다. 힘이 없어진 것을 안 블레셋은 그를 내버려두지 않았다. 붙잡아 눈을 빼고 맷돌을 돌리게 했다. 맷돌을 돌리는 것은 소나 나귀가 하는 역할이다. 그러한 모습은 이스라엘의 구원자의 모습은 결코 아니다. 수모를 당하고 웃음거리로 전락한 그. 인생의 맨 밑바닥으로 곤두박질했다. 하나님을 진지하게 생각하지 않으면 눈 뽑히고 짐승처럼 맷돌 갈 인생으로 떨어진다. 그러니 건강할 때, 젊었을 때 하나님을 생각하라. 성령 충만한 삶으로 늘 성령의 열매를 맺으며 살라. 그것이 곧 하나님의 능력을 나타내는 삶이요, 풍성한 삶이다. 하나님이 주신 능력만이 사단을 이길 수 있는 강력한 무기와 힘이 될 수 있다.

그가 맷돌을 돌리며 노리갯감이 되었음을 안 순간 그는 깨닫기 시작했다. "아, 뭔가 크게 잘못되었구나. 내게 문제가 있었던 게야." 그는 절망과 고통의 순간 속에서 자기의 존재를 발견하고 하나님을 찾았다. 삼손에게 있어서 문제는 그의 삶에서 하나님이 없었다는 것이다. 그런 그가 극한상황에 처하게 되자 하나님을 찾게 된 것이다. 사사기 16장 28절은 "나를 생각하옵소서"라는 삼손의 마지막 기도를 소개하고 있다. 그는 죽음을 각오하고 하나님께 매달려 기도했다. 그가 이처럼 기도한 것은 힘의 원동력이 하나님에게 있음을 알았기 때문이다. 하나님께서 함께하시면 무엇이든 가능하다는 것을 그는 이미 알고 있었다. 그래서 그는 결사적으로 매달렸다. 그동안 자기 힘만 의지했던 과오를 철저히 회개했다.

하나님은 그를 불쌍히 여기셨다. 그를 향한 계획을 접지 않으셨다. 그러자 삼손의 머리털이 다시 자라기 시작했다. 머리털이 다시 자라기 시작했다는 것은 영적 각성과 함께 그의 신앙도 자라고 있었음을 의미한다. 하나님을 향한 그의 태도가 달라지자 하나님께서 그의 기도에 응답하시고 다시금 그에게 하나님의 능력을 나타낼 새로운 기회(second chance)를 허락하신 것이다. 믿음을 회복함으로써 그는 하나님 앞에 희망이 있는 존재가 되었다.

다곤 신전 앞. 블레셋 방백과 그 백성이 삼손으로 하여금 그들의 신 앞에서 재주를 부리게 했다. 두 기둥 사이에 세워진 삼손. 그는 신전의 두 기둥을 강하게 붙잡으며 기도했다. "이번만 나로 강하게 하사 나의 두 눈을 뺀 블레셋 원수를 단번에 갚게 하소서." 힘껏 몸을 굽히는 순간 신전은 무너지기 시작했다. 하나님의 능력이 나타나는 순간이다. 수많은 블레셋 사람들이 죽임을 당했다. 이로써 그는 하나님의 백성을 구원하는 역사를 장식했다. 그는 죽어가면서 마지막으로 그에게 맡겨진 책무를 감당했다. 히브리서 11장 32절은 믿음의 선조 반열에 그를 세웠다. 신앙의 명예전당에 그의 이름이 오른 것이다.

이것은 단지 역사 얘기가 아니다. 우리 삶에서 하나님보다 중시하는 것은 없는가? 돈이든 명예든 이성이든. 그 모두 신앙의 장애물이다. 사단은 오늘도 넘어질 자를 찾는다. 사단의 시험은 집요하다. 그러므로 그 시험 앞에서 보다 진지하라. 지금까지 쌓아온 성도 순간적으로 무너질 수 있다. 하지만 극한상황에 처했다 해도 절대 실망하지 마라. 삼손의 마지막 기도를 잊지 말고, 그 자리에서 주님을 찾으라. 진지하게 하나님을 만나라. 그러면 회복의 기회를 주신다. 능력의 머리카락도 다시 자라게 하신다. 우리가 하나님 편에 서는 한 하나님은 우리를 버리지 않으신다. 믿음의 반열에 서도록 우리를 붙잡으신다. 주님이 우리와 함께하시는 한 우리는 다시 일어설 수 있다.

22. 믿음: 에무나에서 빌리프까지

믿음에 대한 용어는 여러 가지이다. 역사적으로 가장 오래된 믿음 단어로 히브리어의 에무나(emunah)가 있다. 구약에서 믿음을 말할 때 이 단어가 사용되었다. 신약에서는 헬라어의 피스티스(pistis)가 사용되었다. 중세시대에는 라틴어의 피데스(fides)가 사용되었다. 우리가 많이 사용하는 faith는 바로 이 단어에서 파생되었다. 그리고 현대에 서는 빌리프(belief)가 많이 사용되고 있다. 빌리프는 고대영어에서 나온 것이다. 믿음이라는 단어도 민족적으로, 시대적으로 사용하는 용어가 달랐음을 알 수 있다.

히브리어 '에무나'는 '견고하다', '강하게 버티다'는 뜻을 가지고 있고, 헬라어 '피스티스'는 '확신, 신임, 신뢰, 믿음' 등 여러 의미를 담고 있다. 라틴어 피데스는 '신뢰(trust)'라는 뜻을 가지고 있다. 이것은 확신에 근거한 믿음(confident belief)이다.

그러면 영어 빌리프는 어떤 의미를 가지고 있을까. 원래 belief는 고대영어(OE) '겔리아파(geleafa)'에서 출발했으며, 중세영어(ME)에서는 '빌레브(bileve)'라 했다. 동사 believe는 고대영어에서는 '벨레판(belefan)'

으로, 중세영어에서는 '빌레벤(bileven)'이라 했다.

빌리프의 기본적인 뜻은 '무엇인가를 사실로서 받아들인다(accept as true)'는 것이다. 이 외에도 어떤 진리나 가치에 대한 확신(confidence), 종교적 신념, 사고와 판단 등 다양한 의미를 가지고 있다. 신념은 의견(opinion)과 다르다. 의견은 이럴 수도 있고 저럴 수도 있다. 상대적이다. 의견으로 제시하면 그럴 수도 있다고 생각한다. 그러나 신념은 다르다. 누가 뭐래도 그것은 바꿀 수 없는 진리로 생각한다. 개인적인 믿음, 이념 등이 이에 속한다. 우리가 믿음이라 할 때 그 속에는 움직일 수 없는 확고함이 담겨 있다. 개인에게 있어서 그것은 상대적 개념이 아니라 절대적인 개념이다.

Belief를 be와 lief의 합성어로 이해하려는 사람도 있다. 하지만 lief의 어원은 다르다. lief의 고대영어는 '레오프(leof)'로 '사랑하는(dear)'이란 뜻으로 주로 사용되었다. 네덜란드어 리프(lief)나 독일어의 리브(lieb)도 이 단어와 연관되어 있다. lief의 비교급은 liever, 최상급은 liefst이다.

lief는 현재 부사와 형용사로 사용하고 있다. 부사로는 '쾌히, 기꺼이(readily)', '자진해서(willingly)'라는 뜻으로, 형용사는 '사랑하는(beloved, dear)', '준비된(ready)', '기꺼이 하려는(willing)', '좋은(nice)', 그리고 '달콤한(sweet)'의 뜻으로 사용하고 있다.

Belief와 faith는 어떻게 다를까? 사실상 크게 다를 것이 없다. 흔히 사용하는 단어 수준에서 본다면 belief는 수용의 차원이고, faith는 확신의 차원이다. 그래서 belief보다 faith에 더 무게를 두려는 사람도 있다. 하지만 belief에 확신성이 없는 것은 아니다. 따라서 비교는 사실 무의미할 수 있다.

지금까지 믿음의 어원들을 살펴보았다. 어원으로 볼 때 믿음이 무엇인가를 더 확실히 알 수 있다.

첫째, 믿음은 신뢰를 의미한다. 하나님을 신뢰하고, 그의 말씀을 신뢰하며, 그분의 약속을 신뢰한다.

둘째, 믿음은 확신이다. 이 확신은 상대적인 것이 아니라 절대적인 확신이다. 언제나 변경이 가능한 것이 아니라 변경불가의 확신이다.

셋째, 믿음은 견고함을 의미한다. 그것은 하나님을 위한 견고함이다. 그분을 믿고 그의 말씀을 견고히 지킨다. 지키되 견고하게 지킨다.

사랑하는 자는 사랑하는 대상을 깊이 신뢰하며, 말이든 행동이든 그가 하는 모든 것에 전적인 지지를 보낸다. 사랑하기 때문이다. 믿음을 가진 자는 주님을 사랑한다. 하나님과 그분의 말씀을 사랑한다. 그 말씀을 확고히 신뢰한다. 주님을 사랑하는 사람이라면 주님을 위해 무엇이든 할 수 있다. 자신을 기꺼이 드릴 수 있다. 사랑하기에.

믿음을 가진 자는 내면에 기쁨을 가지고 있다. 하나님의 뜻을 기쁘게 받아들인다. 주의 말씀을 기뻐하며, 내가 주 안에 있다는 것을 기뻐한다. 고난에 처해도 기쁘고, 그 어떤 환경 가운데서도 기뻐한다. "항상 기뻐하라" 하지 않으셨는가. 그러나 이 기쁨은 세상이 줄 수 없는 기쁨이다.

23. 소생: 우리를 회복시켜 주시는 주님

우리는 넘어진다. 때로는 다시 일어서기 어려울 정도로 지칠 때가 있다. 내 힘으로는 도저히 안 될 것 같은. 그런 때 내가 해야 할 일은 무엇일까. 그리스도인이라면 주님을 바라본다. 그것이 답이다. 시편 23편 3절을 보자.

- 내 영혼을 회복시키시고 당신의 이름을 위해 의로운 길로 인도 하십니다(우리말성경).
- 나에게 새 힘을 주십니다. 자신의 이름을 위하여, 주님은 나를 의로운 길로 인도하십니다(쉬운성경).
- 내 영혼을 소생시키시고 자기 이름을 위하여 의의 길로 인도하 시는도다(개역개정)
- He restores my soul. He guides me in paths of righteousness for his name's sake(NIV).

심리학에선 역경을 이겨낼 수 있는 긍정적인 힘을 회복탄력성지수 (RQ, resilience quotient)로 나타낸다. 그리고 각자 RQ지수가 얼마나 되는가를 점검한다. 이 지수를 알아내기 위해선 일곱 가지를 점검한다. 감정통제력, 충동통제력, 낙관성, 원인분석력, 공감능력, 자기효능감, 적극적 도전성이 그것이다.

인간은 이 힘을 자기에게서 찾는다. 누구나 다 회복능력이 있으며, 그 정도는 사람마다 다르다는 것. 그 능력은 선천적인 요소도 있지만 대부분 노력에 따라 달라진다는 것이 RQ의 기본이다. 그것을 안다면 장애를 극복하고 새로운 삶을 살 수 있는 것도 자신이다. 긍정적인 책들로 마음을 다스리고 긍정적인 명상으로 스스로를 비워본다. 그리고 긍정적인 사람들을 만나 자기의 주변을 변화시킨다. RQ가 높으면 세상이 달라 보일 수 있다. 쉽게 자기를 포기하는 사람들, 부정적인 생각으로 자신을 공격하는 사람들에게 RQ는 크게 도움을 줄 수 있다.

그러나 그리스도인에게 있어서 RQ는 자기를 발견하는 도구는 될 수 있지만 나보다 큰 하나님, 문제보다 크신 하나님을 보지 못한다는 한계가 있다. 우리를 일으켜 세우시는 분, 힘을 주시는 분은 주님이시기 때문이다.

한때 신이 주신 목소리로 세계적으로 주목을 받았던 성악가 배재철 교수가 있다. 1993년 제33회 동아 콩쿠르 1위, 1997년 G. B. Viotti 베르첼리 국제 콩쿠르 2위, 1998년 Francesc Vinas 국제 콩쿠르 최고 테너(플라시도 도밍고 상) 수상, 1998년 Placido Domingo Operalia 국제 콩쿠르 최고 테너 상 수상. 도밍고가 극찬한 성악가였다.

갑자기 찾아온 갑상선암 수술로 배재철 교수는 목소리를 잃은 비운의 테너가 돼버렸다. 2005년 가을, 그는 갑상선암을 선고받았다. 암 적출수술은 성공적이었지만 목소리의 원천인 성대의 신경 일부를 절단해 결국 그는 목소리를 잃은 것이다. 성악가들에게 있어서 목소리는 목숨과도 같은 것이 아닌가. 수술 전, 1개월이면 무대에 복귀할 수 있다고 예상했지만 수술결과는 정말 절망적이었다.

목소리를 잃어버린 그가 할 수 있는 일은 무엇일까. 세상적으로 말하면 그의 음악인생은 끝났다. RQ도 목소리를 되찾아올 수 없다. 인간적으로 그는 긴 좌절의 시간을 가졌다. 하지만 그 시간에도 주님은 그를 붙드셨다. 그 시간에 오히려 잃어버렸던 목소리로 인해 아름다운 천국을 바라볼 수 있는 소망을 갖게 해주셨다.

그러던 어느 날 세계적으로 성대복원 수술을 잘하는 의사가 세 분이 있다는 기쁜 소식을 들었고, 그 가운데 그 분야에서 일인자로 꼽히는 교토대학 이시키 노부오 명예교수로부터 시술을 받았다. 2006년 봄이었다. 수술을 마친 노부오 교수가 말을 해보라 했다. 그때 배재철은 찬송을 했다. "주 하나님 지으신 모든 세계 내 마음속에 그리어 볼 때." 옛날의 그 목소리는 아니었지만 하나님은 그의 목소리를 돌려주셨다. 지금도 하나님을 찬양하는 시간이 가장 행복하다는 그. 그의 감사 찬송을 통해 오늘도 그를 일으키신 하나님을 본다.

시편 85편 6절은 다음과 같다. 하나님이 우리를 회복시키신다. 주를 기뻐하도록.

- 주의 백성들이 주를 즐거워하도록 우리를 다시 회복시키지 않으시겠습니까?(우리말성경).
- 주께서 우리를 다시 살리사 주의 백성이 주를 기뻐하도록 하지 아니하시겠나이까(개역개정)
- Will you not revive us again, that your people may rejoice in you?(NIV).

24. 두려움: 마음을 강하게 하고 담대히 하라

연변과기대 졸업생 한 사람을 중동의 한 국가에 선교사로 파송하는 예배 모임에 참석했다. 교직원 숙소에서 조용히 치러지는 조촐한 모임이었다. 평소 그에게 복음을 심어주고 가꿔왔던 교수님과 사모님들, 그리고 졸업생들이 참석했다. 상해에서 직장생활을 하던 그가 선교사가 되기로 한 것은 독일 선교사와 터키 크리스천 등 모두 세 사람이 무슬림 청년에게 무참히 살해되었다는 소식을 접하면서였다. 그는 무슬림을 그리스도의 사랑으로 끌어안고 기도하는 사랑의 사도가 되기로 작정했다. 이제 개념화하기 시작한 BaM(Business as Mission)의 전초기지를 만드는 작업이기도 하다. 정진호 등 과기대 교수들이 꿈꾸는 CrN(크리스천 리소스 네트워크)이 중동으로 확산되는 것이다.

말씀이 선포되고 떠나는 그를 위한 기도와 안수가 있었다. 기도는 뜨거웠다. 선교사가 일어나 자신이 헌신하게 된 계기를 말해주었다. 주님의 사역에 동참하는 일은 기쁘지만 두렵다고 했다. 그곳은 그리스도인을 적으로 대하는 무슬림 땅이기 때문이다. 그는 주님의 은혜

를 사모하며 지금 자기에게 필요한 것은 모세의 팔을 들어줄 사람들
이라 호소했다. 그에게 힘을 실어줄 기도가 필요한 것이다. 선교사로
떠나지만 그 길은 매우 험하고 두렵다.

그날 밤 설교자는 여호수아 1장 1절에서 9절의 말씀을 통해 참석
자, 특히 선교사에게 두려운 마음이 아니라 강한 마음을 가질 것을
주문했다. "마음을 강하게 하고 담대히 하라 두려워 말며 놀라지 말
라 네가 어디로 가든지 네 하나님 여호와가 너와 함께하느니라(9절)."
그리고 어디를 가든지 우리가 해야 할 일은 말씀을 지켜 행하는 것임
을 가르쳤다. "나의 종 모세에게 네게 명한 율법을 다 지켜 행하고 좌
로나 우로나 치우치지 말라 그리하면 어디로 가든지 형통하리니 이
율법 책을 네 입에서 떠나지 말게 하며 주야로 그것을 묵상하여 그
가운데 기록한 대로 다 지켜 행하라 그리하면 네 길이 평탄하게 될
것이라 네가 형통하리라(7~8절)."

그날 밤 나를 떠나지 않는 생각은 두려움이라는 단어다. 인간은 두
려워하는 존재다. 예상치 않은 일을 만날 때, 어려움에 직면할 때, 그리
고 어떤 일을 목표로 두고 나갈 때 그것이 이루어지지 않을까 두렵다.

하나님은 두려워하는 모세에게 강하고 담대할 것을 말씀하셨고,
이것을 여호수아에게도 부탁하셨다. 이제 그 말씀이 이 밤에 그에게
떨어진 것이다. 두려워하지 않을 이유는 간단하다. 주님이 함께하시
기 때문이다. "너의 평생에 너를 능히 당할 자 없으리니 내가 모세와
함께 있던 것같이 너와 함께 있을 것임이라 내가 너를 떠나지 아니하
며 버리지 아니하리니 마음을 강하게 하고 담대히 하라(5~6절)."

유다 왕 아하스 때 아람 왕과 이스라엘 왕이 힘을 합쳐 유다를 군
사적으로 위협했다. 동맹군이 쳐들어온다는 소식이 유다에 전해지자

두려움이 퍼졌다. 그 두려움이 얼마나 컸는가를 이사야 7장 2절은 다음과 같이 기록하고 있다. "어떤 사람이 다윗의 집에 알려 이르되 아람이 에브라임과 동맹하였다 하였으므로 왕의 마음과 그의 백성의 마음이 숲이 바람에 흔들림 같이 흔들렸더라." 왕과 귀족들의 마음이 마치 숲이 바람에 흔들리는 것처럼 떨렸다는 것이다. 공포와 두려움이 얼마나 컸는가를 실감케 한다.

결국 어찌되었는가? "유다의 아하스 왕 때에 아람의 르신 왕과 르말리야의 아들 이스라엘의 베가 왕이 올라와서 예루살렘을 쳤으나 능히 이기지 못하니라." 1절은 결론부터 시작한다. 두려움이 그토록 컸던 그들이 어떻게 이길 수 있었을까. 그것은 하나님이 그들과 함께 하셨기 때문이다.

그때 하나님의 말씀이 이사야에게 임했다. "너와 네 아들 스알야숩은 윗못 수도 끝 세탁자의 밭 큰 길에 나가서 아하스를 만나 그에게 이르기를 너는 삼가며 조용하라 르신과 아람과 르말리야의 아들이 심히 노할지라도 이들은 연기 나는 두 부지깽이 그루터기에 불과하니 두려워하지 말며 낙심하지 말라(3~4절)." 아무리 동맹하여 쳐들어온다 해도 믿음의 눈으로 보면 그들은 연기 나는 부지깽이에 불과하다는 것이다. 타버리고 말 힘없는 존재들. "우리가 올라가 유다를 쳐서 그것을 쓰러뜨리고 우리를 위하여 그것을 무너뜨리고 다브엘의 아들을 그중에 세워 왕으로 삼자 하였으나 주 여호와의 말씀이 그 일은 서지 못하며 이루어지지 못하리라(6~7절)." 유다를 쳐 허수아비 정권을 만들고자 하지만 그 일은 성취되지 못할 것이라는 말씀이다. 하나님이 허락지 않는 일이다.

그리고 아하스 왕에게 하나님의 말씀이 임한다. "그러므로 주께서 친히 징조를 너희에게 주실 것이라 보라 처녀가 잉태하여 아들을 낳을 것이요 그의 이름을 임마누엘이라 하리라(14절)." 예수 그리스도의 탄생 비밀을 선포하신다. 아들은 인성을, 임마누엘은 신성을 상징한다. 믿음의 핵심은 예수 그리스도에 있다는 것이다. 하나님이 영원히 우리와 함께하신다는 임마누엘의 약속이다.

동맹군이 세우는 정권이 아니라 하나님이 세우시는 나라를 통해 예수 그리스도가 임하신다. 이스라엘은 패하고 그들의 뜻은 세워지지 못한다. "만일 너희가 굳게 믿지 아니하면 너희는 굳게 서지 못하리라(9절)." 하나님의 뜻을 기필코 이루실 하나님을 믿어야 한다.

인간은 왜 두려워하는가. 그것은 믿음이 없기 때문이다. 하나님이 함께하지 않으시면 인간은 두려울 수밖에 없다. 위기에 처한 아하스 왕에게 주신 하나님의 전략은 하나님의 말씀과 예수 그리스도다. 동맹군의 군사력이 아니라 하나님의 말씀과 그가 세우실 예수 그리스도의 나라를 믿으라는 것이다. 예수님은 언제나 우리의 희망이다.

어느 누구도, 어떤 세력도 하나님의 뜻을 거역할 순 없다. 우리가 두려워해야 할 것은 세상이 아니다. 세상이 오히려 하나님을 두려워해야 한다. 우리가 하나님 편에 서고 하나님이 우리를 위할진대 누가 우리를 대적하겠는가. 순간순간 선교사에게 힘을 더하실 하나님을 믿는다.

25. 서신 하나님: 이는 너희를 긍휼히 여기려 하심이라

성경을 보면 하나님께서 서신 장면이 나온다. 또한 우리도 하나님을 위해 설 것을 강조하고 있다. 우선 하나님께서 왜 서셨는가를 아는 것이 중요하다.

집을 떠나 돌베개를 하고 외롭게 잠든 야곱에게 하나님이 나타나셨다. 꿈속에서 천사들이 사닥다리를 오르내리는 가운데 그 위에 서신 하나님(There above it stood the LORD, NIV 창 28:13)이 그를 향하여 말씀하셨다. "나는 여호와니 너의 조부 아브라함의 하나님이요 이삭의 하나님이라 네가 누워 있는 땅을 내가 너와 네 자손에게 주리니(같은 장, 13절)." 축복의 약속을 주시기 위해 서신 주님. 그때 야곱은 고백했다. "여호와께서 과연 여기 계시거늘 내가 알지 못하였도다(같은 장, 16절)." 이사야서에서도 하나님은 일어서신다. "여호와께서 기다리시나니 이는 너희에게 은혜를 베풀려 하심이요 일어나시리니 이는 너희를 긍휼히 여기려 하심이라(사 30:18)."

바울도 어려움에 처할 때마다 주님이 자기 곁에 서서 힘을 주셨다고 고백했다. "주께서 내 곁에 서서 나에게 힘을 주심은 나로 말미암아 선포된 말씀이 온전히 전파되어 모든 이방인이 듣게 하려 하심이니 내가 사자의 입에서 건짐을 받았느니라(딤후 4:17)." 주님은 우리에게 위로를 주시기 위해 서신다. 어려울 때마다 내 곁에 서신 주님을 생각하라. 그가 너를 강하게 하시리라.

하나님이 이스라엘 민족을 위해 서실 때는 큰일을 위함이다. 출애굽한 이스라엘이 홍해를 만나자 진퇴양난에 빠졌다. 그때의 장면을 보자. "이스라엘 진 앞에 가던 하나님의 사자가 그들의 뒤로 옮겨 가매 구름 기둥도 앞에서 그 뒤로 옮겨 애굽 진과 이스라엘 진 사이에 이르러 서니(출 14:19~20)." 이스라엘을 도우시기 위해 하나님이 서신 것이다. "저쪽에는 구름과 흑암이 있고 이쪽에는 밤이 밝으므로 밤새도록 저쪽이 이쪽에 가까이 못하였더라(출 14:20)." 애굽 군대와 이스라엘 백성 사이를 어둠과 밝음으로 구분해놓으시고, 애굽 진에게는 패배를, 이스라엘엔 평안을 주셨다.

사무엘에게 임하실 때 하나님은 서서 그를 찾으셨다. "여호와께서 임하여 서서 전과 같이 사무엘아 사무엘아 부르시는지라(삼상 3:10)." 여호와의 전 안에서 누워 자던 사무엘. 그에게 하나님이 임하신 것이다.

왜 서서 부르셨을까? 엘리 제사장의 두 아들의 횡포가 너무 컸기 때문이다. 엘리 두 아들은 하나님께 드릴 제물을 놓고 횡포를 부렸으며(삼상 2:12~17), 성전에서 수종 든 여인들과 스캔들을 일으켰다(삼상 2:22). 저주를 자초한 것이다. 하나님은 말씀하셨다.

"보라 내가 이스라엘 중에 한 일을 행하리니 그것을 듣는 자마다 두 귀가 울리리라 내가 엘리의 집에 대하여 말한 것을 처음부터 끝까지 그날에 그에게 다 이루리라 내가 그의 집을 영원토록 심판하겠다고 그에게 말한 것은 그가 아는 죄악 때문이니 이는 그가 자기의 아들들이 저주를 자청하되 금하지 아니하였음이니라 그러므로 내가 엘리의 집에 대하여 맹세하기를 엘리 집의 죄악은 제물로나 예물로나 영원히 속죄함을 받지 못하리라 하였노라(삼상 3:11~14)."

용서할 수 없는 죄를 범했다는 말씀이다. 사무엘은 이 말씀을 듣고 두려웠다. 하나님은 결국 말씀대로 엘리의 집을 치셨다. 거룩하신 하나님은 자기 백성들이 거룩하지 못할 때 서심을 알 수 있다. 하나님이 서시고, 부르실 때 우리는 자신의 삶을 돌아볼 필요가 있다. 더 이상 참을 수 없을 때 서시기 때문이다. "내가 거룩하니 너희도 거룩할지어다(레 11:45)." 하나님이 서신 것은 다 우리를 거룩하게 만들기 위함이다.

주님은 스데반이 순교를 당할 때도 서셨다. "스데반이 성령 충만하여 하늘을 우러러 주목하여 하나님의 영광과 및 예수께서 하나님 우편에 서신 것을 보고 말하되 보라 하늘이 열리고 인자가 하나님 우편에 서신 것을 보노라 한대(행 7:55~56)." 그들은 돌을 들어 스데반을 죽였지만 주님은 스데반과 함께하시기 위해 서셨다.

하늘에 계신 예수 그리스도는 그곳에서 우리를 돕기 위해 하나님 앞에 서신다. "그러므로 하늘에 있는 것들의 모형은 이런 것들로써 정결하게 할 필요가 있었으나 하늘에 있는 그것들은 이런 것들보다 더 좋은 제물로 할지니라 그리스도께서는 참 것의 그림자인 손으로 만든 성소에 들어가지 아니하시고 바로 그 하늘에 들어가사 이제 우리를 위하여 하나님 앞에 나타나시고(히 9:23~24)." 우리를 위해 서시고, 우리를 위해 변호하시는 주님이 있다는 것은 얼마나 기쁜 일인가.

오늘도 그 주님은 문밖에 서서 우리 문을 두드리신다. "볼지어다 내가 문밖에 서서 두드리노니 누구든지 내 음성을 듣고 문을 열면 내가 그에게로 들어가 그와 더불어 먹고 그는 나와 더불어 먹으리라 이기는 그에게는 내가 내 보좌에 함께 앉게 하여 주기를 내가 이기고 아버지 보좌에 함께 앉은 것과 같이 하리라(계 3:20~21)." 지금도 문밖에 주님이 서 계신다. 어서 그 주님을 맞아야 하지 않겠는가.

하나님만 서신 것이 아니다. 하나님은 말씀을 통해 우리도 서야 할 때가 있다고 하신다. 다음은 우리가 새겨둬야 할 말씀들이다.

첫째, 믿음에 굳게 서는 일이다. "깨어 믿음에 굳게 서서 남자답게 강건하라(고전 16:13)." "그 안에 뿌리를 박으며 세움을 받아 교훈을 받은 대로 믿음에 굳게 서서 감사함을 넘치게 하라(골 2:7)."

둘째, 말씀을 전할 때이다. "명절 끝날 곧 큰 날에 예수께서 서서 외쳐 이르시되 누구든지 목마르거든 내게로 와서 마시라(요 7:37)." "가서 성전에 서서 이 생명의 말씀을 다 백성에게 말하라 하매(행 5:20)."

"사람이 와서 알리되 보소서 옥에 가두었던 사람들이 성전에 서서 백성을 가르치더이다(행 5:25)."

셋째, 말씀을 들을 때이다. "에스라가 모든 백성 위에 서서 그들 목전에 책을 펴니 책을 펼 때에 모든 백성이 일어서니라(느 8:5)."

넷째, 기도할 때이다. "서서 기도할 때에 아무에게나 혐의가 있거든 용서하라 그리하여야 하늘에 계신 너희 아버지께서도 너희 허물을 사하여 주시리라 하시니라(마 11:25)."

끝으로, 축복할 때이다. "서서 큰 소리로 이스라엘의 온 회중을 위하여 축복하며 이르되(왕상 8:55)." 우리는 서로 열심히 축복하며 살아야 한다.

사단은 하나님 앞에 서서 열심히 욥을 고발했다. 마찬가지로 대제사장들과 서기관들도 서서 힘써 예수님을 고발했다(눅 23:10). 사단도 자기 일을 할 때 그만큼 열심이다. 그렇다면 우리는 더 열심히 서서 일해야 하지 않겠는가.

주님은 우리의 허물과 많은 잘못에도 불구하고 지금도 서서 우리를 변호하신다. 그렇다면 이제 우리가 주님을 위해 서야 하지 않는가? 믿음에 굳게 서고, 이웃을 위해 서고, 전도하기 위해 선다. 주님은 가야바 법정에서도 서 계셨고, 빌라도 법정에서도, 십자가 고난 앞에서도 서 계셨다. 다 우리 때문이다. 이제 주님을 생각하며 서야 할 때다. 주님이 서신 자리에 우리도 서야 한다. 그때 우리는 고백할 것이다.

"내 눈 주의 영광을 보네. 찬송 가운데 서신 주님. 주님의 얼굴은 온 세상 향하네. 권능의 팔을 드셨네. 내 눈 주의 영광을 보네. 우리 가운데 서신 주님." 우리를 위해 서신 주님, 우리와 함께 서신 주님. 그 주님이 있어 기쁘다.

26. 하늘 문: 성령이 부어지도록 기도할 때

> "예수께서 세례를 받으시고 곧 물에서 올라오실 새 하늘이 열리고 하나
> 님의 성령이 비둘기같이 내려 자기 위에 임하심을 보시더니(마 3:16)."
> "백성이 다 세례를 받을 새 예수도 세례를 받으시고 기도하실 때에
> 하늘이 열리며(눅 3:21)."

이 말씀은 예수님이 세례 요한으로부터 세례를 받으시는 장면을 묘사한 것이다. 세례를 받은 뒤 물에서 올라오시고 기도하는 가운데 하늘이 열리고 성령이 비둘기처럼 그 위에 임하셨다는 내용이다.

이 장절을 볼 때마다 신학교 때의 일이 생겨난다. 예수님이 꼭 세례를 받으셔야 하는가? 답은 꼭 그럴 필요는 없다는 것이었다. 그러면 왜 받으셨는가? 절차와 과정을 중시하셨기 때문이다. 예수님이 절차를 중시하셨다면 우리도 중시하는 것이 마땅하다는 결론에 도달했다.

문제는 그다음이었다. 하늘이 열리는 장면이다. 교수는 하늘이 열렸다는 것은 상징적인 의미를 갖는다 했다. 그러자 몇몇 학생들이 일어나 글자 그대로 믿어야지 상징은 말도 안 된다고 주장했다. 교수가 여러 가지 말로 설득했지만 그들은 주장을 굽히지 않았다. 그래서 이 문제는 아직도 해결되지 않은 상태로 나의 머리에 남아 있다.

오늘 아침 신문에서 어느 분의 글을 읽게 되었다. 세례의 의미를 말한 다음 '하늘이 열렸다'는 대목에 설명을 가했다. 하늘이 열렸다는 것은 무엇을 의미할까? 그에 따르면 하늘이 열릴 때 우리는 비로소 천국을 본다 했다. 그럼 어떻게 해야 하늘이 열리고, 천국을 볼 수 있는가. 우리에겐 아주 어려운 문제지만 예수님은 아주 쉽고 명쾌하게 말씀하셨다.

"심령이 가난한 자는 복이 있나니 천국이 그들의 것임이요 마음이 청
결한 자는 복이 있나니 그들이 하나님을 볼 것임이요 의를 위하여 박
해를 받은 자는 복이 있나니 천국이 그들의 것임이라(마 5:1, 8, 10)."

하늘이 열린다는 문구는 에스겔에도 나온다. "서른째 해 넷째 달
초닷새에 내가 그발 강 가 사로잡힌 자 중에 있을 때에 하늘이 열리
며 하나님의 모습이 내게 보이니(겔 1:1)." 에스겔서의 중심 주제는 회
복이다. 에스겔에 따르면 성전 문지방에서 흐르는 물이 점점 불어나
면서 강을 이루고 바다로 흘러가면서 죽은 생명이 새롭게 회복된다
(겔 47:1~12). 이 회복이 바로 에스겔 1장 1절의 '하늘이 열리는', 곧
불가능을 가능하게 하는 것에서 시작된다. 결국 마른 뼈도 생명을 회
복해 군대를 이루지 않는가.

"하늘이 열리며" 에스겔서에 등장하는 이 말은 오랜 포로생활로
인해 도무지 앞이 보이지 않는 그때, 하나님은 에스겔에게 성전을 향
한 꿈을 주시면서 하늘 문이 열리는 희망을 보게 한 것이다. 하늘이
열리는 것은 지독한 고난과 고통의 현장에서 더 크게 보인다. 사도
요한도 유배지 밧모 섬에서 하늘이 열리는 계시를 받지 않았는가.

신약은 여러 곳에서 하늘이 열리는 모습을 보여준다. 예수님은 제
자들에게 예언하셨다. "또 이르시되 진실로 진실로 너희에게 이르노
니 하늘이 열리고 하나님의 사자들이 인자 위에 오르락내리락 하는
것을 보리라(요 1:51)." 승천 등 인간이 생각하기에 불가능한 일이 앞
으로 벌어진다는 말씀이다. 스데반도 순교의 현장에서 외친다. "보라
하늘이 열리고 인자가 하나님 우편에 서신 것을 보노라(행 7:56)." 스
데반은 그 고통의 순간에 하늘이 열리는 장면을 보았다. 주님은 그의
고통 가운데 서 계셨다. 스테반은 하늘이 열리는 장면을 보며 희망을

갖게 되었다. 베드로는 환상 가운데 하늘이 열리는 것을 보았다. "하늘이 열리며 한 그릇이 내려오는 것을 보니 큰 보자기 같고 네 귀를 매어 땅에 드리웠더라(행 10:11)." 베드로로 하여금 이방에 대한 관심을 갖게 하신 장면이다. 하늘이 열리면 우리에게도 새로운 세계관이 보인다.

집회서를 보면 "그분의 명령으로 하늘 문이 열려 구름들이 새들처럼 난다(집회서 43:14)" 하였다. 하늘이 열림은 하나님의 뜻이 담겨 있다. 하나님께서 자신의 뜻에 따라 하늘을 열고 닫으신다. 그만큼 하나님의 뜻이 중요하다. 한국의 국경절 가운데 개천절이 있다. 풀어 말하면 하늘이 열리는 날이다. 우리나라를 향한 하나님의 뜻이 어디에 있을까 곰곰이 생각해본다. 지금 우리는 그 뜻을 이뤄가고 있는가?

복음성가에 '우리 함께 기도해'가 있다. "우리 함께 기도해. 주 앞에 나와 무릎 꿇고 긍휼 베푸시는 주. 하늘을 향해 두 손 들고, 하늘 문이 열리고, 은혜의 빗줄기 이 땅 가득 내리도록. 마침내 주 오셔서 은혜의 빗줄기 우리 위에 부으시도록 우리 함께 기도해." 진정 이 나라에 하늘 문이 열리도록 기도할 때다. 꽉 막힌 이 나라에.

2부

자아의식과
예수의식

2부 자아의식과 예수의식

1. 긍휼: 기쁨의 신학과 아픔의 신학

하나님은 우리를 향해 기뻐하기도 하시고 아파하기도 하신다. 기쁨은 때로 어찌 표현해야 할지 모를 정도이기도 하고, 아픔은 때로 창자가 끊어질 정도이기도 하다. 극과 극이다. 이것을 기쁨의 신학과 아픔의 신학으로 구별해보기로 하자.

기쁨의 신학을 대표하는 말씀으로 스바냐 3장 17절이 있다. "너의 하나님 여호와가 너의 가운데에 계시니 그는 구원을 베푸실 전능자이시라 그가 너로 말미암아 기쁨을 이기지 못하시며 너를 잠잠히 사랑하시며 너로 말미암아 즐거이 부르며 기뻐하시리라 하리라." 이 말씀을 하실 때는 하나님이 기뻐하실 상태가 아니었다. 하나님은 다 알고 계신다. 전지전능하신하나님은 이스라엘이 포로가 될 것을 다 알고 계셨다. 그들에게 포로가 될 것도 숨기지 아니하고 말씀해주셨다. 그렇다면 무엇이 기쁨의 조건이 정녕 아니다. 하지만 주님은 그들이 다시 돌아오게 될 것을 아셨다. 그들이 회개하고 돌아올 때 그 모습을 보시며 기뻐하신 것이다. 그 모습을 생각하니 너무 기쁘신 것이다.

이 기쁨에는 하나님의 풍성하신 긍휼(compassion)이 있다. 긍휼은 우리를 불쌍히 여기는 하나님 아버지의 마음이다. 탕자를 측은히 여기는 아버지. 벗은 발로 뛰어나오며 그를 끌어안고 기뻐하는 아버지다. 돌아온 아들을 안은 그 아버지의 기쁨.

국어사전에 긍휼은 타인의 요구에 대한 깊은 느낌이다. 여기에선 아버지의 깊은 사랑을 느낄 수 없다. 그러나 성경이 말하는 긍휼은 원수 같은 자를 불쌍히 여겨 더 이상 원수를 원수로 갚지 않는다. 무조건 받아들인다. 따지지 않는다. 받아들이는 데 이유가 없다. 한 치 후회함 없이 기쁨으로 받아들인다. 그 넓으신 하나님 아버지의 사랑으로. 하나님께 돌아오기만 하면 하나님은 우리를 기꺼이 받아주신다.

왜 우리는 아버지께 기쁨을 드리지 못할까. 그것은 사단 때문이다. 사단은 우리로 하여금 하나님 아버지의 존재를 알지 못하게 한다. 우리가 회개하면, 주님 앞에 나가면 기뻐하실 것을 너무나 잘 안다. 사단은 그 길을 막고, 아버지로 하여금 그 기쁨을 누리지 못하도록 한다. 우리와 아버지 사이를 철저히 차단시키는 것이다. 그러나 하나님은 다르다. 오히려 우리를 찾으신다. "너로 인하여 기쁨을 이기지 못하여 하시며." 이제 그 하늘의 기쁨을 회복할 때다. 오직 주님께 나아감으로.

아픔의 신학도 하나님 아버지의 긍휼에 바탕을 두고 있다. 예레미야 31장 20절이 아버지의 아픔을 대변한다. "에브라임은 나의 사랑하는 아들 기뻐하는 자식이 아니냐 내가 그를 책망하여 말할 때마다 깊이 생각하노라 그러므로 그를 위하여 내 창자가 들끓으니 내가 반드시 그를 불쌍히 여기리라 여호와의 말씀이니라." 불쌍히 여기리라.

하나님 아버지의 아픔이 있다.

성경을 통해 우리는 하나님의 마음을 읽을 수 있다. 하나님의 깊은 사랑, 눈물의 파토스다. 예레미야는 하나님의 마음을 깊이 본 사람이다. 그래서 눈물이 많다. 눈물의 선지자는 그저 붙은 명칭이 아니다. 그 눈물은 배은망덕한 이스라엘을 향한 하나님의 아픔, 하나님의 눈물이기도 하다.

에브라임은 요셉의 아들이다. 이 지파는 유다지파에 저항했다. 이스라엘을 세워 우상을 섬기다 아수르에 포로가 되었다. 진노의 대상이 된 것이다. 요셉을 생각하니 마음이 아프다. 그 아픔은 이스라엘을 향한 측은함으로 나타난다. 측은하다는 것은 '함무메아이'로 "내 속 창자가 울려서 아프다"는 뜻이다. 하나님의 애간장이 탄다. 우리를 향해 창자가 끊어질 지경의 아픔을 가지신 분은 하나님이시다.

하나님은 어떤 때 창자 마디마디가 끊어질 정도로 아파하실까. 우리가 주님을 배반할 때다. 배반하는 우리의 모습을 바라보며 가슴 아파하신다. 우리가 하나님을 떠나 세상 속으로 들어갈 때마다 아파하신다. 이 하나님의 가슴앓이를 알까. 또한 이러한 우리를 구원하기 위해 자기의 독생자를 보내고 십자가를 지실 때 아파하신다. "엘리 엘리 라마 사박다니, 나의 하나님, 나의 하나님, 어찌하여 나를 버리셨나이까." 이 속에는 하나님의 아픔이 담겨 있다. 아픔의 신학이다.

기쁨의 신학과 아픔의 신학. 이 모두에는 우리를 향하신 하나님의 긍휼하심이 배어 있다. 하나님의 긍휼하심이 없다면 우리는 오늘도 사단의 올무에서 벗어날 수 없다. 아픔의 신학은 기쁨의 신학과 동떨어진 것이 아니다. 기쁨 이면에는 아픔이 있다. 우리가 주님을 향해 고개를 들 때 주님은 기뻐하시며 그 깊은 아픔은 기쁨으로 변한다.

하나님의 사랑은 아픔으로 끝나지 않는다. 구속과 회복이 있다. 그로 인해 우리의 아픔도 기쁨으로 변한다. 아픔의 신학을 기쁨의 신학으로 바꿀 때다.

2. 약한 자: 연약함을 귀히 여기는 이유

어느 모임에서 강점과 약점에 관한 얘기가 나왔다. 그 대화에서 아직도 잊을 수 없는 결론 가운데 하나는 "강점이 약점이 될 수 있다"는 것. 이것은 역설이기도 하지만 진리이기도 하다. 공룡은 크고 강하다는 강점을 가지고 있었다. 어느 동물보다 컸고 또 힘이 세 두려울 것이 없었다. 그러나 지금 공룡은 이 땅에 존재하지 않는다. 강자만이 살아남는다는 법칙도 때로는 맞지 않는다.

공룡이 더 이상 존재하지 않게 된 주요 원인으로 다양한 가설이 있다. 포유류가 번식하면서 사라졌다는 설, 독을 지닌 식물을 잘못 먹었다는 설, 거대한 운석충돌 때문이라는 설 등이다. 그러나 우리의 토의에서는 크고 강했기 때문이라는 데 의견을 모았다. 너무 커서 움직임이 둔하고, 너무 강하여 힘겨루기로 나날을 보냈을 것이라는 추측이다.

토의는 국가로 이어졌다. 로마제국도 크고 강한 것이 강점이었다. 그러나 그 제국도 너무 크고 너무 강했기 때문에 그것이 약점이 되어 망했다는 결론이다. 사람은 자신의 강점을 내세워 상대방을 무너뜨리려 한다. 그러나 그것이 약점이 될 수 있음을 알아야 한다. 반대로 약점이 오히려 강점이 될 수 있음을 인식할 필요가 있다.

박해가 심했던 시절 그리스도인은 약해 보일 수 있다. 핍박당하고 죽임당하고. 사람들의 눈에 그들은 연약하게 보일 수 있다. 그런 상황에서 바울은 말한다. "근심하는 자 같으나 항상 기뻐하고 가난한 자 같으나 많은 사람을 부요하게 하고 아무것도 없는 자 같으나 모든 것을 가진 자로다(고후 6:10)." 약한 자 같지만 오히려 그렇지 않다는 것이다. 주님이 있고, 그 주님이 함께하신다는 것을 확신하기 때문에 오히려 강해질 수 있다. 내면의 강함, 영적인 강함이다. 그래서 그리스도인의 생명력은 핍박 때 오히려 생명력 있게 뻗어나간다. 개인적으로도 고난의 상황에서 더 주님을 향한 열망이 강하다. 그때가 오히려 다른 때보다 강한 때다.

그런 약함을 알기 때문에 그리스도인은 연약한 자에 대한 깊은 연민과 사랑이 있다. TV에서 상대의 마음을 얻는 방법에는 두 가지가 있다고 한다. 하나는 자기의 강점을 내세워 상대를 제압하는 방법이다. 다른 하나는 자기를 철저히 망가뜨리는 방법이다. 이 방법 중에 후자가 더 사람들의 마음을 얻는다. 사람들이 푼수에게 친근감을 느끼고 박수를 치는 것도 이 때문이다. 푼수를 통해서 지금 우리들이 잃어버린 순수함을 볼 수 있기 때문이다. 약함이 강함이 되는 것이다. 그리스도인은 인간적인 강함을 드러내 상대를 제압하는 사람들이 아니다. 오히려 자신이 철저히 망가지고 구겨져도 세상의 연약한 자들의 편에 서고, 그들이 구원을 받는다면 더 기뻐하는 사람들이다.

휴일 시드니 항구 근처에서 벌어진 집시밴드의 옥외음악회를 경청하고 있는 호주사람들. 호주는 경쟁심을 부추겨 일등인간을 지향토록 하기보다는 모자라는 사람을 격려하고 끌어줘 더불어 사는 사회를 강조하는 나라다. 강한 사람이 약한 사람을 보듬어 안는 것이다. 모자람을 안아줄 수 있는 사회, 이 사회가 좋은 사회다. 그리스도인은 바로 이런 사회를 만들어가는 데 앞장서야 한다.

사단은 굴속에 웅크리고 있는 사자처럼 은밀한 곳에서 기다리다가 때만 만나면 연약한 사람을 그물로 덮쳐서 끌어간다(시 10:9, 표준새번역). 그러나 하나님은 우리로 연약한 자를 돌보도록 하신다. "연약한 사람들을 돌보는 사람은 행복한 사람입니다. 어려움이 닥칠 때에 여호와께서 그 사람을 건져 주십니다(시 41:1, 쉬운성경)." 우리가 연약한 사람을 돌볼 때 주님은 우리의 고난은 그저 지나치지 않으신다. 하나님은 우리가 약할 때 오히려 보호하고 강하게 하신다.

미국의 여류 소설가 안나 워너가 쓴 찬송 시 가운데 "내가 연약할수록 더욱 나를 귀히 여기사 높은 보좌 위에서 낮은 나를 보시네"라는 대목이 있다. 주님은 우리가 강하기 때문이 아니라 오히려 연약할 때 보시고 도우신다. 날 사랑하심이 크시다. 그러므로 믿음이 연약한 사람에 대해서도 관용하자. "믿음이 연약한 자를 너희가 받되 그의 의심하는 바를 비판하지 말라(롬 14:1)." 우리가 그들을 더 귀히 여길 때 그들은 하나님을 더 바라보게 될 것이다. 약함이 더 이상 약함이 되지 않는 세계, 이것이 영적 세계다. 그 속에서 우리는 연약함을 귀히 여기는 이유를 발견하게 된다.

3. 동행: 일어나라 함께 가자

마태복음 26장 36절에서 46절은 예수님이 잡히시기 전 사건이며, 이는 예수님과 우리의 관계가 어떠해야 하는가를 보여준다.

예수님은 제자들과 최후의 만찬을 하신 뒤 제자들을 데리고 겟세마네로 가셨다. 주님은 그곳에서 베드로와 세베대(Zebedee)의 두 아들, 야고보와 요한을 데리고 더 깊은 곳으로 데려가셨다. 제자 중의 제자를 엄선하신 것이다. 베드로는 수제자로, 반석과 같은 믿음의 소유자다. 그는 주님을 구주로 고백한 자이며, 주와 함께 죽을지언정 주를 부인하지 않겠다고 고백한 인물이다. 야고보는 구약의 야곱과 이름이 같다. 그는 제자 중에 제일 먼저 순교를 당한 자이다. 요한은 주님이 가장 사랑하던 제자였다.

주님이 겟세마네로 가신 목적은 기도하기 위해서였다. 그런데 기도에 임한 주님은 심한 고민과 슬픔에 직면하셨다. "고민하고 슬퍼하사." "He began to be sorrowful and troubled." 주님의 마음이 크게 흔들리기 시작했음을 보여준다. 보통의 상태가 아니다. 멜 깁슨 감독의 '패션 오브 크라이스트" 첫 장면이 떠오른다. 정말 힘들어하시는 주님.

이제 십자가의 고난만 끝나면 하나님으로 돌아가실 분이신데 왜 슬퍼하고 고민하실까. 오히려 기쁨으로 맞으실 수 있지 않는가. 그럴 수도 있다. 십자가에선 '다가올 영광'을 보고 참으셨다. "그는 그 앞에 있는 기쁨을 위하여 십자가를 참으사 부끄러움을 개의치 아니하시더니(히 12:2)." 그러나 지금 이 순간은 다르다. 죽을 수 없는 하나님이 죽음을 맛봐야 하기 때문이다. 너무나 엄청난 일들이 기다리고 있다.

"내 마음이 심히 고민하여 죽게 되었으니." "My soul is overwhelmed with sorrow to the point of death." 주님의 슬픔이 죽음과 맞닿아 있다. 십자가 이전에 주님은 지금 죽음을 맛보고 계셨다. 하나님은 우리를 위해 독생자, 곧 특별한 자신을 보내사 죽음을 맞게 하신 것이다. 그 죽음은 보통의 죽음이 아니다. 죽음은 단지 십자가만의 죽음이 아니다. 이 땅에 오심부터 십자가와 부활에 이르기까지 긴 죽음의 과정이 시작된 것이다.

예수님은 이제 마지막에 이르렀음을 아셨다. 죽음을 맛볼 그 시간,

그 구속의 시간이 다가온 것이다. 그 시간에 주님은 세 제자들에게 부탁하신다. "너희는 여기 머물러 있어 나와 함께 깨어 있으라." "Stay here and keep watch with me." 주님과 함께 기도하기를 바라신 것이다. 예수님은 제자들을 주님과 함께 깨어 기도해야 하는 동역자로 보신 것이다.

그러나 제자들은 깨어 있지 못했다. 잠들어 있는 제자들, 그리고 실망한 주님. 주님은 한 시, 곧 한 시간(one hour)도 깨어 있을 수 없는가 물으시고, 다시금 부탁하신다. "시험에 들지 않게 깨어 있어 기도하라." 깨어 기도하면 시험에 들지 않는다는 것이다(Watch and pray so that you will not fall into temptation).

그러나 주님은 우리의 약함을 아셨다. 한 시도 깨어 기도할 수 없는 약한 존재임을. "마음에는 원이로되 육신이 약하도다." 마음으로는 깨어 기도하고 싶은데 육신이 따라주지 않는다는 것이다. 이미 시험에 든 상태다. 준엄한 시간에 사단의 공격이 얼마나 심한가를 보여준다. 주님은 지금 사단과의 힘겨운 싸움을 하고 계셨다. 그런데 우리는 주님께 아무 도움을 주지 못하고 있지 않은가. 베드로, 야고보, 요한 모두 사단의 잠 화살에 쓰러지고 말았다.

두 번째 와서 보니 그들의 눈이 완전히 갔다. "저희 눈이 피곤함일러라." 감기는 눈을 이기지 못한다. "because their eyes were heavy." 주님은 우리의 신앙상태를 수시로 점검하신다. 잠자는지, 깨어있는지.

세 번째 기도를 마치신 다음 다시 제자들을 찾았다. 그래도 자고 있는 제자들. 주님은 입을 여신다. "이제는 자고 쉬라." 이젠 푹 자라는 말씀이 아니다. NIV를 보면 "아직도 자고, 쉬고 있는가?(Are you still sleeping and resting?)" 되물으신다. "아직도 자고 있다는 말인가. 그렇게 내 말 알아듣지 못하는가! 그래 가지고 어찌 내 제자라 할 수 있 겠는가!" 책망하는 말씀이다.

그런 가운데서도 때는 다가오고 있다. 잡히실 때다. "보라 때가 가까웠으니 인자가 죄인의 손에 팔리느니라." 죄 없으신 주님이 죄를 뒤집어쓰는 순간이 오고 있다. 배반과 모욕과 침 뱉음과 채찍질과 십자가가 기다리고 있다.

그 순간 주님이 외치신다.

"일어나라 함께 가자." "Rise, let us go."

주님이 겟세마네 기도를 하는 동안에도 하나도 도움이 되지 못했던 제자들, 그 제자들을 향해 가자 하셨다. 아니 이제 뿔뿔이 도망갈 제자들, 자신을 모른다 세 번이나 부인할 제자임을 아시면서도 주님은 부탁하신다. "일어나라 함께 가자." 연약하기 그지없는 우리, 늘 넘어지기만 했던 우리가 무슨 도움이 되겠는가. 하지만 주님은 우리를 부르신다.

"일어나라 함께 가자."

우리가 잘해서가 아니다. 아니 더 잘할 것이기 때문이 아니다. 부족하고 또 부족해도, 우리가 넘어질 것을 아심에도 주님은 우리를 부르시고, 동행을 원하신다. 주님을 사랑하는 그의 제자이기에. 그래서 더 감사하다. 그저 주님의 은혜가 아닌가.

주님은 오늘도 우리를 그 고난의 자리에 초청하신다. 그러나 그 자리는 더 이상 고난의 자리가 아니다. 기쁨과 영광의 자리다. 이 악하고 악한 세대, 주님을 거부하는 세력이 판치는 이 시대를 바라보며 우리를 부르신다. "일어나라 함께 가자." 이제 우리가 주님의 그 피묻은 손을 잡을 때다. 거룩한 동행이다.

4. 잃어버린 영광: 공주의 두 뺨에 눈물 흐르고

예레미야 애가를 읽을 때마다 내 마음은 숙연해진다. 우리는 얼마나 "시온의 영광이 빛나는 아침"을 노래했던가. 그런데 애가의 첫마디부터 그 영광을 볼 수 없다. 몇 줄을 가지 못하고 "딸 시온의 모든 영광이 떠나감이여"라는 부분을 만난다. 그때 우리는 예레미야처럼 외치지 않을 수 없다. "슬프다 이 성이여." 이것이 애가의 머리 부분(애 1:1~6)이다.

성은 적막하다. 그 많은 사람들은 다 어디로 갔는가. 그뿐 아니라 여러 나라 가운데서 화려하게 빛을 내던 과거는 어디 가고 지금은 과부처럼 힘을 잃었다. 공주로 살았던 것은 과거이고 지금은 강제노역을 하지 않으면 안 되는 신세로 전락했다. 영광을 잃어버린 자의 모습이 참으로 처량하다.

밤이 되면 공주의 눈에 눈물이 고인다. 슬프기 때문이다. 눈물이 두 뺨에 흘러도 그를 찾아와 위로하는 이가 없다. 그 많던 친구들도 찾아오지 않는다. 다 배반하여 떠났기 때문이다. 그러니 이 밤이 서럽다. 전혀 이해의 대상이 되지 못하고, 배려받지 못하는 처지의 아픔을 누가 알까.

지금 유다의 모습이 그렇다. 나라는 폐허가 되고, 사람들은 잡혀갔다. 환난과 고난의 연속이다. 유다를 떠나서 무슨 안식이 있을까. 타지에서도 쉴 곳이 없다. 그를 괴롭히고 핍박하는 자들이 여기저기 널려 있고, 조금만 피하려면 어느새 알고 따라와 나를 잡아 궁지에 몰아넣는다. 피할 길이 없다. 아픔이 절절하다.

시온의 도로들이 안다. 그들이 얼마나 당하고 있는가를. 그래서 그도로들이 슬퍼한다. 어찌 이 지경이 되었는고. 과거엔 주님이 정하신 절기를 기념하고자 기뻐하는 사람들로 넘쳐났는데. 이젠 절기를 지키러 가는 사람을 볼 수 없다. 예루살렘 성문은 모두 적막하다. 제사장들의 탄식이 높고 처녀들의 근심이 하늘을 찌른다. 시온의 아픔이 온 누리에 가득하다.

이젠 유다의 대적들이 활개를 치고 있다. 대적이 유다의 머리가 되어 억누른다. 어린 자녀들도 사로잡혔다. 유다의 희망을 완전히 꺾어 놓는다. 왜 이리 되었을까. 그 모두 하나님의 말씀을 듣지 않았기 때문이다. 유다가 망하고 대적이 잘 되는 것은 유다의 죄가 크기 때문이다. 하나님의 진노가 얼마나 무서운가를 보여준다. 한 민족이 잘못할 때 주님은 징계의 채찍을 드신다.

예레미야는 이 모습을 한 구절로 표현한다. "딸 시온의 모든 영광이 떠나감이여 그의 지도자들은 꼴을 찾지 못한 사슴들처럼 뒤쫓는 자 앞에서 힘없이 달아났도다." 영광의 떠나감, 얼마나 슬픈 결말인가.

땅에 떨어진 영광을 한국교회에 비견한다면 지나친 생각일까? 가난한 시대, 힘들고 어려웠던 시대에 한국교회는 세상의 소망이요, 빛이었다. 한국교회는 주님을 향한 기도로 뜨거웠다. 학교를 세워 가난한 자를 가르치고, 병원을 세워 병든 자를 치료했다. 이 땅의 수많은 학교와 병원은 그 시대가 낳은 산물들이다. 교회를 생각할 때마다 감사가 넘쳤다. 교회를 향해 돌을 드는 일은 결코 없었다.

그러나 지금 상황은 너무나 다르다. 한국교회는 비판의 대상이 된 지 이미 오래고, 교회를 향해 돌을 든 자도 점점 많아졌다. 이젠 과거 한국교회가 사회를 위해 쌓아온 업적마저 빛을 잃어가고 있다. 세대가 바뀌어 옛날을 기억하는 사람도 없다. 역사 교과서는 날마다 바래

간다. 현대교회가 칭찬받을 몫은 아무것도 없다. 교회가 많아지고 커 갈수록 비판의 화살도 많아진다.

한국교회는 더 이상 과거의 치사에 매달려 그것을 기억해달라고 하지 말자. 오히려 지금의 행실로 평가를 받으라. 그러나 긍정적 요소보다 부정적 요소가 너무 많다. 비만한 성장주의, 기업가인지 목회자인지 구별하기 어려울 정도로 상업화된 교회, 엔터테인먼트로 치장된 예배, 교회의 정치화와 세습. 이것이 과연 하나님이 원하는 교회일까.

교회를 향한 화살이 겹겹이 쌓일 때마다 가슴이 아프다. 교회를 떠나는 수가 늘어간다는 소식을 들을 때마다 적막감을 느낀다. 주님은 한국교회를 떠나신 것일까. 교회의 지도자 한 사람이라도 바로 서는 사람이 있어야 할 터인데 좀처럼 보이지 않는다. 영적인 혼란스러움이 거리를 메운다. "딸 시온의 모든 영광이 떠나감이여." 오늘따라 이 말씀이 가슴을 메이게 한다. 이 땅에 남은 자를 찾으시는 주님. 단 한 사람이라도 애통하는 자를 발견할 수 있다면 그로 인해 주님은 슬퍼하지 않을 것이다. 공주의 두 뺨에 더 이상 눈물 흐르지 않으리라.

5. 십자가: 그 능력이 우리 삶을 변화시킨다

예수님이 사역을 하셨을 때 바울이 예수님을 만났다는 기록은 없다. 물론 멀리서 보았던지 예수를 괴롭히는 집단에서 활약했을 수 있다. 하지만 그는 부활하신 주님을 직접 뵈었고(고전 15:8) 그로부터 직접 계시를 받기도 했다(갈 1:12). 그가 예수의 도를 이방에 전하는 사도로 부름을 받은 뒤 예수님은 그의 생애에 중심을 차지했다. 예수님이 인류를 구원하기 위해 인간의 몸을 입고 이 땅에 오신 것, 십자가, 그리고 부활은 예수님을 언급함에 있어서 빼놓을 수 없는 요소가 되었다. 특히 십자가는 그 가운데 중심에 해당한다. 십자가의 보혈이 없다면 우리가 어떻게 감사하고 찬양할 수 있을까.

십자가는 헬라어로 '스탄로스(stanros)'이다. 그 어근은 '스타(sta)'이다. 수직 버팀대나 말뚝인데, 로마시대 때 중범죄자 고문수단으로 사용했다. 예수님의 십자가에 죄 패를 붙인 것을 볼 때 십자가가 맞다. 이 치욕의 십자가가 예수님으로 인해 진짜 스타(star)가 되었다. 그 의미가 확 달라졌기 때문이다.

그것이 과연 무엇일까. 그것을 한두 마디로 설명할 수는 없다. 예수님의 십자가는 다양한 의미를 담고 있기 때문이다. 무엇보다 하나님의 사랑을 보여준다. 십자가는 우리를 향하신 하나님의 사랑을 빼면 존재하기 어렵다. 그 사랑은 우리가 지불해야 할 대가를 대신 지불하신 것으로 나타난다. 구속의 대가다. 이것은 하나님의 공의를 실현하는 데 중요하다.

예수는 죄를 알지 못하신 분인데도 불구하고 우리를 위해(대신하여) 죽으셨다. '위페르(uper)'의 죽음이다. 그는 죄인을 대신해 희생제물이 되셨다. 예수 그리스도의 죽음은 희생적 죽음이다. 구약 유월절 어린 양의 그림자라면 신약의 십자가는 그것의 완성이다. 이로 인해 우리는 율법과 죄와 죽음에서 자유하게 되었다.

중요한 것은 이 십자가로 인해 하나님과 막혔던 담이 무너지고 드디어 하나님과 화해할 수 있게 된 것이다. 예수님은 화목제물이시면서도 화해의 주체이시다. 그리고 십자가에서 "다 이루었다" 하신 말씀처럼 모든 정사와 권세와 능력에 대해 승리하셨다. 우리로 하여금 사단의 올무로부터 벗어나게 하셨다.

그뿐이랴. 십자가는 죄인이었던 우리에게 의롭다 일컬음(칭의)을 받게 하는 근거를 마련해주었다. 바울은 로마서와 갈라디아서를 통해 의(dikaiow), 곧 그리스도를 믿는 자가 왜 의로운가를 강조한다. 그리스도인이 성도라 불리는 것은 바로 십자가의 보혈 때문이다. 그리스도인이 존귀함을 받는 이유다. 칭의 선포는 유대교의 관점에서 보면 이해할 수 없는, 아니 충격적인 것이다. 구약의 규범에서 보면 심판받아야 마땅하기 때문이다.

그러나 의롭다 하신 이는 하나님이시니 누가 감히 더 정죄할 수 있겠는가(롬 8:33~34). 십자가가 없었다면 심판 날에 정죄함을 받는 것은 당연할 터. 그러나 의롭다 함을 얻었으니 진노하심에서 구원을 얻은 것이다(롬 5:9). 심판자이신 하나님이 믿는 자를 의롭다 하셨으니 이 의는 거짓 의가 아니라 진짜 의다.

예수 그리스도는 십자가 위에서 죽으셨다. 우리 죄를 대신해서. 우리가 의롭게 된 것은 우리의 의 때문이 결코 아니다. 그리스도의 의가 우리에게 전가된 것이다. 십자가는 그 의를 우리로 옷 입게 하는 통로다.

주님의 의를 힘입어 우리는 이제 하나님을 바라볼 수 있게 되었다. 아니 하나님께 나아갈 수 있게 되었다. 십자가가 화목의 길을 열어준 것이다. 화목과 화해는 칭의의 결과다. 화목과 화해(diallasso)는 변화(allasso, metallsso)가 있음을 말한다. 그 변화는 바로 하나님과 인간 사이에 놓인 장벽이 깨어짐을 의미한다. 십자가의 죽으심으로 성소의 휘장도 찢어졌다. 화해는 우리의 주관적 감정이 아니다. 십자가가 아니면 할 수 없는 일이다.

바울은 "하나님과 화목하라(고후 5:20)" 한다. 십자가가 이미 우리를 하나님과 화목케 했는데 왜 다시 이 말을 꺼낼까. 그것은 그리스도의 십자가 사역, 곧 화해의 사역을 우리 마음으로, 즉 진정으로 받아들여야 진정한 회복이 가능하기 때문이다.

지금 진정 하나님과의 관계가 회복되었는가. 주님 앞에 나가 무릎을 꿇고 주님을 향한 당신의 사랑과 감사를 드릴 수 있는가. 주님으로 인해 마음의 평화가 찾아오는가. 주님의 그 십자가 사랑으로 인해 우리가 소외된 이웃들과 화해하는 역사가 일어나는가.

주님의 십자가는 오늘도 우리를 새로운 사람으로 변화시킨다. 하나님과 원수된 것, 이웃과 원수된 것을 십자가로 소멸하고 사랑으로 나가게 한다. 주님의 십자가, 그 능력이 우리 삶을 변화시킨다. 세상을 새롭게 한다. 바울은 말한다. "주님의 십자가, 그 십자가가 나를 변화시켰다." 당신에게 있어서 주님의 십자가는 지금 무슨 의미를 갖는가.

6. 새로운 피조물: 누구든지 그리스도 안에 있으면

그리스도인은 변화의 키워드를 가진 사람이다. 믿기 전과 후가 다르고, 삶의 양식이 다르다. 아무런 변화가 없다면 그 원인을 찾아볼 필요가 있다. 왜 변화가 일어나야 하는가. 그것은 우리 안에 그리스도가 있기 때문이다. 우리가 그리스도 안에 있으면 새로운 피조물로서 새로운 존재로 살아가야 한다.

> "그러므로 우리가 이제부터는 어떤 사람도 육신을 따라 알지 아니하노라 비록 우리가 그리스도도 육신을 따라 알았으나 이제부터는 그같이 알지 아니하노라 그런즉 누구든지 그리스도 안에 있으면 새로운 피조물이라 이전 것은 지나갔으니 보라 새 것이 되었도다 (고후 5:16~17)."

이 말씀에서 "누구든지"에 주목하자. 그리스도의 문은 누구에게나 열려 있다. 문제는 그리스도 안에 들어오려 하지 않는 데 있다. 그리스도의 지평은 아주 넓다. 우리의 시야는 육신, 곧 이 세상에 제한되어 있다. 그러나 그리스도 안에 있는 한 우리는 육신을 뛰어넘는다. 영원 속에 있는 약속을 바라보게 된다. 우리의 삶도 영원과 결부된 삶의 방식으로 바뀐다. 이 땅에 살면서 영원을 바라볼 수 있는 것은 정말 기적이다.

"새로운 피조물이라." 놀라운 선언이다. 누구든지 그리스도를 믿으면 인간의 내면에 변화가 일어난다. 새롭게 창조되는 것이다. 이것을 재창조라 한다. 새롭게 창조된 사람은 더 이상 과거의 속성과는 다른 새로운 삶을 살게 된다.

예수를 믿으면 우리는 예수 안에 사는 존재가 된다. 그리스도 안에 있으면 새로운 피조물로 바꿔진다. 새로운 피조물은 낡은 것을 버리고 미래로 나아가는 사람이다. 이것은 영적인 변화가 있음을 말한다. 그 변화를 우리 몸으로는 어느 정도 변했는지 감지하지 못한다. 그러나 그것은 대단한 변화다. 우리를 하나님의 아들, 그분의 자녀, 왕 같은 제사장 등 높은 신분으로 세우셨다. 그 변화는 우리가 알고 있는 것보다 훨씬 위대하고 영광스럽다.

내가 변했다는 증거는 무엇일까? 무엇보다 나의 옛사람이 죽었다는 사실이다. 옛 자아는 자기만을 위해 인생을 사는 존재였고, 교만했다. 그 옛사람을 십자가에 못 박아 완전히 처형시키고 새로운 나로 다시 태어난 것이다. 그리고 인생의 목적이 달라진다. 나 자신이 아니라 예수님이 인생의 목적이 되었다.

그리스도인은 세상에 대해서는 죽은 자요 그리스도에 대해서는 산

자다. 산 자는 새 생명을 얻은 자들이다. 다시 살아난 존재들이다. 새 생명을 가지고 신앙생활을 한다. 이 생명을 가진 자는 옛 사람, 곧 나 자신만을 위해 살지 않는다. 나를 살리신 예수를 위해 산다. 주 안에서 새롭게 태어난 피조물이기 때문이다.

"우리 중에 누구든지 자기를 위하여 사는 자가 없고 자기를 위하여 죽는 자도 없도다 우리가 살아도 주를 위하여 살고 죽어도 주를 위하여 죽나니 그러므로 사나 죽으나 우리가 주의 것이로다(롬 14:7~8)." 세례는 나는 죽고 주님을 위해 살겠다는 표시이다.

주님으로부터 받은 새 생명이 너무 귀해 다른 사람도 이 생명을 얻도록 인도한다. 이것이 바로 믿는 자에게 주어진 화목의 직책이다. "모든 것이 하나님께로서 났으며 그가 그리스도로 말미암아 우리를 자기와 화목하게 하시고 또 우리에게 화목하게 하는 직분을 주셨으니 곧 하나님께서 그리스도 안에 계시사 세상을 자기와 화목하게 하시며 그들의 죄를 그들에게 돌리지 아니하시고 화목하게 하는 말씀을 우리에게 부탁하셨느니라(고후 5:18~19)." 세상의 이웃들이 나처럼 예수 믿고 주님과 화목하게 하는 것이 나에게 주어진 새로운 직책이다. 화목은 예수님과 손잡게 만드는 것이다. 하나님과 화목하지 않고서는 하나님 나라에 들어갈 수 없다. 우리가 전도하는 것은 우리에게 주어진 이 직책이 귀하기 때문이다.

이 모든 것을 가능하게 한 근거는 무엇일까. 그것은 우리를 위해 피 흘려주신 하나님의 사랑이다. "하나님이 죄를 알지도 못하신 이를 우리를 대신하여 죄로 삼으신 것은 우리로 하여금 그 안에서 하나님의 의가 되게 하려 하심이라(고후 5:21)." 죄를 알지도 못하고 죄도 없으신 예수님이 죄인으로 십자가에서 피를 흘리심은 죄인인 우리가 주 안에서 하나님의 의를 입기 위함이다. 즉, 예수님 자리에 우리를 세우고, 우리 자리에 예수님을 세운다. 루터는 이를 '자리바꿈'이라 부른다. 이 자리바꿈을 통해 우리 죄는 예수의 것이 되게 하고, 예수의 의는 우리의 것이 된다. 예수님이 죄인이 되고, 우리가 의인 되는 것이다. 우리가 의인이 된 것은 우리의 공로가 아니라 오직 예수님이 우리의 죗값을 지불했기 때문이다. 이 귀한 자리바꿈을 더 많은 사람과 함께 나누고 싶어 하는 사람이 바로 그리스도인이다.

"보라 새것이 되었도다." 새것은 다른 곳에 있지 않다. 오직 그리스도 안에 있다. 그리스도 안에 있으면 주님으로부터 보호받고 하늘의 평안을 얻을 수 있다. 또한 새로운 피조물로서 이 땅에서 역동적인 삶을 살 수 있다. 변화의 삶이다. 이것은 과거와는 전혀 다른 세계이다. 그 세계는 예수 그리스도 안에서 발견될 수 있다.

그 사람은 하나님과의 관계가 달라진다. 하나님과의 대화로 삶을 시작하고 맺는다. 그 대화가 바로 기도다. 하나님은 나를 보고 기뻐하시며, 나는 그 사랑으로 매일 새롭게 단장한다. 어찌 그뿐이랴. 세상(이웃)과의 관계도 달라진다. 그동안 자신의 이해관계에 얽매였던 인간관계가 사랑과 용서로 바뀐다. 물질도, 시간도 나누며 살아간다. 주님이 이 세상에 오신 것처럼 우리도 세상을 향해 있다. 세상을 위해 십자가를 지기도 한다. 고난받는 삶을 기뻐하는 자신의 모습 속에서 변화를 본다. 그리스도 안에서 자신을 새롭게 발견하는 것이다.

주님은 "내가 만물을 새롭게 하노라(계 21:5)" 하셨다. 자신의 변화를 통해 이 말씀의 의미가 무엇인가를 느끼게 한다. 변화는 만물을 새롭게 하시는 영광의 시간이다. 예수 그리스도 안에는 희망이 있다. 우리로 새로운 삶의 가능성을 발견하게 하고, 새로운 미래를 보게 한다. 예수 그리스도 안에 굳게 거하라. 이 속에 문제의 해답이 있다.

7. 존재의 의미: 주의 이름을 위하여

사람들은 자기의 이름을 내기 좋아한다. 하나님은 그러한 인간의 심성을 꿰뚫고 계신다. 그 대표적인 보기가 바로 바벨탑 사건이다. "또 말하되 자 성읍과 탑을 건설하여 그 탑 꼭대기를 하늘에 닿게 하여 우리 이름을 내고 온 지면에 흩어짐을 면하자 하였더니(창 11:4)." 여기서는 "우리 이름을 내고"라 되어 있지만 이 사건은 니므롯이 주도했고, 그 목적이 자기 신격화를 위한 것이라는 점에서 결국 자기 이름을 내려는 것과 다름이 없다. 당시 사람들은 이 일에 동참했다. 하나님보다 인간의 이름을 내는 일에 함께한 것이다. 이것은 단순히 하나의 사건이 아니라 하나님을 반역하는 여러 일들이 탑을 쌓듯 지속되어 왔음을 보여준다. 그 일이 절정에 달한 것이다. 하나님이 그것을 가만두실 리 없다.

아이 성에서 어이없이 패한 여호수아는 하나님을 향해 기도한다. "가나안 사람과 이 땅의 모든 사람들이 듣고 우리를 둘러싸고 우리 이름을 세상에서 끊으리니 주의 크신 이름을 위하여 어떻게 하시려 하나이까 하니(수 7:9)." 여기서 우리 이름과 주의 크신 이름이 등장한다. 여기서 '우리'는 하나님의 백성 이스라엘이다. 그런데 하나님의 군대처럼 여겨온 이 백성들이 아이성 공격에서 패했다. 가나안 사람들이 이젠 이스라엘이라는 이름을 가볍게 볼 것이다. "별것 아니구나. 괜히 떨었네." 이스라엘 이름이 땅에 떨어진다 치자. 그렇다면 주의 크신 하나님의 이름은 어찌 되는가. 하나님의 이름은 떨어질 수 없지 않은가. 여호수아의 안타까움은 여기에 있다. "주의 이름을 더 빛내고 싶은데, 이 일로 막히다니. 어처구니가 없다." 하나님은 아간의 죄를 묻고 이스라엘 민족을 성결케 한 뒤 결국 아이 성을 다시 공격하게 하셨다. 하나님의 크신 이름이 다시 세워진 것이다.

어찌 여호수아 때뿐이겠는가. 에스겔서에서도, 더럽혀진 주의 이름을 다시 새롭게 하신다. "여러 나라 가운데에서 더럽혀진 이름 곧 너희가 그들 가운데에서 더럽힌 나의 큰 이름을 내가 거룩하게 할지라 내가 그들의 눈앞에서 너희로 말미암아 나의 거룩함을 나타내리니 내가 여호와인 줄을 여러 나라 사람이 알리라 주 여호와의 말씀이니라(겔 36:23)."

솔로몬은 이스라엘 백성뿐 아니라 주님을 믿는 이방인이 주님의 이름을 부를 때 응답하도록 기도한다. "또 주의 백성 이스라엘에 속하지 아니한 자 곧 주의 이름을 위하여 먼 지방에서 온 이방인이라도 저희가 주의 광대한 이름과 주의 능한 손과 주의 펴신 팔의 소문을 듣고 와서 이 전을 향하여 기도하거든 주는 계신 곳 하늘에서 들으시고(왕상 8:41~43)." 그의 기도 속에서 '주의 이름', '주의 광대한 이름'이 등장한다. 우리는 이처럼 주의 이름을 위해 산다.

요한은 전도자가 이방 전도를 나가서 아무것도 받지 않았음을 강조한다. 그런 이유가 있다. 주의 이름을 위해서다. "이는 그들이 주의 이름을 위하여(for the sake of the Name) 나가서 이방인에게 아무것도 받지 아니함이라(요삼 1:7)." 혹이라도 돈 때문에 주의 이름이 더럽혀지면 안 된다고 생각했기 때문이다. 그리스도인은 주의 이름을 위하여 사는 자다. 다른 말로 주의 영광을 위해 존재한다. 이스라엘이든 이방인이든 마찬가지다.

그리스도인은 늘 주의 길을 사모하고, 그의 인도를 바란다. 그때도 주의 이름을 부른다. 시편기자의 간구를 보자. "여호와여 주의 이름을 위하여(for your name's sake) 나를 살리시고 주의 의로 내 영혼을 환난에서 끌어내소서(시 143:11)." 주님의 이름을 위해 그리해달라는 것이다. 주님은 이 기도에 응답하신다. 주님은 주의 이름을 위해(for his name's sake) 우리를 인도하신다. "내 영혼을 소생시키시고 자기 이름을 위하여 의의 길로 인도하시는도다(시 23:3)." 우리가 믿음 생활하는 것도 주님이 우리를 주의 길로 인도하시기 때문이다. 그러니 감사할 것밖에 더 있겠는가.

"이러므로 나의 평생에 주를 송축하며 주의 이름으로 말미암아 나의 손을 들리이다(시 63:4)." "주께서 이를 행하셨으므로 내가 영원히 주께 감사하고 주의 이름이 선하시므로 주의 성도 앞에서 내가 주의 이름을 사모하리이다(시 52:9)." "그들은 종일 주의 이름 때문에 기뻐하며 주의 공의로 말미암아 높아지오니(시 89:16)." "내가 주의 성전을 향하여 예배하며 주의 인자하심과 성실하심으로 말미암아 주의 이름에 감사하오리니(시 138:2)." "내가 낙헌제로 주께 제사하리이다 여호와여 주의 이름에 감사하오리니 주의 이름이 선하심이니이다(시 54:6)."

이제 우리가 해야 할 일은 나의 행실로 주의 이름을 드러내는 것이다. "나의 성실함과 인자함이 그와 함께하리니 내 이름으로 말미암아 그의 뿔이 높아지리로다(시 89:24)." 쉬운성경은 이 말씀을 이렇게 번역했다. "내가 변함없이 그를 사랑할 것이며 그가 내 이름으로 강하게 될 것이다." 우리가 높일 분은 오직 주님이시다. 시편기자는 한마디로 요약한다. "여호와 우리 주여 주의 이름이 온 땅에 어찌 그리 아름다운지요(시 8:9)." 이 모두 주님을 사랑하기 때문이다. 주를 사랑하는 사람은 주의 이름을 위해 산다. 그의 영광을 위해 존재한다.

8. 사역자의 덕목: 그리스도인의 전문성

주님을 위한 사역자가 갖춰야 할 덕목이 있다. 그중의 하나가 전문성이 아닐까. 요즘 한국에는 "주전자!" 하며 서로 격려한다고 한다. 주전자의 주는 주체성, 전은 전문성, 그리고 자는 자신감이다. 하나님의 말씀을 전하고 행하는 그리스도인에게도 적합한 말이다. 주님을 향한 꼿꼿한 주체성, 말씀에 대한 전문성, 그리고 주의 종으로서의 자신감이다.

전문성. 이에 관한 언급은 디모데후서 2장에 있다. 전문성이라는 단어로 소개되지는 않는다. 하지만 그 의미는 충분하다. 3절에 그리스도 예수의 좋은 병사가 나온다. 적군과 싸우는 병사, 경기하는 선수, 농사를 짓는 농부도 소개된다. 이들에게 필요한 것은 각 분야에서의 전문성이다. 전문성이 없다면 병사라, 선수라, 농부라 불릴 수 없다.

바울은 디모데에게 "너는 진리의 말씀을 옳게 분별하며 부끄러울 것이 없는 일꾼으로 인정된 자로 자신을 하나님 앞에 드리기를 힘쓰라" 부탁한다. 여기서 핵심단어는 일꾼이다. 마태복음 20장에 나오는 품꾼이나 일꾼이나 같은 단어로 사용되고 있다. 일꾼은 헬라어로 "에르가테스"다. 이는 견습공이 아니라 전문적으로 일하는 노동자를 가리킨다. '에르'는 에너지(에르네르)와 어원이 같다. 힘을 가지고 일한다. 이 힘은 전문성을 가리킨다.

바울은 하나님의 말씀을 연구하고 가르치는 자는 그 분야에서 전문가가 되어야 한다는 것이다. 그래야 충성된 자요 예수의 좋은 군사가 될 수 있다. 말씀의 전문가는 진리의 말씀을 옳게 분별해야 한다. 분별은 진리의 말씀을 정확하게 이해하고 가르치는 것(handling, NIV)

을 말한다. 일꾼은 말씀에 대한 확신을 가지고 바른 말씀으로 인도해야 할 책임이 있다.

이 전문성은 잘 알고 가르치는 것으로 끝나지 않는다. 부끄러울 것이 없어야 한다. 부끄럼 없는 일꾼은 성결한 생활을 하는 것을 말한다. 독이 있는 그릇이나 독이 묻은 그릇은 사용할 수 없다. 깨끗한 그릇이 되어야 하나님이 쓰신다. 아나니아와 삽비라는 기만, 위선, 더러운 마음을 가졌기 때문에 사용될 수 없었다.

그리고 이 전문성은 하나님으로부터 인정을 받아야 한다. 사람의 인정도 중요하지만 무엇보다 하나님으로부터 인정을 받는(approved) 일꾼이 되어야 진정한 전문가다. 바울은 이렇듯 인정받는 전문가로서 자신을 하나님 앞에 드리기를 힘쓰라 한다. 이를 위해서는 항상 올바른 자세로 일해야 한다. 기회가 주어졌을 때 최선을 다해야 한다.

그럼 이 전문성을 어떻게 발휘해야 할까? 바울은 '그들'을 말한다. 그들은 망령되고 헛된 말을 하는 경건치 않은 자들이다. 아니 부활이 이미 지나갔다 주장함으로써 그릇된 진리를 펴는 자들이다. 이 주장에 대해 전문성을 발휘해야 한다. 올바르게 지적하고 바로 잡아야 한다. 왜냐하면 사람들의 믿음을 무너뜨리기 때문이다. 그들 가운데 대표적인 인물로 후메내오와 빌레도가 있다. 그들은 한마디로 영지주의 자들이다.

"망령되고 헛된 말을 버리라 그들은 경건하지 아니함에 점점 나아가나니 그들의 말은 악성 종양이 퍼져 나감과 같은데 그중에 후메내오와 빌레도가 있느니라 진리에 관하여는 그들이 그릇되었도다 부활이 이미 지나갔다 함으로 어떤 사람들의 믿음을 무너뜨리느니라(16~18절)."

에베소 교회에는 각종 이단 사상이 침투해 있었다. 후메내오와 빌레도는 당시 교회 내 이단이었던 영지주의 지도자들이었다(딤전 1:20). 18절이 그 이단 됨을 입증하고 있다. 그들은 '부활이 이미 지나갔다' 고 말함으로써 기독교의 근본인 부활신앙을 무너뜨렸다. 18절 전반은 '진리에 관하여는 저희가 그릇되었도다'라고 못 박음으로써 이 같은 주장이 잘못임을 증거하고 있다.

영지주의는 플라톤의 이원론에 바탕을 두고 있다. 그에 따르면 영적인 것은 선하며 물질적인 육체는 악하다. 영지주의는 이를 바탕으로 영의 부활은 인정하지만 육체적 부활은 인정하지 않는다. 선한 영은 부활하지만 물질적인 몸은 악하므로 부활하지 못한다는 것이다. 그들이 "부활이 이미 지나갔다." 이미 일어났다는 것은 육체적 부활을 의미하는 것이 아니다. 영적인 부활을 의미한다. 이 점을 영적으로 깨달으면 이미 부활한 것이라는 주장이다. 그들에게 있어서 구원은 오히려 몸을 벗어나는 데 있다. 구원은 믿음이 아니라 자기들의 특별한 지식, 곧 영적인 깨달음에서 온다. 육체적 부활을 부인하는 것은 그리스도의 육체적 부활을 부인하는 것이자 그리스도를 부인하는 것이다. 그러므로 교인들의 기본적인 믿음을 무너뜨린다.

이에 대해 바울은 확고히 말한다. "그러나 하나님의 견고한 터는 섰으니 인침이 있어 일렀으되 주께서 자기 백성을 아신다 하며 또 주의 이름을 부르는 자마다 불의에서 떠날지어다 하였느니라(19절)." '그러나'에 주목하라. 이 말씀은 아무리 그릇된 신앙이 침투한다 해도 하나님의 터는 견고함을 보여준다. 이단 사설이 풍미한다 할지라도 '그러나' 하나님과의 관계는 바로 가지라는 것이다. 그리고 '주님이 자기 백성을 아신다'거나 '주의 이름을 부르는 자'는 이러한 이단적 가르침에서 떠나라고 명령하고 있다. 어거스틴은 원래 불량했고, 마니교에 심취하는 등 잘못되었으나 '낮에와 같이 단정히 행하고 방탕과 술 취하지 말며 음란과 호색하지 말며 쟁투와 시기하지 말고 오직 주 예수 그리스도로 옷 입고 정욕을 위하여 육신의 일을 도모하지 말라'는 로마서 13:13과 14절을 읽은 다음 크게 달라졌다.

영지주의자들의 그릇된 점을 확실히 알고 그것으로부터 떠나는 것이 바로 그리스도인의 지적인 전문성이요, 그리스도 군사다운 행동이다. 떠난다는 것은 그들이 아무리 유혹을 해도 넘어가지 않는다는 말이다. 오히려 돌아선다.

나아가 우리의 전문성은 우리의 성결을 통해 나타나야 한다. "큰 집에는 금 그릇과 은그릇뿐 아니라 나무 그릇과 질그릇도 있어 귀하게 쓰는 것도 있고 천하게 쓰는 것도 있나니 그러므로 누구든지 이런 것에서 자기를 깨끗하게 하면 귀히 쓰는 그릇이 되어 거룩하고 주인의 쓰심에 합당하며 모든 선한 일에 준비함이 되리라(20~21절)." 청년이라면 정욕을 피하고 주를 깨끗한 마음으로 부르는 자들과 함께 의와 믿음과 사랑과 화평을 따른다(22절). 지적인 전문성과 성결의 전문성을 갖추면 하나님께서 필요한 때마다 들어 사용하신다는 말씀이다. 그러므로 우리는 두 가지 점에서 준비성이 요구된다.

이 두 전문성이 어떻게 나타나야 할까. 저들과 싸울 필요는 없다. "어리석고 무식한 변론을 버리라 이에서 다툼이 나는 줄 앎이라(23절)." 오히려 온유함으로 깨닫게 한다. "주의 종은 마땅히 다투지 아니하고 모든 사람에 대하여 온유하며 가르치기를 잘하며 참으며 거역하는 자를 온유함으로 훈계할지니 혹 하나님이 그들에게 회개함을 주사 진리를 알게 하실까 하며 그들로 깨어 마귀의 올무에서 벗어나 하나님께 사로잡힌 바 되어 그 뜻을 따르게 하실까 함이라(24~26절)." 오히려 그들을 깨우쳐 사단으로부터 벗어나도록 도와주는 것이다. 이것이 바로 그리스도인의 전문성이다. 당신은 이 전문성을 겸비하고 있는가. 그 전문성을 하나님으로부터 인정받고 있는가.

9. 일꾼: 삯꾼인가, 일꾼인가

주의 일을 한다 하다가도 가끔 난 일꾼인가 아니면 삯꾼일까 자문해본다. 기쁨으로 시작한 일인데 시간이 지나다 보면 이런저런 일에 부딪혀 인간적인 생각을 하기 때문이다. 그래서 삯꾼과 일꾼의 차이를 확실히 해둘 필요가 있음을 느낀다. 나를 다잡기 위해서라도.

먼저 삯꾼에 대해 보자. 예수님은 삯꾼의 특징을 달아남으로 본다. "삯꾼은 목자가 아니요 양도 제 양이 아니라 이리가 오는 것을 보면 양을 버리고 달아나나니 이리가 양을 물어 가고 또 헤치느니라(요 10:12)." 위험하다 싶으면 먼저 달아나는 사람. "달아나는 것은 그가 삯꾼인 까닭에 양을 돌보지 아니함이나(요 10:13)." 그 이유는 뻔하다. 삯꾼이기 때문이다. 사명감이 없다.

그렇다면 일꾼은 누구일까. 어떤 어려움이 와도 양을 지키는 자다. 그만큼 사명감이 투철하다. 달아남과 지킴의 차이. 어려움이 온다면, 아니 위험이 온다면 나는 과연 지켜낼까, 아니면 달아날까. 심각하게 묻고 대답해볼 일이다.

주님은 일꾼을 부르신다. "이르시되 추수할 것은 많되 일꾼이 적으니 그러므로 추수하는 주인에게 청하여 추수할 일꾼들을 보내주소서 하라(눅 10:2)." "추수할 일꾼들을 보내주소서 하라." 전도할 대상은 너무나 많은데 실상 전도할 사람이 없어 문제라는 것이다. 많은 영혼들이 죽어가고 있는데 그들을 도와 살려낼 사람들이 턱없이 부족하다는 것이다.

신호가 점점 다급해지는 것은 사탄의 일꾼들도 가만있지 않기 때문이다. "그러므로 사탄의 일꾼들도 자기를 의의 일꾼으로 가장하는 것이 또한 대단한 일이 아니니라 그들의 마지막은 그 행위대로 되리라(고후 11:15)." 사탄의 일꾼은 그리스도의 일꾼과 다르다. 그러나 사탄의 일꾼은 많은 데 비해 그리스도의 일꾼이 적다면 어떻게 되는가. 게다가 사탄의 일꾼들이 의의 일꾼처럼 가장하고 일한다. 큰일이 아닐 수 없다. 그러니 더 다급하지 않을 수 없다.

주님은 추수하는 주인에게 청하라 하신다. 주님께 부탁하면 때에 맞게 보내주겠다는 것이다. 왜 우리가 부탁하기까지 기다리실까. 그것은 주님이 하실 수 없어서가 아니다. 주님의 일에 대한 우리의 애정과 관심이 요구되기 때문이다. 주님이 택하신 이 전도방법에 대한 우리의 관심과 열의, 곧 사명감이 필요하다는 것이다.

그 일은 아무나 할 수 있는 일이 아니다. 오직 그리스도 일꾼만이 할 수 있는 일이다. "사람이 마땅히 우리를 그리스도의 일꾼이요 하나님의 비밀을 맡은 자로 여길지어다(고전 4:1)." 그리스도의 일꾼은 바로 하나님의 비밀을 맡은 자다. 구원의 비밀이다. 얼마나 귀한 역할을 하는가. 주님은 구원사역을 이루기 위해 십자가를 지셨는데 우리가 그 남은 사역을 위해 일할 수 있게 되다니. 그 사역이 귀하니 고난도 감내한다. "오직 모든 일에 하나님의 일꾼으로 자천하여 많이 견디는 것과 환난과 궁핍과 고난과(고후 6:4)."

바울은 그리스도의 일꾼 됨을 자랑스럽게 생각한다.

"전에 악한 행실로 멀리 떠나 마음으로 원수가 되었던 너희를 이제
는 그의 육체의 죽음으로 말미암아 화목하게 하사 너희를 거룩하
고 흠 없고 책망할 것이 없는 자로 그 앞에 세우고자 하셨으니 만
일 너희가 믿음에 거하고 터 위에 굳게 서서 너희 들은 바 복음의
소망에서 흔들리지 아니하면 그리하리라 이 복음은 천하 만민에게
전파된 바요 나 바울은 이 복음의 일꾼이 되었노라 나는 이제 너희
를 위하여 받는 괴로움을 기뻐하고 그리스도의 남은 고난을 그의
몸 된 교회를 위하여 내 육체에 채우노라 내가 교회의 일꾼 된 것
은 하나님이 너희를 위하여 내게 주신 직분을 따라 하나님의 말씀
을 이루려 함이니라(골 1:21~25)."

그가 교회의 일꾼 된 증거는 생애의 마지막 순간까지도 그 일을 마
치는 것에 관심을 두었기 때문이다. 골로새서를 쓰는 그때 바울은 옥
중에 있었다. 그 고난의 순간에도 주님의 일을 생각한다. 삯꾼은 해
떨어지는 시간에 관심이 있다. 대충 정리하고 집에 가기 바쁘다. 그러
나 일꾼은 끝까지 일을 마무리하려 한다. 바울은 고난을 피하지 않았
다. 오히려 그 고난을 기뻐하면서 생의 마지막 소원을 말한다.

"너희를 거룩하고 흠 없고 책망할 것이 없는 자로 그 앞에 세우고
자 하셨으니." 이것이 그들을 향한 바울의 소망이요, 주님의 소망이다.
이 말씀을 읽는 교인들의 마음이 얼마나 뭉클했을까. 그들은 마음으
로 다짐했을 것이다. "그래, 제대로 그리스도인이 되는 거야." 어느
누구도 우리를 변화시킬 수 없다. 오직 예수만이 우리를 변화시킨다.

바울은 선언한다. "내가 이제 너희를 위하여 받는 괴로움을 기뻐하
고 그리스도의 남은 고난을 그의 몸 된 교회를 위하여 내 육체에 채
우노라." 주님의 일꾼다운 장엄한 선언이다. 그리스도의 남은 고난은
주님이 당하신 고난 이후의 고난이다. 고난은 기본적으로 구원사역이
다. 주님은 구원사역을 위해 십자가 고난을 지셨다. 우리도 십자가 사

건 이후의 구원사역을 위해 전도해야 한다. 전도로 인한 고난을 기쁨으로 내 몸에 채워야 한다. 우리도 과연 그 선언에 기쁨으로 동참할 수 있을까. 지치지 않고, 열심을 다해.

10. 감격: 그 큰 사랑을 인하여

그리스도인으로서 삶의 감격이 있는가. 오늘의 삶에 충만한 기쁨이 있는가. 돌아본다. 바울을 보면 뭔가 다르다는 것을 느낀다. "그는 허물과 죄로 죽었던 너희를 살리셨도다(엡 2:1)." 이 선언만으로도 우리를 일깨우는 느낌을 준다. 그리고 느낀다. 영원한 자유와 해방, 그리고 헤아릴 수 없는 기쁨과 감격을.

허물과 죄로 죽었던 너희. 그것이 과거 구원받지 못하고 살았던 우리의 모습이었다. 허물과 죄 가운데 살고 있었다면 그 삶이 어떨지 상상이 가능하다. 허물은 '파라프토마', 즉 미끄러져 넘어짐을 말한다. 실수로 지은 죄이다. 고의적이진 않지만 우리가 늘 관습적으로 짓는다. 죄는 '하마르티아'다. 표적을 벗어났다는 뜻이다. 이것은 대부분 고의적으로 지은 죄이다. 고의적이든 고의적이지 않든 하나님이 기뻐하지 않는 삶을 살아왔다는 말이다. 그 허물과 죄로 인해 하나님 앞에선 사실 죽은 것과 다름없다. 바울은 우리의 상황에 대해 더 심각하게 말한다.

"그때에 너희는 그 가운데서 행하여 이 세상 풍조를 따르고 공중의 권세 잡은 자를 따랐으니 곧 지금 불순종의 아들들 가운데서 역사하는 영이라 전에는 우리도 다 그 가운데서 우리 육체의 욕심을 따라 지내며 육체와 마음의 원하는 것을 하여 다른 이들과 같이 본질상 진노의 자녀이었더니(엡 2:2~3)."

공중의 권세 잡은 자를 추종하는 불순종의 아들, 진노의 자녀였다는 것이다. 그때 우리가 행한 것은 세상 풍조를 따르고 육체의 욕심을 따라 지내며 육체와 마음의 원하는 것을 하며 살았다. 이것이 우리 모습이었다. 영적 순결을 잃어버렸다. 하나님을 향한 꿈과 이상은 죽고 그저 육신을 따라 죄를 지으며 산다. 죄의식도 없다. 죄는 인간의 선한 의지를 죽인다. 우리는 죄에 중독되고 그 노예로 전락되었다.

그런 우리를 하나님은 구원의 길로 인도하셨다. 우리를 택하시고 십자가의 피로 구속하시며 성령의 인 치심으로 이를 확고히 하셨다. 내가 하나님을 선택한 것이 아니라 하나님이 우리를 선택하셨다.

"긍휼이 풍성하신 하나님이 우리를 사랑하신 그 큰 사랑을 인하여 허물로 죽은 우리를 그리스도와 함께 살리셨고 너희는 은혜로 구원을 받은 것이라(엡 2:4~5)." 허물과 죄로 죽은 우리를 위해 예수님이 하신 일은 우리를 살리셨다는 것이다. 우리의 죄를 완전히 깨끗게 하셨다. 양털같이 희게 하시고, 더 이상 기억하지 않으신다. 우리의 잠재의식에 있는 죄까지 말갛게 씻어 완전히 죄의식으로부터 해방시키셨다. 또한 하나님을 향한 우리의 이상을 일깨우고 삶에 새로운 가치를 부여하셨다. 삶에 새로운 의욕을 주신 것이다. 더 이상 자신을 위해 살지 않고 하나님을 위해 산다. 하나님 위해 못 말리는 사람이 되는 것이다. 이것이 바로 사망에서 생명으로 옮겨진 증거다. 이 큰 사랑을 어찌 잊을 수 있을까.

그뿐 아니다. 우리를 존귀하게 하신다. "또 함께 일으키사 그리스도 예수 안에서 함께 하늘에 앉히시니 이는 그리스도 예수 안에서 우리에게 자비하심으로써 그 은혜의 지극히 풍성함을 오는 여러 세대에 나타내려 하심이라(엡 2:6~7)." 예수와 함께 일어나고, 예수와 함께 하늘에 앉은 우리의 모습. 상상이 가능한가. 그리스도 안에서 살면 이렇듯 그리스도와 함께 존귀한 자가 된다. 그의 자녀가 된다. 그리스도인은 이렇듯 차원이 다른 존재다.

이렇게 된 것은 우리를 불쌍히 여기시는 주님의 마음과 주님이 우리에게 값없이 주신 은혜 때문이다. 긍휼과 사랑이 구원의 동기라는 말이다. "너희는 그 은혜에 의하여 믿음으로 말미암아 구원을 받았으니 이것은 너희에게서 난 것이 아니요 하나님의 선물이라 행위에서 난 것이 아니니 이는 누구든지 자랑하지 못하게 함이라(엡 2:8~9)." 구원은 하나님의 은혜요 선물이다. 우리의 행위 때문에 받은 것이 아니라 주님으로부터 거저 받은 것이다. 우리 행위 때문이 아니니 자랑할 사람은 아무도 없다. 그저 주신 은혜에 감사할 수밖에. "하나님이 이처럼 사랑하사." 불교는 행위를 강조한다. 그러나 하나님 사랑은 차별이 없다. 모두를 구원하시기 원한다. 그 무한한 사랑을 십자가에서 확증하셨다. 뱀에 물린 광야의 백성들이 장대 끝에 매달린 놋 뱀을 쳐다보면(믿음) 낳게 되었듯이(구원) 예수를 믿는 자마다 구원을 얻고 존귀하게 된다. 하박국도 "의인은 믿음으로 말미암아 살리라" 하였다.

우리를 구원한 이유가 있다. 그것은 우리 자신의 구원받음에만 만족하는 삶을 살아선 안 된다는 것이다. "우리는 그가 만드신 바라 그리스도 예수 안에서 선한 일을 위하여 지으심을 받은 자니 이 일은 하나님이 전에 예비하사 우리로 그 가운데서 행하게 하려 하심이니라(엡 2:10)." 예수 안에서 선한 일을 하기 위함이다. 그 일이 무엇일까. 그것은 더 많은 사람을 구원으로 인도하는 일이다.

"우리를 그리스도와 함께 살리셨고 믿음으로 말미암아 구원을 받았으니." 이 말씀을 보면 우리의 구원은 미래의 문제가 아니다. 이미 성취되었다. 그러나 그 구원은 계속 완성되어 간다. "그 은혜의 지극히 풍성함을 오는 여러 세대에 나타내려 하심이라." 오는 세대를 위해 구원의 문을 열어둔 것이다. 구원은 현재를 살아가는 우리에겐 현재적 사건이지만 미래 세대에겐 미래적 사건이다.

따라서 우리가 그들을 위해 해야 할 일이 있다. 미래 구원을 위해선 현재의 우리가 달라져야 한다. 우리 자신이 변화되어야 우리를 보는 그들도 달라질 수 있다. 그리스도인은 주님의 택하심을 받았고, 은혜로 구원을 받았다. 이제 우리가 해야 할 것은 변화의 삶을 사는 것이다. 그리스도인은 세상과 동화하는 것이 아니라 그것과는 아주 다른 삶을 사는 사람들이다. 구원받기 전과 구원받은 후의 삶이 달라야 한다.

하나님의 백성으로 삶이 이 세상에서 어떻게 가능할까? 그리스도와 함께 가능하다. 그리스도와 함께 죽고 다시 살 때 비로소 가능해진다. 따라서 그리스도인으로서 정체성을 바로 확립할 필요가 있다. 그 나라 백성으로서 태어난 사람들은 주 안에서 하나 된다. 외양적 동질성이 아니라 질적인 동질성이다. "우리는 그의 만드신 바라(엡 2:10)." 만드신 바라는 우리 각자는 하나님의 작품이라는 뜻이다. 우리는 서로 다르다. 모양도 다르고 성격도 다르다. 하나님의 작품인 주위 사람을 보라. 얼마나 아름다운가. 하나님은 오늘도 그들이 각자 주 안에서 살고자 하는 모습을 보며 기뻐하신다. 오늘도 당신의 방법으로 하나님을 감격시켜라. 이웃에게 기쁨과 감동을 주라. 주님이 우리에게 은혜로 주신 그 크신 사랑을 생각하며. 그리스도인에겐 좌절할 시간이 없다.

11. 열정: 예수님을 알게 될 때

연변과기대에서 사람을 만나면서 여러 사람의 이야기가 나의 주위를 맴돈다. 대부분 믿음에 관한 것이지만 가정마다 배경이 다르고 모양도 다르다. 그러나 한 가지 공통되는 것이 있다. 주님을 향한 일관된 뜨거운 사랑이다.

이번 학기 두 주간 새벽기도회를 하면서 마지막에 금산교회 조덕삼 장로와 이자익 목사 이야기를 했다. 한국교회사에서 장로와 목사가 반상의 차별을 넘어 서로 존경하고 배려한 아름다운 이야기의 주인공들의 삶을 닮자는 뜻에서다. 그런데 그곳에 참석한 사람 가운데 한 분이 찾아와 이 학교 안에 이자익 목사 손자분이 교수로 와 있다는 것이었다. 나중에 생물화공학부 이규완 교수가 찾아와 자신이 목사님의 장손자 된다면서 책을 한 권 주었다. 이자익 목사의 일대기를 소개하는 것으로 그분의 삶을 잊지 못한 어느 목사님이 쓰신 귀한 책이었다. 종종 이 교수님을 학교에서 볼 때마다 대를 이어 주님의 일을 하는 모습이 아름다워 보였다. 연변과기대에는 주기철 목사님의 친척 되는 주영국 교수님이 계신다. 재료기계자동화공학부 교수지만 가끔 말씀으로 과기대 교직원을 섬기기도 하신다. 귀한 분들이다. 이런 분들을 만날 때 한국교회사를 다시 몸으로 대하는 것 같다.

중국 연태대학에서 일 년간 계시다 복귀하신 유성호 교수님이 상경학부 교수 기도모임 때 믿음에 관한 말씀을 전하면서 연태에서 만난 한 구두닦이 집사님 얘기를 했다. 집사님 성함은 김주형. 영락교회 교인이다. 연태에서 학생들을 전도하다 교회를 인도받은 곳이 바로 그 집사님이 세운 교회였다. 집사님은 마치 돈키호테 같은 분이라면서 믿음이 삶을 어떻게 움직이는가를 설명해주었다.

김 집사는 원래 믿은 분이 아니다. 명동거리 한 구석에 조그마한 구두수선가게에서 구두를 닦고 고치며 생계를 유지해왔다. 돈이 생기면 술을 먹고 노름도 하며 세월을 보냈다. 그런데 고객 중의 한 분이 그에게 전도를 했고, 마침내 그는 예수를 영접했다. 어느 교회를 다닐까 생각하다 자기의 일터와 제일 가까운 영락교회를 택했다. 그리고 믿음이 성장하면서 자연 집사가 되었다.

선교에 대한 말씀을 들으면서 마음이 뜨거워졌다. 어떻게 하면 나도 선교에 동참할 수 있을까. 학력으로 치면 초등학교도 제대로 나오지 못한 처지. 그러나 가슴에 불타는 선교 열정을 그냥 끌 수 없었다. 그는 구두 가게를 정리하고 한국에서 제일 가까운 중국 산둥 성 연태를 선교지로 정하고 무작정 이곳으로 왔다. 중국어를 배운 것도 아니었다. 예배 처소를 빌렸지만 자신이 설교를 할 처지는 아니다. 자신은 한국 유학생을 활용해 중국학생들에게 복음을 전했다. 한족 학생들이 늘어가자 한족 설교자에게 월급을 주어가며 교회를 이어오고 있었다. 그렇게 한 지 1년 반이 되었다. 그때 유 교수를 만난 것이다. 그런데 만나자마자 가정 사정 이야기를 하며 유 교수에게 이 교회를 맡기고 서울로 가버렸다. 가정을 떠나 있으니 식구들의 성화가 이만저만이 아니었던 게다. 지금은 무교동에 자리가 나서 옛날로 돌아가 구두를 닦으며 교회를 잘 섬기고 있다 한다. 김 집사는 구두를 닦으면서도 연태의 대학생들에겐 아주 긴요한 예배공간이 되어버린 이 교회를 잊지 못할 것이다.

연변과기대 채플 때 광성교회 원로인 이완택 목사가 와서 자신의 삶을 반추하며 간증설교를 했다. 30대 젊은 나이 사업으로 바쁠 때

간경화 등 중병에 걸렸다. 생사를 헤맬 때 주님을 만났다. 죽음의 사자를 피해 주님의 품 안으로 들어온 것이다. 예수님을 영접한 뒤 그는 철저하게 회개했고, 그 뒤 그의 몸도 새로워졌다. 그는 주님의 거룩 속에 들어오면 몸뿐 아니라 영도 깨끗해진다고 강조했다. 그 뒤 그는 자신을 주님께 드리기로 결심하고, 주님께 영광을 드리는 삶을 살기로 했다. 그는 영광의 삶이 너무나 귀하고 감격스럽다 했다. 세계 터미널선교회를 만들어 전도에도 힘쓴 그다. 나의 아내가 그 선교회에 몸담고 일한 지도 어언 20년이 되었고, 그동안 말로만 들어왔던 이 목사를 과기대에서 만나게 되니 기쁘지 아니할 수 없다. 식사 후 대화는 장 카페에서 이어졌다.[1]

이자익 목사를 생각나게 하는 이규완 교수. 주기철 목사를 생각나게 하는 주영국 교수 모두 믿음을 이은 사람들이다. 주님을 사랑하는 열정 때문에 과기대까지 오게 된 것이다. 이 일이 어찌 과기대에서만 일어날까. 연태교회는 선교 열정으로 불탄 구두닦이 집사의 사랑이 담겨 있고, 죽음의 문턱에서 구원을 받은 이완택 목사는 전도로, 봉사로 그 빚을 갚기 위해 동분서주한다. 예수님을 만나면 달라진다. 주님을 알면 알수록 자신을 더 드리지 못해 안타까워한다. 지금 과기대는 겨울이다. 눈보라 치고 몹시 춥다. 그러나 주님을 사랑하는 열정은 언제나 뜨겁다.

---

1) 매주 장윤상 교수 숙사에서 커피를 나누며 얘기꽃을 피우는 이곳을 우리는 이렇게 부른다.

12. 마지막 편지: 예수 그리스도를 변함없이 사랑하는 모든 자에게

바울은 에베소 교회에 보내는 편지를 마무리하면서 말한다. "아버지 하나님과 주 예수 그리스도께로부터 평안과 믿음을 겸한 사랑이 형제들에게 있을지어다 우리 주 예수 그리스도를 변함없이 사랑하는 모든 자에게 은혜가 있을지어다(엡 6:23~24)." 주님으로부터 오는 평안과 믿음을 겸한 사랑, 그리고 은혜가 있기를 기원한 것이다. 무엇을 기원하는가 하는 것도 중요하지만 교인들을 향해 형제라 부르고, 주 예수 그리스도를 변함없이 사랑하는 자라 한 것이 너무도 마음에 와 닿는다. 그리스도를 그토록 사랑하는 사람들에게 주의 평안과 사랑, 그리고 은혜가 넘치기를 기원하는 것은 마땅하다. 아니 그보다 더 큰 것이 있다면 그것을 주시라 기도했을 것이다.

평강과 은혜를 구하는 그의 기도는 에베소서의 서두에도 등장한다. "하나님의 뜻으로 말미암아 그리스도 예수의 사도 된 바울은 에베소에 있는 성도들과 그리스도 예수 안에 있는 신실한 자들에게 편지하노니 하나님 우리 아버지와 주 예수 그리스도로부터 은혜와 평강이 너희에게 있을지어다(엡 1:1~2)."

에베소서의 주제는 교회다. 바울은 교회를 구원받은 새로운 공동체로 간주하고 이상적 교회의 모형을 제시했다. 에베소 교회가 그런 교회가 되었으면 하는 소원을 담고 있지만 이 소원은 이 교회에만 해당되는 것이 아니다. 주님을 변함없이 사랑하는 모든 교회에 해당한다.

그는 에베소서 1장에서 구원의 하나님을 찬양했다. 그 구원은 하나님의 은혜(7절), 예수 그리스도의 구속(9절), 성령의 인치심(13절) 등

삼위가 함께하는 구원이다. 삼위의 하나님은 우리를 만세 전부터 아시고, 택하시고 예정하심으로 구원의 자리로 인도한다. 세상의 어느 누구도 스스로 구원을 받을 수 있는 사람은 아무도 없다. 그러니 하나님을 찬양하지 않을 수 없다. 그 하나님이 우리를 의롭다 하셨다.

"찬송하리로다 하나님 곧 우리 주 예수 그리스도의 아버지께서 그리스도 안에서 하늘에 속한 모든 신령한 복을 우리에게 주시되 곧 창세전에 그리스도 안에서 우리를 택하사 우리로 사랑 안에서 그 앞에 거룩하고 흠이 없게 하시려고 그 기쁘신 뜻대로 우리를 예정하사 예수 그리스도로 말미암아 자기의 아들들이 되게 하셨으니(엡 1:3~5)."

구원 사역은 사랑 안에서 이루어진 것이다. 우리를 거룩하고 흠이 없게 하시려는 것이다. 거룩의 원어는 '하기오스(hagios)'로 '다르다, 분리하다'는 뜻을 가지고 있다. 질적인 차이가 있다는 것이다. 거룩한 삶을 사는 사람은 인생관과 세계관이 그렇지 않은 사람과 달라야 한다. 그리스도인은 적어도 다른 사람이어야 한다는 말이다. 구원받았다는 말은 다른 사람이 되었다는 뜻이다. '흠이 없게'의 원문은 '아모모스(amomos)'다. 희생제물을 드릴 때 아무 흠이 없어야 하듯 우리의 몸, 우리의 생각, 우리의 생활, 심지어 습관조차도 거룩한 산제사로 드려야 한다. 그러므로 거룩하고 흠이 없게 하신다는 것은 우리를 과거와는 완전히 다른 속성을 가진 귀한 존재로 만드셨는가를 가르쳐준다.

인간은 주님의 자비를 바랄 수 없을 만큼 타락했다. 그러나 주님은 인간에게 구원의 팔을 펴셨다. 구원은 하나님을 전적으로 의존하는 자에게 주어지는 하나님의 은혜이다. 그 은혜는 값없이 주시는 선물이다. 너무나 귀해 값을 매길 수 없다. 아니 그것을 금전으로 환산한다면 우리 중 어느 누구도 그것을 갚을 수 없다. 그러므로 주님이 주신 구원의 은혜를 가볍게 생각해서는 안 된다.

구원의 목적은 우리로 선한 일을 하게 하려는 뜻이 담겨 있다. 변화된 삶을 살게 하는 것이다. "우리는 그가 만드신 바라 그리스도 예수 안에서 선한 일을 위하여 지으심을 받은 자니 이 일은 하나님이 전에 예비하사 우리로 그 가운데서 행하게 하려 하심이니라(엡 2: 10)."

교회는 죄와 구원이 무엇인가를 알고 변화된 사람이 모이는 곳이다. 교회가 세계 각 곳에 많은 것은 그곳에 사는 모든 사람들이 교회를 통해 온 인류가 하나님과 하나 되게 하기 위함이다. 사단은 분리주의자다. 사단은 하나님으로부터 우리를 분리시키고 구원으로부터 멀어지게 한다. 각 곳에 교회가 세워지는 것도 싫어한다. 그러나 하나님은 오늘도 교회를 통해 온 세상 모든 사람이 하나님과 연합하고 구원의 자리에 이르게 하신다. 교회는 하나님의 사역에서 구원의 방주 역할을 한다.

바울은 이방인들 가운데 하나라도 더 이 방주에 들어와 구원을 받게 하려고 애쓰다 투옥되었다. 이방을 위해 갇힌 자 된 바울. 그가 갇힌 이유는 그리스도 복음 때문이다. 주님 때문이다. 그는 파렴치범으로 로마 감옥에 갇힌 것이 아니다. 복음을 위해, 아니 우리의 구원을 위해 스스로 갇힌 자가 되었다. 우리 가운데서도 이런 인물이 많이 나와야 한다.

감옥이라는 그 엄중한 상황 속에서 그는 교회에 마지막 편지를 쓴다. "우리 주 예수 그리스도를 변함없이 사랑하는 모든 자에게 은혜가 있을지어다." 우리 주 예수를 변함없이 사랑하는 모든 자에게. 얼마나 사랑스러운 부름인가. 이 말은 어떤 상황이 와도 우리 주 예수 그리스도를 변함없이 사랑하는 자가 되라는 당부이기도 하다. 그러면

그런 모든 자에게 주님이 주시는 은혜와 평강이 있을 것이라는 확신
이 담겨 있다. 바울 자신이 지금 느끼는 이 깊은 은혜와 하늘의 평강
이다. 그것을 지금 우리로 맛보라 한다.

13. 경건: 그리스도인의 경건에는 향기가 있다

"경건한 어머니를 둔 사람은 가난한 사람이 아니다." 링컨의 말이
다. 그만큼 경건이 삶에 중요하다는 것을 보여준다. 많은 크리스천들
은 경건하게 살려고 애써왔다. 이른바 복음주의의 세 기둥으로 경건
주의를 꼽는 것도 이 때문이다. 세 기둥으로 흔히 종교개혁, 청교도운
동, 그리고 경건주의를 꼽는다. 종교개혁은 이신칭의, 곧 믿음으로 의
롭다 함을 얻는 것을 강조했고, 청교도운동은 개인의 정직과 윤리를,
그리고 경건주의는 말씀을 실행하는 소명자로서 버림받은 자를 돌보
는 일에 관심을 가졌다.

경건에 대해 여러 관점이 있을 수 있다. 하지만 무엇보다 중요한
것은 참된 경건이란 과연 무엇일까 하는 것이다. 우리는 경건을 대부
분 정적인 것에서 찾는다. 야고보는 삶의 구체적인 행동에서 경건을
찾는다. "누구든지 스스로 경건하다 생각하며 자기 혀를 재갈 먹이지
아니하고 자기 마음을 속이면 이 사람의 경건은 헛것이라 하나님 아
버지 앞에서 정결하고 더러움이 없는 경건은 곧 고아와 과부를 그 환
난 중에 돌아보고 또 자기를 지켜 세속에 물들지 아니하는 이것이니
라(약 1:26~27)." 이 말씀에 따르면 경건은 매우 동태적이다.

야고보는 경건의 단어로 '트레스케이아(treskeia)'를 사용했다. 이 단
어는 예배(골 2:18)에도 사용되지만 여기에선 특히 경건에 적용된다.

그에 따르면 경건은 하나님 앞에서의 정결함, 자기 혀에 재갈을 먹이고 세속에 물들지 않음, 그리고 이웃을 돌아봄 등 하나님-나-이웃이 서로 연결된 경건임을 알 수 있다.

야고보의 경건은 행동하는 경건이다. "고아와 과부를 돌아보고 세속에 물들지 아니하는 이것." 이것은 우리가 종래 생각해왔던 경건과는 속성이 다르다. 성경에서 고아와 과부는 비참한 상태에 직면한 사람을 일컬을 때 사용된다. 그 사람들에 대해 먼저 관심을 가지고 먼저 돌보라는 것이다. 그러면 경건해지리라는 것이다. 요한계시록 19장 8절을 보면 성도들이 세마포 옷을 입었다. 이 옷은 단순한 옷이 아니다. 성도들의 옳은 행실을 상징한다. 그만큼 거룩하고 경건함을 의미한다.

야고보의 말씀 중에 "돌아보라"라는 말이 마음에 크게 닿는다. 하나님은 언제나 자기 백성을 돌아보셨다(룻 1:6). 시편 기자도 주의 돌보심에 관심을 표했다(시 8:4). 이사야는 처녀가 잉태하여 아들을 낳게 되며 그 이름을 임마누엘이라 하리라 했다(사 7:14). 임마누엘은 하나님께서 우리와 함께하신다. 즉 우리를 돌아보시는 하나님이심을 나타낸다. 하나님이 우리를 돌아보심같이 우리가 이웃을 돌보는 마음을 가진다면 그만큼 경건해지는 것은 당연한 일 아니겠는가.

역사적으로 보면 경건주의는 합리주의 및 계몽주의와 맞섰다. 그 속에는 기독교의 지적화(intellectualization), 곧 머리로만 아는 삶을 거부하고 뜨거운 가슴으로 실행하는 삶이 있다. 경건주의자들은 하나님과의 살아 있는 관계, 중생, 그리고 삶에서의 실천을 중시했다.[2] 거룩한 실천이다.

---

2) Wood, A. W.(1992). "Rational theology, moral faith and religion." *The Cambridge Companion to Kant*. P. Gyuer. (ed.) NY: Cambridge University Press, 394-416.

참된 경건은 사람을 기쁘게 하는 것이 아니라 하나님을 기쁘게 하는 데 목적이 있다. 경건은 사람에게 영광을 얻으려는 데 목적이 있지 않다. 그래서 경건한 자는 기도도 구제도 은밀히 한다(마 6:1~6). 마태복음 6장을 보면 예수님은 반복해서 은밀히 행할 것을 강조하셨다. 왜 반복하시는가? 경건의 기본이 되는 은밀함을 자꾸만 도외시하고 외식하기 때문이다.

사람의 평가와 하나님의 평가는 다르다. 바리새인들은 자신들의 외식을 통해 사람들로부터 인정을 받고자 했다. 사람들에게 보이고, 그들로부터 높임을 받고 싶은 것이다. 사람들은 이처럼 인간으로부터 보이는 영광을 추구한다. 그 예로 사울 왕을 들 수 있다. "사울이 죽인 자는 천천이요, 다윗이 죽인 자는 만만이다"라는 말을 들었을 때 다윗을 죽이고자 하는 마음이 불같이 일었다. 그동안 사람들로부터 받았던 인기가 순식간에 무너졌기 때문이다. 사울은 하나님보다 사람의 인기를 추구했다. 그 후 사울의 행동 속에는 경건이 사라졌다.

하지만 믿음의 사람은 다르다. 바울을 보자. 바울이 갇힌 것을 보고 그를 질시한 일부 사람들은 자기를 드러낼 절호의 기회로 생각하고 열심히 복음을 전하기 시작했다. 그 열심을 통해 사람들로부터 인정을 받겠다는 것이다. 그러나 바울은 어찌 되었든지 전파되는 것은 예수이니 기뻐한다고 했다(빌 1:18). 복음만 전파된다면 자신의 인기가 떨어지고 그들의 인기가 올라가는 것에 전혀 개의치 않았다. 초점이 다르다.

경건에서 행동이 중요함을 강조한다고 해서 내면을 무시하는 것은 결코 아니다. 주님이 경건을 실천에 옮김에 있어서 은밀함을 강조하신 것은 참된 경건의 중심엔 겉보다는 내면이 아름다워야 함을 의미한다. 브레이크가 고장 난 차는 잘 달린다. 그러나 얼마 가지 못해 사고가 난다. 겉만 보고서는 알 수 없다. 마찬가지로 우리 내면에 그리스도가 있어야 한다. 그리스도 없이 달리면 사고가 난다. 우리는 세상이 아니라 주님과 함께할 때 가장 안전하다. 이를 위해 늘 경건의 훈련을 쌓을 필요가 있다.

경건을 위해선 복잡함보다 단순함을 택하라. 경건은 복잡하고 화려한 길을 가는 것이 아니다.[3] 특히 내적인 단순성(inner simplicity)을 유지한다. 나의 옛사람은 죽었다고 선언하라. 죽음을 의식하면 죽음을 의식하지 않는 사람보다 삶의 자세와 태도가 달라질 수 있다.

참된 경건은 우리 실제의 삶과 깊은 관계가 있음을 잊지 말자. 경건은 저세상에만 존재하는 것이 아니다. 살면서 용서하고 사랑한다. 예수님은 용서를 반복 강조하고 있다(마 6:14~15). 중요하기 때문이다. 기도를 언급하시면서도 용서를 강조하셨다. 용서는 현실적이고 실제적인 문제이자 경건과 직결된다.

예배를 드리러 가다가 형제와 화목하지 못한 일이 생각나거든 가서 화목하고 와서 제사를 드리라 하신다. 예배 이전에 있어야 할 중요한 문제가 바로 용서라는 것이다. 예배는 깨끗한 마음을 드려야 하는데 용서 없이 그것은 불가능하기 때문이다. 용서하면 우리는 그만큼 깨끗해지고 경건해진다. 용서의 중심에는 사랑이 있다. 사랑은 경건을 드러내 주는 힘이다.

그리스도인의 경건에는 향기가 있다. 고아의 아버지 조지 뮐러는 영국에서 93세까지 살면서 15만 명 이상의 고아를 돌보았다. 그는 기

---

3) McDannell, C.(1998). *Material Christianity*. CT: Yale University Press.

도의 사람이기 이전에 사랑의 사람이었다. 마더 테레사도 마찬가지다. 사랑하는 사람에게는 예수의 향기가 난다. 그 향기가 바로 경건의 향기다. 바리새인의 경건은 사람을 죽인다. 그리스도인의 경건은 사람을 살린다. 그 안에 예수의 생명이 살아 있기 때문이다. 주님이 우리를 통해 보고 싶어 하는 경건은 살아 있는 경건, 곧 실천하는 경건이다. 그 경건이 세상을 살린다.

14. 예수 회복: 자아의식과 예수의식

오스왈드 챔버스(O. Chambers)가 쓴『주님은 나의 최고봉(My Utmost for His Highest)』을 읽었다. 이 책은 런던의 클래펌(Clapham)에 성경 대학을 세우고 그곳에서 아침 예배 때마다 나눈 하나님의 말씀, 그리고 1915년 YMCA 소속 목사로 이집트 카이로 근처 자이툰(Zeitoun)에 주둔하고 있던 호주와 뉴질랜드 병사를 위해 밤마다 나눈 짧은 설교를 뽑아 엮은 것이다.

그는 십 대에 찰스 스펄전의 설교를 듣고 회심했다. 에든버러 대학에서 예술과 고고학을 공부했지만 부르심을 받고 더눈(Dunoon) 대학에서 신학을 공부한 다음 목사가 되었다. 그는 영국, 미국, 일본 등지를 돌며 성경을 가르치는 사역을 했다. 그러다 이집트에서 맹장이 파열되어 수술을 받은 뒤 1917년 43세의 나이로 소천(召天)했다.

그의 설교문들은『주님은 나의 최고봉』이라는 제목으로 엮어져 365일 묵상집으로 독자들의 사랑을 받아왔다. 지금은 고전 중의 고전으로 알려져 미국 역사상 60년 최장기 베스트셀러라는 기록을 세웠고, 100년 뒤에도 서점의 책꽂이에 꽂혀 있을 마지막 세 권의 하나로 인정을 받고 있다.

그의 책 8월 19일 묵상에는 '자아의식'이라는 제목 아래 다음의 글이 있다. "만일 우리가 주님께 나아가 자아의식이 아닌 예수의식을 갖게 해달라고 간구한다면, 주님께서는 그 기도를 응답하셔서 우리로 주님 안에 거하는 것을 배우게 하실 것입니다." 여기서 아주 중요한 두 단어가 보인다. 자아의식과 예수의식이다. 그는 자아의식을 버리고 예수의식을 가져야 한다고 강력하게 주장한다.

자아의식은 무엇인가? 그것은 하나님 안에서의 온전한 삶을 가장 먼저 흔들어놓는 것이다. 죄는 아니지만 신경이 과민할 때나 갑자기 새로운 환경에 던져질 때 발생한다. 정신적으로 영적으로 불안정하게 만든다. 이 의식의 지배를 받으면 참된 안식을 갖기도 어렵다. 하나님 안에서 온전하기를 바라는 그리스도인에게 있어서 자아의식은 그 온전함을 해친다는 점에서 문제가 있다.

어떻게 그리스도인의 온전함을 해치는가? 우리는 늘 그리스도와 하나 되기를 바란다. 그런데 자아의식은 자꾸만 "나는 나고, 예수는 예수다"며 나와 예수를 분리시키려 한다. 자꾸만 곁길로 빠지게 하고, 그리스도께 나아감을 방해한다. "내가 왜 그러지? 이게 아닌데." 그럴 땐 이미 멀어진 상태다. 그래서 그는 우리 자신에게 예수님으로부터 '분리된 자아'가 있는지 확인하라 말한다.

주님은 우리가 때로 이러한 상태에 빠질 수 있음을 잘 아신다. 그래서 명령하신다.

> "수고하고 무거운 짐 진 자들아 다 내게로 오라 내가 너희를 쉬게 하리라(마 11:28)."

이 명령은 예수의식을 회복하라는 말씀이다. 주님으로부터 멀어졌다면 주님께로 가야 한다. 예수 외에 다른 길이 없다.

주 안에서 온전한 삶을 회복하려면 내 안에 평안을 깨는 대상과 투쟁을 선언해야 한다. 그것은 나 자신과의 싸움이다. 자아의식은 아집과 교만과 자기 사랑과 자기 연민으로 뭉쳐 있다. 나에게는 잘못이 없고, 잘못은 언제나 상대에게 있으며, 사과는 내가 해야 하는 것이 아니라 그쪽에서 해야 하는 것이라 생각한다. 사단은 이런 자아의식이 우리 속에서 지속되기를 바란다. 우리 자신을 더 부각되도록 부추긴다. 그럴수록 우리는 하나님과 멀어지기 때문이다. 챔버스는 단호히 말한다. "자아의식이 계속되는 것을 허락하지 마십시오."

자아의식의 지속을 막으려면 모든 것을 다 내려놓아야 한다. 예수님은 자신을 찾아온 부자 청년에게 말씀하셨다.

> "네게 있는 것을 다 팔아 가난한 자에게 나눠주라 (…) 그리고 와서
> 나를 따르라(눅 18:22)."

이것은 단지 자선을 하라는 말씀이 아니다. 나의 삶 속에서 남들보다 부요하다고 느끼는 부분들, 곧 성격이든 개인적인 집착이든 마음과 생각이 머무는 것이든 그 모든 것을 다 예수님의 피묻은 발아래 내려놓는 것이다. 하나님 앞에서 나의 소유라고 여겨지는 모든 것을 다 내려놓고 주님 앞에 홀로 서는 것이다. 아무 소유도 없는, 가난한 자신을 하나님께 드리는 것이다. 이것이 바로 제자의 길이다.

자신을 드릴 때 주님이 무엇을 원하실 것이라는 당신의 생각까지도 내려놓는다. 그렇게 생각하고 드리면, 그것은 주님을 위한 헌신이

아니라 당신 스스로 당신의 생각에 헌신하는 것이 된다. 자기가 만들어낸 헌신인 것이다. 그러므로 자기 생각, 자기 사랑을 모두 내려놓는다. "내가 쓸모 있는 존재인가?"라는 생각조차 주님의 풍성하신 손길을 잃게 만든다. 내 생각조차 모두 주님 앞에 내려놓을 때, 내게 더 이상 드러낼 만한 고상한 성향도 더 이상 없을 정도로 완전히 비울 때 비로소 내 안에 주님이 채워지고, 내가 주님의 인도를 받을 수 있다. 그렇지 않으면 나의 자아의식이 사단에 이끌려 나를 어둠으로 끌고 간다.

예수의식을 회복하기 위해 우리의 기도가 달라져야 한다. "주님, 모든 것을 다 내려놓습니다. 제 안에 당신만을 의식하게 하소서. 주님만을 가득 채우게 하소서." 이렇게 기도할 때 자아의식은 사라지고, 주님은 내 삶의 전부가 된다. 내 안에 예수가 채워지면서 내 삶은 더욱 완전한 자리로 나아가게 된다. 나의 완전함이 완벽해질 때까지 주님은 나를 붙드신다.

자아의식은 자기의 영광을 구하지만 예수의식은 오직 하나님의 영광을 구한다. 자아의식은 어둠으로 나를 인도하지만 예수의식은 빛으로 인도한다. 지금 나는 어느 쪽에 있는가.

15. 사명: 당신이 목자다

목사를 가리켜 minister 또는 pastor라는 단어를 사용한다. Minister는 봉사자라는 뜻을 가지고 있고, pastor는 목자(shepherd)라는 뜻을 가지고 있다. Pastor는 목사에게만 적용되는 것이 아니라 전도사에게도 적용한다. 그래서 단지 pastor라 할 경우 목사인지 전도사인지 분간하기 어렵다.

그러면 pastor는 꼭 교회의 직분자에만 해당되는 단어일까? 그렇지 않다. 자녀를 주의 교양과 훈계로 양육해야 하는 부모도 가정의 pastor요, 학생들의 신앙을 위해 기도하고 수고하는 교사들도 학교의 pastor다. Pastor는 원래 목초지의 풀(pasture)을 뜻하는 '파스체레(pascere)'에서 나온 말이다. 양들에게 좋은 꼴을 먹이는 사람인 것이다. 기쁜 소식, 곧 복음을 전하고 먹이는 자는 모두 pastor다. 당신이 바로 목자다.

목자장이신 예수님이 우리에게 부탁하셨다. "그러므로 너희는 가서 모든 민족을 제자로 삼아 아버지와 아들과 성령의 이름으로 세례를 베풀고 내가 너희에게 분부한 모든 것을 가르쳐 지키게 하라 볼지어다 내가 세상 끝 날까지 너희와 항상 함께 있으리라 하시니라(마 28:19~20)." 이 말씀이 바로 예수님이 우리에게 보여준 목자관이다.

여기서 목자가 해야 할 일이 두 가지가 있다. '가서 제자를 삼는 일(19절)'과 '세례를 주고 가르쳐 지키게 하는 일(20절)'이다. 전자를 가리켜 전도(evangelism)라 하고, 후자를 가리켜 교화(edification)라 한다. 전도할 뿐 아니라 그들로 하여금 말씀을 지켜 행하게 하라는 것이다. 우리는 혹시 전도만 할 뿐 지켜 행하게 하는 일에는 소홀히 하지 않는지 살펴볼 일이다.

그리스도 이전에는 개인 문제보다 민족이나 집단에 더 관심을 두었다. 사무엘 시대나 선지자 시대를 보면 개인 문제보다 국가 문제를 중시했다. 그러나 예수님에서는 달라졌다. 목자로서 개인, 곧 잃은 양 한 마리를 중시하셨다. 주님은 제자의 발을 하나씩 씻기셨으며 십자가에서 피 흘리기까지 섬기셨다(섬김의 목회). 그리고 개별적인 방법으로 모든 영혼을 1:1로 사랑하셨다(사랑의 목회).

사도들도 예수님의 방법을 따랐다. 사도행전은 그들이 얼마나 개인의 영혼을 사랑하며 전했는가를 보여준다. 베드로도 열정적으로 섬겼다. 바울은 말한다. "이는 성도를 온전하게 하여 봉사의 일을 하게 하며 그리스도의 몸을 세우려 하심이라(엡 4:12)."

종교개혁 시대도 한 영혼회복 운동이 전개되었다. "의인은 믿음으로 말미암아 살리라." 이신득의, 개인구원운동이다. 제도보다 영혼구원에 관심을 둔 것이다.

목회신학을 pastoral theology라 한다. 그런데 재미있는 말로 pastoral을 past(과거)와 oral(말)을 합한 것으로 이해한다. 과거에 받은 말씀을 제자훈련에 쏟아 부으라는 뜻의 해석이다. 그런 의미에서 제자훈련은 오늘도 내일도 계속된다.

훌륭한 목자가 되려면 시선을 양에게 돌리기 전에 자신을 봐야 한다. 양을 잘 돌볼 능력이 준비되어 있는가 하는 것이다. 목자는 제자를 양육하고 그들의 모범이 되어야 하기 때문에 무엇보다 철저한 준비 작업이 요구된다. 그 준비는 영적 준비, 인격 준비, 학적 준비다. 영적 준비는 하나님과 자신의 관계가 늘 티 없이 맑아야 한다. 하나님 앞에 늘 진실하고 경건하며 충성한다. 인격 준비는 겸손, 인내, 애타심, 극기, 판단력, 정확성, 정밀성, 희망과 쾌활성, 자연스러운 행동 등 여러 요소가 있다. 생활상으로 비난받는 일이 없어야 한다. 학적 준비는 말씀에 대한 깊이 있는 연구다.

이런 의미에서 누구나 목자가 될 수 있지만 아무나 목자가 될 수는 없다. 목자는 언제나 자기 성찰이 필요하다. 이를 위해 팔머(H. W. Palmer)는 목회자 십계명을 다음과 같이 내놓았다.

- 잃은 양을 찾되 남의 양을 도둑질하지 마라. 부름 받은 목장에 충성하고 남의 울타리 넘보지 마라.
- 고자질하지 마라. 남의 비밀을 누설하지 마라. 입이 무거워야 한다.
- 전임자에 대해 성실하라.
- 후임자에 대해 배려하라.
- 성직자의 권위를 가지고 생활하라.
- 좋은 시민이 되라.
- 전 시간을 자기 사명에 봉사하라.
- 보수에 관계없이 봉사하라.
- 부녀들에 관한 목자의 무수한 책임을 기억하라.
- 집안에서 성공하라.

이 모든 조건에서 우리는 완전할 수 없다. 늘 부족하다. 그래서 우리는 주님 앞에 나가고, 능력을 구한다. "너희가 권능을 받고." 우리는 늘 주님이 주시는 힘이 필요하다. 그 힘으로 오늘도 양을 안는다.

영성 운동에 뫼트링겐 운동(Möttlingen movement)이 있다. 성령의 중재로 서로 손을 잡는 것이 특징이다. 경건주의, 신비주의에서도 있었고 오순절이나 순복음에서도 있었다. 성령님의 인도에 따라 서로 손을 잡을 때 치유를 일으킨다. 우리는 서로 손을 잡는 사람이 되어야 한다. 웨슬리는 옥스퍼드 운동(Oxford movement)을 주도했다. 이 운동은 영혼의 보살핌에 관심을 두었다. 목자가 잃은 양의 손을 잡고, 그 영혼을 보살필 때 기적이 일어난다.

목자는 양과 대화하는 사람이다. 양은 목자의 음성을 듣고 그 음성을 안다. 소통이 되는 것이다. 또 양이 길을 잘못 들 때 인도한다. 교회에서 권징을 하는 것은 이 때문이다. 그러나 요즘 교회에서 권징이 사라진 지 오래다. 다 좋은 소리만 하고 넘어간다. 예수님은 "지켜 행하게 하라" 하셨다. 다른 말로 하면 지켜 행하지 않으면 지켜 행하도록 만들라는 말씀이다. 우리에게 부족한 것은 바로 이 점이다. 영적으로 잘못되어 있을 때 더 깊게 대화하고, 그 말씀이 생활에서 바로 지켜지도록 하는 것이다. 이것이 바로 교화다. 날마다 주님의 사람으로 다듬고 세우는 것이다.

목자는 무엇보다 예수를 생각나게 하는 사람이다. 우리 모두 주님이 주신 꼴을 먹었기 때문이다. 목자는 자기를 내세우는 사람이 아니라 우리의 주인이신 주님을 위해 일하는 사람이다. 자기의 영광이 아니라 주님의 영광을 위해 나 자신을 거름으로 내놓는 주의 도구들이다. 우리 모두 주 앞에서 바른 목자가 되고, 우리의 양들이 달라질 때 사람들은 교회를 보는 눈이 달라질 것이다. 하나님의 나라는 지탄의 대상이 아니라 영광의 대상이다. 그것은 우리 모두 어떤 목자가 되느냐에 달려 있다. 사명에 투철하라.

16. 부르심과 감격: 당신의 예배 속에서 이것이 빠지면

그리스도인은 예배자다. 교회에 가는 것도 예배를 위함이요, 그리스도인들이 함께 모임도 예배를 위함이다. 우리의 예배 속에 성경과 찬송가만 있는 것이 아니라 그리스도를 향한 깊은 사랑과 경배가 있다. 그런데 점차 교회 생활에 익숙해지면서 예배는 형식적이 되어가고, 찬송을 해도 마음에 주를 향한 감동이 없어진다. 영적으로 볼 때 병이 들어가고 있는 것이다. 더 심각하기 전에 진단과 처방이 필요하다.

당신이 교회 안에 있을 때 정말 주의 자녀로서 부르심을 느끼는가. 아니면 그저 손님인가. 만약 손님으로 느껴진다면 교회에 대한 당신의 생각부터 고쳐야 한다. 교회는 이 땅에서든 천상에서든 예수를 구주로 고백하고, 영적으로 그와 연합한 사람들, 그의 소유된 하나님의 백성들이 주님을 예배하는 곳이다. 교회와 예배는 분리할 수 없다. 구약에서 교회는 '카할(qahal)' 그리고 '에다(edhah)'이다. 카할은 '부른다'는 뜻이다. 하나님의 백성(회중)을 불러 모으는 것이다. 에다는 '임명하다', '지정하다'는 뜻을 가지고 있다. 이스라엘 자손이나 그 대표로 임명된 자들이 지정된 장소에서 회집한다. 신약에서는 '수나고게(sunagouge)'와 '에클레시아(ekklesia)'가 있다. 수나고게는 예배를 위해 함께 한곳에 모이는 것을 뜻한다. 에클레시아는 '~에서 불러냈다'는 뜻이다. 원뜻은 사람들을 집에서 불러내어 모은다는 것인데, 기독교에서는 사람들을 이 세상에서 불러낸다(call out)는 뜻으로 사용한다. 예배를 위해 초대된 것이다. 마치 초대받지 못한 자가 온 것처럼 서 있다면 예배 시작부터 문제다.

오늘 당신의 예배드림이 자기를 위한 것인가, 아니면 주님을 위한 것인가. 자기를 위한 적이 없다고? 그러나 현대예배의 상당 부분은 자기만족을 위한 예배로 빠지고 있다. 예배의 유일한 대상자는 하나님이며, 예배의 목적은 하나님께 영광을 돌리는 것이다. 하나님을 영화롭게 하는 것이다. 어떻게 영광을 돌릴까? 그것은 우리가 주님을 얼마만큼 세워드리는가(oikodomeo)에 달려 있다. 오이코도메오는 '세워 올린다'는 건축 용어다. 예배는 결코 쉬운 작은 일이 아니다. 하나님을 위한 일이기 때문이다. 우리는 오늘도 하나님을 더 높이 세워드리기 위해 예배한다. 교회만 예배와 연관된 것이 아니다. 그리스도인의 모든 생활이 예배와 연관되어 있다. 그만큼 예배와 행위는 불가분의 관계다. 교회에서만 예배를 드리는 것이 아니라 우리 생활로도 예배를 드린다. 하나님께 영광 돌리는 일은 모든 영역에서 나타나야 한다. 그만큼 어느 곳이든, 어느 때든 그 모두가 하나님께 영광 돌릴 기회이다.

정말 당신은 하나님 한 분만을 만족시키기 위해 노력하는가, 아니면 다른 존재도 있다고 생각하는가. 예배를 워십(worship)이라 한다. 이 말은 앵글로색슨어 'weorthscipe'에서 나온 것으로, '가치를 돌린다', '존경과 존귀를 받을 가치가 있는 신분'이라는 뜻을 가지고 있다. 워십도 worth(가치)와 ship(신분)을 합한 것이다. 가치 있는 분, 곧 우리의 찬양과 경배를 받으시기에 합당하신 하나님을 예배하는 것이다. 그런데 지금 하나님보다 자신의 가치, 공동체의 가치를 더 중시하지 않는가. 오죽하면 오늘날 교회엔 예수가 없다고 말할까.

구약에서 예배는 '다라시(darasy)', '압하드(abhadh)', '스하하(shaha)' 등 여러 단어가 있다. 이 단어들은 존경을 표시하는 부복, 존경의 표식이 있는 봉사의 뜻을 담고 있다. 신약에서는 '레이토우르기아(leitourgia)'라는 단어를 많이 사용한다. 이것은 공공목적을 위해 부한 백성이 무보수로 일하는 것, 공공 일을 위한 봉사 일반, 성전에서의 제사직무, 하나님께 부름 받은 것 등 여러 의미로 쓰였다. 레이아(leia)는 봉사를 의미한다. 그밖에 하나님을 경외한다는 의미의 '세보마이(sebomai)', 공위자에 대한 봉사를 의미하는 '리터레이아(liturleia)',4) 하나님 한 분만을 경외하고 봉사한다는 의미의 '도라이스케이아(doraiskeia)', 존경의 표시로 손에 입을 맞추고 무릎을 꿇으며 믿음과 순종으로 하나님께 바치는 봉사의 의미를 담은 '프로스기우네시스(proskiunesis)'가 있다. 하나님께 드리는 봉사라는 의미에서 예배를 영어로 서비스(service)라 한다.

---

4) 가톨릭에서는 하나님에 대한 예배와 성인에 대한 숭배를 분류한다.

주일 예배를 선데이 서비스라 하는 것은 이 때문이다. 오늘은 정말 주님께 서비스하는 날인가, 아니면 아직도 나나 내 가족을 위한 서비스가 더 중한가.

예배를 통해 진정 하나님을 만나고 있는가, 아니면 아직도 하나님을 멀리하고 있는가. 예배는 생명이 있는 종교가 가지는 유일하고 충분한 증거이다. 기독교는 주 예수 그리스도를 중보로 하나님과 사람(예배자)과의 교제 혹은 만남의 징표다. 힉스테이블(J. Hixtable)은 예배를 가리켜 하나님과 그 백성과의 대화라 했다. 루터는 말한다. "그대가 하나님을 모시고 있다면 마땅히 그에게 경배해야 한다." 우리는 찬양으로 그 이름을 높이고, 기도로 대화한다. 일방적인 아룀은 주님께 고지서만 드리고 가는 것과 같다. 이제 조용히 앉아 주님의 말씀을 들으라. 마리아가 될 필요가 있다.

예배 때 우리는 찬양하고 기도하고 헌물을 드린다. 헌물(offering)은 드린다는 뜻이다. 헌금을 할 때 마지못해 하는가, 아니면 정말 내 자신을 주님께 드리는가. "여호와의 이름에 합당한 영광을 그에게 돌릴지어다 예물을 가지고 그 궁정에 들어갈지어다(시 96:8)." "너희 몸을 하나님이 기뻐하시는 거룩한 산 제물로 드리라 이는 너희가 드릴 영적 예배니라(롬 12:1)." 헌물은 단지 연보를 내는 것이 아니라 자기 자신을 바치는 상징적 행위이다. 이것은 하나님이 주신 은혜가 너무나 크기 때문이다. 헌금이 늘 부담으로 작용한다면 아직 자신을 주님께 드릴 준비가 되어 있지 않기 때문이다. 주님이 십자가에서 망설이셨다면 우리는 아직도 비참한 가운데 있다. 헌금이 도움이 필요한 곳에 가고, 선교의 현장으로 간다는 것을 안다면 더 드리지 못함이 아쉽지 않겠는가.

끝으로 중요한 것은, 당신의 예배 속에서 성령님을 가까이 느끼는가 하는 것이다. 예배는 성령으로 드리는 것이어야 한다. 참된 예배는 성령의 활동하심으로부터 출발한다. 예배는 말씀과 성례전에서 역사하시는 성령을 통해 그리스도께서 그의 백성들과 만나신다. 성령과 하나님의 말씀에 따라 주님이 임재하신다. 성부와 성자와 성령은 늘 예배의 중심이다. 예배에 감동이 없다면 아직 당신의 예배 속에 성령님의 인도하심과 감화, 감동하심이 없기 때문이다. 주님의 임재를 체험하지 못하기 때문이다.

오늘 당신의 예배 속에 이런 요소들이 빠져 있다면 신령과 진정으로 예배드릴 수 없다. 우리는 늘 예배의 회복이 필요한 사람들이다. 주님을 사랑한다면, 아니 날마다 주님께 더 가까이 가고 싶다면 무엇보다 예배가 달라져야 한다.

17. 권징: 요즘 교회에서 사라진 것

교회의 3대 표지가 있다. 그것은 말씀의 진정한 전파, 성례의 정당한 시행, 그리고 권징(勸懲, treat)의 신실한 시행이다. 말씀도 전파하고, 성례도 시행된다. 그렇다면 권징은 과연 잘 시행되고 있는가? 자신이 없다. 요즘 교회에서 사라진 것 가운데 대표적인 것이 무엇일까? 권징이다. 권징이 무엇인지, 또 그것이 교회에 존재했었는가도 모를 정도로 사라져버렸다. 권징이 도대체 무엇일까?

권징이란 선한 일은 권장하고 악한 일은 징계하는 것이다. 한마디로 권선징악이다. 칼뱅은 그의『기독교강요』4권 12항 중 1항에 권징을 이렇게 적었다. "권징은 그리스도의 교훈을 거역하는 사람으로 하여금 왜곡하지 못하게 하며, 삶의 의욕을 잃은 사람을 격려하고 자극하며, 참혹하게 타락한 사람을 하나님의 자비로 건져주며, 따뜻한 그리스도의 정신으로 다시 일깨워주는 아버지의 지팡이 역할을 한다." 그에 따르면 권징이 없으면 교회는 즉각 파멸한다. 권징은 이만큼 중요하다. 권징은 책벌 중심이 아니라 교육하고 훈련하는 데 더 목적이 있다. 파멸시키는 것이 아니라 구원하는 것이다. 그래서 칼뱅은 권징이 부지런히 시행되어야 한다고 말한다.

크리소스토무스는 "너희가 사람을 무서워하면 사람이 너희를 비웃으리라. 너희가 하나님을 두려워하면 너희가 사람들 가운데서 높임을 받으리라." 하였다. 사람을 두려워하지 말고 권징하라는 말이다. 권징의 필요성을 강조한 것이다. 키프리아누스는 권징의 자세에 대해 지적한다. "우리의 참음과 친절함과 부드러움은 모든 사람을 위해 준비되어 있다. 교회에 잘못된 일이 있으면 그것이 시정되도록 힘써야 한다." 권징자는 자비롭고 온유해야 한다는 말이다. 칼뱅은 아우구스티누스의 말을 인용해 "엄혹을 피하라" 한다. 엄히 그리고 혹독하게 다루면 평화를 깨뜨릴 위험이 있기 때문이다. 터툴리아누스는 재범하지 않도록 하는 데 초점을 맞춰야 한다고 한다. 권징을 받았다가 재차 죄를 범하는 신자는 교회법으로는 회복되지 못하기 때문이다.

권징은 교회가 하나님으로부터 받은 신적인 권리로, 성경에 근거를 두고 있다. 이것은 영적인 것이며, 하나님과 관계된 것이다. 권징은 예배 행위로, 성실하게 시행되어야 한다. 그러나 권징을 벌과 동일시해서는 안 된다. 권징은 사랑의 원리로 시행되는 것이기 때문이다. 권징을 뜻하는 희랍어, '파이데노(paideno)'는 교훈·훈련·교정·양육을 의미한다.

권징의 대상은 교회교인에 국한된다. 집단이 아닌 개인에 대해 권징한다. 특정 집단을 대상으로 권징할 수 없으며, 부부가 죄를 범해도 각기 별도로 취급한다. 권징의 책임은 당회에만 있지 않다. 일반교인들도 서로 권면하는 정도의 권징 책임이 있다. 당회는 공정하게 판단해야 한다. 성직자가 공적인 죄를 범할 경우 면직 혹은 정직을 당한다.

권징에는 시벌과 해벌이 있다. 죄를 따질 때는 숨은 죄와 나타난 죄를 구별해야 한다. 숨은 죄는 은밀히 권면하고, 이에 불복할 경우 공적 권징을 받아야 한다. 책벌에는 기한을 정한 유기책벌도 있고, 기한을 명시하지 않은 무기책벌도 있다. 출교는 최후의 방법이다. 해벌의 경우 회개에 합당한 열매를 맺고 있는지 확인되어야 한다. 회복되려면 먼저 그 사실이 교회에 공고되어야 한다. 면직된 장로나 집사가 복직되었으나 그 교회에서 다시 피선되지 못하면 시무하지 못한다.

권징 이전에 참회하고 주께 돌아오도록 하는 것이 중요하다. 진정한 참회가 있게 하려면 죄의 속박을 그대로 폭로하고, 사죄 은총 아래 있게 한다. 죄의 몸이 선한 목자 되시는 하나님의 영원하신 팔에 있음을 전하고, 하나님은 기도를 통해 우리에게 대답하게 될 것을 확신하며 기도한다. 그리고 훈계형태를 갖추어 교회로 인도한다.

욥은 하나님께 호소한다. "아침마다 권징하시며 순간마다 단련하시나이까(욥 7:18)." 의인이 고난을 당하니 그럴 만도 하다. 그러나 예수님은 개인의 잘못에 대해 권면하고 듣지 않으면 권징하도록 하셨으며(마 18:15~17), 바울도 잘못을 바로잡기 위해 교회 안에서 권징이 시행되도록 했다(고전 5:1, 11, 13).

권징은 피해야 할 것이 아니라 아름다운 인도이다. 영혼을 사랑하기 때문이다. 그것은 우리가 하나님 앞에 선 존재임을 확인하게 하며,

영적으로 보다 성숙하게 만든다. 교인들이 잘못된 길로 가는 것을 알면서도 교회가 그것을 덮고 권징을 게을리하면 주님이 더 바빠지실 것이다. 그것은 주님을 향한 우리의 무책임성이 그대로 노출되는 것이 아닐까.

18. 유혹 앞에서: 다시 혼자 산으로

"그러므로 예수께서 그들이 와서 자기를 억지로 붙들어 임금으로
삼으려는 줄 아시고 다시 혼자 산으로 떠나가시니라(요 6:15)."

이 말씀은 오병이어 사건 이후 사람들의 반응이 심상치 않았음을 의미한다. 오랫동안 외세의 지배로 억눌려 살아온 과거와 현재, 벗을 길 없는 가난과 질병, 율법주의로 변질된 종교. 이런저런 모습을 보면 희망이 없어 보였다. 그런 차에 예수의 말씀 속에서 한 줄기 빛이 보이고, 게다가 다수의 사람들을 대상으로 먹을 것을 해결해주며 병까지 치료해주는 이적을 체험했을 때 예수에 대한 기대는 더욱 높아졌을 것이다. 예수가 희망인 것을 발견한 것이다.

예수님은 그들의 생각과 의도를 이미 아셨다. 그들이 예수께 다가와 억지로 그를 자기들의 왕으로 삼으려 한다는 것을(intended to come and make him king by force). 그 들판에서 "유대인의 왕 예수!" 하며 소리쳤다면 과연 어떻게 되었을까? 명예를 좋아하는 보통 인간이라면 내심 기뻐했을 것이다. "그러면 그렇지. 바야흐로 나의 시대가 도래했도다." 그러나 주님은 달랐다. 예수님을 정치적 메시아로 만드는 것은 하나님의 구원사역을 원천적으로 가로막는 일이기 때문이다. 이

처럼 황당한 일이 어디 있으랴. 공생애를 시작하기 전 광야에서 사단은 자기에게 절하면 세상을 주겠다고 시험하였다. 이제 사람들이 예수님을 시험하고 있다. 얼마나 달콤한 시험인가. 하지만 그 시험은 처음부터 잘못된 것이다.

우리는 하나님의 일을 하면서도 때로 시험을 받는다. 특히 일을 하는 데 절실한 것이 물질이다. 그렇다 보니 물질로 인해 시험을 받는 일이 비일비재하다. 물질이 있는 사람은 명예를 얻고자 한다. 그래서 물질과 명예가 서로 교환되면서 우리 신앙은 시험대에 오르게 된다. 그렇게 해서 일을 마무리했다 하자. 과연 떳떳할까? 주님이 과연 기뻐하실까? 유혹을 극복하지 못했다는 점에서 모두 실패다.

문제는 '이럴 때 어떻게 해야 하는가?'이다. 예수님은 자신을 왕으로 세우려는 사람들을 피해 혼자 산으로 떠나가셨다. '다시(again)'라는 말은, 이런 일이 한두 번 있었던 것이 아님을 보여준다. 우리도 그럴 때마다 산으로(into a mountain) 가야 한다. 산으로 간다는 것은 단지 산으로 몸을 숨기는 차원이 아니라 그런 유혹을 완전히 거부한다는 것이다. "떠나가시니라(departed, withdrew)"는 그런 유혹으로부터의 단절을 의미한다. 주님은 그 일을 혼자(himself alone) 감내하셨다. 우리도 우리 스스로의 결단이 필요하다. 유혹에 부딪힐 때마다 주님의 방법을 더 힘써 배울 필요가 있다.

예수님은 십자가 위에서 "다 이루었다(it is finished)"고 선언하셨다(요 19:30). 가상 7언 중 여섯 번째 말씀이다. 이 말씀의 헬라어 원문은 '테텔레스타이(tetelestai)'이다. 이것은 '목적을 다 이루었다'는 뜻을 가지고 있다. 그 목적은 무엇일까? 그것은 바로 구원사역의 목적이다. 우리를 구원하시기 위해 이 땅에 오셨고, 십자가에서 보혈의 피를 흘리심으로 그 값을 치른 것이다. 이 한없는 사랑으로 하나님의 의를 이루셨다. 주님은 사단의 유혹에도 굴하지 않으셨고, 사람들의 유혹에도 굴복하지 않으셨다. 초지일관 이 목적을 달성하기 위해 달리셨다. "다시 혼자 산으로 떠나가시니라." 이것도 하나님의 목적에 얼마나 철저하셨는가를 보여준다.

바울은 우리로 하여금 온전한 사람이 되라 한다. "우리가 다 하나님의 아들을 믿는 것과 아는 일에 하나가 되어 온전한 사람을 이루어 그리스도의 장성한 분량이 충만한 데까지 이르리니(엡 4:13)." 온전한 사람은 과연 어떤 사람일까? KJV에는 perfect man으로, NASB에는 a mature man으로 되어 있다. 헬라어로는 '안드라 텔레이온(andra teleion)'이다. 바로 '목적에 철저한 사람'이다. 그리스도인에게 있어서 목적은 무엇일까? 하나님이 우리에게 부여한 사명, 곧 하나님의 뜻을 이룸에 철저한 것이다. 이런 사람은 세상의 유혹에 직면할 때마다 산으로 들어간다. 하나님의 뜻을 이루기 위해. 주님이 홀로 그 산을 향해 가셨듯 우리도 그 길을 따른다. 그것이 비록 외로운 길이라 할지라도.

19. 소통: 예수님의 질문 방식

사람의 특징은 질문을 하고 대답을 한다는 데 있다. 질문과 대답은 의미를 깨내는 커뮤니케이션이요, 대화다. 헬라인은 삶의 방편으로서 철학의 방법으로 이것을 즐겨 사용했다. 소크라테스나 플라톤의 글의 상당 부분은 대화이다. 대화는 그들만의 방법은 아니다. 성경에서도 대화가 소개된다. 구약에서는 오경을 비롯하여 욥기, 그리고 여러 선지서에서 대화가 소개된다. 신약에서는 사복음을 들 수 있다. 그 대표

적인 분으로 예수님을 들 수 있다. 예수님은 헬라인 못지않게 다양한
목적으로 소통의 방법을 활용하셨다.

예수님은 12살 때 성전에 올라가 선생들과 함께 자리하면서 그들
로부터 듣기도 하고 질문하기도 하셨다. 그뿐 아니다. 예수님은 안드
레, 시몬, 빌립, 나다나엘 등과 말씀하실 때 대화를 나누셨다. 수가성
우물가에서 가진 사마리아 여인과의 대화, 밤중에 찾아온 니고데모와
의 대화. 어디 그뿐인가. 부활하신 후 엠마오로 가는 두 제자와 함께
길을 가면서도 말을 주고받으셨다(눅 24:17).

대화는 주고받는 것이다. 일방적으로 말하는 것을 대화라 하지 않
는다. 생각을 교류하면서, 지금의 표현대로 하면 쌍방향(interactive) 커
뮤니케이션을 하는 것이다. 우리는 좋은 대화를 강조하면서도 대부분
자기의 의견을 관철시키거나 자기의 주장에 경청할 것을 기대하고 강
요한다. 이런 식의 대화는 일방적이지 쌍방향 대화라 할 수 없다.

예수님은 공생애 기간 말씀을 하시면서 여러 형태로 질문을 던지
셨다. 복음서를 보면 상당수가 질의응답으로 되어 있다. 대화를 하면
서 이따금 질문을 던질 때 보다 효과적인 것은 할 필요가 없다. 예수
님이 질문을 던진 목적도 다양하다.

상대에 대한 관심을 드러낼 때 질문하셨다. "네가 요한의 아들 시
몬이냐?" 특히 이름을 부를 때 상대는 기뻐한다. 그에 대해 관심이 있
음을 나타내기도 하지만 어떻게 내 이름을 알까 놀라면서. "장차 네
이름을 게바라 하리라." 이름을 부를 뿐 아니라 앞으로 그가 가질 이
름을 통해 어떤 역할을 하게 될 것임을 보여주셨다. 목자는 양들의
이름을 부르며 양들은 목자의 음성을 듣고 따른다. 주님은 "무엇을
구하느냐?" 묻기도 하시고, "내가 너를 무화과나무 아래서 보았다 하

므로 믿느냐?" 놀라게도 하신다. 이러한 물음은 대화자와의 관계를 돈독히 할 뿐 아니라 중심주제로 더욱 가까이 가게 한다.

주님은 듣는 사람들로 하여금 생각하도록 하기 위해 질문을 하셨다. "안식일에 선을 행하는 것과 악을 행하는 것, 생명을 구하는 것과 죽이는 것 어느 것이 옳으냐(막 3:4)." 주님은 그들의 생각을 묻고 그 이유를 밝히시며 깨닫게 하셨다. 대화를 통해 강렬하게 확신을 불러일으키고 그 문제에 해답을 주셨다.

정보를 얻기 위한 질문도 있다. "너희에게 무엇을 하여 주기를 원하느냐(막 10:36)." 이 질문은 그들이 바라는 바가 무엇인가를 알기 위한 것이다. 정보를 원하는 것은 주님이 그것을 모르기 때문이 아니라 확인하려는 뜻이 담겨 있다. 전지하신 하나님 아니신가.

상대방이 대답을 생각하게 하고, 그를 통해서 예수님이 하고자 하시는 뜻을 전하고자 하는 질문도 있다. "세상 사람들이 나를 누구라 하느냐? 너희는 나를 누구라 하느냐?(마 16:13~15)."

논증을 위해 질문을 하기도 하셨다. "오늘 있다가 내일 아궁이에 던지우는 들풀도 하나님이 입히시거든 하물며 너희일까 보냐 믿음이 적은 자들아(마 6:30)." 질문을 통해 기쁨을 주는 동시에 책망과 함께 통렬한 아픔을 주기도 하신다.

예수를 궁지에 몰아넣기 위해 질문한 자를 향해 거꾸로 질문을 던지신다. "요한의 세례가 어디로서 왔느냐? 하늘로서냐? 사람에게로서냐?(마 21:25)." 당황한 사람은 예수님이 아니라 궁지를 모색했던 사람들이다. 예수님의 질문에 오히려 허를 찔린 그들의 모습을 상상해보라.

예수님의 질문과 응답의 형태와 방식이 다양한 것은 물론 질문의 성격도 여러모로 특색이 있다. 매우 독창적이고 실제적이다. 대화의 상대에 따라 차이를 두어 친밀하며 인격적이다. 때로 도전적이고 담대하다. 내용이 분명하고 확실하다. 탐구적이다. 상대를 압도하고 목적을 달성하며 삶에 적용하게 만든다. 내용이 간략하지만 의미심장하다. 고무적이고 발전적이다. 예수님의 대화 성격은 이처럼 매우 다양하다.

훌륭한 대화자가 되기 위해서는 훌륭한 정신과 훌륭한 마음을 가지고 있어야 한다. 그 정신에는 선천적인 능력과 지성과 훈련이 포함되어야 한다. 또 그 마음에는 훌륭한 기질, 관대한 성품, 솔직성, 동정심, 열정, 진지함, 겸손 등이 있어야 한다. 훌륭한 대화를 위해서는 말을 잘할 뿐 아니라 상대의 말도 잘 경청할 수 있어야 한다. 당신은 어떤 커뮤니케이터가 되고 싶은가. 주님은 소통에서도 우리의 모범이시다.

20. 미룸: 나중에 믿겠다면

전도를 하다 보면 "지금 믿기는 그렇고 나이가 들면 봅시다"며 뒤로 미루는 사람들을 종종 볼 수 있다. 그래도 완강하게 거부하는 것보다는 나으니 다행이기는 하다. 하지만 언제 부름을 받을지 모르는 인생인데 안타까움은 더해간다.

"나중에 믿겠다"는 것은 믿음이 얼마나 절박한 것인가를 잘 모르기 때문이다. 구원의 문제는 결코 뒤로 미뤄선 안 될 것 가운데 하나이다. "보라 지금은 은혜 받을 만한 때요 보라 지금은 구원의 날이로다(고후 6:2)." "또한 너희가 이 시기를 알거니와 자다가 깰 때가 벌써 되었으니 이는 이제 우리의 구원이 처음 믿을 때보다 가까웠음이라(롬 13:11)." 주님 보시기에 때는 더 빨리 온다. 더디 온다고 생각하지 말라는 것이다.

노아 때 인구가 급증하면서 성적으로 문란하고 폭력이 난무했다. 오죽하면 하나님이 사람 지은 것을 후회하셨을까. 그래도 120년이라는 유예기간을 두고, 그 뒤 물로 심판을 하셨다. 그 기간에 노아는 전도했을 것이다. "심판이 가까웠으니 회개하라. 하나님을 믿으라!" 그래도 그는 자기 식구 외에는 구원시키지 못했다. 롯의 때도 성적으로 문란하고 포악해졌다. 소돔 성에 살았던 롯은 사람들에게 하나님을 두려워하라고 말했을 것이다. 그가 수십 년 그곳에 살았지만 자기 식구들 외에 어떤 사람도 구원의 자리에 인도할 수 없었다. 하나님은 결국 소돔과 고모라, 그리고 그 주변 지역을 불로 멸망시켰다(눅 17:26~29).

심판이 임할 것이라 말했지만 당시 사람들은 세상일에 집중할 뿐 하나님의 말씀에 귀를 기울이지 않았다. 예수님은 인자의 나타나는 날, 심판의 날에도 이렇게 되리라 말씀하셨다(눅 17:30). 세상은 악해지면 악해졌지 별반 달라지지 않는다. 언제 심판이 일어날지 모르는 상황인데 사람들은 관심이 없다. 지금 구원의 기회를 잃어버린다면 언제 그것이 올지 모른다. 아니 영영 오지 않을 수 있다.

주님은 단호히 말씀하신다. "롯의 처를 생각하라." 심판의 와중에도 세상 것에 미련을 두며 돌아보는 그, 그가 바로 지금 우리다. 주님의 재림은 구원받는 자들에겐 영광이지만 그렇지 못한 자들에겐 심판이다. 그날은 언제 올지 모른다. 그러나 반드시 온다. 재림이 늦어질수록 사람들은 방심한다. 방심할수록 구원받지 못할 확률은 높아진다. 그러니 "무릇 자기 목숨을 보전하고자 하는 자는 잃을 것이요 잃는 자는 살리리라." 주님의 말씀이 더욱 심각하게 다가온다.

주님은 마지막 때에 어떤 일이 벌어질 것인가를 말씀해준다. "내가 너희에게 이르노니 그 밤에 둘이 한 자리에 누워 있으매 하나는 데려감을 얻고 하나는 버려둠을 당할 것이요 두 여자가 함께 맷돌을 갈고 있으매 하나는 데려감을 얻고 하나는 버려둠을 당할 것이니라(눅 17:34~35)." 우리는 데려감을 당하든지 버려둠을 당하게 될 것이라는 말이다. 데려감을 당하는 자는 믿음의 준비가 되어 있는 자이다. 그때가 밤이 될지 낮이 될지 아무도 모른다. 밤이면 우리 모두가 정신없이 자고 있을 때일 것이고, 낮이면 우리가 열심히 일하고 있을 때일 것이다.

이것은 우리가 살아 있을 때를 상정한 것이다. 그러나 심판 전에 우리는 주님을 인정하지 않은 채 죽음의 문에 들어설 수 있다. 아파서도 갈 수 있지만 교통사고로 순간적으로 이 땅을 떠날 수도 있다. 어떤 이는 악한 사람이 더 오래 산다고 말하기도 한다. 그것은 확인된 것이거나 일반적인 것은 아니다. 하지만 만약 그렇다면, 하나님은 그들이 회개하고 돌아오도록 더 오래 참으시는 것이 아니겠는가. 중요한 것은 그때가 너무 느리게 다가온다며 긴장을 늦춰서는 안 된다는 사실이다.

한때 하나님을 떠났던 C. S. 루이스는 다시 돌아와 말했다. "하나님 없이 사는 자, 하나님을 무시하는 자는 비록 절도를 하지 않았다 해도 하나님을 반역하는 자다." 종말에 하나님의 심판이 있을 것이라는 것은 성경에 나타난 확실한 예언이다. 주님도 말씀하신다. "주검이 있는 곳에는 독수리가 모이느니라(눅 17:37)." 주검이 있는 곳에 독수리가 있는 것처럼 종말과 재림, 심판이 확실히 온다는 것이다. 예언의 말씀이 그대로 이루어질 것을 믿을진대 우리는 더 이상 하나님께 저항하지 않고 두 손 들고 나와야 한다. 무기는 내려놓고, 손 바짝 들고 하나님 앞에 나와야 한다.

찰스 웨슬리는 "웬 일인가 내 형제여"라는 찬송 시에서 절규한다.

"웬일인가 내 형제여, 주 아니 믿다가 죗값으로 지옥 형벌 너도 받겠구나. 여보시오, 내 동포여, 주께로 오시오. 십자가에 못 박힌 주 너를 사랑하네." 이 절규에도 침묵한다면 스스로 기회를 걷어차는 일이 될 것이다. 그렇다고 그들의 완악함만 탓해서는 안 된다. 만일 그 일의 결국을 알고도 침묵한다면 우리의 책임도 크다. 입을 벌려 예수 그리스도와 그 십자가의 사랑을 더 말해주자. 언제 그날이 올지 모르기에. 우리 모두 함께 가야 하기에.

21. 기회: 마지막 유예기간

아이티가 강도 7.3의 지진으로 많은 인명을 잃었다. 30만 명 이상이니 상상이 안 된다. 그런데 칠레에서 강도 8.8의 지진이 일어났다. 미리 대비한 탓에 아이티보다 희생자 수는 적었지만 재산 파괴 규모는 엄청났다. 인도네시아 쓰나미, 중국 쓰촨 성 지진 등 지금 지구는 대재난의 시대를 경고하고 있다.

이런 때마다 우리는 묻고 싶다. "왜 그 많은 사람들이 죽어야 합니까? 얼마나 귀한 생명들인데." 손봉호는 말한다. "그 어느 것도 무의미하게 일어나지 않는다." 지금은 우리가 알 수 없지만 그 안에 분명 하나님의 뜻이 있을 것이라는 말이다.

누가복음 13장 1~9절을 묵상하다 재난이 많은 이 어지러운 세상 가운데서도 우리를 살려두신 이유 한 가지를 발견할 수 있었다. 단지 유예기간을 둔 것이니 믿음생활 잘하라는 것이다. 이것이 우리를 향한 주님의 선하신 뜻이다.

고난에 대해 크게 세 가지 관점이 있다. 첫째는 죄가 있어 고통을 당한다는 것이다. 인과응보다. 둘째, 운명 때문이다. 운명의 법칙, 곧 팔자소관으로 친다. 끝으로, 우연, 곧 운 때문이다. 우연히 그곳에 살다 사고를 당해 죽었다는 것이다.

이 가운데 가장 쉽게, 단정적으로 말하는 것은 죄가 있어 하나님이 치셨다는 것이다. 욥의 세 친구도 욥을 찾아와 "네가 죄를 지었기 때문에 고통당한다"고 했다. 이 같은 생각은 예수님 시대의 사람도 마찬가지였다. 실로암 망대, 곧 예루살렘 성벽 탑이 갑자기 무너져 18명이 죽었다. 사람들은 죄 때문에 그리된 것이라 단정했다. 천재지변, 자연에 의한 재난을 죽은 이의 탓으로 돌린 것이다. 빌라도 때 갈릴리 사람의 피가 제사를 드리는 동물의 피와 섞어진 일이 벌어졌다. 갈릴리 사람 3천 명이 성전에서 죽임을 당했고, 그때 그들의 피가 재물의 피와 섞인 것이다. 그 일을 두고 사람들은 당한 사람들의 죄 때문이라 했다. 인간에 의해 일어난 재난을 당한 자의 죄로 돌린 것이다. 이것이 일반인들의 생각이다.

정말 당한 사람의 죄 때문일까? 예수님은 그 사람들의 죄가 더 많은 때문은 아니라고 하신다. "너희는 이 갈릴리 사람들이 이같이 해 받으므로 다른 모든 갈릴리 사람보다 죄가 더 있는 줄 아느냐 너희에게 이르노니 아니라 너희도 만일 회개하지 아니하면 다 이와 같이 망하리라 또 실로암에서 망대가 무너져 치어 죽은 열여덟 사람이 예루살렘에 거한 다른 모든 사람보다 죄가 더 있는 줄 아느냐 너희에게 이르노니 아니라 너희도 만일 회개하지 아니하면 다 이와 같이 망하리라(눅 13:2~5)." 다 죄가 있지만 회개의 기회를 주시기 위해 유예하셨다는 것이다. 그럼에도 불구하고 회개하지 않으면 다 망하게 될 것이라는 말씀이다. 지옥은 언제나 회개하지 않는 자를 기다리고 있다.

지금 살아 있다고 해서, 그 일을 당하지 않았다고 해서 그들보다 의롭다 자만해서도 안 된다. 재난을 당한 사람이든 아니든 똑같다. 유예기간 때문에 살고 있다. 홀이라도 회개하지 않으면 똑같이 당한다. 우리 모두 회개해야 할 죄인들이다.

유예기간에 대해 주님은 비유로 말씀하신다. "한 사람이 포도원에 무화과나무를 심은 것이 있더니 와서 그 열매를 구하였으나 얻지 못한지라 포도원지기에게 이르되 내가 삼 년을 와서 이 무화과나무에서 열매를 구하되 얻지 못하니 찍어버리라 어찌 땅만 버리게 하겠느냐 대답하여 이르되 주인이여 올해에도 그대로 두소서 내가 두루 파고 거름을 주리니 이후에 만일 열매가 열면 좋거니와 그렇지 않으면 찍어버리소서 하였다 하시니라(눅 13:6~9)."

이 비유를 보면 나무는 열매를 맺지 않았다. 3년은 열매를 맺을 수 있는 충분한 시간이다. 무화과나무는 이스라엘을 상징한다. 주인이 삼 년이나 찾아와 열매를 구했지만 열매는커녕 엉겅퀴와 쭉정이만 널려 있었다. 오래 참으시는 주님이시다. 열매는 이스라엘에만 요청되지 않는다. 이방인도 열매를 맺지 못하면 찍힘을 당한다.

그럼에도 불구하고 포도원 지기는 주인에게 청원한다. "한 해 더 유예기간을 주십시오." 우리의 포도원지기이신 예수님도 우리를 위해 시간을 달라고 하신다. 하나님이 허락한 유예기간은 우리가 회개해야 할 기간이며 열매를 맺어야 할 기간이다. 마지막 유예기간이다.

우리가 한 해 더 유예받은 것은 우리가 잘했기 때문이 아니다. 사고를 당하지 않은 것은 우리의 의 때문이 아니라 주님 때문이다. 주님은 열매를 기대하시며 우리 삶에 유예를 선언하셨다. 십자가의 사랑 때문에 우리가 지금 여기에 있을 수 있다. 또 한 번의 기회를 주신 주님께 감사하자. 그리고 우리의 잘못을 철저히 회개하고, 돌아서 믿음의 풍성한 열매를 맺자. 서로 용서하며 사랑하자. 그것이 지금 우리가 해야 할 일이다.

22. 대화: 주님과 먼저 소통하기

요즘 소통을 중시하는 시대가 되었다. 소통에 필요한 것이 대화다. 그러나 대화에는 개인의 심리를 이해하는 것이 중요하다. 이것은 그리스도인 사이에서도 마찬가지다. 하지만 심리학을 지나치게 강조하면 그리스도인으로서 대화의 근간이 흔들릴 수 있다.

사람들 모두 대화를 하지만 그리스도인의 대화는 속성이 다르다. 인간의 말로 표현되지만 성령에 의해 쓰이기 때문이다. 즉 내 안에 계시는 성령이 나를 주장하게 될 때 우리의 언어는 그야말로 하나님 나라의 언어들로 가득 차게 될 것이다.

대화라 할 때 '이샤', '야스', '소드'라는 단어를 사용한다. 세 단어 모두 마음과 마음, 인격과 인격이 연결되었다는 점에서 특이하다. 이샤나 야스는 목회에서, 소드는 카운슬링 때 주로 사용된다.

최근 심리학이 발달함에 따라 종교심리학이 교회 안에 영향을 주기 시작했다. 시카고대학이나 보스턴대학은 대화와 만남에서 심리학을 강조하였고, 이것이 교회에도 영향을 주었다.

아무리 심리학이 사람의 마음을 이해하는 데 중요하다 할지라도 심리학이나 인간의 심리만을 강조하면 기독교와는 무관한 해석과 적용이 될 수밖에 없다. 그래서 하나님이 있는 심리학, 전적으로 하나님의 인도를 받는 심리에 대한 이해가 필요하다.

인간의 심리를 이해하기 위해서는 대화분석이 필수적이다. 우리의 말 속에 그 사람의 심리가 향기처럼 품어져 나오기 때문이다. 그 향기는 진짜 맡기 좋은 향기일 수 있다. 하지만 때로 그 향기는 맡고 싶지 않은 향기일 가능성도 있다. 그 향기가 독가스 수준이라면 치명적이다. 우리 마음에 주님의 마음을 담고 있다면 그 향기는 누구에게나 좋은 것이 될 것이다. 주님이 없고, 이기적이고 독선적인 나만 있다면 그것은 삶을 파괴하는 요인으로 작용하게 될 것이다. 그래서 우리에게는 주님이 필요하다. 아니 절실하다.

우리가 주님이 있는 대화를 하고자 한다면 먼저 하나님의 말씀에 가까이 가는 것이 중요하다. 하나님의 말씀이 우리 발을 비춰주면 어떤 길에서라도 위험을 피할 수 있다. 성경은 우리가 어떻게 생각하고 말해야 하는가를 잘 가르쳐주고 있다. 그리스도인은 성경을 붙들고 살아가는 사람이다. 성경이 기준이다. 그럼에도 불구하고 하나님의 말씀에 근거하지 않는다면 그것은 그리스도인으로서의 합당한 대화가 아니라 나의 주장, 나의 소신으로 가득한 대화로 변질될 가능성이 높다. 하나님의 말씀보다 나의 꿈이나 환상을 내세우는 일도 빈번하지 않은가.

그리스도인에게 있어서 하나님 중심의 삶은 매우 중요하다. 우리는 대화에서도 하나님의 말씀을 나누며 그 말씀을 통해 서로 세움을 받는다. 대화를 통해서도 하나님의 말씀이 우리의 영혼을 돌본다는 것을 느끼게 된다.

하나님 중심, 말씀 중심의 삶을 살게 되면 내 안에 그리스도의 정신, 그리스도의 문화가 내 안에, 그리고 우리 안에 자리 잡게 된다. 우리의 대화도, 우리의 심리도 그리스도로 조정된다. 이것이 바로 기독교 정신이다. 이 정신이 우리의 사고를 지배하며, 우리의 대화를 이끈다.

그 어떤 결정도 사단에게 내어주지 않게 된다. 대화의 주제가 세속적인 것이라 할지라도 그 문제를 아름답게 다룰 줄도 알고, 말씀 중심의 해답도 얻어낼 수 있다. 그 답을 당장 얻어내지 못한다 할지라도, 시간을 두고 생각하면 어느 순간 답을 얻는 기쁨을 누릴 수 있다. 그 하나하나에 성령님의 인도가 생각하면 너무나 기쁘다.

지금 우리에게 필요한 것은 그리스도 안에서의 훈련이다. 말씀으로 교육을 받고 준비하면 우리는 그리스도의 마음으로 바뀐다. 그 마음, 그 정신으로 대화를 하면 우리의 대화는 확실히 과거와는 다르다. 그러므로 우리 대화 이전에 필요한 것이 그리스도의 마음, 그리스도의 정신임을 알 수 있다.

바울은 이 점에서 확고한 가르침을 준다. 먼저 그는 주님의 마음으로 인도한다. "주께서 너희 마음을 인도하여 하나님의 사랑과 그리스도의 인내에 들어가게 하시기를 원하노라(살후 3:5)." 그리고 우리가 주님의 마음을 가진 자임을 확신케 한다. "누가 주의 마음을 알아서 주를 가르치겠느냐 그러나 우리가 그리스도의 마음을 가졌느니라(고전 2:16)." 그리고 늘 그리스도의 마음이 우리를 주관하도록 한다. "그리스도의 평강이 너희 마음을 주장하게 하라 너희는 평강을 위하여 한 몸으로 부르심을 받았나니 너희는 또한 감사하는 자가 되라(골 3:15)."

기독교 상담에 있어서 심리학은 필수적이다. 그러나 그보다 더 필수적인 하나님의 말씀인 성경이며, 상담자는 그리스도의 마음을 가지고 내담자를 대해야 한다. 기독교 상담은 세속적인 다른 상담과는 다르다. 심리학만을 말하는 상담이라면 기독교라는 명칭을 달 필요가 없다.

이 주제는 거창하게 상담까지 갈 필요는 없다. 우리 삶의 대화에서 자연스럽게 이뤄질 수 있는 사안이기 때문이다. 그러나 우리의 자그

마한 대화라 할지라도 그 속에 보혈의 피가 흐르면 서로 사랑하고 용
서하는 대화가 있게 된다. 아니 하나님 나라를 우리 안에 이루는 대
화가 있게 된다. 성경이 늘 우리 가까이 있듯 주님은 오늘도 우리 가
까이 계신다. 때로 대화를 경청하기도 하시고, 이끄시기도 하시고, 대
화의 주인이 되기도 하신다. 우리의 자리를 주님께 내어드릴 때 주님
은 기뻐하시고, 대화를 통해 우리의 인격을 다듬어가신다.

　그리스도인의 삶은 주님과 나 사이의 균형적인 삶이다. 내가 주님
안에 있고, 주님이 내 안에 있다. 주님 안에서 하나다. 우리의 심리도
주 안에서 하나 되고, 우리 대화도 주님 안에서 하나 된다. 그때 주님
이 주시는 평강이 임한다. 세상이 줄 수 없는 평화, 샬롬이다. 그 샬롬
을 이뤄내는 것이 우리가 해야 할 일이다. 진정 소통을 원하는가? 그
러면 주님과 먼저 소통하라.

23. 주님 붙들기: 람바노 지저스

　최근 접한 책 가운데 아직도 잊을 수 없는, 나의 믿음을 채찍질한
책으로 토저(A. W. Tozer)가 쓴 『네 믿음은 어디 있느냐』가 있다. 그는
예수를 영접하는 것은 수동태가 아니라 말하면서 영접의 의미를 새
롭게 해주었다.

> "자기 땅에 오매 자기 백성이 영접하지 아니하였으나 영접하는 자
> 곧 그 이름을 믿는 자들에게는 하나님의 자녀가 되는 권세를 주셨
> 으니(요 1:11~12)."

　'영접하다'의 영어 단어는 receive, accept다. 받아들임, 그래서 수동

적인 것으로 생각하기 쉽다. 그러나 그는 '영접하다'라는 말씀이 수동태가 아닌 것에 주목하였다. 그리스도를 영접하는 것은 '이럴까 저럴까 생각하다가 선심 쓰듯이 영접해주는 것'이 아니라 '붙잡는 것'이다. 영어 역본을 보면 '영접하다'를 '붙잡다(take)'는 의미로 번역되어 있다. "붙잡는 자, 곧 그 이름을 믿는 자에게 하나님의 자녀가 되는 권세를 주셨으니." 이것이 바른 번역이다.

확고한 의지와 결심으로 주님을 붙들고, 주님이 제시한 어떤 조건이라도 거부하지 않는 것이다. 성경은 결코 '수동적인 영접'을 가르치지 않는다. 성경책 어디를 뒤져도 그런 교훈은 없다. 그는 평신도든 목회자든 이 점을 분명히 할 것을 강조한다. 그만큼 중요한 대목이라는 것이다.

그는 전도할 때 애원조로 하지 말라 한다. 4영리 스타일이 복음 전도에 많은 기여를 했지만 문제는 영접을 마치 영접해주는, 믿어주는 선심성으로 착각하게 만든다고 주장한다. 마치 "그리스도를 영접해주지 않겠습니까? 그렇게 하면 구원을 받습니다." 애원하는 외판원처럼. 이것은 잘못된 것이다. 예수님을 구주로 영접해주기만 하면 구원받고, 전과 똑같이 살아도 아무 문제가 없는 것이 결코 구원이요, 믿음이 아니기 때문이다.

그리스도를 영접하여 구원을 얻는다는 것은 무엇일까? 그것은 우리의 전인격을 쏟아 붓는 행위이다. 지성과 의지와 감정이 모두 참여하는 행위이다. 전인격을 투입하되 '적극적으로' 투입한다. 이런 개념을 성경 본문에 집어넣을 경우 본문에 대한 이해는 크게 달라진다.

"성령님이 전인격을 쏟아 부어 그리스도를 붙잡는 자들에게는 하나님의 자녀가 되는 권세를 주셨으니(요 1:12)."

그러므로 우리가 하나님의 자녀가 된 사람들이 편안히 앉아서 그리스도를 영접했을 것이라고 추측하는 것은 잘못이다. 하나님의 자녀가 된 사람들의 경우, 그들이 온몸이 마치 손처럼 주님을 붙잡으려고 몸부림쳤을 것이다. 그들은 자신들의 지성과 감성과 의지를 다 쏟아부어 예수님을 주와 구주로 붙잡았다. 그래서 헬라어 본문은 "적극적으로 예수를 붙잡는 자들에게는 하나님의 자녀가 되는 권세를 주셨으니"라고 말하는 것이다. 주님을 적극적으로 붙잡는 자는 하나님의 자녀가 되는 권세를 얻는다.

붙잡는다는 것은 과연 무엇일까? 원어로 그 의미를 살펴보자.

요한복음 1장 11절의 영접(parelabon)은 파라람바노(paralambano)에서 온 말이다. 그것은 '맞아들이다', '모시고 오다'는 뜻을 가지고 있다. 이 단어는 마태복음 1장 20절에 요셉을 향해 "네 아내 마리아 데려오기를 무서워 말라"에서 데려오기에서 사용되었다. 파라람바노는 맞아들이는 것이다. 임신한 마리아를 데려오는 것은 대단한 의지와 결단이 필요하다. 맞아들이는 것은 둘이 하나 되는 것이다. 하나가 되었다는 것은 불이(不二), 곧 둘이 아니다는 뜻이다. 과거의 나, 과거의 삶을 버리고 주님과 하나 됨을 말한다.

12절의 영접(elabon, took)은 람바노(lambano, take)에서 온 말이다. 이것은 '굳게 붙들다', '취한다(take)'는 뜻을 가지고 있다. 파라람바노가 둘이 하나 됨의 선언이라면, 람바노는 그 주님을 붙잡기 위해 내 생명을 다한다는 뜻이다. 주님을 내 삶의 모든 것으로 인정하고, 그분을 영원히 놓치지 않기 위해 단단히 붙잡는 것이다. 이것이 바로 람바노다.

토저는 강조한다. 예수 그리스도를 주님으로 영접하는 것은 수동적인 것도 아니고 솜사탕처럼 살살 녹는 것도 아니다. 기독교는 먹기 좋게 한입에 쏙 들어가는 말랑말랑한 종교가 아니다. 그것은 질긴 고기다.

어느 정도 질긴가? 하나님께서 지금 우리에게 모든 것을 바치라고 요구하실 정도다. 아직도 믿음이 부족하다고 느끼는가? 아직도 수동적인 믿음을 가지고 있는가? 믿음은 우리의 전인격이 예수님을 붙잡겠다는 뜨거운 열병에 걸려 "제가 피를 흘리고 죽는다 할지라도 저는 주님을 붙잡겠습니다"라고 외치는 것이다. 제 친구들을 다 잃는다 할지라도, 직업이나 지위나 신분을 잃는다 할지라도, 나의 모든 것을 잃는다 할지라도 주님을 붙잡는 것이다.

예수를 붙잡는 것은 과거 나의 삶에 지진을 일으키는 일이다. 과거의 내가 깨어지고, 오직 주님을 붙잡으며 살겠다는 절실함이 담겨 있다. 내 삶의 견고한 진이 주님에 의해 깨어지고, 도저히 깨뜨려질 것 같지 않던 철옹성 성벽이 능력으로 임하시는 주의 성령에 의해 깨어져 나가는 것이다. 내 자아가 주님께 압도된다.

"아, 주님 저는 죄인입니다." 성령이 함께하는 그 강력한 베드로의 설교를 들었던 사람들도 한 가지로 말했다. "형제들아 우리가 어찌할꼬(행 2:37)." 주님을 영접하는 것은 수동태가 아니다. 나를 깨뜨리는 작업이다. 하나님을 향해 교만했던 내 인생의 길고 질긴 페이지를 찢어버리고, 주님께 두 손 들고 항복하는 일이다. 아니, 주님 당신밖에 없습니다. 주님께 내 인생을 걸고, 주님을 부여잡는 것이다. 람바노 지저스. 믿음은 수동형이 아니다. 람바노다.

24. 주님께 매달리기: 합토마이 지저스

마태복음 9장에 혈루증 앓는 여인이 고침을 받는 사건이 소개된다.

> "열두 해 동안이나 혈루증으로 앓는 여자가 예수의 뒤로 와서 그
> 겉옷 가를 만지니 이는 제 마음에 그 겉옷만 만져도 구원을 받겠다
> 함이라(마 9:20~21)."

혈루증은 계속 피가 나는 것으로, 율법에 따르면 혈루증은 불결한
(unclean) 것으로 낙인된다. 그는 성전에 갈 수 없다. 성전에 가면 비난
을 받을 뿐 아니라 심지어 저주를 받는다. 그녀가 앉은 자리도 불결
한 것으로 단정된다. 그런 사람은 사회적으로 소외될 수밖에 없다.
social outcast다. 월경을 해도 불결한 것으로 취급받고, 월경이 끝난 후
7일째 되는 날 제사장 앞에 나아가 비둘기로 제사를 드리고 깨끗하다
선언 받아야 자유로울 수 있다. 이런 판국이니 이 여인의 아픔이 오
죽했겠는가.

그녀는 예수님이 지나가신다는 소식에 '주님의 옷 가만 만져도 나
으리라'는 믿음을 가졌다. 믿음으로 터치하고자 한 것이다. 만지다,
대다는 원어는 '합토마이(haptomai)'이다. 합토(hapto)는 '붙잡다', '붙
들다(fasten to, lay hold of, cling to)'는 뜻을 가지고 있다.

'옷 가만 만져도'는 '합토마이', 곧 주님께 매달린다(cling to you)는
뜻이다. 여인은 육체적으로 주님께 매달린 것이 아니다. 영적인 간절
함으로, 절실함으로 주님을 붙든 것이다. "주님, 이 순간 주님을 붙잡
습니다(I haptomai you)." 다른 것에는 더 이상 소망 없음을 확신합니
다. 당신은 나의 유일한 희망이요, 내 기도의 정답이십니다."

주님을 향한 절실함이 있는가? 그렇다면 우리가 해야 할 일은 그 주님을 붙잡는 것이다. 합토마이 지저스다. 예수님은 혈루증을 앓는 여인이 터치하였다고 해서 불결하게 되는 분이 아니다. 그는 인간의 터치와 관계없이 거룩하신 분이다. 오히려 인간을 그 모든 것으로부터 자유하게 하시는 분이다.

말로만 믿는다고 말하는 것은 게으른 것이다. 믿음에는 적극성이 필요하다. 네 믿음이 너를 고친다 하지 않으셨는가. 불결한 여인이 합토마이로 거룩한 사람이 되었다. 믿음은 성전 밖이든 안에서든 역사한다. 주님은 여인을 향해 "평안히 가라" 하셨다. 평안은 에이레네(eirene)다. 더 이상 전쟁이 없다, 갭이 없다는 말이다. 주님을 향해 오늘도 합토마이를 하는 자에게 평안을 약속하신다. 영원히 함께하실 것을 약속하셨다.

이어령이 쓴 『지성에서 영성으로』에는 한 무신론자가 어떻게 그리스도인이 되었는가를 솔직하게 담고 있다. 그가 쓴 시 가운데 이런 글이 있다.

> "하나님 당신의 제단에 꽃 한 송이 바친 적이 없으니 절 기억하지 못하실 겁니다. 그러나 하나님 모든 사람이 잠든 깊은 밤에는 당신의 낮은 숨소리를 듣습니다. 그리고 너무 적적할 때 아주 가끔 당신 앞에 무릎을 꿇고 기도를 드립니다. (…)
> 좀 더 가까이 가도 되겠습니까. 당신의 발끝을 가린 성스러운 옷자락을 때 묻은 손으로 조금 만져봐도 되겠습니까.
> 아, 그리고 그것으로 저 무지한 사람들의 가슴속을 풍금처럼 울리게 하는 아름다운 시 한 줄을 쓸 수 있도록 허락해주시겠습니까. 하나님."

그의 책을 읽으면서 아직도 잊을 수 없는 부분이 바로 "때 묻은 손으로 조금 만져봐도 되겠습니까"라는 부분이다. 이 구절에서 합토마이의 간절한 소망이 담겨 있다.

그는 이 시를 '어느 무신론자의 기도'라 했지만 이미 그는 무신론자가 아니었다. 더 주님을 붙잡고 싶은, 숨길 수 없는 강렬함이 담겨 있다. "좀 더 가까이 가도 되겠습니까. 성스러운 옷자락을 때 묻은 손으로 조금 만져봐도 되겠습니까." 그는 하나님을 모르는 사람들을 위해 심금을 울리는 시 한 줄 쓸 수 있는 능력을 허락해달라고 한다. 벌써 주님을 전하고자 할 만큼 그는 주님의 강한 도구가 되었다.

누가 성공한 사람인가? 교만한 나 자신을 붙드는 사람이 아니다. 아집과 교만으로 병든 인생을 찢어버리고 오늘도 더 주님을 붙드는 사람이다. 그런 당신이 바로 성공한 사람이다. 주님께 매달리라. 합토마이 지저스.

25. 내 안식: 안식에 들어가기 위한 조건

사람들은 평안을 좋아한다. 평안과 가장 가까운 성경의 단어가 안식이다. 안식은 휴식이나 쉼(rest)을 뜻한다. 전쟁의 고통을 겪은 사람들은 안식, 곧 전쟁으로부터의 자유를 원한다. 전쟁을 겪지 않아도 일상적인 안식, 곧 일로부터의 자유를 원한다. 인간이 원하는 것은 바로 안식일 것이다.

히브리서 4장의 키워드는 안식이다. 이스라엘 백성들은 하나님으로부터 안식에 들어갈 약속을 받았다. 하지만 그 약속에도 불구하고 이스라엘은 불순종으로 인해 안식을 얻지 못했다. 그렇다면 안식에 대한 하나님의 약속도 폐기되었는가? 답은 "그렇지 않다"이다. 이스라엘은 불순종으로 인해 안식을 누리지 못했다. 하지만 우리를 향한 안식의 약속은 지금도 유효하다.

문제는 우리가 어떻게 그 안식을 누릴 수 있느냐 하는 것이다. 이를 위해 바울은 하나님의 말씀에 순종하라 한다. 안식에 들어가기 위해서는 순종이 따라야 한다는 말이다.

히브리서를 보면 창조안식, 가나안 안식, 참 안식 등 여러 안식이 소개되어 있다. 창조안식은 하나님께서 창조사역을 다 마치시고 제칠일에 쉬셨던 것을 말한다(히 4:4). 가나안 안식은 히브리서 4장 8, 11절에 언급되어 있다. 약속의 땅에서 안전하게 거하는, 하나님의 백성이 소유하는 안식이다. 참 안식은 4장 9절에 언급된다. 이는 본래 하늘의 안식을 의미한다. 이것은 우선적으로 미래에 구원이 완성됨으로써 누리게 될 안식을 가리키기보다는 현재의 지상적 삶 속에서 그리스도로 말미암아 영혼이 하나님과 교제를 누림으로써 얻게 되는 영적 안식이다. 참 그리스도인은 이 안식에 참여할 수 있다.

히브리서 3장과 4장을 보면 광야의 이스라엘 백성을 향해 "그들은 내 안식(my rest)에 들어오지 못하리라(히 3:11, 18; 4:5)" 하였다. 한두 번이 아니다. '내 안식'이란 하나님 자신이 즐기시는 안식이다. 그 안식을 얻지 못할 것이라는 말씀이다.

도대체 무엇이 부족했기에 내 안식에 들어오지 못한다 하셨을까? 그것은 말씀에 순종치 아니한 때문이다. 그들에게 하나님의 말씀이 전해졌다. "복음 전함을 먼저 받은 자들(히 4:6)"은 그들은 이미 복음을 전해 받은 자들이었음을 말한다. 하나님의 말씀을 들은 자가 해야 할 일은 그 말씀에 대한 전적인 순종이다. 그러나 그들은 그렇게 하지 못했다. 히브리서 기자는 "듣는 자가 믿음과 결부시키지 아니함이라(not combine it with faith)(히 4:2)” 했다. 말씀을 듣고도 순종치 아니했다는 말이다. 실천이 없는 믿음. 그래서 하나님은 그들을 향해 “내 안식에 들어오지 못하리라” 하신 것이다. 얼마나 안타까운 말씀인가.

히브리서 기자는 그들이 비록 복음을 받았지만 그 복음이 그들에게 아무런 유익이 되지 못했다고 했다. 말씀을 듣고도 순종하지 않으면 이처럼 위태한 자리에 떨어진다. 아무리 이스라엘 백성이라 할지라도 불순종하면 하나님이 베푸시는 안식에 참여할 수 없다. 하나님이 안식을 약속하고 예비해두셨어도 그들에게 아무런 소용이 없었다.

하나님이 약속하신 안식이 우리에게 유효한 이유는 무엇인가? 이스라엘의 불순종에도 불구하고 하나님의 뜻과 목적은 변함이 없다는 데 있다. 이스라엘이 그 말씀을 받고 순종하는 데는 실패했지만 하나님은 계속해서 인류에게 복음을 주셨다. 가장 탁월한 복음은 예수 그리스도를 통해 주신 복음이다.

히브리서 기자는 여호수아를 능가하는 그리스도의 탁월성을 언급했다. 여호수아는 모세가 지도자로서 이루지 못한 직무를 완수할 만큼 뛰어난 지도자였다. 그는 이스라엘 백성을 약속의 땅으로 인도했다. 하지만 여호수아는 그들에게 참 안식을 줄 수는 없었다(히 4:8). 참 안식을 주시는 분은 예수님이시다. 예수 그리스도는 우리의 대제사장이시요 우리의 연약함을 체휼하시는 분이다. 긍휼이 넘치는 분이시다. 그분은 우리 죄를 속죄하셨고, 우리를 참 안식의 자리로 인도하셨다. 그러므로 우리는 담대히 그 앞에 나아갈 수 있다. 이 담대함은 보좌에 계신 대제사장 예수 그리스도의 한없는 사랑과 이해, 온유하심, 그리고 그분의 능력을 확실히 믿는 믿음에서 나온다. “이미 믿는 우리들은 저 안식에 들어가는도다(히 4:3).”

불순종한 이스라엘이 하나님의 안식에 들어가지 못한 것처럼 우리도 복음을 거부하면 하나님의 안식을 유업으로 받지 못한다. 안식은 미래의 소망으로만 있는 것이 아니다. 이 안식은 오직 그리스도로 말미암아 얻을 수 있다. 예수님은 친히 자신에게 나아와 안식을 얻으라 하셨다(마 11:28~30).

하나님의 백성은 안식에 적합한 자들이다. 그들은 믿지 않은, 불순종한 이스라엘과 구별된다. 그러므로 마음 놓고 안식에 들어가기를 힘쓰라. 그러나 우리는 다음의 말씀을 새기며 마음을 다잡아야 한다.

"그러므로 우리는 두려워할지니 그의 안식에 들어갈 약속이 남아 있을지라도 너희 중에는 혹 이르지 못할 자가 있을까 함이라 그들과 같이 우리도 복음 전함을 받은 자이나 들은바 그 말씀이 그들에게 유익하지 못한 것은 듣는 자가 믿음과 결부시키지 아니함이라(히 4:1,2)." "오늘 너희가 그의 음성을 듣거든 너희 마음을 완고하게 하지 말라 (Today, if you hear his voice, do not harden your hearts)(히 4:7)."

26. 문지방의 물: 작은 것이 결코 작지 않을 때

템플턴 재단의 슬로건 중에 다음과 같은 것이 있다. "우리가 아는 것이 얼마나 적은가, 우리는 얼마나 더 배우기를 원하는가(How little we know, How eager to learn)." 이 짧은 말은 오늘도 연구자들에게 도전의식을 심어준다. 그래서 이 말은 결코 작은 말이 아니다.

하루는 간질로 고생하는 아들을 가진 부모가 예수님을 찾아와 무릎을 꿇고 엎드려 간청했다. "주여 내 아들을 불쌍히 여기소서 그가 간질로 심히 고생하여 자주 불에도 넘어지며 물에도 넘어지는지라 내가 주의 제자들에게 데리고 왔으나 능히 고치지 못하더이다." 예수님을 찾아오기 전 제자들에게 부탁한 듯하다. 하지만 효험이 없자 직접 예수님을 찾아뵌 것이다. 이 말을 들은 제자들은 얼마나 무안했을까.

그런데 예수님의 반응이 심상찮다. 화가 나신 듯한 반응을 하셨기 때문이다. "믿음이 없고 패역한 세대여 내가 얼마나 너희와 함께 있으며 얼마나 너희에게 참으리요 그를 이리로 데려오라 하시니라." 믿음이 없고 패역한 세대의 모습에 화가 나신 것이다. 믿음이 있다면 달라졌을 터인데, 도대체 믿음이 보이지 않으니 답답하신 것이다. 화가 나신 것은 답답함의 정도가 컸음을 의미한다. 그리고 귀신을 꾸짖으셨다. 그 결과 귀신이 나가고 아이가 나았다.

조용해졌을 때 제자들이 예수께 물었다. "우리는 어찌하여 쫓아내지 못하였나이까?" 주님의 대답은 간단했다. "너희 믿음이 작은 까닭이니라 진실로 너희에게 이르노니 만일 너희에게 믿음이 겨자씨 한 알 만큼만 있어도 이 산을 명하여 여기서 저기로 옮겨지라 하면 옮겨질 것이요 또 너희가 못할 것이 없으리라(마 17:20)." 작은 믿음만 있었어도 능력을 발휘할 수 있었으리라는 말씀이다. 얼마나 작은 믿음인가? 겨자씨 한 알만큼 만의 믿음이 있어도. 그 작은 것으로 무엇을 할 수 있느냐고? 산을 옮길 수 있다. 상상을 초월하는 효과를 낼 수 있다는 말이다. 예수님은 그만큼 믿음을 중시한다.

카오스이론 가운데 나비효과가 있다. 어느 날 아마존 강가에서의 나비의 작은 펄럭임이 텍사스에 이르러 광풍을 일으킨다는 것. 작은 것이 결코 작지 않다는 것을 보여주는 이론이다. 차별화는 그만큼 의미가 있다. 모두가 안 된다고 말할 때 될 수도 있다고 생각하며 나아가는 사람이 바로 나비효과를 일으킬 수 있는 인물이다. 베드로는 예

수님 다음으로 바다 위를 걸어본 인물이 되었다. 다른 제자들이 풍랑
으로 두려워 떨고 있을 때 주님을 의지하고 담대히 갈릴리 호수로 뛰
어든 그. 그것이 바로 믿음이다. 그 믿음이 기적을 낳는다.

에스겔 47장을 보면 성전 문지방에서 물이 나온다. "그가 나를 데
리고 성전 문에 이르시니 성전의 앞면이 동쪽을 향하였는데 그 문지
방 밑에서 물이 나와 동쪽으로 흐르다가 성전 오른쪽 제단 남쪽으로
흘러내리더라(겔 47:1)." 문지방에서 흘러나온 그 작은 물이 계속 흘
러 발목을 덮고, 무릎, 그리고 허리에 닿더니 결국 헤엄할 물로 불어
났다. 강 좌우의 과실나무엔 달마다 새 열매를 맺을 만큼 무성하다.
문지방에서 나오는 그 작은 물을 가볍게 여기지 마라. 그것이 많은
생명을 살린다. 당신이 주님의 성전이라는 사실을 잊지 마라.

예수님은 작은 것부터 충성하라 하신다. "지극히 작은 것에 충성된
자는 큰 것에도 충성되고 지극히 작은 것에 불의한 자는 큰 것에도
불의하니라(눅 16:10)." 작아 보이는 계명 하나도 놓치지 않고 가르치
라 하신다. "그러므로 누구든지 이 계명 중의 지극히 작은 것 하나라
도 버리고 또 그같이 사람을 가르치는 자는 천국에서 지극히 작다 일
컬음을 받을 것이요 누구든지 이를 행하며 가르치는 자는 천국에서
크다 일컬음을 받으리라(마 5:19)."

야고보는 작은 것을 소홀히 다루지 않도록 경계했다. "이와 같이
혀도 작은 지체로되 큰 것을 자랑하도다 보라 얼마나 작은 불이 얼마
나 많은 나무를 태우는가(약 3:5)."

하나님은 이스라엘 백성들에게 말씀하셨다. "너희가 좋은 꼴을 먹
는 것을 작은 일로 여기느냐 어찌하여 남은 꼴을 발로 밟았느냐 너희
가 맑은 물을 마시는 것을 작은 일로 여기느냐 어찌하여 남은 물을 발

로 더럽혔느냐(겔 34:18)." 지금까지 받은 말씀, 은혜 모두 작은 일이 아니라는 것이다. 감사할 줄 모르는 우리를 향한 하나님의 노여움이다.

바울은 말한다. "모든 성도 중에 지극히 작은 자보다 더 작은 나에게 이 은혜를 주신 것은 측량할 수 없는 그리스도의 풍성함을 이방인에게 전하게 하시고(엡 3:8)." 바울의 겸손이 돋보인다. 하지만 그는 기독교 역사에 얼마나 큰 역할을 했는가. 그는 자기를 작다 여겼지만 그 결과는 결코 작지 않았다.

그리스도인은 행동하는 사람이다. 복음을 전하고, 사랑하고 용서하며 배려한다. 하지만 우리는 그것을 작은 것이라 여긴다. 심지어 내가 했다고 뭐가 달라질까 생각하기도 한다. 오늘 당신의 작은 행동이 어떤 결과를 가져올지 상상해보라. 당신의 말 한마디가 뭇 생명을 살린다면 무엇이라 할까. 당신은 정말 중요한 존재다. 아무리 큰 결과라 할지라도 그 출발은 작은 것에서 비롯된다는 사실을 잊지 말자. 그런 의미에서 작은 것은 결코 작지 않다. 그 작은 출발이 있어 삶이 아름답다. 당신이 아름다운 이유도 여기에 있다.

3부

나를
붙드시는
하나님의
은혜

3부 나를 붙드시는 하나님의 은혜

1. 붙드심: 나를 붙드시는 하나님의 은혜

성경은 여러 곳에서 우리를 붙드시는 하나님을 보여준다. 다윗의 시편과 이사야서를 보자.

- "네 짐을 여호와께 맡기라 그가 너를 붙드시고 의인의 요동함을 영원히 허락하지 아니하시리로다(시 55:22)."
- "내가 땅끝에서부터 너를 붙들며 땅 모퉁이에서부터 너를 부르고 네게 이르기를 너는 나의 종이라 내가 너를 택하고 싫어하여 버리지 아니하였다 하였노라(사 41:9)."
- "두려워하지 말라 내가 너와 함께함이라 놀라지 말라 나는 네 하나님이 됨이라 내가 너를 굳세게 하리라 참으로 너를 도와주리라 참으로 나의 의로운 오른손으로 너를 붙들리라(사 41:10)."
- "이는 나 여호와 너의 하나님이 네 오른손을 붙들고 네게 이르기를 두려워하지 말라 내가 너를 도우리라 할 것임이니라(사 41:13)."

복음성가 가운데 <하나님의 은혜>라는 곡이 있다.

나를 지으신 이가 하나님 나를 부르신 이가 하나님
나를 보내신 이도 하나님 나의 나 된 것은 다 하나님 은혜라.
나의 달려갈 길 다 가도록 나의 마지막 호흡 다하도록
나로 그 십자가 품게 하시니
나의 나 된 것은 다 하나님 은혜라.

한량없는 은혜 갚을 길 없는 은혜
내 삶을 에워싸는 하나님의 은혜.
나 주저함 없이 그 땅을 밟음도
나를 붙드시는 하나님의 은혜.

하나님의 은혜를 노래한 이 곡에서 잊을 수 없는 대목은 '나를 붙드시는 하나님의 은혜'이다. 영어로는 His grace gets hold of me이다. 여기서 우리는 주님을 붙잡고, 주님은 우리를 붙잡는다는 사실을 알게 된다.

나로 그 십자가 품게 하시니(embrace cross). 십자가를 끌어안는 것은 주님을 붙잡는 것이다. 아니, 주님은 우리를 붙잡으신다. 일방적 붙잡음이 아니라 쌍방향 붙잡음이다. 그 붙잡음이 오늘의 나를 만들었다. 나의 나 된 것(I am what I am). 그 모두를 생각하니 하나님의 은혜다. 그 은혜는 갚을 길이 없고(unrepayable), 한량없다(boundless).

하보손(A. R. Haborshon)이 지은 <나의 믿음 약할 때 주 날 붙드네>라는 찬송이 있다(찬송가 423장). "내 믿음이 떨어질까 두려워할 때 주님이 나를 붙드시리라(When I fear my faith will fall, He will hold of me)." 주님은 우리가 믿음이 약할 때만 붙드는 것이 아니라 마귀가 나를 꾀일 때도, 나의 사랑이 식을 때도, 멸망의 길로 나갈 때도 붙드신다. 구원 얻은 사람을 항상 붙든다. 우리 구주 아니면 서지 못한다.

성령님은 오늘도 말할 수 없는 탄식으로 우리를 붙드신다. "이와 같이 성령도 우리 연약함을 도우시나니 우리가 마땅히 빌 바를 알지 못하나 오직 성령이 말할 수 없는 탄식으로 우리를 위하여 친히 간구하시느니라(롬 8:26)." 우리의 연약함을 도와주시는 성령님, 그분은 지금도 우리를 붙드신다. 피로 값 주어 사신 구원이 아니던가. 그 구원은 절대 사라지지 않는다. 주님이 우리를 끝까지 붙드시기 때문이다.

2. 함께: 다른 사람과 함께하지 못할 때

레너드 스위트(L. Sweet)는 신세대 영성 작가로 각광을 받고 있다. 그는 기독교 영성에서 필요한 것, 특히 제자도를 실현함에 있어서 절실한 것이 '함께함'이라고 주장한다. 가정도 공동체요 교회도 공동체요 직장도 공동체요 사회도 공동체라면 함께함을 결코 무시할 수 없다. 남과 함께하지 못하는 나라면 심각하게 고민해볼 필요가 있다. 우선 그의 말을 들어보자.

"'함께'라는 이 작은 한 단어가 예수님께 얼마나 중요했는지 눈여겨본 적이 있는가? 예수님은 끊임없이 사람들에게 '함께 있자'고 하셨다. 예수님은 산에 올라가 밤새도록 기도하신 후 제자들을 뽑아 자기와 '함께 있게' 하셨다. 그분은 '두세 사람'이 함께 모인 곳에 자신도 '함께 있겠다'고 약속하셨다. 복음서에 보면 예수님이 이에 열둘을 세우셨으니 이는 자기와 함께 있게 하시고 또 보내사 전도도 하게 하심이었다. 예수님은 이 '함께함'의 초점을 내면에 두실 때도 있었다. '하나님 나라는 너희 안에 있느니라.' 그런가 하면 예수님은 삶의 경험을 다른 사람들과 '함께' 나누기를 좋아하셨다(스위트, 『나를 미치게 하는 예수』, 120쪽)."

예수님의 교육방법은 언제나 '함께 있는 것'에서 출발했다. 제자들도 주님과 함께함을 통해 학습할 수 있었다. 스탠리 오트 목사는 예수님의 이 함께함의 정신을 이어받아 그의 모든 사역의 중심원리를 '함께함'에 두었다. 그렇다면 우리도 이 말에 경청할 필요가 있다.

한국인을 가리켜 흔히 모래알이라 말한다. 함께하지 못한다는 말이다. 셋만 모여도 뜻을 합하기 어렵다. 그것이 어찌 한국인에게만 해당될까. 오히려 그것이 안전을 추구하는 인간의 본능일지 모른다. 다 자기 유익에 따라 움직이기 때문이다. 스위트의 눈으로 볼 때 그것이 '제정신'이다. 하지만 기독교는 다르다. 제정신의 의미가 논리적이고 신중하고 안전한 것이라면 기독교 영성은 제정신과는 하등 무관하다. 극히 비논리적이고 역설적이다. 그의 표현대로 미쳤다. 병적일 만큼 이기적인 인간, 그래서 혼자 가기를 좋아하는 우리를 향해 주님은 오늘도 '함께' 갈 것을 말씀하신다. 주님이 미친 것일까 아니면 우리가 미친 것일까. 기독교는 그만큼 다르다.

21세기 핵심 신학 용어는 관계다. '함께'는 관계의 언어다. 하나님과의 관계에 참여하지 않고서는 어떤 진선미도 존재할 수 없다. 인간이 된다는 것은 하나님과 다른 사람들과의 '함께함'을 경험하는 것이다. 21세기 교회의 도전은 기관이 되기보다 공동체가 되는 것이다. 공동체라는 단어가 식상하다면 소통이나 관계로 바꿔도 좋다.

우주의 신비는 고립이 아니라 함께하는 자들의 관계 속에 있다. 실재는 서로 얽힌 관계로 이루어진다. 이 얽힘은 함께함이다. 하나님이 나와 함께하고자 하시고(임마누엘 신앙), 우리도 그리스도 안에 거하고자 한다(엔 크리스토 신앙). 그 신앙을 가진 자는 하나님을 사랑하는 데 함께하고, 이웃을 사랑하는 데도 함께한다. 사랑은 우리 서로 함께함을 통해 꽃으로 피어난다. 이제 서로 함께할 때다.

"두 사람이 한 사람보다 나음은 그들이 수고함으로 좋은 상을 얻을 것임이라(전 4:9)." "나와 함께 여호와를 광대하시다 하며 함께 그의 이름을 높이세(시 34:3)." "즐거워하는 자들과 함께 즐거워하고 우는 자들과 함께 울라(롬 12:15)." "만일 한 지체가 고통을 받으면 모든 지체가 함께 고통을 받고 한 지체가 영광을 얻으면 모든 지체가 함께 즐거워하느니라(고전 12:26)."

3. 교만: 예수의 마음을 품으라

사람은 누구나 자기를 귀하게 여긴다. 자존심이 강하고 이기적인 것도 다 자기 중심성이 크기 때문이다. 자기의 이름을 불러주는 사람을 가깝게 느끼고 자기에게 따뜻한 말을 주는 사람이 좋다.

자기중심성은 일반적이다. 그러나 그것이 지나칠 때 교만에 빠지기 쉽다. 문제는 자신이 얼마나 교만한지 잘 모른다는 것이다. 자신이 얼마나 교만한지 알 수 있는 아주 간단한 방법이 있다. 자기 자랑이 늘어나고, 남을 비판하기 잘하며, 좀처럼 자기 잘못을 인정하지 않으려 든다면 스스로 교만하다는 것을 입증하는 것이다. 사랑에 점하나 찍으면 자랑이 된다는 것을 기억하자. 그만큼 우리는 교만에 빠지기 쉽다.

문제는 그 교만이 자기 자신에게만 한정되지 않는다는 것이다. 교만으로 인한 자신의 행동이 다른 사람에게도 나쁜 영향을 준다. 악한 행실의 사회적 전염이다.

어느 성당에서 주일 미사를 드리고 있었다. 마침 포도주잔을 든 한 소년이 한눈을 파는 바람에 그만 포도주를 흘리고 말았다. 화가 난

집전 신부는 그 소년의 뺨을 때리며 "다시는 이곳에 나타나지 마!" 하며 내쫓았다. 다른 성당에서도 같은 일이 벌어졌다. 그때 집전 신부는 사랑과 이해의 눈으로 당황해 하는 그 소년을 바라보며 이렇게 말했다. "너는 커서 꼭 훌륭한 신부가 될 거야." 훗날 뺨을 맞고 쫓겨난 소년은 유고의 대통령이 되어 철권정치를 했다. 그가 바로 티토 대통령이었다. 그러나 신부의 따뜻한 소리를 들은 소년은 이름난 대주교가 되었다. 그 대주교가 바로 홀톤 쉰이다. 실수를 하더라도 교만한 손찌검보다 따뜻하게 대하는 말 한마디가 삶을 바꾼다.

스펄전은 목사가 경계해야 할 말이 있다 한다. "목사님, 은혜 많이 받았습니다." 우리가 흔히 잘 사용하는 말이다. 왜 그럴까. 그 말이 목사를 교만하게 만든다는 것이다. 내가 성경지식을 안다고 해서 그것으로 남을 비판하는 도구로 사용해서는 안 된다. 그 지식으로 나의 의를 드러내는 행동을 해서는 안 된다. 오히려 더 낮아져야 한다.

교만의 치료 약은 겸손이다. 겸손이 교만을 잠재울 수 있는 열쇠가 된다. 성령체험도 열심 있는 예배참석도 좋지만 무엇보다 예수님의 마음, 곧 겸손을 배우는 것이 중요하다. "아무 일에든지 다툼이나 허영으로 하지 말고 오직 겸손한 마음으로 각각 자기보다 남을 낮게 여기고", "너희 안에 이 마음을 품으라 곧 그리스도 예수의 마음이니 그는 근본 하나님의 본체시나 하나님과 동등 됨을 취할 것으로 여기지 아니하시고(빌 2: 3, 5~6)."

우리가 누구를 사귀느냐가 중요하다. 비판을 잘하는 사람을 친구하면 우리 입에서 자연 비판이 늘어간다. 그러나 긍정적인 사람을 사귀면 나도 긍정적인 사람이 된다. 겸손도 마찬가지다. 거짓 교사는 자기를 사랑하고 돈을 사랑하며 자긍하고 교만하며 자고하였다. 이에 비해 여호수아는 자신을 모세의 시종처럼 생각하고 섬겼다. 그만큼 겸손의 삶을 산 것이다.

우리가 변화되지 않는 이유는 교만하기 때문이다. 이제 나 자신을 더 낮추고 비우자. 낮추고 비워야 하나님의 것을 채우고 주님을 배워 나갈 수 있다. 내 안에 예수님의 것이 채워지면 채워질수록 주님의 능력이 나타난다. 나보다 다른 사람을 존대하고 사랑하게 된다. 비난을 일삼던 입술도 바뀐다. 우리가 겸손하면 겸손할수록 화해와 일치가 일어난다. 주 안에서 하나 된다. 교만이 나를 점령할 때 곧장 겸손의 채널로 바꾸자.

"교만은 패망의 선봉이요 거만한 마음은 넘어짐의 앞잡이니라(잠 16:18)." "교만에서는 다툼만 일어날 뿐이라 권면을 듣는 자는 지혜가 있느니라(잠 13:10)." "마지막으로 말하노니 너희가 다 마음을 같이하여 동정하며 형제를 사랑하며 불쌍히 여기며 겸손하며(벧전 3:8)."

4. 자랑 기도: 기도에 교만이 깃들 때

누가복음 18장 9~14절을 가리켜 '기도의 비유'라 한다. 예수님이 바리새인과 세리의 기도를 비교하시며 교훈하시기 때문이다. 이 비유를 통해 하나님은 교만한 기도를 듣지 않으시고 겸손한 기도를 들으신다는 것을 확인하게 된다.

그리스도인은 한마디로 기도하는 사람이다. 기도를 잘하고 싶은 것이 우리의 마음이다. 가장 잘하는 기도는 과연 무엇일까? 사람이 알아주고, 사람들에게 은혜 팍팍 끼치는 기도일까? 아니다. 하나님이 알아주시는 기도이다. 사람이 아니라 하나님을 감동시키는 기도여야 한다.

하나님이 인정해주시는 기도는 과연 어떤 것인가? 사람들은 겉으로 드러난 외모, 보이는 것, 갖고 있는 것을 드러내기 좋아한다. 그러나 하나님은 외모보다 속마음, 보이는 것보다 보이지 않는 것을 보고자 하신다. 우리의 내면을 은밀히 보고자 하신다. 이것은 바리새인의 기도와 세리의 기도 비유에서 확연히 드러난다.

바리새인은 자기 드러내길 좋아한다. 자랑할 것을 늘어놓다 보니 기도도 길어진다. 열심히 율법을 연구하고 가르치기 때문에 늘 의기양양하고, 스스로 의롭다고 판정한다. 자신은 언제나 하나님 앞에 떳떳이 설 수 있다고 생각한다. 게다가 "나는 남과 다르다" 비교하길 좋아하고, 그것을 통해 우월감을 가진다. 자신들은 의롭게 생각하는데 하나님은 그렇게 생각지 않으신다.

비유에서 세리는 자랑할 것이 없다. 그는 사람들로부터 늘 손가락질을 당하며 살아왔다. 율법을 지키지 못하는 사람이라고. 그러니 하나님 앞에 나가는 것조차 두렵고 떨린다. 초라해 보이기까지 한다. 그의 기도가 길 리 없다. 그러나 하나님은 그의 기도를 받으셨다. 그리고 그의 기도를 의로운 기도로 여기셨다. 기도는 길이가 아니라 우리가 주님 앞에 어떤 마음과 자세를 가지고 있느냐 하는 것이 중요하다.

나아가 좋은 기도의 기준은 "교만한가, 아니면 겸손한가?"에 있다. 교만은 인간이 가장 빨리 입고 늦게 벗는 옷이다. 마지막까지 붙들고 있는 것이 교만이다. 우리는 신앙생활하면서 여러 면에서 교만할 수 있다. 기도는 물론이고 찬양, 설교에서도 교만할 수 있다. 심지어 감사의 말 속에서도 자랑이 숨어 있다.

우리 중 열심인 사람들 가운데 금식기도, 철야기도, 산 기도를 습관적으로 하는 사람이 있다. 사람들은 이런 사람을 신비롭게 생각하고 어떤 위력이 나타날 것을 기대한다. 자연 기도보다 그 사람의 능력에 관심을 둔다. 사람들의 관심에 교만한 마음이 싹트고 우쭐해진다. 이것은 한마디로 잘못된 것이다. 기도가 때론 신비할 수 있지만 신비주의에 빠지는 것도 기도의 목적이 아니다. 기도는 자기 암시나 자기 느낌에 빨려들어 가는 것이 아니라 하나님과의 진정한 만남에 목적이 있다. 기도를 통해 나 자신이 아니라 하나님이 더욱 뚜렷해져야 한다. 하나님을 만나면 그의 약속과 사랑에 더욱 감사하게 된다. 기도는 나를 높이는 것이 아니라 오직 주님만을 높이는 것이다.

바리새인은 한마디로 교만했다. 그는 서서, 따로 기도했다. 서서 따로 한 것이 잘못된 것은 아니다. 그러나 공동번역을 보면 그것이 왜 나쁜지를 곧 알 수 있다. 공동번역은 '서서'를 '보라는 듯이'로 번역했다. 자기 자랑이 들어 있다. "나는 구별된 존재다, 너와는 달라. 너희들과는 같이 기도할 수 없어. 사람들이여, 나를 보세요. 저는 율법에 충실한 바리새인입니다." 기도 자세만 보아도 교만이 흘러넘친다. 이와는 달리 세리는 멀리 서서 감히 하늘을 우러러보지 못하고, 가슴을 치며 기도한다. "저는 죄인입니다." 그에겐 자랑할 것이 아무것도 없다. 기도하는 마음의 동기조차 다르다. 겸손한 기도일 수밖에 없다. 하나님은 과연 어떤 기도를 받아주실까.

기도는 교만이 아니라 겸손이 앞서 가야 한다. 겸손한 마음이 하나님께 더 가까이 나갈 수 있기 때문이다. 하나님이 교만을 가장 싫어하신다는 것을 알면서도 교만하면 그는 변화할 가능성이 없다. 아무것도 모르면서 교만하면 차라리 낫다. 그래도 변화 가능성이 보이기 때문이다. 하나님보다 나 자신이 더 중요한가. 교만은 패망의 선봉이다.

기도의 내용이 자기중심인가 하나님 중심인가도 좋은 기도의 기준이다. 바리새인의 기도는 자기중심적, 자기 과시적이다. 자기 의를 드러내는 데 바쁘다. "하나님이여 나는 다른 사람들 곧 토색, 불의, 간음을 하는 자들과 같지 아니하고 이 세리와도 같지 아니함을 감사하나이다." 자신의 잘못된 과거와 비교해 기도했다면 그래도 봐줄 수 있다. 하지만 그는 말끝마다 남과 비교하며 상대를 비하했다. 자기를 끌어올리기 위해 그 어떤 짓도 마다하지 않는 독선. 그의 삶의 기준은 자기이지 결코 이웃이 아니다. 나만 의로워지면 그만이다. 그 속엔 나눔과 베풂의 모습을 볼 수 없다. 기도는 자신을 올리는 것이 아니라 오히려 철저히 내려놓는 것이다.

그는 금식과 십일조 드림을 자랑했다. "나는 이레에 두 번씩 금식하고 또 소득의 십일조를 드리나이다." 바리새인은 자기 행위로 하나님을 설득하려 들었다. "그러니 나를 알아주세요." 금식하고 헌금을 많이 했으면 오히려 입을 다무는 것이 좋을 터인데, 그는 오히려 길어구에서 큰 소리로 외쳤다. 사람의 칭찬까지 염두에 둔 것이다. 그 모두에 교만이 배어있다. 하나님이 과연 그 기도를 기뻐하실까.

세리의 기도는 하나님 중심이다. "하나님이여 불쌍히 여기소서. 나는 죄인이로소이다." 자기를 죄인으로 고백했다. 바울은 자신을 죄인 중의 괴수라고 하였다. 하나님 중심의 기도는 자기를 죄인으로 고백하고 하나님의 자비를 구한다. 자신을 죄인이라 한 것은 달리 말해, 하나님만이 거룩하시다는 고백이다. 감히 하늘을 쳐다볼 수 없지만 그 마음엔 오직 하나님만이 자신에게 긍휼을 베풀어줄 수 있음을 안다. 하나님 앞에 나가야 용서받을 수 있기에.

하나님은 겸손한 기도를 들으신다. 하나님은 세리의 기도를 들으셨다. 주님은 결정적으로 말씀하신다. "내가 너희에게 이르노니 이에

저 바리새인이 아니고 이 사람이 의롭다 하심을 받고 그의 집으로 내려갔느니라 무릇 자기를 높이는 자는 낮아지고 자기를 낮추는 자는 높아지리라 하시니라(눅 18:14)." '의롭다' 판정을 받은 것은 바리새인이 아니라 세리였다. 바리새인의 생각과는 아주 달리 세리가 판정승을 얻은 것이다.

하나님은 구약을 통해 이미 선언하셨다. "하나님께서 구하시는 제사는 상한 심령이라 하나님이여 상하고 통회하는 마음을 주께서 멸시하지 아니하시리이다(시 51:17)." 상하고 통회하는 마음을 하나님은 멸시치 않으신다. 아니 가장 귀하게 여기신다.

인간은 본능적으로 교만하다. 그러나 주님은 그 본능을 보혈의 피로 바꾸고자 하신다. 그러면 우리의 기도도 겸손해진다. 지금 우리가 드리는 기도, 부르는 찬송, 예배, 섬김, 감사 모두에 겸손이 있는지 교만이 있는지 살필 필요가 있다. 교만의 옷을 벗고 겸손을 입고 나아갈 때 하나님은 우리를 기뻐 맞으실 것이다. "이제야 바른 기도를 하는구나."

5. 짐 진 자: 고난의 짐이 무거울 때

예수님은 인간을 짐 진 자로 보셨다. 그것도 무거운 짐들을 잔뜩 진 모습이다. 너무 보기에 안 좋았던지 선언하신다. "수고하고 무거운 짐 진 자들아 다 내게로 오라 내가 너희를 쉬게 하리라(마 11:28)." 이 선언에 따르는 사람들이 바로 그리스도인이다. 인생의 모든 짐을 주 앞에 내려놓는다. 짐을 내려놓는다는 것은 그 짐을 더 이상 나 홀로 지고 가지 않는다는 것을 의미한다. 주님은 나의 인생에 관심을 가지시고 상담하시고 필요한 경우 해결해주신다. 우리가 너무 지쳐 있을 때 안고 가신다.

짐을 내려놓는다고 해서 그리스도인에게 고난이 없다는 것은 아니다. 이 세상에서 주님을 따르는 삶을 사는 것만으로도 고난을 불러올 수 있다. 그만큼 세상은 어둡고 악하기 때문이다. 바울은 그리스도인을 어둠에 대항하는 예수의 정예군사라 한다. 그런 의미에서 오히려 고난을 받으라 한다. "네가 그리스도 예수의 좋은 군사로 나와 함께 고난을 받을지니(딤후 2:3)."

그리스도인은 영광만 바라는 사람이 아니다. 영광은 최후의 것이요, 그 모두 주님께 드려야 할 것들이다. 우리는 이 땅에서 고난의 삶을 통해서 주님께 영광을 돌려야 할 귀한 존재들이다. 이를 위해 기꺼이 자기 십자가를 진다. 좁은 문으로 들어가고, 그리스도의 남은 고난을 내 몸에 채운다. 그러면 하늘의 위로가 넘치게 된다.

번연은 설교를 했다는 이유로 감옥생활을 했다. 그러나 그는 고난을 기쁨으로 참으면서 『천로역정』이라는 불후의 명작을 남겼다. 우리에게 많은 찬송 시를 남긴 훼인 크로스비는 자기를 실명하게 한 의사에게 편지를 썼다. "내가 소경이 되어 주님을 생각하게 하고, 찬송 시를 쓰게 하셨으니 감사합니다." 암으로 생을 마쳐야 했던 장영희 교수도 "신은 다시 일어서는 법을 가르치기 위해 넘어뜨린다"고 고백하였다.

때로 왜 고난과 고통을 받는지 알 수 없을 때가 있다. 하박국처럼 왜 이 땅에서 악인은 성하고 의인은 고통을 받는가 묻고 싶을 때가 있다. 니체는 "무슨 목적으로 고통을 당하는지 알 수 없는 것이 더 고통스럽다" 했다. 고통에 의미가 없다는 것은 삶 전체에 의미가 없다는 허무주의 사고다. 주님이 우리에게 주시는 고난에는 다 의미가 있다. 비록 지금 당장은 우리가 알 수 없다 할지라도 하나님 앞에 가면 그 의미를 다 알게 될 때가 있다. 그러므로 우리는 참고 기다려야 한다.

주님은 때로 우리를 막다른 골목에 세우기도 하시지만 결국 우리를 안으신다. 우리는 주님의 자녀이기 때문이다. 고난을 피하거나 왜 나만 이 고난을 받느냐 푸념하지 말자. 우리를 더 단련하시려 고난을 허락하신다. 고난이 오히려 복이 될지 어찌 알까. 고난을 참고 인내하면 생명의 면류관이 준비되어 있다.

> "너희로 내 백성을 삼고 나는 너희 하나님이 되리니 나는 애굽 사람의 무거운 짐 밑에서 너희를 빼어낸 너희 하나님 여호와인줄 너희가 알지라(출 6:7)."
> "그날에 그의 무거운 짐이 네 어깨에서 떠나고 그의 멍에가 네 목에서 벗어지되 기름진 까닭에 멍에가 부러지리라(사 10:27)."
> "만일 그리스도인으로 고난을 받은즉 부끄러워 말고 도리어 그 이름으로 하나님께 영광을 돌리라(벧전 4:16)."
> "너는 장차 받을 고난을 두려워하지 말라 볼지어다 마귀가 장차 너희 가운데에서 몇 사람을 옥에 던져 시험을 받게 하리니 너희가 십 일 동안 환난을 받으리라 네가 죽도록 충성하라 그리하면 내가 생명의 관을 네게 주리라(계 2:10)."

6. 눈물: 아픔으로 눈물이 날 때

울음은 말로 표현할 수 없을 만큼 가슴이 아플 때 터져 나오는 완벽한 언어다. 우는 것은 자연스럽다. 우리가 우는 자에게 주목하듯 주님도 우리가 울고 있을 때 주목하신다. 인생길 험하고 마음 지칠 때 더 주님을 찾으라.

스펄전에 따르면 "하나님은 눈물을 흘리지 아니한 자녀를 두신 적이 없다.” 자식 때문에 울고, 남편 때문에 운다. 삶은 눈물을 필요로 한다. 하지만 눈물이 있어 우리 삶이 더 아름다울 수 있다. 눈물을 흘릴 수 있을 만큼 우리 삶은 귀한 것이다.

눈물을 흘리기에 앞서 잊지 않아야 할 것이 있다. 그것은 우리 슬픔 뒤에서 우리를 위해 묵묵히 일하시는 하나님이다.

룻기에 나오미가 등장한다. 나오미는 ‘기쁨’이라는 뜻을 가지고 있다. 그는 식구들과 함께 고향 유다를 떠나 이방 땅 모압으로 이민을 갔다. 그는 그곳에서 남편은 물론 두 아들마저 잃었다. 인간적으로 볼 때는 과부 셋만 남는 비극이었다. 고통이요, 눈물뿐이었다. 그러나 그는 며느리 룻과 함께 그 깊은 아르논 골짜기를 건너 다시 유다로 왔다.

하나님은 룻을 재혼시켜 오벳을 낳게 하셨다. 오벳은 다윗의 할아버지다. 다윗 왕의 혈통을 잇게 하신 것이다. 하나님은 우리가 생각하는 이상으로 큰 그림을 그리신다. 슬픔만 생각하고 눈물만 흘린다면 하나님이 그리시는 큰 그림을 놓칠 수 있다. 나오미는 결코 비운의 여인이 아니다.

그리스도인은 때로 개인적인 차원을 떠나 하나님을 향해 울 필요가 있다. 교회를 생각하고 나라를 생각하고 백성을 생각하는 눈물이다. 예수님은 앞으로 멸망당할 예루살렘 성을 생각하며 우셨다. 예루살렘 성이 장차 어떻게 될 것을 아셨기 때문이다. 그리고 “너와 네 자녀를 위해 울라”고 하셨다. “너도 오늘 평화에 관한 일을 알았더라면 좋을 뻔하였거니와 지금 네 눈에 숨겨졌도다(눅 19:41~42).”

느헤미야는 예루살렘 성이 훼파되고 성문이 탔으며 남은 자들이 큰 환난을 당하고 있다는 소식을 듣고 앉아서 울고 수일 동안 슬퍼했다(느 1:4). 성경은 그 기간을 ‘수일 동안’이라고 표현하고 있다. 상당

수 성경학자들은 이것은 단지 며칠이 아니라 약 4개월이 되었을 것으로 보고 있다. 그는 이 기간 동안 자신이 아니라 나라와 민족을 위해서 울었다. 그는 울었을 뿐 아니라 금식하며 하나님 앞에 간절히 호소했다. 금식은 하나님을 향한 그의 기도가 얼마나 간절했는가를 보여준다. 하나님은 그 울음을 기뻐 받으셨다. 하나님은 그의 상한 마음과 민족적 회개, 끈질긴 외침(cry-out)을 들으신 것이다. 그리스도인은 나라와 민족의 문제를 안고 눈물을 흘릴 수 있어야 한다. 눈물은 그리스도인이 치러야 하는 코스트이다.

다윗은 "나의 눈물을 주의 병에 담으소서 이것이 주의 책에 기록되지 아니하였나이까(시 56:8)" 하였다. 그는 위기에 처한 자신뿐 아니라 나라를 위해 울었고, 영원한 하나님 나라를 생각하며 울었다. 눈물을 흘리는 자는 불쌍히 여기는 마음을 가진 자이다. 이 마음을 가질 때 사랑을 할 수 있고 전도도 할 수 있다.

> "다윗의 하나님 여호와의 말씀이 내가 네 기도를 들었고 네 눈물을 보았노라 내가 너를 낫게 하리니 네가 삼 일 만에 여호와의 전에 올라가겠고(왕하 20:5)." "눈물을 흘리며 씨를 뿌리는 자는 기쁨으로 거두리로다(시 126:5)."
> "하나님을 사랑하는 자, 곧 그 뜻대로 부르심을 입은 자들에게는 모든 것이 합력하여 선을 이루느니라(롬 8:28)." "그러므로 우리가 긍휼하심을 받고 때를 따라 돕는 은혜를 얻기 위하여 은혜의 보좌 앞에 담대히 나아갈 것이라(히 4:16)."

7. 받으심: 삶 전체가 향기로운 제물 되어

지금은 평양과기대가 개학하여 수업이 진행되고 있다. 하지만 몇 년 전만 해도 자꾸 개학이 연기되는 것을 보면서 안타깝기도 하고, 들어가고자 하는 교수님들에게 다시금 지연되었다고 통고해야 하는 난감함이 있었다. 연변과기대에서 일하는 평양과기대 학사 팀은 늘 불확실성과 싸워야 했다.

교수님 한 분이 말씀하셨다. "평양과기대가 개교가 되지 않는 것은 이유가 있다. 건물 때문도 아니고 시설 때문도 아니다. 우리가 영적으로 준비되지 않았기 때문이다. 우리가 영적으로 준비될 때 하나님은 그 문을 열어주실 것이다." 이 말을 듣는 순간, "그렇다"는 생각이 들었다. 문제는 다른 데 있는 것이 아니라 우리에게 있다. 이제 어떻게 해야 할까. 겸손히 주님 앞에 나가는 것이다.

영의 길을 걷기 위해 우리가 해야 할 일은 말씀을 찾는 것이다. 고넬료(Cornelius)에 관한 말씀을 읽다가 이 사람이 우리의 모델이 될 수 있겠다는 생각이 들었다. 사도행전 10장의 말씀이다. 특히 그를 향해 '하나님 앞에 상달하여 기억하신 바 된 제사(a memorial offering before God, NIV)'를 드렸다 할 때 느낌이 완전히 달랐다. 하나님이 기억하시는 신앙이라면 그야말로 영적으로 차원이 다르지 않겠는가.

고넬료는 누구인가? 그는 가이사랴 빌립보에 주둔한 이탈리아 지원병의 백부장이었다. 로마군대 장교라는 말이다. 그는 유대인이 아니다. 유대인에게 있어서 그는 이방인일 뿐이다. 그런 그가 하나님이 받으시는 제사의 믿음을 가졌다는 것이다. 하나님은 그로 하여금 베드로를 만나게 하시고, 복음을 직접 듣게 하시며, 이방인으로서는 최초로 세례를 받는 존재가 되게 하셨다. 얼마나 놀라운 일인가.

그러나 이렇게 되기에는 그의 삶이 주님 앞에 합당했기 때문이었음을 기억할 필요가 있다. 하나님 앞에 그의 삶은 4가지로 집약할 수 있다.

첫째, 그는 경건하였다. "그가 경건하여(devout)." 경건하다는 것이 무엇일까? 하나님을 향한 진지함이다. 하나님을 인정하고, 세상 어떤 것보다 하나님을 더 사랑하며, 그분의 가르침에 몰두하고 헌신하는 것이다. 그리고 그 말씀에 따라 어느 때 어느 자리에서든 하나님과 동행하는 것이다. 경건은 명사가 아니라 하나님을 향한 동사다.

둘째, 하나님을 경외했다. 그것도 온 집으로 더불어 하나님을 경외했다. 그는 유대인이 아니다. 그의 가족도 마찬가지다. 그는 로마군 장교다. 정복자다. 지배국의 종교쯤 얼마든지 무시할 수 있다. 그러나 그는 그렇지 않았다. 하나님을 경외했다. 하나님을 경외했다는 것은, 영어로 God-fearing이다. 하나님을 두려워했다는 말이다. 두려워했다는 말은 하나님 없는 삶을 살지 않는 것을 말한다. 항상 자기 앞에 하나님이 계심을 인식하고 늘 삼가 조심하면서 사는 것이다. 경외엔 하나님에 대한 존중(reverence)과 사랑이 담겨 있다. 하나님 없이 사는 자는 하나님을 두려워할 줄 알아야 하며, 하나님을 아는 자는 그의 삶에서 늘 하나님을 높이고 그분에게 영광을 돌리는 자세를 잊지 않아야 한다. 하나님을 경외하는 자는, 우리의 결과가 어떻다 할지라도 그의 백성으로 사는 것 자체만으로도 찬양하며 감사한다.

셋째, 그는 구제하는 사람이었다. "백성을 많이 구제하고." 헐벗고 가난한 사람에게 관용을 베풀었다(gave generously)는 말이다. 그는 정복자 군대의 장교로서 사람들에게 위엄을 과시하기보다 피정복민의 아픔을 이해하고, 그들의 필요에 응답하는 삶을 살았다. 가난한 자를 끌어안을 만큼 그의 가슴이 뜨거웠다. 그는 생각했을 것이다. "하나님을 사랑하는 사람은 달라야지." 그는 보통 군인과는 아주 다른 삶을 살았다.

넷째, 그는 기도하는 사람이었다. "하나님께 항상 기도하더니." NIV에는 규칙적으로(prayed to God regularly) 기도했다고 했다. 하루에 정한 시간에 기도하는 것이 몸에 밴 것이다. 그가 환상을 보게 된 것도 구시, 즉 오후 3시경 기도했을 때였다. 기도하기 어려운 한낮에도 시간을 정해 기도한 것이다.

이렇듯 신실한 그의 모든 신앙적 행위에 대해 하나님은 그에게 가장 필요한 것이 무엇인지를 아시고 응답하신다. 베드로를 만나 복음의 진수를 듣게 하고, 세례를 받도록 하는 것이다. 주님은 말씀하신다. "네 기도와 구제가 하나님 앞에 상달하여 기억하신 바 되었으니." 그의 삶을 인정하신 것이다. 경건한 삶, 경외하는 삶, 구제하는 삶, 그리고 기도하는 삶. 그의 삶 전체가 향기로운 제물이 되어 하나님이 기억하고 받으셨다는 말이다. 기념비적 제사(a memorial offering)이다. 그 산제사로 인해 자기만 구원받은 것이 아니라 온 집안이 구원을 받게 되었다.

고넬료는 이방인이었지만 하나님을 경외한 신실한 사람이었다. 이 가르침은 이 땅 어디서나 하나님을 갈망하는 사람이 있다는 것을 보여준다. 나 한 사람이 하나님 앞에 바로 설 때 가족이 살고, 그의 주변이 산다. 하나님은 그의 헌신에 문을 여시고, 베드로를 직접 만나게 하시며, 영의 눈을 뜨게 하셨다. 불가능한 일을 가능하게 하시고, 영적으로 확신을 갖게 하신 것이다. 삶이 불안정하고 불확실할 때마다 우리가 해야 할 일은 모든 것을 주님 앞에 내려놓는 것이다. 주님의 뜻을 구하고 그분의 뜻에 따라 살고자 할 때 주님은 우리 기도를 들으시고, 확실히 문을 여실 것이다. 문제는 지금 우리의 삶이 과연 주님이 받으시고 기억할만한 것인가 하는 것이다. 그렇지 않다면 더 경건한 자리로 나가야 한다.

8. 오이쿠메네: 하나님이 세상을 이처럼 사랑하사

내가 대학 다닐 때 대한 예수교 장로교가 크게 둘로 갈라졌다. 하나는 에큐메니칼이라 했고, 다른 하나는 NAE라 했다. 쉽게 칼 측이냐 아니냐로 묻기도 했다. 나는 그동안 다니던 교회를 그만두고 다른 교회를 택해야 했다. 지금 같으면 문제가 되지도 않을 일인데 당시만 해도 국시가 반공이라서 그것이 문제가 되었다.

특히 세계교회협의회(WCC) 대회 때 각국에서 대표를 파견하는데, 그 대회에 공산국가에서 참석하는 것을 놓고 용공이냐 아니냐 문제 삼은 것이다. 보수진영에서는 그 단체에 우리가 가입해서는 안 된다는 것이었고, 공산국가 대표들이 옵서버로 참석하는데 그게 무슨 문제가 되느냐는 것이었다. 칼 측은 통합 측이 되었고, 완고히 반대하던 측은 합동 측이 되었다. 한 교회에서 두 파로 갈라진 경우엔 정말 있어선 안 될 일들도 벌어졌다. 이젠 우리가 공산국가에 가고, 또 그곳에 살면서 사업도 하는 판이니 격세지감이 있다.

그런 사연이 있어서 그런지 에큐메니칼은 썩 좋은 단어로 들어오지 않았다. 그러다 신학교에 다닐 때 '선교와 사회'라는 과목에서 에큐메니칼 공부를 하게 되었다. 성경에 나오는 에큐메니칼은 우리가 말하는 그것이 아니었다. 그것은 선교와 매우 밀접한 단어이고, 이 세상을 그토록 사랑하신 주님께서 우리에게 명령하신 사명 가운데 하나였다.

에큐메니칼(ecumenical)은 희랍어로 '오이쿠메네(oikumene)'이다. '세계', '땅'이라는 뜻을 가지고 있다. 신약에서 15번 등장한다. 이 단어가 사용된 의미를 보면 어느 특별한 문화적·정치적 구분이 없이 단순히 전 세계(행 17:31)를 의미하는 것이 있고, 로마제국처럼 큰 정치적 단위(눅 2:1)를 의미하는 것도 있으며, 이미 언급한 것 가운데 하나, 곧 세계 또는 로마제국을 지칭하기도(행 11:28) 한다.

반틸에 따르면 오이쿠메네는 아브라함에서 출발한다. "보라 내 언약이 너와 함께 있으니 너는 여러 민족의 아버지가 될지라(창 17:4)." 개역한글에서는 '열국의 아비가 될지라' 했다. 본토 아비 집을 떠나 장막 생활을 하는 그에게 열국의 아비가 된다고 하는 그것은 놀라운 선임이 틀림없다. 바로 이 '열국의 아비'가 에큐메니즘의 근원이라는 것이다. 이 말씀은 요한계시록 7장 9절에서 성취된다. "이 일 후에 내가 보니 각 나라와 족속과 백성과 방언에서 아무도 능히 셀 수 없는 큰 무리가 나와 흰옷을 입고 손에 종려 가지를 들고 보좌 앞과 어린 양 앞에 서서." 각 나라와 족속과 백성과 방언, 능히 셀 수 없는 큰 무리. 그는 이미 열국의 아비가 되었다. 오이쿠메네의 성취다. 정치적 나라는 일시적 현상이지만 참 오이쿠메네, 다시 올 그리스도의 나라는 영원한 그 나라이다.

신약의 경우 예수님은 오이쿠메네와 직결된다. 주님은 자기 백성을 그들의 죄에서 구원하시기 위해 이 땅에 오셨다(마 1:21). "하나님이 세상을 이처럼 사랑하사 독생자를 주셨으니 이는 그를 믿는 자마다 멸망하지 않고 영생을 얻게 하려 하심이라(요 3:16)." 그리고 우리에게 사명을 주신다. "그러므로 너희는 가서 모든 민족을 제자로 삼아 아버지와 아들과 성령의 이름으로 세례를 베풀고 내가 너희에게 분부한 모든 것을 가르쳐 지키게 하라 볼지어다 내가 세상 끝 날까지 너희와 항상 함께 있으리라 하시니라(마 28:19~20)." 세상 끝 날까지 모든 족속으로 제자를 삼으라는 이 지상명령은 주님께서 그리스도의 보편교회(ecumenical church of Christ)를 세우신다는 것을 알 수 있다.

오늘도 주님은 다 내게로 오라 초청하신다. 너희와 너희 자녀뿐 아니라 모든 먼 데 있는 사람도 오고(행 2:39), 날마다 그 수를 더하게 하시며(행 2:47), 이방인에게 성령을 부어(행 10:45) 모으신다. 세계 복음화가 바로 에큐메니즘이다.

바울은 두 가지 에큐메니즘을 소개한다. 하나는 유대주의적 에큐메니즘이다. 이것은 그리스도의 죽으심과 부활에 근거하지 않는, 유대인만의 배타적이고 파당적인 에큐메니즘이다. 다른 하나는 성경적 에큐메니즘이다. 이것은 그리스도의 죽음과 부활에 근거하고 있으며, 그리스도에게 나아가기만 하는 세상 모든 백성이 은혜로 구원을 받을 수 있는 에큐메니즘이다. 우리가 어떤 에큐메니즘을 택해야 하는가는 너무나 분명하다.

후프트(Hooft)는 에큐메니칼이라는 용어를 사용할 때 7가지 사례가 있다고 말한다. 사람이 살고 있는 전 지구, 전 로마제국, 전 교회, 교회의 우주적 타당성, 교회의 세계적 선교, 두 개 또는 그 이상의 교회 간의 관계와 일치, 그리고 기독교의 일치의식 또는 그 욕망의 표현이다. 사람이 살고 있는 전 지구와 전 로마제국은 헬라와 로마세계에서 사용되었다. 초대교회에서는 전 교회와 교회의 우주적 타당성에다 이 단어를 사용했다. 그러나 현대에 와서는 교회의 세계 선교, 두 교회 간의 관계와 일치, 그리고 기독교의 일치의식 또는 일치를 향한 욕망이 의미를 가진다.

오이쿠메네를 우리 삶에서 어떻게 적용할 수 있을까? 가장 중요한 것은 이 세상을 향해 주님의 마음을 품는 것이다. 그것이 세계 선교로 나타날 수 있고, 자원봉사로 나타날 수도 있다. 교회도 개교회주의

적 이기심이나 경쟁의식을 버리고 이 일을 위해 서로 힘을 합한다. 교회가 칼이냐 아니냐로 더 이상 갈라질 것이 아니라 더 연합하고 힘써 주의 일을 하는 것이다. 이것이 바로 모든 족속으로 제자를 삼는 일이다. 그때 주님은 세상 끝 날까지 우리와 함께하실 것이다. 기쁨으로.

9. 투자: 워나메이커의 위대한 투자

볼테르는 구약성경을 싫어했다. 그는 유대인에 대한 감정도 좋지 않았다. 어느 날 그는 제네바에 있는 자신의 집에서 아주 확신에 찬 어조로 사람들에게 외쳤다. "두고 보십시오. 앞으로 백 년 안에 성경은 오직 박물관에서나 볼 수 있는 잊힌 책이 될 것입니다." 그의 말은 아주 단호했다. 백 년 후 성경은 어찌 되었을까? 그의 단호한 예측과는 달리 성경은 더 보급되었다. 게다가 볼테르의 집은 제네바 성서공회에 넘어가 성경을 보급하는 기지가 되었다.

연변과기대 채플시간. 이종완 교수가 설교에 앞서 성경에 대해 이렇게 정의했다.

> "성경은 영어로 Bible이라 합니다. 이것을 영어 단어로 할 경우 이런 의미를 가지고 있습니다. BIBLE, 곧 Basic Information Before Leaving Earth. 우리가 지구를 떠나기 전에 알아야 할 기본적인 정보라는 뜻이지요. 우리가 꼭 알아야 할 것들을 성경이 담고 있어요. 성경은 정말 중요한 것입니다."

이 교수의 생각은 볼테르의 생각과 전혀 다르다. 당신의 생각은 어떤가? 한국인물전기학회에서 2003년 '춘원 이광수의 생애와 문학사상'을 주제로 대회를 열었다. 이 학회에 춘원의 막내딸 이정화가 '아버님 춘원'이라는 주제로 어린 시절 아버지에 얽힌 추억과 가족 이야기를 털어놓았다. 평생 폐병을 달고 다닌 한국 근대문학의 거목 춘원, 산부인과 의사로 남편의 병시중과 감옥 뒷바라지를 해온 어머니 허영숙 여사, 광복 후 반민특위에서의 재판과정, 6·25 납북 등.

그러나 딸로서 그가 잊을 수 없는 것은 아버지가 자신에게 끼친 도덕적·종교적 영향이었다. 춘원은 거지를 보면 호주머니에 있는 돈 가운데 제일 큰돈을 꺼내주었다. 그 아버지의 모습이 지금도 눈에 선하다는 것이다. 그리고 열두 살 때 아버지가 사주신 영어 성경책을 지금도 간직하고 있다고 고백했다. 아버지는 성경 첫 장에 아버지와 자신의 이름을 나란히 써 주시며 아버지가 세상을 떠난 후에도 이 책에서 위로를 받으라고 하셨다는 것이다. 성경, 그것은 세상에서 물려주고 싶은 가장 귀한 책이다.

성경을 귀하게 생각하려면 성경을 사라고 말한다. 미국의 실업가로 백화점을 운영했고, 훗날 체신부 장관까지 역임한 존 워나메이커는 성경을 사랑하는 인물로 알려져 있다. 그는 82세에 이렇게 고백했다.

> "저는 오늘까지 무려 30,026일을 살아오면서 투자하는 것마다 많은 이윤을 남겼습니다. 그러나 제가 한 가장 위대한 투자는 12살 때 2달러 50센트를 주고 빨간 가죽 성경을 산 것입니다. 왜냐하면 이 낡은 성경이 현재의 나를 만들었기 때문입니다."

워나메이커가 어린 나이에 직접 성경을 샀다는 것은 흔치 않은 일이다. 지금은 누가 믿기 시작하면 성경을 기꺼이 선사한다. 성경이 거저 생긴다. 거저 받는 바람에 성경의 귀함이 상실되지 않았나 생각된다. 그래서 이렇게 말하고 싶다. 성경을 선물 받기보다 직접 성경을 사라. 성경의 귀함을 알기 위해서라도, 그리고 그것이 인생에서 가장 위대한 투자라는 것을 체득하기 위해서라도.

성경은 하나님의 말씀이다. 그 말씀은 우리 삶의 계기판이다. 비바람에 폭풍우가 몰아칠 때 비행기도 요동친다. 비행기가 거꾸로 가기도 한다. 시계가 제로일 때도 있다. 이런 때 노련한 비행사는 본능적으로 계기판의 인공수평의(artificial horizon)에 집중한다. 자신의 경험과 직관, 자신의 감각, 눈앞의 모든 상황을 내려놓고 계기판을 보며 운전을 한다. 계기판보다 주변의 상황에 놀라 마음대로 운전하게 되면 추락할 위험이 높다.

우리 인생에서 계기판은 주님의 말씀이다. 우리가 주님의 말씀에 의지하고 나갈 때 험난한 인생에서도 살아날 수 있다. 성경의 말씀이 나를 통제하게 만들라. 그렇게 되도록 기도하라.

성경을 공부하고 연구하는 사람은 많다. 그러나 성경은 단지 공부를 위해, 성경지식을 쌓기 위해 존재하지 않는다. 그 말씀이 나를 변화시키고, 나를 살리며, 우리 모두의 삶을 변화시키는 데 목적이 있다. 무디는 말한다. "성경은 우리의 지식(information)을 더하기 위해 주신 것이 아니라 우리의 삶을 변화(transformation)시키기 위해 주셨다." 성경을 귀하게 생각하라. 그것은 인류를 위해 끝까지 남겨두신 하나님의 선물이다.

10. 가난: 하늘의 부요를 사모하라

가난에 대해 두 가지 견해가 있다. 가난은 저주라는 견해와 가난을 미화시킬 수는 없지만 축복이라는 견해다. 이 두 견해 모두 극단적이어서 어느 하나를 택하기 어렵다. 적어도 저주라는 개념은 벗어나야 할 것 같다. 너무 비관적이기 때문이다.

가난이 축복일 수 있을까? 가난을 겪어본 이라면 결코 축복이라 말하지 않을 것이다. 하지만 가난을 축복으로 여기는 사람들에겐 가난에 대한 자발적 의지가 배어 있다. 청빈, 절제, 금욕을 통해 가난을 행동으로 실천해나가는 기쁨이 있기 때문이다. 도미니쿠스 교단(탁발교단)의 수도사들은 가난을 맹세하고, 걸식 수도를 했다. 프란시스코 교단의 수도사들도 절대청빈과 함께 대학교육을 강조했다. 이들은 결코 가난을 저주로 생각지 않았고, 기꺼이 가난한 삶을 택한 것이다. 그들에게 있어선 가난이 축복이다.

스스로 선택한 가난은 맑고 아름다운 것일 수 있다. 가난을 택해도 살 수만 있다면 얼마나 좋을까. 이 지구상에는 지금도 먹을 것이 없어 굶어 죽는 인구가 많기 때문이다. 그들 앞에서 가난을 미화시키기엔 삶이 너무 버겁다. 가난을 미화하기보다 그들에게 팔을 펴는 것이 더 아름답다.

춘원 이광수는 평북 정주에서 5대 독자로 태어났다. 지독하게 가난했다. 어머니가 뽕나무 잎을 도둑질해서 키웠다. 그나마 열한 살 때 콜레라로 부모를 잃고 그는 나이 어린 여동생 둘을 거느린 소년 가장이 되었다.[5] 먹을 것이 없는 북녘 동포는 아침에 일어나 배고파 우는 아이들을 향해 '참자'고 말한다. 점심에는 '건너뛰자'고 하고, 저녁에는 '그냥 자자'고 말한다고 한다.

---

5) 이상진(2004), 『한국 근대작가 12인의 초상』, 옛오늘.

아메리칸 인디언의 경우 훔치는 행위는 엄벌을 받지만 단 한 가지, 음식 훔치는 것은 용서를 받는다. 배가 고픈데 아무도 먹을 것을 주는 사람이 없으면 언제든지 자유롭게 음식을 가져다 먹을 수 있다는 것이다. 곧 대지 위의 모든 것은 모두가 공유한 것이라는 생각이다.[6] 그만큼 가난의 아픔을 이해한 것이다.

한국의 토속신앙에는 기본적으로 가난한 자에 대한 생각이 깊게 깔려 있다. 죽어 염라대왕 앞에 가면 염려대왕은 그에게 세 가지 질문을 던진다고 한다.

- 옷이 없어 추위에 떠는 사람들에게 옷을 주었는가?(衣)
- 살아 있을 때 먹지 못해 굶주린 사람들이 찾아오면 기꺼이 음식을 제공했는가?(食)
- 잘 곳이 없는 나그네에게 잠자리를 마련해주었는가?(住)

이 세 질문에 합격을 하면 좋은 곳으로 가고, 그렇지 않으면 그 자리에서 지옥으로 떨어진다는 것이다. 이런 생각으로 우리 선조들은 가난하고 배고프며 헐벗은 사람들을 후히 대하는 풍습을 가지게 되었다는 것이다.

지금 가난한 자에 대한 생각은 매우 달라지고 있다. 세계 자본주의가 강화될수록 돈 있는 사람의 자본축적이 용이해져 빈익빈 부익부 현상이 가중되고 있다. 이에 따라 가난한 자에 대한 복지대책이 시급한 실정이고, 복지시책도 다양해지고 있다.

그렇다면 성경은 가난한 자에 대해 어떻게 가르치고 있는가? 예수님은 가난을 철저히 체험하신 분이다. 아버지 요셉이 일찍 세상을 떠

---

6) 류시화(2003), 『나는 왜 너가 아니고 나인가』, 김영사.

남으로 인해 그는 맏아들로서 어머니와 함께 많은 식구를 먹여 살리는 데 힘든 삶을 살았을 것이다. 주님은 나사렛 동네의 목공이셨다. 나사렛 동네 자체가 작고 가난한 고을이었기 때문에 여유가 있으리라고 생각하기 힘들다. 주님은 어느 누구보다 가난의 아픔을 아셨기 때문에 가난한 자를 도우는 것이 얼마나 절실한가를 잘 알고 계신다.

한 부자 청년이 예수를 찾아왔다. 그 청년을 보고 '사랑하사(막 10:21)'로 표현하고 있다. 부자라고 해서 결코 미워하지 않으셨음을 읽을 수 있다. 그리고 그 청년에서 부탁하셨다. "네게 오히려 한 가지 부족한 것이 있으니 가서 네 있는 것을 다 팔아 가난한 자들을 주라 그리하면 하늘에서 보화가 네게 있으리라 그리고 와서 나를 좇으라." 부자는 선한 일을 행할 능력을 가지고 있기 때문에 가진 것으로 좋은 일을 하도록 당부하신 것이다.

부한 자가 약한 자를 끌어안고 돕도록 한 것은 부한 자의 역할이 있다는 것을 보여준다. 자기의 것을 내어줌으로써 세상을 변화시키고자 하신 것이다. 부한 자가 이 일에 적극적으로 동참하는 한 결코 미움의 대상이 될 수 없다. 이런 부자라면 더 열심히 벌고자 할 것이고, 한 푼이라도 아껴 이웃에 베풀고자 할 것이다. 자기의 것을 낭비하지 않고 잘 전해주는 것도 크고 아름다운 사역이다.

그러나 우리는 가질수록 이 문제에 있어서 종종 실패한다. 예수님은 부자와 나사로에 대한 비유에서 하늘의 부요를 사모하도록 가르쳤다. 이 비유에서, 가난한 자는 믿음에 부요하고 영적으로 성숙한 반면 부자는 믿음에 무관심하고 영적으로 성숙하지 못했다. 주님은 물질의 부요보다 믿음의 부요가 중요하다는 것을 가르치셨다. 야고보도 말한다. "내 사랑하는 형제들아 들을지어다 하나님이 세상에서 가난한 자를 택하사 믿음에 부요하게 하시고 또 자기를 사랑하는 자들에게 약속하신 나라를 상속으로 받게 하지 아니하셨느냐(약 2:5).”

가난한 자를 돕는 것은 물질보다 믿음의 부요함을 증거하는 방법 중 하나다. 베푸는 삶은 이웃을 사랑하는 삶이요, 하늘에 보화를 쌓는 것이다. 그곳엔 좀과 동록이 쓰이지 않고, 우리로 하여금 영원한 삶을 누리게 한다.

교회는 가난한 자, 소외된 자들이 회생하고 성장해야 하는 곳이다. 신약의 성도들은 “마라나타”, 곧 “주 예수여, 오시옵소서” 하며 재림의 신앙을 고수했다. 하지만 그들은 하늘만 쳐다보지 않았다. 그들은 가난한 자와 병든 자를 열심히 돌보았다. 우리는 죽어서 아무것도 가져갈 수 없다. 그러나 어떤 이는 우리가 천국에 갈 때 “남에게 준 것은 가지고 간다”고 말한다. 이웃을 위해 준 사랑은 그만큼 귀하고 존중받는다는 뜻이다.

이 땅에 가난한 자를 많이 두시는 것은 우리로 서로 사랑하도록 바라시기 때문이리라. 링컨은 말한다. “하나님은 평범하고 가난한 자를 사랑하시는 것 같다. 하나님이 이런 사람을 많이 만드시는 것을 보니까.” 어려울수록 우리 모두 사랑을 실천할 때다.

11. 교회정치: 그 나라는 그리스도의 주권이 있는 곳

신학교에서 ‘교회정치’라는 과목을 접했을 때 다소 생소하다는 생각이 들었다. 한때 정치학을 전공했던 나 자신이 그런 생각을 했다면 다른 사람들은 더 했으리라 싶다. 교회는 세상과는 달라야 한다는 생각 때문이다. 그러면 교회정치는 필요 없을까? 답은 “아니요”다.

아리스토텔레스는 인간을 가리켜 '정치적 동물'이라 했다. 인간에게 있어서 정치는 그만큼 가깝다는 말이다. 정치는 인간과 인간 사이의 관계를 바로 정립하고자 하는 학문이다. 따라서 정치학을 폄하해서는 안 된다. 그러나 우리 사회에서 정치 하면 좋은 것보다 나쁜 것을 더 생각한다. 마치 정치가를 별로 신뢰하지 않는 것처럼. 정치가 그만큼 오염되었기 때문이다. 그러니 교회정치라 하면 고개를 저을 수밖에 없다. 특히 정치목사를 보면 더 그런 생각이 든다.

한때 정치학을 국가학이라 불렀다. 국가론이 대세를 이뤘기 때문이다. 그렇다면 교회는 왜 정치를 말할까. 그것은 "너희는 먼저 그 나라와 그 의를 구하라"는 예수님의 명령과 직결된다. 우리가 속한 나라가 있다는 말이다. 그 나라는 세상의 나라와는 다르다. 하나님 나라다. 교회정치는 바로 하나님 나라를 세운다는 뜻을 가지고 있다.

세상 나라에 통치자가 있듯이 하나님 나라에도 통치자가 있다. 바로 하나님이시다. "마음과 뜻과 성품을 다해 주 너희 하나님을 사랑하라"는 말씀처럼 우리는 하나님을 사랑하고 따르고, 그분의 뜻을 이뤄야 한다. 교회도 이 땅에서 그 일을 이루는 데 주도적인 역할을 해야 한다. 그런 의미에서 교회에 정치가 필요하다.

정치학을 전공한 또 다른 교인으로부터 전화가 왔다. "북에도 하나님이 통치하신다"는 말을 사용할 수 있느냐는 것이다. 하나님의 지으신 땅, 하나님이 지으신 사람이 있는 곳에 하나님의 주권이 미치지 않는 곳이 없다. 하나님의 주권과 통치. 그리스도인은 이것을 믿는다.

우리는 하나님 나라의 백성이다. 백성은 '라오스(laos)'다. 새 언약의 백성들이다. 하나님은 주권적으로 우리를 자기 백성으로 삼으시고, 성별하시고, 거룩하신 하나님처럼 우리도 거룩하라 하신다. 베드로는 이런 우리를 가리켜 그의 소유된 백성, 거룩한 나라, 택하신 족속, 왕 같은 제사장이라 했다. 우리가 죄로 인해 하나님으로부터 멀어져 있다면 하나님은 우리를 가리켜 '로암미'라 할 것이다. 이것은 "나의 백성이 아니다"는 말씀이다. 하나님의 백성이 되려면 늘 죄를 멀리해야 한다.

하나님 나라는 그리스도의 왕국이다. 그 나라는 그리스도의 주권이 있는 곳이다. 임마누엘은 그 주님이 우리와 함께하신다는 것을 말한다. 교회는 그 어느 곳보다 그리스도의 주권을 강조한다. 그 주권은 생명적 주권이다. 교회는 그리스도의 생명이 넘치는 곳이다. 그리스도의 영이 우리 안에 있지 않으면 우리는 죽은 자다.

골로새서는 교회를 가리켜 그리스도의 몸이라 한다. 하나님이 거하시는 곳이고, 그리스도가 교회를 세우시기 때문이다. 교회는 그리스도와 연합한 자가 모이는 곳이다. 주님이 그곳에 부르신다. 그리스도와 생명의 연합을 기뻐하는 자는 교회를 사랑한다. 그리고 교회를 통해 성령의 교제를 나눈다. 그 속에 생명이 살아 넘친다. 정치도 바로 세워진다.

교회(church)는 '큐리아코스(kuriakos)', 곧 '주께 속한'이라는 뜻을 가지고 있다. 주께 속한 자들이 모이는 곳이라는 말이다. 교회라는 단어 자체가 '주의 것'이라는 고백이 담겨 있는 것이다. 교회가 주께 속한 것이라면 교회는 세상과 달라야 한다. 진리에 충실하고, 성결하며, 그의 영광을 늘 선포하고, 그 말씀에 굳게 서야 한다. 불의와 비진리에 대해서는 전투하는 교회가 되어야 하며, 선한 싸움을 잘 싸우고 승리를 얻는 성도들에게는 승리의 교회가 될 것이다. 그렇게 될 때 교회는 진리의 기둥과 터, 그리스도의 신부, 성령의 집, 새 예루살렘, 금

촛대라는 부끄럽지 않은 별명을 얻게 된다.

주님은 이 땅의 교회만 통치하는 것이 아니라 우주의 주권자시요 통치자시다. 그의 주권 영역은 우리의 상상을 뛰어넘는다. 넓고 깊다. 그는 늘 우리의 경배와 찬양을 받으시기에 합당한 분이시다. 그 주님이 있기에 우리는 행복하다.

12. 복음의 비밀: 영광 가운데 그 풍성한 대로

연변과기대 김진경 총장은 "나의 아버지는 부자입니다"라고 한다. 학교 운영을 하면서도 아버지께서 다 알아서 하실 것이라 한다. 그 아버지는 재벌 아버지가 아니다. 하나님 아버지시다. 이번 학기에 어떤 학생이 어려운 학교재정에 보태라며 총장실에 봉투를 놓고 갔다. 그 안에는 중국 돈 500위안과 "하늘나라 수표를 드립니다"며 수표 한 장이 들어 있었다. 그 수표엔 '십억(one billion) 달러'라는 거액이 적혀 있었다. 지불할 사람은 하나님. 하나님이 주시리라는 믿음이다. 믿음으로 사는 자는 하나님 아버지를 이처럼 의지한다. 최세영 실장이 다가와 학교를 위해 돌아가며 금식기도를 하자는 제안을 한다. 학교가 어려울수록 더 엎드리고 기도하게 된다.

빌립보서 4장 19절을 묵상한다. "나의 하나님이 그리스도 예수 안에서 영광 가운데 그 풍성한 대로 너희 모든 쓸 것을 채우시리라." 우리의 부족함을 아시고 채우시는 주님. 하나만 채우시는 것이 아니라 우리의 모든 쓸 것(all your needs)을 채우신다. 채우시는 분은 예수 그리스도이다. '그리스도 예수 안에서(in Christ).' 그런데 얼마나 부하시기에 그러실까. 그것은 말씀 중에 있다. "영광 가운데 그 풍성한 대로." NIV는 'his glorious riches'라 했고, KJ는 'his riches in glory'라 했다. 주의 영광 속에서 넘치는 풍성이기도 하고, 풍성하게 넘치는 주의 영광이기도 하다. 표준새번역은 이렇게 표현된다. "나의 하나님께서 그리스도 예수 안에 있는 영광 가운데서, 그분의 풍성하심을 따라 여러분에게 필요한 것을 모두 채워주실 것입니다." 우리 주님은 정말 부자라는 것을 실감케 한다. 그 모든 것을 감당하고도 남으시니.

'His glorious riches'는 에베소서 3장 16절에도 나온다. "그의 영광의 풍성함을 따라 그의 성령으로 말미암아 너희 속사람을 능력으로 강건하게 하시오며." 에베소교인을 위한 기도에서 바울은 '그의 영광의 풍성함을 따라'라 하였다. 그런데 그 영광의 풍성함의 초점은 물질적인 데 있다. "너희 속사람을 능력으로 강건하게 하시오며." 우리의 속사람, 곧 내적 존재(inner being)를 강하게 만들어달라는 것이다. 속사람을 강건하게 하기 위해서는 성령님의 도우심이 필요하다. 그래서 '그의 성령으로 말미암아 능력으로(with power through his Spirit)'이다. 성령님의 도우심이 없다면 그 영광의 풍성함을 맛볼 수 없다. 채움이 필요한 모든 것 가운데 가장 절실한 것이 내적인 채움이다. 내적인 풍요 없이 외적인 풍요만 추구한다면 그것은 잘못된 기도일 수 있다. 같은 성경을 다른 버전으로 보자.

- 하나님께서 크신 영광 가운데 성령을 통해 그분의 능력으로 여러분의 속사람을 튼튼하게 하여 주시기를 기도합니다(쉬운성경).
- 넘쳐흐르는 영광의 아버지께서 성령으로 여러분의 힘을 돋우어 내적 인간으로 굳세게 하여 주시기를 빕니다(공동성경).

바울은 복음의 비밀을 설명하면서 the glorious riches를 다시 언급한다. 그런데 그 요체가 직시되고 있다. 예수님이라는 것이다. 골로새서 1장 27절을 보자. "하나님이 그들로 하여금 이 비밀의 영광이 이방인 가운데 얼마나 풍성한지를 알게 하려 하심이라 이 비밀은 너희 안에 계신 그리스도시니 곧 영광의 소망이니라." "the glorious riches of this mystery, which is Christ in you, the hope of glory(NIV)." 예수님이 the glorious riches요 영광의 소망(the hope of glory)이라는 것이다. 우리가 진정 갈망해 할 분은 바로 예수님이시다. 쉬운성경은 이렇게 소개하고 있다. "모든 사람을 위한 풍성하고도 영광스러운 진리의 말씀을 하나님께서는 이 세상 만민에게 알리신 것입니다. 이 진리는 바로 그리스도 자신이며, 여러분 안에 계십니다. 그분만이 우리의 영광스러운 소망이 되십니다." 이 말씀을 보면 우리 안에 계신 예수님이 얼마나 귀중한 분이신가를 말해준다. 우리는 바로 그 주님을 모시고 있다.

바울은 에베소서 1장 18절에서 성도가 받을 기업, 그 놀랍고 풍성한 복에 대해 언급한다. "너희 마음의 눈을 밝히사 그의 부르심의 소망이 무엇이며 성도 안에서 그 기업의 영광의 풍성함이 무엇이며." 여기에도 'His glorious riches'가 있다. 그것도 성도, 곧 하나님의 백성이 하나님으로부터 받는 기업의 영광스러운 풍성함(the riches of the glory of His inheritance in the saints, NIV)이다. 그리스도인에게 있어서 최고의 기업(상속), 기업 중의 기업은 예수 그리스도다. 예수님이 우리의 모든 것 되신다. 그 이상 무엇이 필요할까.

공동번역은 이렇게 소개하고 있다. "또 여러분의 마음의 눈을 밝혀 주셔서 하느님의 백성이 된 여러분이 무엇을 바랄 것인지 또 성도들과 함께 여러분이 물려받을 축복이 얼마나 놀랍고 큰 것인지를 알게 하여 주시기 바랍니다." 쉬운성경을 보자. "여러분의 마음을 밝혀 우리에게 주시려고 예비해두신 것을 깨닫도록 기도합니다. 또한 하나님의 백성에게 약속하신 복이 얼마나 풍성하고 놀라운지 깨닫도록 기도하고 있습니다.” 에베소교인을 향한 바울의 마음, 예수 그리스도의 그 영광스러운 부요함, 그 복된 비밀을 깨닫게 해달라는 기도가 절절하게 들려온다.

지금 우리는 주님의 그 영광스러운 부요함을 알지 못한 채 단지 물질에만 목매어 있지 않는가? 물질만 갈망한다면 주님을 잃는 것이요, 주님을 잃으면 모든 것을 잃는 것이다. 우리가 처음부터 끝까지 소망해야 할 분은 오직 예수 그리스도시다. 물질은 주님이 선하신 방법대로 채워주신다. 우리의 우선순위는 물질이 아니라 주님이시다.

13. 거룩한 손: 힘들수록 거룩한 손을 들고 기도하라

신구약을 보면 손을 드는 장면이 나온다. 두 손을 들거나 펴는 행위는 여러 의미를 가지고 있다.

첫째, 기도의 의미다. 시편 44편 20절을 보자. “우리가 우리 하나님의 이름을 잊어버렸거나 우리 손을 이방 신에게 향하여 폈더면(spread out our hands to a foreign god).” 표준새번역에 따르면 이 말씀은 “우리가 우리 하나님의 이름을 잊었거나, 우리의 두 손을 다른 신 앞에 펴 들고서 기도를 드렸다면(stretched out our hands to a strange god)”이라는 뜻을 가지고 있다. 두 손을 펴는 것은 기도의 행위임을 알 수 있다.

둘째, 환영의 의미다. 시편 119편 48절을 보자. “주의 계명을 내가 사랑하기에, 두 손을 들어서 환영하고, 주의 율례를 깊이 묵상합니다(표준새번역).” “I lift up my hands to your commands, which I love, and

I meditate on your decrees(NIV).”

셋째, 축복의 의미다. 누가복음 24장 50절을 보자. “예수께서 그들을 데리고 베다니 앞까지 나가사 손을 들어 그들에게 축복하시더니.” 예수께서 그들을 베다니 근처로 데리고 나가셔서 두 손을 들어 축복해주셨다(공동번역). He lifted up his hands and blessed them(NIV).

끝으로 치심의 의미다. 시편 106편 26절을 보자. “이러므로 그가 그의 손을 들어 그들에게 맹세하기를 그들이 광야에 엎드러지게 하고.” 이 절에서 손드심을 두 가지로 해석할 수 있다. 하나는 맹세의 의미다. 쉬운성경이나 NIV가 이를 잘 나타내고 있다. “그러자 주께서 손을 들고 그들에게 맹세하셨습니다. 그들이 광야에서 죽을 것이라고 하셨고(쉬운성경).” “So he swore to them with uplifted hand that he would make them fall in the desert(NIV).” 다른 하나는 치심이다. 우리말성경과 KJV에 잘 나타나 있다. “그리하여 하나님께서는 손을 들고 그들을 광야에서 내치려고 하셨습니다(우리말성경).” “Therefore he lifted up his hand against them, to overthrow them in the wilderness(KJV).”

우리가 일상의 믿음 생활에서 두 손을 들 때 그것은 하나님을 향한 간절한 기도를 담고 있다. “주님, 두 손 든 나의 모습을 보시옵소서. 주님을 소리 높여 경배하며 주를 향하여 기도드립니다. 나의 기도를 받아주시옵소서.”

바울은 말한다. “그러므로 각처에서 남자들이 분노와 다툼이 없이 거룩한 손을 들어 기도하기를 원하노라(딤전 2:8).” Lift up holy hands in prayer, without anger or disputing(NIV). 예배를 드리러 모일 때 화를 내거나 다투는 일은 하나님께 합당치 않다. 이런 일이 특히 남 성도에게서 자주 나타나는데 이젠 달라야 한다는 것이다. 공동번역은 “깨끗한 손을 쳐들어 기도하기를 바랍니다" 하였고, 쉬운성경은 "손을 들어 경건하게 기도하기를 바랍니다" 하였다.

거룩한 손을 드는 것은 기도이다. 하나님은 자기 백성들이 거룩한 백성들이 기도하기를 바라신다. 기도는 그의 백성인가 아닌가를 구분하는 매우 중요한 행위이다. 하나님은 자기의 자녀들이 기도하는 것을 기뻐하신다. 자기와 소통하기를 바라기 때문이다. 아니 하나님의 능력이 나타나기를 간절히 바라기 때문이다. 성경에서 손은 '힘, 권세' 등을 상징한다(신 2:15; 4:34). 특히 '하나님의 손'은 하나님의 능력(대하 20:6; 행 7:50; 히 1:10)과 기적(출 3:20), 섭리(시 31:15)와 보호(시 139:10; 사 51:16), 심판(시 32:4) 등 다양한 의미로 사용되었다.

손을 들고 기도하면 기적이 일어난다. 하나님의 능력이 나타난다. 이것은 출애굽기에 잘 나타나 있다. 우박의 재앙, 흑암의 재앙, 홍해의 갈라짐, 아말렉과의 전쟁 승리가 그것이다. 모세가 손을 들었을 때, 즉 손을 높이 들어 기도했을 때 하나님은 능력으로 응답하셨다.

우박의 재앙을 보자. 출애굽기 9장 22절을 보면 하나님이 명하신다. "여호와께서 모세에게 이르시되 너는 하늘을 향하여 손을 들어 애굽 전국에 우박이 애굽 땅의 사람과 짐승과 밭의 모든 채소에 내리게 하라(출 9:22)." 모세가 하늘을 향하여 지팡이를 들었다. 간절한 기도를 담고. 그때 하나님께서 우박과 함께 불덩이를 애굽 땅에 내리셨다. 놀라운 것은 우박이 애굽 온 땅의 사람과 짐승, 밭의 채소와 모든 나무에 내려 피해를 주었지만 이스라엘 자손들이 있는 고센 땅에는 우박이 내리지 않았다(출 9:23~26).

흑암의 재앙도 마찬가지다. 출애굽기 10장을 보자. "여호와께서 모세에게 이르시되 하늘을 향하여 네 손을 내밀어 애굽 땅 위에 흑암이 있게 하라 곧 더듬을 만한 흑암이리라(출 10: 21)." 모세가 하늘을 향하여 손을 들자 애굽 온 땅은 흑암으로 뒤덮였다. 그러나 이스라엘 자손들이 거주하는 곳에는 빛이 있었다(출 10:22~23). 기도의 효과는 이렇게 다르다.

홍해를 가름에도 하나님의 능력이 나타났다. 홍해 앞에서 백성들은 두려워했다. 하지만 하나님은 이스라엘로 앞으로 나아가게 했다 (tell the Israelites to move on). 그리고 모세를 향해 "지팡이를 들고 손을 바다 위로 내밀어(raise your staff and stretch out your hand over the sea) 그것이 갈라지게 하라(to divide the water)" 명령하셨다(출 14:16). 한 손엔 지팡이를 높이 들고, 한 손을 바다를 향해 손을 폈다. 바다가 갈라지고, 마른 땅이 드러났다. 이스라엘은 땅을 밟고 바다를 건넜다(so that the Israelites can go through the sea on dry ground). 손을 바다 위로 내밀어 그것이 갈라지게 하라! 하나님의 능력이 나타나게 하라.

아멜렉과의 전쟁에서도 손의 기적이 일어났다. 모세가 손을 들면 이스라엘이 이기고 손을 내리면 아말렉이 이기는 것이다. 모세도 인간이다. 팔이 피곤해 자꾸만 내려가자 아론과 훌이 한 사람은 이쪽에서, 한 사람은 저쪽에서 모세의 손을 붙들어 올렸다(출 17:11~12). 그 틈에 여호수아는 아말렉을 쳐 이길 수 있었다. 모세의 손을 붙들어 올린다는 것은 그만큼 절실하게 하나님의 도우심이 필요하다는 것을 말해준다. 하나님이 함께하시는 한 승리는 확실하다.

이 땅은 광야와 같은 삶이다. 좌절과 낙심과 고난의 연속이다. 그때마다 우리는 주님을 향해 거룩한 손을 들어야 한다. 우리가 손을 들 때 주님은 우리를 보시며, 그의 능력이 나타나게 하신다. 주님은 출애굽 백성에게만 관심을 두지 않으신다. 오늘을 살아가는 우리 모두에게 관심을 두신다. 힘들수록 거룩한 손을 들라. 기도하라. 주님이 기뻐하신다. 기도하면 우리가 예상치 않았던, 하나님의 놀라운 능력이 나타날 것이다. 그의 자녀를 향한 하나님의 무한하신 사랑이다. 우리 모두 두 손 들어 그 주님을 찬양하게 될 것이다.

14. 핍박: 유두만 목사 이야기

연길교회에 유두봉 목사와 유두만 목사가 있다. 동생인 유두만 목사는 앞을 보지 못한다. 그 목사님이 연변과기대 초청을 받아 채플에 섰다. 형님 목사와 함께 연길교회, 특히 교회 청년부 사역을 잘 담당하고 있다. 제자의 혼례식에서 주례하는 모습을 보기는 했지만 과기대 채플에서 뵈니 남다른 느낌이 들었다.

그는 안내자의 도움을 받아 강단에 섰다. 검은 안경을 쓴 그, 비록 몸은 약해 보였지만 메시지를 통해 드러난 예수님을 향한 그의 사랑은 강했다. 유 목사는 로마서 8장 28절에서 39절을 바탕으로 간증설교를 했다. 그 내용은 과거 얼마나 핍박을 많이 받았는가 하는 것이었다.

그는 서두에서 "너희는 이전 일을 기억하지 말며 옛날 일을 생각하지 말라 보라 내가 새 일을 행하리니 이제 나타낼 것이라 너희가 그것을 알지 못하겠느냐 반드시 내가 광야에 길을 사막에 강을 내리니 (사 43:18~19)"라는 이사야서의 말씀을 꺼냈다. 이전 일은 홍해를 가르고 그곳을 마른 땅처럼 건넜던 일이다. 그 놀라운 일임에도 불구하고 그것은 이전 일이며, 앞으로 새 일을 행하시겠다고 하신다. 새 일은 광야에 길을 내고, 사막에 강을 내는 일이다. 이 일은 홍해를 가르는 일보다 쉬워 보이는데 하나님은 앞으로 일어날 이 일을 더 크게 보신다. 하기야 이 일은 바벨론 포로에서 돌아오는 일이니 얼마나 어려운 일이겠는가. 유 목사는 자신을 돌이켜보며 하나님이 자신에게도 광야에 길을 내셨다 했다. 도저히 불가능하게 보였던 중국에서의 교회회복이 이뤄진 것이다.

그의 간증에서 잊을 수 없는 것은 그의 아버지가 문화혁명 이전부터 받은 고난이었다. 그분은 예수를 믿는다는 이유 하나 때문에 고깔 씌움을 당하고, 사람들은 그를 향해 침을 뱉고 돌질을 해댔다. 그것도 한두 차례로 끝나지 않고 계속 이어졌다. 참을 수 없는 수모에도 불구하고 아버지는 잘도 참아냈다. 연길에 교회가 3개가 있었지만 모두 몰수당하고, 교인들은 흩어졌다. 그래도 아버지는 숨어서 예배를 드렸다. 이런 분이 있었기에 오늘의 연길교회가 있었을 것이다.

덩샤오핑의 개혁개방 정책이 시행되면서 교회도 문을 열게 되었다. 빼앗긴 교회를 돌려받기는 어려운 일. 공장으로 변한 지 오래되었기 때문이다. 돌려 달라 간청해 보았지만 들은 체도 하지 않았다. 결국 아버지는 덩샤오핑에게 편지를 보내 교회를 돌려 달라 했다. 이 서한이 효과를 발휘해 지린 성으로부터 옌지 시에 연락이 닿고, 시는 교회를 찾아주었다.

> "누가 우리를 그리스도의 사랑에서 끊으리요 환난이나 곤고나 박해나 기근이나 적신이나 위험이나 칼이랴 기록된바 우리가 종일 주를 위하여 죽임을 당하게 되며 도살당할 양 같이 여김을 받았나이다 함과 같으니라 그러나 이 모든 일에 우리를 사랑하시는 이로 말미암아 우리가 넉넉히 이기느니라 내가 확신하노니 사망이나 생명이나 천사들이나 권세자들이나 현재 일이나 장래 일이나 능력이나 높음이나 깊음이나 다른 어떤 피조물이라도 우리를 우리 주 그리스도 예수 안에 있는 하나님의 사랑에서 끊을 수 없으리라(롬 8:35∼39)."

교회를 찾은 교인들은 교회에 모여 기뻐 찬양을 했다. 예배를 드리는 모습이 신기했던지 구경하고자 사람들이 몰려들었다. 그것도 잠시. 그들 중 일부는 욕하며 예배를 방해했다. 당시 젊은이였던 유두만은 그들로부터 깨어진 유리병에 머리와 눈이 찍히는 변을 당했다. 그로 인해 그는 완전히 시력을 잃었다. 하지만 그는 오히려 영적인 시력을 회복했다고 고백한다.

그는 간증과정에서 아버지가 너무나 고난을 받는 것이 가슴 아파, 그를 가장 괴롭혔던 사람을 죽일 마음이 있었고, 실제 그 사람 집 근처에 숨어서 돌아오기를 기다렸다고 한다. 하지만 그날 밤 집에 오지 않아 미수에 그쳤다. 유 목사는 이미 마음에 죽일 마음이 있었기 때문에 이미 살인죄를 지었다고 고백했다.

평소 아버지를 가해한 사람들에 대한 미움, 그리고 자기 눈을 잃게 한 사람에 대한 미움이 컸었다. 그러나 그가 은혜를 받은 다음 크게 달라졌다. 자기를 위해 피 흘려 죽으신 예수님을 생각하니 눈물밖에 나지 않았다. 며칠을 울었는지. 은혜의 눈물인데도 눈먼 아들이 눈물을 흘리니 어머니는 걱정이셨다. "네가 울면 어떡하니."

은혜를 체험한 뒤 그의 마음에는 미움이 사라지고, 그 자리를 예수의 용서로 채웠다. 미움이 용서로 바뀐 것이다. 그 변화의 중심에는 은혜가 자리하고 있었다. 은혜를 받으면 달라진다. 그는 다음 말씀으로, 그의 파란만장한 삶의 과정을 맺었다.

> "우리가 알거니와 하나님을 사랑하는 자 곧 그의 뜻대로 부르심을
> 입은 자들에게는 모든 것이 합력하여 선을 이루느니라(롬 8:28)."

그렇다. 하나님은 선을 이루셨다. 이 선은 단지 착하다는 것을 의미하지 않는다. 이 모든 일로 하나님의 형상이 되게 하셨다. 하나님의 아들이 되게 하셨다. 하나님께 유익한 일이 되게 하셨다. 이것이 바로 협력하여 선을 이루신 것이다.

지금 연길교회는 우뚝 서 있다. 유두만 목사의 간증을 들으며, 교회는 그리스도의 피로 세워진다는 것을 다시금 확신하게 되었다. 교회는 그저 있는 것이 아니다. 과거의 헌신과 현재의 헌신, 그리고 미래의 헌신을 담고 있다. 그것이 바로 주님의 교회다.

15. 전도: 머리전도에서 가슴전도로 가기

전도하는 일은 그리 쉬운 일이 아니다. 때로 예비 된 영혼을 만나기도 하지만 아예 문을 걸어 잠근 사람도 많다. 가까운 사람들을 대상으로 할 때도 예외가 아니다. 어떤 사람은 정색을 하며 "이 나이에 그 말을 믿을 것 같으냐" 반문하는 사람도 있다. 말도 꺼내지 말라는 투다. 어떤 사람에게는 그렇게도 공을 들였는데 아직도 예수 밖에서 빙빙 돌고 있다. 그래서 어떤 이는 말한다. "머리에서 가슴까지의 길이는 30센티미터밖에 되지 않는데 여기서 지구 반대편만큼이나 멀다." 전도하기가 그만큼 어렵다는 말이다.

공생애 기간 예수님은 전도를 많이 하셨다. 지금은 어떠하실까 궁금하다. 금요기도회 때 최상일 교수님 댁에서 구역식구들이 모여 두 가지 동영상을 보면서 주님은 다양한 방법으로 전도를 하시고 계신다는 느낌을 받았다.

동영상 중 하나는 '이슬람이 오고 있다'는 것이고, 다른 하나는 주님이 이슬람 사람들을 어떻게 변화시키는가 하는 간증 프로그램이었다. 여러 간증 가운데 나이지리아의 모하메드의 간증을 보게 되었다. 그는 신실한 회교도였다. 그러나 주님은 꿈을 통해 그를 찾아오시고, 그가 믿어야 할 분은 주님이심을 보여주셨다. 꿈에서 주님은 악령에 쫓기는 자신을 구해 집으로 안전하게 인도해주셨다. 그는 목사를 찾아가 주님을 소개받았고, 예수를 그리스도로 영접했다.

그러나 회교도인 그의 아버지는 그에 대한 핍박을 그치지 않았다. 독약을 먹여 죽도록 했는가 하면, 자신의 아들이 아니라며 신발과 바지를 벗겨 숲으로 쫓아내기도 했다. 그리고 사람을 시켜 독화살로 그를 죽이도록 했다.

그는 그런 핍박 속에서도 주님을 놓지 않았다. 타지에 있을 때 아버지가 위독하다는 소식을 듣고 병원을 찾았다. 병석의 아버지는, 자식에게 너무 나쁘게 했다며 잘못을 빌었다. 그리고 자식에게 아주 힘든 말, 그러나 자식이 가장 듣고 싶은 말을 했다. 그 말을 지금도 잊을 수 없다.

"네가 의지하는 그 예수를 계속 붙들어라."

아버지는 그 병상에서 아들의 메시지를 통해 예수님을 구주로 영접했다. 그로부터 세 시간 후 아버지는 주님의 부르심을 받았다. 우리가 주님을 붙들 때 기적이 일어난다.

오늘 우리가 붙들어야 할 것은 세상이 아니다. 돈도 아니다. 명예도 아니다. 오늘도 연약한 우리를 붙드시는 주님, 피를 흘려 우리를 사시기까지 붙드신 주님. 그 주님을 붙들어야 한다. 우리가 주님께 가까이 가고자 하는 마음만 먹어도 주님은 우리의 손을 붙드신다. 예수님을 구주로 고백할 때 주님은 우리를 더 단단히 붙드신다. 그래서 우리는 주님과 하나 된다. 영원히. 주님과 우리는 바로 그런 사이다.

전도가 주님과 우리의 공동작전이라는 것을 확신한다면 전도가 얼마나 귀중한가를 알 수 있다. 문제는 전도를 받은 사람들이 참 그리스도인이 되는 것이다. 간디가 남아공에 있을 때 신약성경을 선물로 받았다. 그리고 그 성경을 읽고 난 후 이렇게 말했다. "나는 신약을 읽고 예수를 좋아하게 되었다. 누가 예수를 행동으로 보여준다면 나도 크리스천이 되겠다." 이것은 매우 짧은 말이지만 의미가 있다. 이젠 전도가 입으로만 전하는 것이 아니라 삶에서 전도가 되어야 한다는 것이다. 삶으로 보여주는 전도다. 사람들은 우리의 행실을 통해 복음을 보기 원한다.

> "모든 사람에게 구원을 주시는 하나님의 은혜가 나타나 우리를 양육하시되 경건하지 않은 것과 이 세상 정욕을 다 버리고 신중함과 의로움과 경건함으로 이 세상에 살고 복스러운 소망과 우리의 크신 하나님 구주 예수 그리스도의 영광이 나타나심을 기다리게 하셨으니 그가 우리를 대신하여 자신을 주심은 모든 불법에서 우리를 속량하시고 우리를 깨끗하게 하사 선한 일을 열심히 하는 자기 백성이 되게 하려 하심이라 너는 이것을 말하고 권면하며 모든 권위로 책망하여 누구에게서든지 업신여김을 받지 말라(딛 2:11~15)."

바울이 전도하며 강조한 3가지가 있다. 예수의 고난과 부활, 재림, 그리고 성도의 경건한 삶이다. 세 번째가 바로 행실로 보여주는 전도다. 14절의 "선한 일을 열심히 하는 자기 백성이 되게 하려 하심이라"는 말씀은 이것을 단적으로 보여준다. 어디 바울뿐이랴. 주님은 우리에게 명령하셨다. "이같이 너희 빛이 사람 앞에 비치게 하여 그들로 너희 착한 행실을 보고 하늘에 계신 너희 아버지께 영광을 돌리게 하라(마 5:16)."

행위로 구원을 얻는 것은 아니다. 그러나 구원을 받은 후 우리가 해야 할 일은 선한 일을 하는 것이다. 전도의 문을 열어주기 때문이다. 머리에서 가슴까지 30센티미터밖에 되지 않지만 믿기 어려워하는 것은 우리 행실이 그리스도를 보여주지 못하기 때문일 수 있다. 문제는 우리에게 있다. 하루빨리 머리전도에서 가슴전도로 갈 일이다.

16. 예배 회복: 하나님이 찾으시는 사람

그리스도인의 삶에서 중요한 것이 예배다. 그러나 예배에 임하는 자세나 예배 후의 자세에 대해 몇 가지 생각할 점들이 있다.

첫째, 예배에 임하는 자세다. 진정 예배를 드리는가 하는 점이다. 예배의 목적은 우리 삶의 가치(worth) 중심인 하나님께 경배를 드리는 것이다. 그런데 우리 모습을 보면 경배보다 다른 것에 관심을 두고 있음을 알 수 있다.

연변과기대 박기완 교수 친구 한 분이 유대교 회당에 들어가는 기회를 얻었다. 랍비가 무슨 말씀을 할까 궁금하여 종이와 연필을 가지고 갔다. 그런데 입구에 선 안내자가 종이와 연필은 입구에 그냥 놔두고 들어가라는 것이었다. 머뭇거리자 안내자가 그 이유를 말해주었다. 회당은 하나님께 예배를 드리러 왔지 공부하러 온 것이 아니라는 것이다. 교회에서 예배를 드릴 때 설교 말씀을 적는 것이 습관이 된 터라 당황하지 않을 수 없었다. 하지만 그 말을 듣는 순간 예배가 진정 무엇인가를 알게 되었다. 예배를 드리러 온 것이지 성경 공부를 하러 온 것은 아닐 터. 그는 종이와 연필을 안내 데스크에 두고 예배에 전념했다.

박 교수는, 우리가 예배 때 종이와 연필을 가지고 가는 것은 성경 공부에 익숙한 탓으로 보았다. 한 말씀이라도 더 듣고 실천하고자 함이라면 종이와 연필을 가지고 예배드리는 것까지 애써 막을 이유는 없다. 하지만 설교를 성경공부의 연장선으로 생각하는 것이라면 확실히 문제가 있다. 유대교 회당에서의 안내 사건을 통해 예배의 진정성에 대해 깊게 생각할 필요를 느꼈다.

둘째, 예배를 드릴 때 그 초점은 오직 주님이어야 한다. 아들을 번제로 드리라는 명령을 받고 아브라함은 삼일 길을 걸어 모리아 산에 이른다. 산에 가까이 오자 종들에게 이른다. "나귀와 함께 여기서 기다리라 내가 아이와 함께 저기 가서 예배하고 우리가 너희에게로 돌아오리라(창 22:5)." 그는 산행의 전체적인 목적을 예배로 본 것이다. 이것은 그가 예배를 얼마나 중요하게 생각했는가를 보여준다.

마귀가 꾀어 자기에게 경배하면 천하만국과 그 영광을 줄 것이라 했을 때 예수님은 단호히 말씀하셨다. "사탄아 물러가라 기록되었으되 주 너의 하나님께 경배하고 다만 그를 섬기라(마 4:10)." 예배의 초점을 어디에 두는가? 예배는 전적으로 하나님을 위한 것이다. 따라서 예배드릴 때 우리 마음과 몸 전체가 주님을 향해 있고, 우리 자신을 드릴 수 있어야 한다. 예배는 하나님 앞에서 나를 번제로 드리는 것이다. 예배는 그만큼 하나님 앞에서 우리의 절실함과 경건함이 요구되는 일이다.

셋째, 우리가 예배드리러 왔을 때 관객으로 오지 않았다는 것이다. 우리 모두는 제물을 드리러 왔다. 나 자신이 제물이 되는 것이다. 남이 제물이 되고, 그 사람들이 어떻게 되는지 구경하러 온 것이 결코 아니다.

릭 워렌 목사는 『목적이 이끄는 삶』에서 고백한다. 즉 "오늘 예배 아주 좋았습니다. 아주 많은 것을 얻었습니다"라는 쪽지를 받곤 하는데 이것은 예배에 대해 잘못된 개념을 가지고 있는 것이라는 것이다. 예배는 하나님께 드리는 것인데, 그 영광을 목사가 받게 만들었으니 주님 앞에 얼마나 죄송한 일인가. 그는 단호히 말한다. "예배는 우리의 유익을 위한 것이 아니다. 우리는 하나님의 유익을 위해 예배한다. 우리가 예배를 드릴 때 우리의 목적은 우리 자신이 아닌 하나님께 기쁨을 드리는 것이다."

종종 "오늘 은혜 많이 받았습니다"라고 말하는 교인이 있다. 물론 좋은 의미에서 하는 말인 줄 알지만, 따지자면 이 말은 하나님이 받아야 할 경배를 자신이 받았다는 말이 된다. 예배는 드리는 것이지 받는 것이 아니다. 나아가 이 말을 듣는 목사를 교만에 빠뜨릴 수 있다. 이 말은 이래저래 아주 위험한 말이다. "목사 설교가 왜 그래. 오늘 예배에서는 아무것도 얻지 못했어"라고 하는 것도 마찬가지다. 그만큼 잘못된 예배를 드렸다는 말이다. 다시 말하지만 예배는 우리를 위한 것이 아니다. 하나님을 위한 것이다.

끝으로, 예배는 온 마음과 정성을 쏟는 것이다. "주께서 이르시되 이 백성이 입으로는 나를 가까이하며 입술로는 나를 공경하나 그들의 마음은 내게서 멀리 떠났나니 그들이 나를 경외함은 사람의 계명으로 가르침을 받았을 뿐이라(사 29:13)." 하나님은 형식적인 예배를 싫어하신다. 말로는 경배한다고 하면서 그저 율법에 따라 지킬 뿐인 형식적인 예배. 주님을 향한 열정과 헌신이 없는 예배를 받으실까. 결코 아니다. 이사야 29장은 그 예배를 통렬하게 비판하신다. 메마른 기도, 마음이 없는 찬양, 그리고 의미 없는 설교의 반복, 그것은 하나님이 기뻐하시는 예배가 아니다. 우리 속에서 먼저 예배가 회복되어야 한다. 하나님은 오늘도 참 예배자를 찾으신다.

17. 그리움: 보고 싶은 사람들

사람의 특징 가운데 하나는 그리워한다는 것이다. 물론 한꺼번에 모두 보고 싶을 때도 있다. 하지만 어느 땐 이 사람이 보고 싶고, 저런 땐 저런 사람이 보고 싶다. 보고 싶고, 그리워하는 것은 매우 인간적이다.

성경에서도 이따금 이렇듯 인간적인 면모를 보이는 곳이 있다. 암논 죽음에 대한 마음이 아물자 다윗 왕은 압살롬을 몹시 보고 싶어 한다(삼하 13:39). 아들이 어찌 지내는지 궁금하다. 아버지의 마음이다. 예수님은 제자들에게 말씀하셨다. "너희가 인자의 날들 중 단 하루라도 보고 싶어 할 때가 오겠으나 보지 못할 것이다(눅 17:22)." 어느 날인가는 주님을 보고 싶어 할 날이 올 것이라는 말씀이다. 그땐 육적으론 더 이상 보지 못하게 될 것이니 더 보고 싶을 것이다.

바울은 교인들을 보고 싶어 했다. "방금 디모데가 돌아와 여러분의 믿음과 사랑에 대한 기쁜 소식을 전해주었습니다. 디모데는 여러분이 언제나 우리를 좋게 생각하여, 우리가 여러분을 보고 싶어 하는 만큼이나 여러분도 우리를 보고 싶어 한다고 말해주었습니다(살전 3:6, 쉬운성경)." "내가 여러분을 얼마나 보고 싶어 하는지는 그 누구보다도 하나님께서 잘 알고 계실 것입니다. 예수 그리스도의 사랑으로 여러분 모두를 사랑합니다(빌 1:8, 쉬운성경)."

보고 싶음을 절절히 표현한 것 가운데 잊을 수 없는 부분은 디모데에게 보낸 바울의 편지이다. 바울은 그에게 보낸 두 번째 편지에서 어서 빨리 보기 원하는 마음을 전한다. "어서 속히 내게로 오라(딤후 4:9)."

바울은 왜 이처럼 말할까. 아니 과연 어떤 상태이기에 디모데를 그리 보고 싶어 하는 것일까. 그가 처한 상황, 그리고 그의 마음에 들어가고 싶다. 디모데후서 4장 여러 곳에서 그럴 수밖에 없음을 보여준다. 이곳에서 그는 다른 사람들로부터 격리되어 있음을 느끼고 고독 속에 있음을 보여준다. 주님을 위한 고독이다.

상태의 변화(transition)가 있었다. "관제와 같이 내가 부음이 되고 나의 떠날 기약이 가까웠도다(딤후 4:6)." 자신의 상태에 어떤 변화가 예측될 때 사람은 외로움에 빠지게 된다. 우리도 입학, 퇴직 등 정상 상태에서 어떤 변화가 찾아올 때 고독을 느낀다.

멀리 떨어져 있는 상태(separation)다. 9절은 이 상태를 보여준다. 멀리 있는 믿음의 동역자를 보고 싶어 한다. 겨울이 되기 전 자기에게 빨리 오라고 말한다.

반대(opposition)에 부딪혔다. 구리 장색 알렉산더가 바울에게 많은 해를 주었다(딤후 4:14). 바울의 말을 공격하고 대적했다.

많은 사람들로부터 거부(rejection)를 당했다. '내가 처음 변명할 때에 나와 함께한 자가 하나도 없고 다 나를 버렸으나(딤후 4:16).' 배반당하거나 버림을 받았다는 느낌을 받았을 때 고독에 빠졌다. 예수님도 "왜 나를 버리시나이까"라고 말씀하실 만큼 거부의 경험을 가지셨다.

우리가 바울과 같은 처지에서 고뇌와 외로움에 있다면 어떻게 할 것인가. 그것도 언제 죽을지 모르는 절박한 상황. 그곳은 감옥이다. 그 순간 바울은 믿음의 아들 디모데가 보고 싶다. 디모데는 그가 마지막으로 보고 싶어 한 사람이다. 그만큼 그가 미덥다.

그리고 디모데와 함께 보고 싶은 사람이 있다. 마가다. "네가 올 때에 마가를 데리고 오라 저가 나의 일에 유익하니라(딤후 4:11)." 한때는 그 때문에 바나바와 싸웠던 인물 아니던가. 그런데 과거의 일은 다 묻고 지금 그를 그토록 보고 싶어 한다.

마가는 원래 사도들로부터 사랑을 많이 받았다. 바울도 그를 좋아했다. 마가는 바울의 1차 전도여행 때 동행했다. 하지만 바울과 바나바가 소아시아의 내지로 전도하러 들어가고자 하자 그들을 떠나 예루살렘으로 되돌아온 일(행 13:13)이 있었다. 내지 전도 여행이 얼마나 힘든 것이었는가를 보여준다. 그때 마가는 어린 마음에 어머니가 있는 예루살렘으로 가고 싶었을 것이다.

바나바와 바울이 선교여행을 떠나는 날 바나바는 그래도 조카인 마가를 데리고 가고 싶었지만 바울은 단호히 거부했다. 그렇게 연약해서야 어떻게 함께할 수 있겠는가 하는 것이 바울의 생각이었다. 해결이 나지 않자 바나바는 마가를 데리고 구브로 전도여행을 떠났고, 바울은 실라를 데리고 소아시아로 갔다.

마가는 중간에 탈락하여 바울과 바나바를 갈라지게 한 인물이었다. 하지만 나중에는 바울뿐 아니라 베드로의 신임을 받았다. 실패에서 다시 일어난 인물이다. 마가를 새롭게 하신 하나님께 감사하자. 훗날 마가는 12제자가 아니면서도 마가복음을 기록함으로써 복음사역에 크게 헌신한 인물이 되었다. 베드로의 사역을 도우면서 예수님에 대해 많은 것을 들었고, 그것을 기록으로 남긴 것이다.

마가의 정식 이름은 요한 마가(요한네스 마르코스)다. 요한은 히브리식 이름이고, 마가는 로마식 이름이다. 그는 120명이 그의 다락방에 들어갈 만큼 괜찮은 집 출신으로 클 때는 어려움이 없었던 인물이

다. 주님이 잡히시던 밤에 도망간 인물(?)을 묘사하고 있는데 그 인물
이 바로 자기 자신이었을 것으로 생각들 한다.

디모데후서에서 바울은 마가를 가리켜 "저가 나의 일에 유익하니
라(profitable)"라고 말하고 있다. 그만큼 신뢰를 받은 것이다. 그는 한
때 실패한 자였지만 지금은 유익한 인물로 변하였다. 마가는 마가복
음에서 '즉시', '바로'라는 단어를 많이 사용했다. 과거 그가 주저하거
나 도망했던 역사를 청산하고 싶어 한 것을 잘 보여준다. 그는 끝이
좋은 사람이 되었다. 그런 그가 지금 그토록 보고 싶은 것이다.

바울이 보고 싶어 한 디모데와 마가. 바울은 과연 그들을 만나보았
을까. 성경학자들은 그들이 로마에 갔을 때 바울은 이미 처형되었을
것이라 한다. 그러나 그의 그리움은 결코 허망하지 않다. 이 세상에서
만나지 못했다 해도 하나님 나라에서 기쁨으로 상봉했을 것이기에.
영광 중에서 만났을 것이기에. 디모데와 마가를 보고 싶어 한 바울,
얼마나 인간적인가. 아니 얼마나 아름다운가. 우리도 그곳에서 그리
운 사람을 만날 것이다. 주님은 물론이다. 그때 우리는 확신하게 될
것이다. "그리스도 안의 그리움은 소망이 있는 그리움이다."

18. 떠남: 데마는 나를 버리고 데살로니가로 갔고

옥중에 있는 바울을 실망시킨 것 가운데 하나는 믿음생활을 하다
가 믿음을 버리고 떠나는 사람들이 있다는 것이다. 배신감이 들었을
것이다. 그중에 대표적인 구절이 디모데후서 4장에 있다. "데마는 이
세상을 사랑하여 나를 버리고 데살로니가로 갔고 그레스게는 갈라디
아로, 디도는 달마디아로 갔고(딤후 4:10)."

버리고 가는 것은 원어로 "떠나다"는 말이다. 이것은 다른 장막을 치기 위해 현재의 장막을 치우는 행위, 로프를 풀어 배를 띄우는 행위를 말한다. 다시는 돌아오지 않을 양으로 현재의 위치를 떠나 다른 곳으로 이동하는 것이다. 바울의 서신 가운데는 "다 나를 버렸다"는 표현도 있어 믿음을 떠난 사람들이 상당수에 달하고, 이로 인해 바울의 외로움과 고독은 더 해간 것으로 보인다.

디모데후서 4장의 데마(Demas)는 이 문제에 관한 한 대표적인 인물이다. 그는 시작은 좋았지만 끝이 나쁜 사람으로 꼽힌다. 데마는 성경에 3번 나온다. 빌레몬서 24절을 보면 바울은 그를 '나의 동역자'라 하였다. 감옥까지라도 같이 갈 수 있는 사람이었다. 동역자의 모습은 골로새서 4장 14절에도 나온다. 나의 사랑하는 데마라 말함으로써 그는 바울로부터 사랑을 받는 사람임을 보여주고 있다. 그런데 디모데후서 4장 10절에는 '이 세상을 사랑하여 나를 버리고 데살로니가로' 간 인물로 소개되고 있다. 데마란 원래 '통속적인'이라는 뜻을 가지고 있다. '이 세상을 사랑하여 나를 버리고 갔고'에 대해서는 크게 두 가지 해석이 있다.

첫째, 세속적인 유익을 추구하여 변절했다는 주장이다. 바울이 잘될 때는 충성하다가 그가 갇히자 변절하여 떠났다는 말이다. 바울이 손이 닿기만 해도 낫자 열광했다. 그리고 영웅적으로 참여했다. 그러나 옥에서 그냥 죽어가는 모습들 보며 바울에 실망했다. 그는 데살로니가로 갔다. 그곳은 그의 고향이었다.

그는 왜 중간에 포기했을까. 그 이유는 내면의 능력(속사람의 능력)이 약해 장차 나타날 영광을 위해 현재의 고난을 이길 힘이 없었기 때문이다. 또한 신앙양심의 고결함을 가지고 멀리 내다보지 않았기 때문이다. 잡힌바 된 것을 바라보고 달려갈 힘이 없었다. 나는 부족하지만 하나님의 놀라운 목표와 비전에 사로잡히는 사람이 되어야 한다.

둘째, 바울이 적어도 그를 배교자로 부르지 않았기 때문에 더 이상 신앙을 갖지 않은 것이 아니라 개인적인 이유가 있거나 바울의 요구가 너무 엄격했기 때문일 것으로 간주한다.

누가복음 14:28~30에 주님은 망대 비유를 통해 시작만 하고 그만두는 것을 나쁘게 보셨다. 데마는 왜 도중에 문제가 있었을까? 성령님을 통한 진정한 변화가 없었던 것 아닐까. 내면의 변화가 없었던 것 아닐까. 예수님이 내 생의 목적이라는 소명에 완전히 사로잡히지 않은 탓이 아닐까.

고난 속에서도 일관됨을 유지한 예로 룻이 있다. 그는 자기를 떠나가라는 시어머니 나오미를 집요하게 따르며 말한다. "나로 어머니를 떠나며 어머니를 따르지 말고 돌아가라 강권하지 마옵소서 어머니께서 가시는 곳에 나도 가고 어머니께서 유숙하시는 곳에서 나도 유숙하겠나이다 어머니의 백성이 나의 백성이 되고 어머니의 하나님이 나의 하나님이 되리니 어머니께서 죽으시는 곳에서 나도 죽어 거기 장사될 것이라 만일 내가 죽는 일 외에 어머니와 떠나면 여호와께서 내게 벌을 내리시고 더 내리시기를 원하나이다(룻 1:16~17)." 나오미는 더 이상 룻을 말리지 않았다. 너무나 단호했기 때문이다. 그 결과 그는 예수님이 그의 계보에 따라오는 복을 받았다.

요한복음 6장을 보면 예수님의 말씀을 따르는 제자 중에 많은 수가 예수를 떠났다. 떠난 그들은 다시 예수와 함께 다니지 아니했다(66절). 이를 보면 떠나는 것은 바울에게만 있는 일이 아님을 알 수 있다. 자기를 떠나가는 사람들을 보며 예수님은 열두 제자에게 묻는다. "너희도 가려느냐?" 베드로는 말한다. "영생의 말씀이 주께 있사오니 우리가 누구에게 가오리이까(요 6:68)."

"그레스게는 갈라디아로, 디도는 달마디아로 갔고." 그레스게와 디도는 데마와는 달리 바울이 개척한 선교지 방문 여행을 떠난 것으로 이해되고 있다. 바울의 요청이 있을 수 있다. 달마디아는 일루리곤이라 하는 곳이며 바울이 교회를 개척한 곳이다(롬 15:19). 이곳은 지금의 알바니아와 과거 유고연방에 해당한다. 디도는 그 교회를 방문으로 간 것으로 이해되고 있다. 디도는 바울이 두 번째 예루살렘을 방문했을 때 동행한 인물로, 바울이 그레데 교회들을 감독하게 했다.

디모데후서 4장엔 바울이 그토록 보고 싶어 하는 디모데와 마가도 있지만 그를 괴롭힌 구리 세공업자 알렉산더도 있고, 그를 배신한 데마도 있었다. 무엇보다 배신에 따른 실망감이 크지 않았을까. 예수님도 그런 경험을 가지셨다니 놀랍다. 그래서 오늘따라 룻이 더 돋보인다. "주님 사랑합니다. 내 생애에 주님 떠나는 일이 없게 하소서."

19. 마지막 동행: 누가만 나와 함께 있느니라

동아대학교 부총장을 끝으로 은퇴한 뒤 연변과기대에서 11년 반 동안 사역한 조병태 교수가 있다. 기독교인 교수가 아니면서도 그가 과기대 학생들을 위해 헌신해온 일은 아마 전설로 남을 것이다. 그가 과기대에서 한 일 가운데 하나가 최고경영자과정(AMP)의 발판을 마련한 일이다. 여러 번 시도를 했지만 실패했는데 그가 원장을 맡으면서부터 달라졌다. 그 성공배경에는 심양 가는 기차에서 만난 한 젊은 연변기업가와의 인연이 있다.

조 교수의 짐을 들어주고 공손하게 대하는 이 청년이 연변기업가 연합회의 회장이라는 말에 그는 과기대 최고경영자과정을 소개하고 도와줄 것을 부탁했다. 회장의 도움으로 과정이 잘 출발하게 되었고, 이제 그 과정은 연변기업가들에게 선진 교육과 인적 교류에 좋은 마당이 되었다. 과기대에서 퇴직을 하는 즈음에 최고경영자과정 회장단 모임에서 조 교수는 과거를 회고하며 이 젊은 기업가를 소개하고, 이 사람이 없었다면 최고경영자 과정이 순조롭지 못했을 것이라며 단에 불러 감사를 표했다. 마지막 자리에서도 잊지 못하는 사람, 그 사람이 인생에서 의미 있는 사람일 것이다.

신앙생활에서도 예외가 아니다. 바울에게 있어서 누가는 그런 사람이다. 디모데후서 4장 11절에 그는 이렇게 썼다. "누가만 나와 함께 있느니라." 이 한마디는 누가가 과연 어떤 사람이었는가를 단적으로 보여준다. 특히 같은 11절에 마가를 데리고 오라는 말씀이 있는데 역사에 따르면 마가가 오기 전에 처형됨으로써 누가는 바울이 순교하는 최후 순간까지 그와 함께하고 그를 지켜본 인물로 간주되고 있다. 그러므로 "누가만 나와 함께 있느니라"는 말씀은 끝까지 바울과 함께한 인물은 바로 누가였음을 증명하는 것이다.

누가는 최후 순간에만 함께한 인물이 아니다. 누가는 바울 곁에서 시종일관 충성된 그리스도의 종이었고, 뒤에서 묵묵히 헌신한 인물이다. 누가(Luke)라는 이름은 원래 '빛난다(luxa)'는 뜻을 가지고 있는데 그는 복음사에 있어서, 그리고 바울에게 있어서 빛나는 인생을 살았다.

바울이 누가를 만난 것은 자기를 해하려는 유대인들이 있다는 소식을 듣고 시리아로 가지 못하고 소아시아와 마케도니아를 돌며 선교하고 있을 때였다. 의사인 누가는 바울의 전도를 받고 뒤부터는 그의 주치의로서 복음 사역에 헌신하였다. 바울의 동역자가 된 것이다.

누가는 이방인이었으며(골 4:11), 수리아의 안디옥에 거주하던 의사로 알려져 있다. 그는 디도의 형제로도 추정되고 있다(고후 8:16~18; 12:18). 누가가 바울의 제2차 전도여행 때 동행한 것으로 보아(행 16:10) 초기부터 이방인 회심자였던 것으로 보인다. 그는 바울의 제3차 여행에도 동행했으며 바울이 예루살렘에서 체포되는 위험상황에서나 로마에 있을 때도 함께 있었다. 이것으로 보아 누가는 바울의 진실한 동역자요 사랑하는 친구였음이 확실하다. 바울은 그를 가리켜 "사랑을 받는 누가(골 4:14)"라 하고 그가 "너희에게 문안한다"고 말하고 있다. 바울 곁에 누가가 있었던 것이다.

마가나 누가는 예수의 12제자가 아니다. 그럼에도 불구하고 그들은 예수 생애를 정확하게 기록하였다. 특히 누가는 누가복음에 이어 사도행전을 기록하였다. 누가복음의 초점은 예수에 맞춰 있으며, 사도행전은 예수님이 보내신 보혜사 성령에 맞춰 있다. 그는 누가복음과 사도행전을 기록하면서 복음은 바로 예수 그리스도시며, 성령은 오늘도 우리 속에 예수 그리스도의 삶을 어떻게 드러내시는가를 보여주었다.

누가복음은 종의 복음이라는 별칭이 있다. 사도행전에서도 누가는 얼마든지 자기를 드러낼 수 있었다. 하지만 좀처럼 자기를 나타내지 않았다. 그는 글을 쓰면서도 자기 이름을 감추고 '우리'로 나타냈다. 모든 영광은 하나님이 받으시고 자신은 감추고 또 감춰야 할 존재로 여긴 것이다. 그만큼 그는 종의 정신에 투철했다. 예수의 정신을 그대로 닮은 것이다. 예수를 닮는다는 의미를 우리는 누가에서 배울 수 있다.

디모데후서 4장. 바울은 로마의 감옥에서 느낀 자신의 마지막 삶의 정경과 자신의 심경을 솔직하게 묘사하고 있다. 그 서신에서 바울은 말한다. "누가만 나와 함께 있느니라." 누가는 그에게 있어 단지 의사로서만 존재하는 것은 아니다. 아무도 알아주지 않는 이 고독한 사역, 모두가 욕하고 도망하는 이 사역, 지도자인 자신마저 옥에 갇혀 내일의 운명을 알 수 없는 이 사역의 현장에서 묵묵히 자리를 지키고 끝까지 함께한 사람이 바로 누가임을 고백하고 있는 것이다. 우리 주님은 이 고백을 기뻐 받으실 것이다. 과연 누가다. 빛이다.

20. 광야 같은 세상: 1,260일의 광야

요한계시록은 이해하기 어렵다. 오죽하면 칼뱅이 이에 대한 주해를 주저했을까. 특히 11장과 12장은 난해하기로 이름이 높다. 그러니 여기에 도전한다는 것이 내심 두렵다. 그러나 우리의 묵상에는 한계가 없다.

12장 첫 부분을 보면 해를 입은 한 여인이 소개된다. 해를 입었다는 것은 그리스도의 의를 입은 빛나는 영광을 의미한다. 여인은 교회를 상징한다. 주님의 교회가 해같이 빛난다. 그의 발아래에는 달이 있다. 이것은 승리의 표상이다. 주님이 모두 다 이긴다는 것을 보여준다. 마귀는 처음에 이기는 것 같지만 마지막엔 죽는다. 이에 반해 주의 교회는 처음에 망가지는 것 같지만 결국엔 승리한다. 그 머리엔 열두 별의 관을 썼다. 이것이 교회의 모습이다.

여자가 아이를 배어 해산하게 된다. 이 아이는 그리스도의 탄생을 의미한다. 산고로 아파서 애를 쓰며 부르짖었다는 것은 그의 오심이 결코 쉽지 않았음을 보여준다. 그것은 하늘에서 한 큰 붉은 용이 나타남으로 시작된다.

용은 사단으로, 그 모습이 붉은 것은 교회를 향해 살기가 등등했음을 보여준다. "보라"며 소개하는 것은 그 광경이 얼마나 대단한가를 말해준다. 사단의 위용이다. 머리가 우선 일곱이다. 이것은 세상의 일곱 적그리스도 국가를 대변한다. 뿔 열은 왕이 열임을 말한다. 그리고 여러 머리에 일곱 왕관이 있다. 일곱 왕관은 하나님의 영광을 모방한 왕권, 곧 자칭 왕이라 자만한다.

그런데 그 붉은 용이 꼬리를 이용해 하늘의 별 삼분의 일을 끌어다가 땅에 던진다. 꼬리는 거짓말과 미혹을 상징한다. 별은 천사들이다. 천사들을 거짓말로 미혹하는 것이다. 땅에 던지는 것은 천사들을 타락시키는 것을 말한다. 천사들마저 타락시켜 자기 군사로 만드는 것이다.

유다서에 따르면 사단은 자기 지위를 지키지 않은 천사가 타락한 것으로, 천사 무리의 하나였다. 천사는 원래 하나님의 종이었다. 하지만 하나님의 자리를 넘봤다. 섬기는 지위에서 벗어나 오히려 하나님께 도전한다. 하와에게 "선악과를 따먹어보라 하나님과 같이 된다" 유혹했던 자도 바로 사단이었다. 우리에게도 언제 유혹의 손길을 펼지 모른다. 따라서 항상 기도하며 주변을 철저히 살펴야 한다. 사단이 침입하지 못하도록.

붉은 용은 해산하는 여자 앞에 섰다. 해산하면 그 아이를 삼키고자 한다. 그러나 예수가 어디 사단에게 삼키겠는가. 창세기에 이렇게 예언되어 있다. "내가 너로 여자와 원수가 되게 하고 너의 후손도 여자의 후손과 원수가 되게 하리니 여자의 후손은 네 머리를 상하게 할 것이요 너는 그의 발꿈치를 상하게 할 것이니라(창 3:15)." 여자 후손의 승리다.

여자가 나을 아들은 예수 그리스도다. 그는 "장차 철장으로 만국을 다스릴 남자라 그 아이를 하나님 앞과 그 보좌 앞으로 올려가더라(5절)." 철장은 쇠몽둥이로, 어느 누구도 넘볼 수 없는 능력을 가졌음을 말한다. 그리스도를 대항하는 자마다 철장으로 다스려 가루로 만들 것이다. 그 아이가 하나님 앞과 그 보좌 앞으로 올려간다. 이것은 그리스도의 승귀, 곧 존귀하게 올라감을 뜻한다.

그런데 여자가 광야로 도망한다. 이것은 말세에 큰 환란과 미혹과 시련이 있을 것임을 말해준다. 도망하지 않으면 안 될 만큼 큰 시련이다. 이 시련을 이기지 못하면 영적으로 살아남기 어렵다.

그 환란기에 하나님은 여자, 곧 교회를 버려두지 않는다. 1,260일 동안 양육하기 위해 특별히 예비해두신 곳이 있다. 1,260일은 신약시대 전 기간을 뜻한다. 이 기간 동안 교회는 이 광야 같은 세상에서 신앙적으로 단련한다.

이 세상은 영적 단련장이다. 흔히 교회를 가리켜 전투적 교회라 한다. 이 세상에서 악과 싸우지 않으면 안 된다는 것을 보여준다. 오늘도 우리는 싸운다. 우리의 욕심과 싸우고, 우리의 혈기와 싸우고, 사단의 세력과 싸운다. 승리의 교회가 되기까지 우리는 주님을 의지하며 싸운다. 오늘도 우리는 그 나라의 군사로 이 땅에 살고 있다. 오늘도 1,260일, 광야의 길을 간다. 다가올 무한한 영광을 바라보며 기쁨으로.

21. 신앙과 불신앙 사이: 내세가 없다고 말하기 전에

정치학과 졸업 동기들이 어느 날 여의도에서 배성동 교수님을 모시고 조촐한 자리를 마련한 적이 있다. 이 자리에서 신앙에 관한 애기가 오갔다. 과거 신앙에 관심이 없었던 동기들 여럿이 신앙생활을 하기 때문이다. 자연 분위기는 신앙을 권유하는 자리로 바뀌었다. 그런데 교수님도 그렇고, 동기인 이정복 교수도 과연 내세가 있을까에 대한 의문이 강했다. 죽으면 아무것도 없을 것 같다는 것이다. 그것이 확실히 있다면 믿겠다는 것이다. 나름대로 내세나 영생을 역설했지만 짧은 만남에 충분히 설명할 수는 없었던 것이 지금도 아쉽다. 이성과 논리만 강조하면 믿기 어렵다. 그래서 이 문제에 관한 한 깊은 성찰이 필요하다.

플라톤은 영혼의 영생을 믿고 사후에 계속적으로 존재한다고 믿었다. 아마 철학적인 관점에서 영생을 논한 첫 번째 인물이 될 것이다. 칸트는 순수 이성 측면에서는 이 논증이 가당치 않다고 했지만 실천 이성 측면에서는 영생을 말하였다.

철학을 떠나 종교는 내세를 강조한다. 내세는 조상숭배, 죽은 자와의 교통, 죽은 자들이 거주하는 하계 개념, 또는 윤회 등 다양하게 나타난다. 불교는 열반을 말하고, 이슬람은 육욕적 낙원을 말하며, 미주 인디언들은 즐거운 수렵지를 동경한다. 내세에 관한 한 기독교만큼 교리가 뚜렷한 종교도 드물다. 내세가 확실히 존재한다는 것을 믿는다. 물론 슐라이어마커나 슐러처럼 내세 사상이 약한 신학자도 있지만.

기독교에서 내세 사상은 여러 과정을 거친다. 사도 시대부터 5세기 초까지 초기 교회들은 내세 소망이 강했다. 특히 천년왕국에 대한 관심이 컸다. 하지만 그것을 교리적으로 확립하지는 못했다. 5세기 초부터 종교개혁 때까지 고대와 중세기 교회에서는 재림 대망의 열정이 후퇴하고 천년왕국을 거부하는 견해가 성행했다. 모든 중심은 교회였다. 그런 가운데 연옥설, 죽은 자를 위한 기도, 관면 등 잘못된 교리들이 등장했다. 하지만 예술가들은 내세를 주제로 예술성을 드러내기도 했다. 종교개혁은 초대교회의 재림, 부활, 심판, 영생에 관한 교훈에 관심을 가졌으며 천년왕국에 대한 여러 조잡한 이론을 정돈하고 중간기 상태에 대해 반성하면서 가톨릭의 여러 교설을 버렸다. 18세의 이성주의적 내세론도 폐기했다. 현재 기독교는 내세 없이는 진정한 신앙은 불가능하다고 할 만큼 내세에 대한 강한 열망을 가지고 있다.

내세는 크게 일반적 내세론과 개인적 내세론으로 구분할 수 있다. 일반적 내세론은 그리스도의 재림과 세계의 종말에 관련된 것들을 말한다. 그것에는 그리스도의 재림, 성도의 부활과 변화, 천년왕국, 일반부활, 최종심판, 경건한 자와 악인의 최종상태가 포함된다. 그리고 개인적 내세론은 죽은 개인들이 그것들에 어떻게 참여할 것인지를 다룬다. 사망은 현세와 그 역사적 발전과 분리되면서 영원한 내세로 이어진다.

성경은 내세에 관해 많은 예언을 했다. 또한 세계의 종말에 있어서 교회와 교인들이 어떻게 될 것인가에 대해서도 언급하고 있다. 교회와 성도를 흑암 중에 버려두지 않으시고 붙드시는 하나님을 본다. 여러 예언들이 그리스도인에게 위안을 주고 빛을 던져준다.

"또 내가 새 하늘과 새 땅을 보니 처음 하늘과 처음 땅이 없어졌고 바다도 다시 있지 않더라 또 내가 보매 거룩한 성 새 예루살렘이 하나님께로부터 하늘에서 내려오니 그 준비한 것이 신부가 남편을 위하여 단장한 것 같더라 내가 들으니 보좌에서 큰 음성이 나서 이르되 보라 하나님의 장막이 사람들과 함께 있으매 하나님이 그들과 함께 계시리니 그들은 하나님의 백성이 되고 하나님은 친히 그들과 함께 계셔서 모든 눈물을 그 눈에서 닦아주시니 다시는 사망이 없고 애통하는 것이나 곡하는 것이나 아픈 것이 다시 있지 아니

하리니 처음 것들이 다 지나갔음이러라 보좌에 앉으신 이가 이르
시되 보라 내가 만물을 새롭게 하노라 하시고 또 이르시되 이 말은
신실하고 참되니 기록하라 하시고 또 내게 말씀하시되 이루었도다
나는 알파와 오메가요 처음과 마지막이라 내가 생명수 샘물을 목
마른 자에게 값없이 주리니 이기는 자는 이것들을 상속으로 받으
리라 나는 그의 하나님이 되고 그는 내 아들이 되리라 그러나 두려
워하는 자들과 믿지 아니하는 자들과 흉악한 자들과 살인자들과
음행하는 자들과 점술가들과 우상 숭배자들과 거짓말하는 모든 자
들은 불과 유황으로 타는 못에 던져지리니 이것이 둘째 사망이라
(계 21:1~8).”

여기서 지옥과 천국이 나온다. 이것은 내세의 한 단면이다. 지옥은
넓고 가는 사람이 많다. 그곳엔 불과 유황 못이 있고, 타는 목마름이
있다. 아무리 기도해도 응답도 되지 않는다. 이미 늦다. 그곳은 한 번
가면 나오지 못한다. 그곳엔 믿지 않는 사람, 흉악자, 음행한 사람, 우
상숭배자들이 있다. 이에 반해 천국은 밤이 없고 죄가 없는 빛의 나
라다. 이곳엔 생명책에 기록된 자들이 들어간다. 그곳엔 유혹하는 자
가 없고, 불행도 없다. 처음 하늘과 처음 땅이 아니라 새 하늘과 새
땅이다. 그곳엔 하나님의 위로가 있다. 사망도 애통도 곡도 아픔도 없
다. 처음 것들이 다 지나갔기 때문이다. 그곳엔 영광만 가득하다.

이것이 바로 성경이 말하는 내세다. 하나님의 나라다. 내세가 없다
고 말하는 것은 예언을 폐하는 것과 같다. 그 예언을 폐할 만큼 당신
은 하나님보다 위대한가. 내세가 없다고 말하기 전에 하나님 앞에 겸
손할 필요가 있다.

22. 우주: 우주적 복음과 우주적 교회

연변과기대 조원상 교수가 비에이엠(BaM)을 설명하면서 그 목표가 우주적 교회(universal church)를 위한 것이라 했을 때 공감이 되었다. 정진호 교수는 이것을 이루기 위해 신 실크로드 비전을 가졌고, 서쪽을 향해 복음의 화살이 날아가는 꿈을 가졌다. 내 민족, 우리 교회에 익숙한 우리들에게 가히 새로운 도전이 아닐 수 없다.

누가복음이나 요한복음의 특징은 우주적 복음이라는 것이다. 우주적 복음은 예수님은 온 인류의 구주가 되신다는 것이다. "하나님이 세상을 이처럼 사랑하사 독생자를 주셨으니 이는 그를 믿는 자마다 멸망하지 않고 영생을 얻게 하려 하심이라 하나님이 그 아들을 세상에 보내신 것은 세상을 심판하려 하심이 아니요 그로 말미암아 세상이 구원을 받게 하려 하심이라(요 3:16~17)." 예수님은 유대인만을 위해 오신 분이 아니다. 세상 모든 사람을 구원하기 위해 오셨다. 유대인들은 이 우주적 복음을 이해하지 못했다. 그러나 복음의 우주성을 제한할 사람은 아무도 없다. 하나님의 뜻이요, 섭리이기 때문이다.

예수님의 우주성은 이스라엘 남과 북 사이에 존재하는 증오를 뛰어넘으신 것에서 극명하게 드러난다. 남쪽 유대사람들은 북쪽 사마리아 사람들을 사람 취급을 하지 않았다. 혼혈족으로 순수하지 못하다는 생각에서다. 사마리아 사람을 만나면 못 본 체하고, 그들과 대화도 하지 않으려 했다. 하지만 예수님은 사마리아로 지나가시고, 그들과 대화하셨다. 그 대화의 대표적인 것이 사마리아 우물가에서 그곳 여인과의 만남이다. "당신은 유대인으로서 어찌하여 사마리아 여자인 나에게 물을 달라 하나이까?(요 4:9)."

에드거 카(E. H. Carr)는 역사를 이렇게 정의한다. "역사는 과거와 현재의 대화이며, 미래를 투시한다." 그렇다면 종교는 무엇일까. 종교는 과거, 현재, 그리고 미래의 삶 전체를 논하는 것이다. 즉, 시간을 초월하고 공간을 넘어서는 것이다. 종교의 관심 영역은 무한대다. 공간을 초월한다는 것은 예수님과 사마리아 여인의 대화를 통해서 알 수 있다. 여인은 말한다. "우리 사마리아인들은 이 산에서 예배하는데 유대인 당신네들은 예루살렘에서만 예배해야 한다고 말한다. 어느 말이 맞는가?" 이에 대한 예수님의 대답이다. "이 산도 아니고 예루살렘에서도 말고 아버지께 신령과 진정으로 예배할 때가 온다. 그때가 지금이다." 카알 베커(Karl Becker)에 따르면 역사의 과제는 인간 생존의 영원한 수수께끼를 풀자는 것이다. 생명이 하나임같이 사랑도 하나 되게 하는 것이다. "하나 되게 하소서(요 17:11)." 복음으로 하나 되는 것이다. 우리가 그리스도 안에서 하나 될 때 미움, 시기, 분쟁, 전쟁도 없을 것이다.

예수님은 비유를 들어 말씀하실 때 사마리아인을 선한 인물로 부각시키셨다(눅 10:33). 사마리아인을 선하게 보는 것은 유대인에게는 있을 수 없는 일이다. 어떻게 사마리아인이 감히 유대종족을 돕는단 말인가. 아니 제사장과 레위도 할 수 없는 일을 한단 말인가. 그만큼 시야가 좁았다. 그러나 주님은 지역과 종족을 뛰어넘으셨다. 도움이 필요한 사람을 돕는 것은 마땅한 일이다. 종족을 가릴 필요도 없다. 이념도 문제가 되지 않는다.

어디 그뿐인가. 나환자 열 사람을 고쳐주었을 때 사마리아 사람 한 사람만 돌아와 예수께 감사를 표했을 때 주님은 물으셨다. "그 아홉은 어디에 있느냐?(눅 17:17)." 이 질문은 유대인을 깨우치는 말씀이다.

사마리아 사람에 대한 그릇된 편견을 단번에 깨뜨리신다. 사마리아인은 몸뿐 아니라 영혼까지 구원을 받았다.

예수님에게는 차별이 없다. 똑같이 사랑하신다. 누가는 예수님에 관한 이 이야기를 소개하면서 차별이 없으신 주님, 모든 사람을 구원하시려는 예수님의 모습을 보여주었다. 가까운 이웃을 사랑하지 못하면서 먼 곳의 이웃을 사랑할 순 없다.

누가는 교회도 우주적이어야 함을 보여주었다. 교회는 모이는 교회와 흩어지는 교회로 구분된다. 모이는 교회는 예배와 배움을 위해 모인다. 그러나 교회는 말씀의 전파와 사역을 위해 흩어져야 한다.

예수님은 제자들에게 흩어지는 사역을 부탁하셨다. "오직 성령이 너희에게 임하시면 너희가 권능을 받고 예루살렘과 온 유대와 사마리아와 땅끝까지 이르러 내 증인이 되리라(행 1:8)." 땅끝까지 이르러 내 증인이 되는 것은 흩어지는 사역이 주님의 명령임을 보여준다. 예루살렘 교회에 핍박이 있었고 교인들이 각 곳으로 흩어진 것은 이 명령을 지속적으로 수행하라는 하나님의 뜻이 담겨 있다. 그 사역을 통해 오늘날 세계 각 곳에 교회가 서고 믿는 자가 많아지게 되었다. 하나님이 아브라함을 향해 "네 자손으로 땅의 티끌 같게 하리니 사람이 땅의 티끌을 능히 셀 수 있을진대 네 자손도 세리라(창 13:16)" 하셨다. 하늘의 뭇별(창 15:5), 바다의 모래와 같이 많을 것이라는 말씀이 성취된 것이다. 흩어짐, 곧 우주적 교회 사역이 없었다면 불가능한 일이다.

우주적 복음과 우주적 교회는 지금도 유효하다. 복음을 자기만으로 한정하거나 교회를 자기 교회 울타리 안으로 한정한다면 그것은 주님의 가르침에서 어긋난다. 우리가 전도하고 선교를 하는 것은 복음의 우주성을 이루는 일이요, 교회의 우주성을 세우는 일이다. 주님의 피묻은 복음은 우주적이다. 교회도 우주로 나가야 한다. 우리는 모두 세상에 흩어져 주님을 드러내야 할 하나님의 씨앗(diaspora)들이 아니던가.

23. 행복: 주님을 생각하는 것만으로도

뉴욕 시 웨스트 4번가에서 전철을 탔다. 목적지는 JFK공항. 한국으로 가기 위해서였다. 공항으로 가는 동안 기장으로부터 아주 잊지 못할 멘트를 들었다. 기장은 경쾌한 목소리로 승객들을 향해 전철의 방향과 승객이 주의해야 할 사항들을 알려주었다. 무엇보다 승객들의 마음을 기쁘고 편안하게 해준 것은 그의 첫 멘트였다.

"You are so wonderful to me."

오늘 자신이 모시는 승객들을 경이로운 존재로 인식하며 격려의 말을 쏟아내는 그녀의 마음이 참 아름답다는 생각이 든다. 그 멘트를 듣는 승객 모두 기뻐하는 기색이 역력했다. 어떤 이는 내리면서 "You are so wonderful to me"를 복창하기도 했다. 기쁘다는 말이다. 그녀는 그 짧은 멘트 하나로 오늘 행복 바이러스를 퍼뜨린 셈이다.

멋진 사람은 누구일까? 입으로 진실을 말하고, 목엔 친절, 손엔 봉사, 가슴엔 모든 사람을 사랑일 것이다. 에리히 프롬은 사랑을 주는 것이라 말한다. 주는 것을 즐기는 사람은 행복한 사람이다. 사랑으로 주는 그것엔 대가성이 없다. 줄 수밖에 없어, 할 수 없이 주는 것이 아니다.

사랑의 마음이 커서 그저 준다. 사랑의 말을 주는 것도 마찬가지다.

파워에도 하드파워가 있고, 소프트파워가 있다. 교만한 자는 자기의 하드파워를 자랑한다. 그러나 승리는 온유한 자에게 있다. 소프트파워가 이긴다. 교만한 자가 아니다. 가치도 하드 밸류가 있고, 소프트 밸류가 있다. 하드 밸류가 유형적 가치라면, 소프트 밸류는 무형적 가치다. 보이는 것은 한계가 있다. 그러나 보이지 않는 것의 가능성은 무한하다. 인간의 성공과 행복은 소프트 밸류를 얼마나 창출할 수 있는가에 달렸다. 그것을 창출할 수 있는 에너지, 무한한 창의력도 소프트 밸류 영역이다. 이미지, 만족, 기쁨과 보람 모두 소프트 밸류가 클 때 더 강하게 느껴진다. 사랑도 행복도 그렇다.

사랑하면 눈물이 난다. 이승철의 노래 <그런 사람 또 없습니다>가 있다.

"천 번이고 다시 태어난대도 그런 사람 또 없을 테죠. 음~
슬픈 내 삶을 따뜻하게 해줄 참 고마운 사람입니다.
그런 그대를 위해서 나의 심장쯤이야
얼마든 아파도 좋은데 사랑이란 그 말은 못해도
먼 곳에서 이렇게 바라만 보아도 모든 걸 줄 수 있어서
사랑할 수 있어서 난 슬퍼도 행복합니다.

나 태어나 처음 가슴 떨리는 이런 사랑 또 없을 테죠.
몰래 감춰둔 오랜 기억 속에 단 하나의 사랑입니다.
그런 그댈 위해서 아픈 눈물쯤이야 얼마든 참을 수 있는데
사랑이란 그 말은 못해도 먼 곳에서 이렇게 바라만 보아도
모든 걸 줄 수 있어서 사랑할 수 있어서 난 슬퍼도 행복합니다.

아무것도 바라지 않아도 그댄 웃어준다면 난 행복할 텐데
사랑은 주는 거니까 그저 주는 거니까 난 슬퍼도 행복합니다."

모든 것 줄 수 있어서, 사랑할 수 있어서 슬퍼도 행복하다는 그런 사람 과연 얼마나 있을까. 그의 말대로 그런 사람 또 없다. 그러나 그런 분이 한 분 계셨다. 우리 주님이시다. 이 가사는 이 세상에서 참 행복이 무엇인가를 다시금 생각하게 만든다.

행복, 곧 happiness의 어원은 프랑스어 'bon heur(좋은 시간)'에서 유래했다. 좋은 시간이란 원래 하나님과 함께하는 시간을 의미한다. 그러나 일본인들이 이 단어를 한문으로 바꾸면서 물질이 있으면 좋다는 의미의 행복(幸福)으로 바꿔졌다. 그리스도인에게는 십자가에 달리신 주님을 생각하는 것만으로도, 아니 사랑할 수 있는 것만으로도 행복하다.

"주께로부터 힘을 얻는 사람은 행복합니다. 시온을 향하여 가는 것을 사모하는 사람은 행복합니다(시 84:5, 쉬운성경)." "행복한 마음은 얼굴에 환히 드러나지만 마음이 상하면 영혼도 상하게 마련이다(잠 15:13, 우리말성경)." "왕의 백성들은 참 행복하겠습니다. 왕의 곁에서 계속 그 지혜를 들을 수 있는 왕의 신하들은 얼마나 행복하겠습니까 (왕상 10:8, 우리말성경)." 주님이 있어 행복한 사람들의 고백이다. 당신은 지금 그 주님으로 인해 진정 행복한가. 그렇다면 그 행복 바이러스를 나만 간직하면 안 된다. 이웃에게 전할 때다. "You are so wonderful to me." 당신이 전한 복음으로 그를 평생 행복하게 하라.

24. 협력의 아름다움: 함께하는 공동체가 아름답다

연변과기대에서 학부일 뿐 아니라 평양과기대 일을 함께하면서 정말 바쁜 봄 학기를 지냈다. 학기말에는 연변과기대 상경관 건축문제까지 맡게 되었다. 한마디로 일복이 터진 것이다. 이러다가는 탈진 상태에 이르지 않을까 염려스러웠다.

그런데 열왕기하를 보면서 깨달음을 얻게 되었다. 우리가 아무리 바쁘고 힘들다 해도 엘리야나 엘리사에 비교할 수 없기 때문이다. 특히 엘리사는 여러모로 바쁜 인물이었다. 엘리야는 로뎀나무 아래서 탈진의 모습까지 보였지만 엘리사에게서는 그런 모습을 찾기 어렵다.

열왕기하 6장을 보면 엘리사의 두 가지 모습이 소개된다. 하나는 선지학교가 좁아 요단강가로 나가 좋은 목재를 구하기 위해 제자들과 함께 일하는 모습이고, 다른 하나는 아람군대의 침입으로 인해 이스라엘이 봉착한 국가적 위기에 선지자로서 활약하는 모습이다. 이 두 가지만 보아도 그가 얼마나 바쁜 사람인가를 알 수 있다. 그 과정에서도 그는 하나님의 사람으로서의 본분을 잃지 않는다. 전능하신 하나님을 의지한 것이다. 우리가 주목해야 할 것은 바로 이 점이다.

선지학교 증축과정에서 일어난 사건은 1절에서 7절에 있다. 우선 엘리사 당시 사정은 증축을 생각할 만큼 주변정세가 결코 좋지 않았다. 특히 아람군대는 경계의 대상이었다. 그런데 그의 문하생들은 재촉한다. "당신과 함께 거주하는 이곳이 우리에게는 좁으니 우리가 요단으로 가서 거기서 각각 한 재목을 가져다가 그곳에 우리가 거주할 처소를 세우사이다(1~2절)." 그러나 엘리사는 허락한다. 보통 사람 같으면 "지금이 어느 땐데"라고 핀잔을 주었을지 모른다. 하지만 그는 그렇게 말하지 않았다. 선지학교를 세우는 일인데, 이보다 더 중요한 일이 어디 있단 말인가. 어려운 환경일수록 말씀에 가까이했음을 알 수 있다.

제자 가운데 한 사람이 한 걸음 더 나아가는 요구를 한다. "당신도 종들과 함께하소서(3절).” “선생님도 같이 가시는 것이 좋겠습니다(공동번역).” 선생님도 함께 가십시다는 청원. 엘리사는 화답하듯 말한다. “같이 가지(공동번역).” 화기애애한 모습이다. 보통 사람 같으면 “내가 얼마나 바쁜 사람인 줄 모르는가?” 되물었을 법도 한데. 이로 보아 스승과 제자 사이의 관계가 매우 친밀했음을 알 수 있다. 1절에서 7절까지 일곱 절에서 ‘우리’라는 단어와 ‘함께’라는 단어가 자주 등장하는 것을 보아도 그들 사이에 공동체 의식이 공고했음을 알 수 있다.

이 부분을 읽을 때마다 부러운 것은 제자들의 적극적인 마인드와 스승의 긍정적 화답이다. 증축 문제는 엘리사에게 맡기고 자기들은 열심히 공부하며 경건훈련을 쌓으면 될 것이라 생각되는데 그들은 그렇게 하지 않았다. 그들은 엘리사를 찾아가 자기들이 적극적으로 나설 뜻을 비쳤고, 심지어 선생의 참여까지 이끌어냈다. 스승도 기꺼이 동참했다. 제자와 스승이 함께하는 공동체, 얼마나 보기 좋은가.

엘리사는 말만 하지 않았다. 그도 따라나섰다. 그리고 벌목하는 일에 동참했다. 그도 도끼를 들어 나뭇가지를 베어낸 것이다. 이 모습은, 선지자는 말씀과 기도만 하는 사람이 아니라 노동하는 사람임을 보여준다. 명령만 내리지 않고 함께 일하는 지도자, 권위만 내세우지 않고 같이 땀 흘리는 지도자가 진정한 지도자다.

그런데 사건이 벌어진다. 한 제자가 실수로 쇠도끼를 그만 강물에 빠뜨린 것이다. 얼마나 다급하고 놀랐던지, 그는 엘리사를 향해 외친다. “아아, 내 주여 이는 빌려 온 것이니이다(5절).” 탄식과 절망의 소리다. 당시 쇠도끼는 아주 값비싼 도구였다. 지금의 시세와는 비교할 수 없는 고가품이다. 그래서 함부로 빌리지도, 빌려줄 수도 없는 품목이다. 그런데 선지학교를 위한 것이라 기꺼이 내어준 것이다. 그런 귀한 것을 강물에 빠뜨렸으니 한숨이 나올 수밖에. 빌려 왔다는 것은 그들의 형편 또한 넉넉지 못했음을 보여준다.

교장인 엘리사도 적잖이 놀랐을 것이다. 그러나 그는 제자를 나무라지 않았다. 오히려 그에게 물었다. "어디 빠졌느냐?" 떨어진 자리가 어디냐 묻는 것이다. 여러 사건을 통해 투시력이 강한 그가 도끼 떨어진 곳을 물은 것은 그도 사람이며 모를 수 있다는 것을 보여준다. 기적을 일으키는 분은 자신이 아니라 하나님이심을 가르쳐준다.

자리를 알려주자, 엘리사는 나뭇가지를 꺾어 그곳에 집어넣었다. 그러자 도끼가 떠올랐다. 엘리사가 "도끼를 집어 올려라" 하자 제자가 손을 뻗어 도끼를 집어 올렸다. 도끼를 떠오르게 하는 스승과 그것을 집어 올리는 제자, 스승과 제자는 이렇듯 문제를 푸는 데도 함께했다. 엘리사가 명령 한마디에 도끼가 떠오르고, 그것을 집어 제자에게 주었다면 그것은 교육적이 되지 못한다. 엘리사는 들어 올리고, 제자로 하여금 집도록 함으로써 스승과 제자의 협력의 아름다움을 보여준 것이다. 이 점에서 교육적이다.

열왕기하 6장의 첫 부분은 단지 잃어버린 쇠도끼와 그것을 기적적으로 건져 올린 사건만을 말하고자 하지 않는다. 어려운 환경을 스스로 이겨내려 하는 제자들과 그 일에 기꺼이 동참하는 스승, 제자의 실수를 책망하지 아니하고 문제를 함께 풀어가는 스승, 그리고 서로 협력하여 선지학교를 확장해나가는 아름다운 모습이 오히려 성경이 말하고자 하는 내용이다. 가히 교육자로서 모범이 되기에 충분한 엘리사다.

연변과기대 상경관도 서로 협력하면서 아름답게 지어져 갈 것을 믿는다. 여기서 중요한 것은 단지 건물을 세우는 것이 아니다. 그 과정에서 아름답게 협력하고 동참하는 것이 더 중요하다. 이 험난한 시기에도 불구하고 우리 모두 하나님 나라를 세워가야 하는 그리스도인들이다. 그렇다면 우리는 어떻게 해야 할 것인가? 그 답은 바로 열왕기하 6장에 있다.

25. 은혜: 은혜를 받은 자여 평안할지어다

필립 얀시의 책 가운데 『놀라운 하나님의 은혜』가 있다. 그는 하나님의 은혜를 가리켜 '마지막 최고의 단어'라 부른다. 그리고 지금 세상은 자기도 모르는 사이에 은혜에 목말라 있다고 말한다.

고든 맥도널드에 따르면 웬만한 일에는 세상도 교회 못지않거나 교회보다 낫다. 그러나 세상이 못 하는 일이 하나 있다. 그것은 바로, 세상은 은혜를 베풀 수 없다는 것이다. 그의 이 말은 과거든 현재든 미래든 교회가 맡아야 할 절체절명의 사명을 지적한 것이다. 세상에 교회 말고 은혜를 찾을 곳이 도대체 어디 있을까? 은혜에 대한 절실한 목마름. 이것이 사람들로 하여금 교회를 찾게 한다.

그러나 은혜는 항상 누군가의 희생이 따른다. 희생 없는 은혜는 없다. 마리아와 예수 그리스도를 보자.

마리아에게 천사 가브리엘이 나타났다. 그리고 선언한다. "은혜를 받은 자여 평안할지어다 주께서 너와 함께하시도다(눅 1:28)." "마리아여 무서워하지 말라 네가 하나님께 은혜를 입었느니라(30절)." 처녀 마리아에게 얼마나 두렵고 떨리는 일인가. 약혼자 요셉은 어떻게 설득하며, 동네 사람들의 무서운 눈초리, 아니 죽임을 당할지 모르는 그 상황을 여자의 몸으로 어떻게 견뎌내야 하는가. 그럼에도 불구하고 천사는 자신을 가리켜 '은혜를 받은 자여'라 한다. 도대체 이것을 어떻게 이해해야 하는가. 마리아는 지극히 높으신 이의 능력을 믿고 하나님의 뜻을 따르기로 결심한다. "주의 여종이오니 말씀대로 내게 이루어지이다(38절)." 희생이다. 은혜를 받은 자는 담대해야 한다.

예수 그리스도는 이 땅에 오셨다. 그것은 인간을 향한 하나님의 사랑이요, 은혜다. 그 예수는 어떻게 되었는가? 우리 죄를 위해 십자가 위에서 죽으셨다. 희생이다. 그 은혜는 은혜 중의 은혜다. 이보다 더 큰 은혜, 이보다 더 의미 있는 은혜는 없다.

세례 요한은 엘리사벳이 늙어서 난 아들이다. 엘리사벳은 나이가 많아 더 이상 임신을 하지 못할 것이라 생각했다. 그런데 아이를 낳을 수 없는 나이에 요한을 낳은 것이다. 하나님의 은혜다. 요한은 '여호와는 은혜로우심'이라는 뜻을 가지고 있다. 그는 주의 길을 예비하는 자가 되었다(마 3:3). 그런데 그는 바른말을 하다 목 베임을 당했다. 은혜를 받은 자의 길은 결코 순탄치 않다.

누가복음 1장을 보면 마리아의 방문에 엘리사벳이 기쁨으로 맞는다. 마리아는 영혼 깊은 곳에서 우러나오는 심정으로 하나님께 찬양을 드린다. 은혜 입은 자끼리 소통은 이처럼 찬양과 기쁨이 있다.

그리스도인은 누구인가? 한마디로 은혜를 입은 자이다. "허물로 죽은 우리를 그리스도와 함께 살리셨고 너희는 은혜로 구원을 받은 것이라(엡 2:5)." 그렇다면 은혜 입은 자로서 희생이 따라야 하지 않겠는가. 베드로는 우리에게 권한다. "각각 은사를 받은 대로 하나님의 각양 은혜를 맡은 선한 청지기같이 서로 봉사하라(벧전 4:10)." 섬김의 삶을 살라는 것이다.

은혜는 어둠의 시간 가운데 임한다. 절망적일 때 하나님의 은혜가 더욱 필요하다. 은혜는 어둠에서 빛을 발한다. 우리 시대는 과거보다 물질적으로 풍요해졌다 할지라도 영적으로 어둡고 곤고한 가운데 있다. 그래서 하늘의 은혜를 더 목말라 한다.

은혜를 받은 자는 하나님의 뜻을 따라 살았다. 자신을 희생하는 고난 가운데서 그분의 뜻을 이루었다. 은혜를 받은 우리도 기꺼이 고난에 참여해야 한다. 바울은 선교 현장에서 많은 고난을 받았음에도 불구하고 하나님의 은혜라고 말한다. "그러나 내가 나 된 것은 하나님의 은혜로 된 것이니 내게 주신 그의 은혜가 헛되지 아니하여 내가 모든 사도보다 더 많이 수고하였으나 내가 한 것이 아니요 오직 나와 함께하신 하나님의 은혜로라(고전 15:10)." 아름다운 희생이요, 보람된 일이다. 이런 의미에서 은혜는 영광의 시작이요, 영광은 은혜의 완성이다.

다시 한 번 외워본다. "은혜를 받은 자여 평안할지어다 주께서 너와 함께하시도다." 주의 평안이 밀려온다. 세상이 줄 수 없는 평안이다. "주의 법을 사랑하는 자에게는 큰 평안이 있으니 그들에게 장애물이 없으리이다(시 119:165)."

26. 힘의 근원: 나의 힘이 되신 여호와여, 내가 주를 사랑하나이다

시편 18편은, 다윗이 하나님의 도움으로 사울과 그 대적의 손으로부터 구원을 얻은 다음 감사하여 이 시를 지었다. 구원에 대한 감사 찬송이다. 같은 내용이 사무엘하 22장에 그대로 담겨 있다.

다윗은 이 시에서 여호와를 다양한 명칭으로 불렀다. 나의 힘, 반석, 요새, 건지시는 자, 하나님, 피할 바위, 방패, 구원의 뿔, 산성, 높은 망대, 피란처, 구원자, 나의 의지, 등불 등. 이것은 그에게 있어서 하나님은 구원자이심을 보여주는 키워드들이다.

다윗은 무엇으로부터 구원을 받았을까? 그의 표현에 따르면 흉악, 원수들, 사망의 물결, 불의의 창수(floods of ungodly men), 음부의 줄(sorrow of hell), 사망의 올무(snares), 많은 물(many waters, 큰물), 재앙의 날, 강한 원수와 나를 미워하는 자 등 다양하다. 그만큼 어려움에 처했다는 뜻이다.

어려움에 처한 그에게 하나님은 무엇을 하셨을까? 그의 행하심도 다양하다. 첫째, 환난 중에서 하나님을 향한 그의 부르짖음을 들으시고 진노하셨다. 진노는 땅이 진동하고, 하늘의 기초가 요동하는 것으로 나타난다. 하나님의 코에서 연기가, 입에서 불이 나와 사르자 그 불에 숯이 필 정도다. 둘째, 하나님이 강림하셨다. 하늘을 드리우고 강림하셨다. 하나님은 그룹을 타셨고, 바람 날개 위에 나타나셨다. 하나님의 장막(pavilions)은 흑암(물의 흑암, dark water), 곧 모인 물과 빽빽한 구름으로 둘렀다. 하나님의 광채가 드러났다. 셋째, 지존하신 자(the most High)가 하늘에서 뇌성을 발하시며 음성을 내셨다. 끝으로, 화살을 날려 저희를 흩고 번개로 파하셨다. 이때 하나님의 꾸지람과 콧김으로 물밑과 땅의 기초(세상의 터)가 드러날 정도였다.

그에게 있어 하나님은 한마디로 구원자시다. "나를 넓은 곳으로 인도하시고 나를 기뻐하시므로 나를 구원하셨도다(19절)." 하나님이 자기를 도우신 것은 저희가 나보다 힘센 때문이다(17절). 그러니 그는 하나님을 의지하지 않을 수 없다.

다윗은 그 구원을 "여호와께서 내 의를 따라 갚으시되 그의 목전에서 내 손이 깨끗한 만큼 내게 갚으셨도다(24절) 말한다. 자신은 여호와의

도를 지키고, 규례와 율례를 버리지 아니했으며, 하나님 앞에 완전하여 스스로 죄악을 피했다고 말한다. 그가 하나님의 도우심을 받은 것은 자신이 하나님을 떠나지 아니한 때문이라는 것이다(21~23절).” 하나님은 자비한(merciful) 자에게 주의 자비하심을, 완전한(upright) 자에게 주의 완전하심을, 깨끗한(pure) 자에게 주의 깨끗하심을, 사특한(crooked) 자에게 주의 거슬림(unsavory)을 보이는 분임을 그는 고백한다. 하나님은 곤고한(afflicted) 백성을 구원하시고, 교만한(haughty) 자를 낮추신다.

그는 계속해서 하나님을 의지하며, 고백한다. 하나님은 흑암을 밝히시는 나의 등불이요, 나의 의지가 되신다. 그래서 그는 “내가 주를 의뢰하고 적군을 향해 달리며 내 하나님을 의지하고 담을 뛰어넘나이다(29절)” 말한다. 담은 성벽을 말한다. 적군도 두렵지 않고 높은 성벽도 더 이상 방해되지 않는다.

하나님은 자기에게 피하는 모든 자의 방패(buckler)시다. 하나님은 구원의 방패를 주시며 저희를 무찌르기 전에 돌이키지 아니하신다. 확실한 구원의 방패이다. 또한 능력(힘)으로 내게 띠 띠우신다. 그래서 내 팔이 놋 활을 당기듯 힘이 있다. 그분은 내 길을 완전케 하신다. 내 손을 가르쳐 싸우게 하시고, 내 발로 암사슴 발 같게 하신다. 내 걸음을 넓혀 실족지 않게 하신다. 다윗은 “주의 오른손이 나를 붙들고 주의 온유함이 나를 크게 하셨나이다(35절)” 하였다.

나의 구원이요, 반석(바위)이신 하나님. 여호와 외에 누가 하나님이며 누가 반석이랴. 살아계신 하나님이 나를 위해 보수(avenge)하고, 민족들로 복종케 하며, 강포한 자의 손에서 건지신다. “하나님이 기름 부은 자에게 인자를 베풀어 큰 구원을 주시니 다윗과 그 후손에게로다(50절)” 확신한다.

그는 1절에서 “나의 힘이 되신 여호와여 내가 주를 사랑하나이다”

고백했다. 시편 18편 모두 사랑의 고백이 담겨 있다. 다윗은 사랑의 눈빛과 마음으로 주를 바라본다. 그 고백이 우리에게도 있어야 한다.

다윗은 사망의 줄이 나를 얽고, 불의의 창수가 나를 두렵게 하였다고 했다. 죽음의 밧줄이 옭아매듯 위험에 처했고, 원수들이 홍수처럼 밀려왔음을 나타낸다. 다윗은 인간적으로 두려웠다. 우리라고 예외가 아니다.

그 환난 가운데서 우리가 해야 할 것은 다윗처럼 하나님께 부르짖는 것이다. 그는 신실하신 하나님을 의지하고 기도했다. 어떤 환난에서든, 우리도 주님을 향해 기도해야 한다. 그때 하나님은 힘으로 띠 띠우신다. 하나님의 힘으로 강하게 무장시키신다. 팔을 강하게 하사 놋 활을 당길 힘까지 주신다. 그때 우리는 사람의 힘으로 도저히 감당할 수 없는 일도 감당할 수 있는 힘을 얻는다.

우리 주님은 내 길을 완전케 하는 분이시다. 주님이 우리에게 힘과 능력을 주시면 우리의 인생길이 완전해진다. 평안과 형통의 길이 열린다. 우리의 발을 암사슴 발 같게 하시고 우리를 높은 곳에 세우신다. 사슴 발처럼 강하고 빠르게 하시고, 결국 높은 곳, 곧 안전한 곳에 이르게 하신다. 이 모든 것을 가능하게 하는 것은 진정 하나님을 떠나지 않고 사는 데 있다. 하나님을 향한 우리 신앙을 깊이 점검할 때다.

4부

그 찬란한
생명의
강가에서
주님을
만나라

4부 그 찬란한 생명의 강가에서 주님을 만나라

1. 필립 얀시: 놀라운 하나님의 은혜

필립 얀시의 『놀라운 하나님의 은혜』를 접하는 순간 우리가 즐겨 부르는 '어메이징 그레이스'가 떠올랐다. 원 제목이 "What's so Amazing about Grace?"이었기 때문이다. 은혜, 무엇이 그렇게 놀라울까. 놀라운 이유를 밝히는 것이 주목적이다.

은혜 하면 지금도 잊을 수 없는 예화 하나가 있다. 강철왕 카네기 얘기다. 그는 처음부터 부자가 아니었다. 스코틀랜드에서 사업에 실패했고, 식구들은 미국 이민을 결심했다. 하지만 누구 하나 선뜻 돈을 빌려주는 이가 없었다. 딱한 처지를 이해한 어머니 친구가 거금을 빌려주었다. 돌려받을 보장도 없고, 그것도 고향을 떠나는 사람들을 어떻게 믿고 돈을 빌려줄 수 있을까. 카네기 가족은 아주 고마워 몇 번이나 갚겠노라 다짐했다.

미국에 도착하자마자 식구들은 닥치는 대로 일을 하며 저축하기

시작했다. 송금을 하던 날 식구들은 위로의 말을 주고받으며 기뻐했
다. 그때 카네기는 아주 의미심장한 말을 했다. "이제 빚을 갚을 수
있게 되었습니다. 그러나 우리가 받은 은혜는 영원히 갚지 못할 것입
니다. 빚은 갚을 수 있을지 몰라도 은혜는 갚을 수 없기 때문입니다.
우리 식구는 평생 이 은혜를 잊지 않아야 할 것입니다." 이 예화는 각
박한 시대에 은혜의 고귀함을 일깨워준다.

얀시의 책은 무엇보다 은혜와 비은혜를 구별했다는 점에서 특이하
다. 그는 우리 시대에 풍미한 비은혜 행위, 곧 은혜 없음에 대해 심각
하게 문제 제기를 했다. 우리는 지금 비은혜의 암흑 속, 곧 은혜 없는
세상에 살고 있으며 은혜에 목말라 있다 단정한다. 은혜가 우리 시대
마지막 최고의 단어인 이유도 여기에 있다.

은혜는 다른 종교에서 찾아볼 수 없는, 기독교만의 특징을 가장 잘
나타내는 단어이다. 이것은 성경을 관통하는 주제이자 기독 신앙의
정점이기도 하다. 은혜는 은사(하나님의 선물), 기쁨(하나님이 주시는
행복), 감사와 어원을 함께하고 있다. 은혜는 카리스(charis)이고, 은사
는 카리스마(charisma)이다. 카리스마타(charismata)는 카리스마의 복수
형이다. 은혜로 인한 기쁨은 카라(chara)이며, 주신 은혜에 대한 감사
는 유카리스티아스(eucharistias)다. 은혜, 은사, 기쁨, 감사는 이처럼 한
뿌리로 연결되어 있다.

베버가 카리스마를 리더십에 적용했지만 그것은 본래 인간으로부
터 오는 것이 아니라 위로부터(elpis) 온다는 것을 강조하기 위해 사용
했다. 은혜는 인간으로부터 오는 것이 아니라 하나님이 주신다. 은혜
를 받은 자에게는 주의 평강이 임한다. 평강은 죄인이 하나님으로부
터 받은 은혜의 결과이다. 우리는 그 평강을 누리는 그리스도인이다.

그 좋은 것을 우리만 누릴 순 없다. 나누고 또 나눠야 한다. 하늘의 은혜를 받은 자가 그 은혜를 나누는 것, 곧 은혜의 삶을 사는 것은 마땅한 일이다. 그가 비은혜를 질타하는 것도 이 때문이다.

은혜는 베푸는 자의 부담으로 값없고 조건 없이 거저 받은 것이다. 그렇다면 은혜 받은 우리도 조건 없이 베풀어야 하지 않을까. 그런데 우리 삶 속에는 은혜의 참된 모습을 찾기 어렵다. 그래서 얀시의 눈에 비은혜는 우리 시대의 슬픈 자화상이다.

얀시는 비은혜를 교회와 교인뿐 아니라 국가, 인종, 계층, 세대 간의 대립과 분쟁 등 세속 영역 모두에 만연해 있음을 지적한다. 은혜가 기독교적 용어라면 교회에만 적용해야 하는 것이 분명한데 세속 영역에까지 확대했다. 이것은 좋은 의미에서 은혜의 확장이기도 하지만 은혜의 무리한 적용이라는 비판을 받기도 한다.

우선 교회 안의 비은혜 모습을 보자. 폴 투르니에는 죄책감에 빠져 자기를 찾아온 환자들이 진정 구하는 것은 은혜였다고 말한다. 그러나 일부 교회에서 그들이 만난 것은 수치심, 형벌에 대한 위협, 정죄의식 등이었다. 은혜를 찾아 들어선 교회에서 비은혜만 경험한 것이다. 사랑이 없다는 말이다. 교회가 연합하지 못하고 싸우는 것도 비은혜의 일면이다. 개와 고양이도 한 울안에서 잘 지낼 수 있다는데 왜 우리는 교파를 따지며 적대감을 보이는가. 그가 제시하는 비은혜의 양태는 다양하다. 이 모습은 한국교회가 반성해야 할 중요한 단서를 제공해준다.

그는 비은혜의 여러 양태를 다양한 예문과 날카로운 통찰력으로 따지고 문제점을 드러내었다. 교회를 난도질하고 문제만 드러낸 것이었다면 그의 책이 미국 복음주의 기독교출판협회(ECPA)에서 올해의 책으로 선정될 리 없다. 은혜라는 키워드를 통해 생명력을 잃어버린 현대교회가 어떻게 하면 생명력을 회복할 수 있는가를 집요하게 추구한다.

얀시는 사랑과 관용이 넘쳐야 할 교회에서마저 은혜를 찾을 수 없는 처지로 전락한 상황에 대해 비판했지만 결코 비관하지는 않았다. 이 점이 좋다. 그는 은혜 없는 세상을 향해 사랑과 용서의 메시지를 전함으로써 하나님의 은혜가 얼마나 놀랍고 귀한 것인가를 보여주고자 한다. 은혜는 차가운 세상을 치유하는 이 시대의 마지막 남은 희망이기 때문이다.

비은혜의 사슬을 끊기 위해 우리가 해야 할 일은 무엇인가. 그가 내린 처방은 의외로 간단하다. 사랑과 용서다. 그는 예수님의 탕자 비유에서 사랑에 애타는 아버지 모습을 부각시킨다. 시몬 베유는 탕자에게 아버지 집의 추억이 되살아난 것을 높이 평가했다. 얀시도 사랑에 애타는 아버지 추억을 되살린다. 그 아버지는 탕자에게 몽둥이를 든 아버지가 아니다. 체면조차 버린 채 두 팔을 벌리며 뛰어나오는 아버지, 그리고 가늘 수 없는 기쁨으로 가슴이 벅찬 아버지다. "이 내 아들은 죽었다가 다시 살아났으며 내가 잃었다가 다시 얻었노라(눅 15:24)" 선언하는 아버지. 사랑과 용서가 깊게 배어 있다. 이 사랑 앞에 탕자는 목 놓아 울었을 것이다. 브레넌 매닝의 말대로 이 부분이 가장 하이라이트다. 사랑에 애타는 아버지를 보고 울지 않는다면 자신의 맥박을 점검해볼 일이다.

사랑과 용서, 말하긴 쉬워도 행하기엔 결코 쉽지 않다. 그래서 얀시는 많은 부분을 할애해 독자를 설득하려 한다. 그러나 화살은 언제나 독자를 향해 있다. 그래서 다소 부담스러울 수 있다. 하지만 부담이 우리를 살리게 될 것이다. 그에 따르면 용서를 가로막는 것은 하나님의 침묵이 아니라 우리의 침묵이다. 하나님은 언제나 팔을 벌리고 계신데 우리는 등을 돌리고 있다. 이것이 바로 우리의 문제다. 비은혜의 사슬을 끊기 위해선 지금까지 주님으로부터 등을 돌리며 살았던 나 자신을 발견하는 것이 중요하다. "자비로운 예수여, 주께서 이 땅에 오심이 바로 저 때문임을 기억해주소서." 모차르트의 미사곡에 나오는 노랫말처럼 문제는 바로 나에게 있기 때문이다.

아마데우스(Amadeus), 이것은 모차르트의 중간 이름으로 '하나님의 사랑받는 자'라는 뜻을 가지고 있다. 그의 재능에 늘 불만을 가진 사람은 살리에리다. 독실한 신자였던 그도 불후의 찬미곡을 만들고 싶었지만 재능이 따라주지 않았다. 그는 자기 눈에 개구쟁이에 지나지 않는 모차르트에게 천재의 은사를 부어주신 것에 대해 분노하고 시기했다. "살리에리여, 내가 모차르트를 후대하기로 네가 시기하느냐?" 탕자에게 살진 송아지를 베푸는 것을 못마땅하게 여기는 우리가 아닌가. 이것이 비은혜의 적나라한 우리의 모습이요, 치유가 필요한 부분이다.

가정, 국가, 기관 할 것 없이 비은혜는 상호적대와 미움의 원인이 된다. 그것이 우리의 본성이다. 비은혜에서 은혜로 나가기 위해서는 비본성적 행위가 요구된다. 이를 위해 필요한 것이 사랑과 용서다. 다른 사람을 용서하지 못하는 사람은 자신이 건너야 할 다리를 부수는 것이다. 적어도 우리 모두가 건너야 할 다리를 부수는 무모한 행위를 이제 접어야 하지 않겠는가.

이젠 오히려 나를 내어주는 삶으로 가자. 용서(forgive)라는 단어엔 '주다(give)'라는 말이 들어 있다. 용서의 또 다른 말인 pardon에도

donum(선물)이라는 뜻이 담겨 있다. 사랑도 주는 것이요, 용서도 주는 것이다. 용서는 은혜처럼 무자격, 과분함, 불공평이라는 특성을 안고 있다. 은혜는 자격이 있어 주어지는 것이 아니다. 용서받을 충분한 조건이 있어 용서하는 것이 아니다. 용서할 수 없음에도 불구하고 용서하는 것이 바로 그리스도인의 용서다. 주님은 우리에게 본능과 완전히 어긋나는 비본성적 행위를 요구하신다. 용서받은 것은 많지만 용서하는 데 인색한 우리에게 이 가르침은 가히 충격적이다.

우리가 용서해야 하는 이유는 간단하다. "원수를 사랑하라"는 말씀 때문이다. 하나님은 바로 그런 분이시다. 예수님은 우리가 용서할 때 하늘에 계신 아버지의 아들이 될 수 있다(마 5:44~45) 하셨고, 십자가에서 몸소 영원히 물고 물리는 비용서의 법에 종지부를 찍으셨다. 우리도 그 일에 동참해야 한다. 은혜는 파문의 향기를 낸다.

인간은 부러진 채 태어나 고침을 받으며 살아간다. 하나님의 은혜가 그 접착제다. 하나님은 우리에게 은혜를 선물로 주셨다. 가장 필요했기 때문이리라. 그 은혜를 무기 삼아 비은혜의 법에 과감히 맞서 싸워야 한다. 물론 힘에 부칠 수 있다. 그럴 때마다 더 하나님을 의존하자. 친절을 베푸는 것도 사랑하고 용서하는 것도 내 힘만으로 안 된다. 우리는 하나님이 필요한 사람들이다.

이 책을 접으면서 질시와 테러, 그리고 보복이 난무한 이 비은혜 시대에 이 책이 좀 더 주목을 받았으면 하는 마음이 들었다. 서로 이해하고 사랑하고 용서하는 것이 중요하기 때문이다. 하나님이 우리에게 주신 그 한량없는 은혜는 갚을 수 없다. 오직 하나님께 감사하고 영광을 돌릴 뿐이다. 우리가 주님을 위해 할 수 있다면 그것은 오늘도 이 잔혹한 세상에서 비은혜의 사슬을 과감히 끊고 주님을 드러내는 것이다. 우리 모두 하나님의 자녀이기에. 얀시도 그 심정으로 이 책을 썼을 것이다.

2. 하나님의 명령: 네 발에서 신을 벗으라

다윗과 모세는 공통점이 있다. 양치는 목자였다는 것과 하나님의 부르심을 받았다는 것이다. 두 사람 모두 구약의 인물로 이스라엘의 지도자가 되었다는 것이다. 그리고 그들은 양을 칠 때, 곧 열심히 일할 때 부름을 받았다.

이집트 왕자에서 미디안의 목자로 변신한 그의 모습은 너무나 대조적이다. 그가 왕자였을 땐 사람들은 자기가 원하는 것이라면 모든 것을 해주었다. 그러나 목자는 지금 스스로 모든 것을 자급자족해야 한다. 과거 그는 아주 구별된 인물로 뭇사람들로부터 주목을 받았다. 하지만 지금은 광야에서 아무도 알아주지 않는 이방인으로 살아야 했다. 양이 없다면 그는 정말 외로운 존재일 수밖에 없다.

모세는 목자로서 오랫동안 광야 체험을 해왔다. 그것도 거의 40년이 가까워져 온다. 이것은 하나님이 그의 리더십을 위해 준비하신 코스였다. 하나님은 40년 동안 낮추시고, 또 낮추셨다. 겸손을 경험하게 하신 것이다. 주님이 보시기에 이것은 그가 거쳐야 할 과정이었지만 그로썬 이 광야 생활이 고맙지 않을 수 있다. 너무나 힘들기 때문이다. 그러나 하나님은 이스라엘을 바로의 손에서 해방시키기 위해 그를 단단히 준비시키셨다.

출애굽기 3장을 보면 모세가 장인의 양 떼를 광야 서쪽으로 몰고 갔다. 광야 서쪽이란 광야 저 먼 곳(the far side of the desert)을 가리킨다. 아주 먼 곳까지 갔다는 말이다. 미디안 사람들이 사는 곳, 곧 아라비아반도에서 호렙(Horeb) 산이 있는 시내 반도까지 아주 먼 곳까지 온 것이다. 광야가 많은 곳에서 목초를 찾는 일은 아주 어려워 먼 곳을 이동하지 않으면 안 되는 아주 고된 직업이었다. 그런데 호렙은 보통 산이 아니다. '하나님의 산'이라 소개되고 있다. 이것은 그 산이 모세의 미래와 깊이 연관될 수 있음을 보여준다.

모세는 호렙 산에 왔다. 호렙은 사막(desert) 또는 황무지(desolation)란 뜻이다. 모세는 좋은 꼴을 얻기 위해 이곳까지 왔지만 그곳은 아직도 황무지였다. 그때 하나님은 그곳에 있는 그를 찾으셨다. 애굽에 있는 자기 백성, 곧 약속의 자손 이스라엘이 깊은 고통에서 신음하고 있었고, 그 소리를 들으신 것이다. 자기 백성을 구하시고자 하는 때가 가까이 온 것이다. 모세가 양들을 생각하듯 하나님은 자기 백성을 생각하신다.

모세는 호렙 산에서 이상한 광경을 보았다. 떨기나무에 불이 붙었는데도 오랫동안 불이 꺼지지 않는 기이한 현상이었다. 나무에 불이 붙었다면 금방 재로 남을 것인데, 보고 또 보아도 꺼지지 않는 것이다. 타오르는 가시덤불(burning bush).

"내가 돌이켜 가서 이 큰 광경을 보리라 떨기나무가 어찌하여 타지 아니하는고(3절)." 그에게는 아주 신기한 구경거리였다. 모세는 아직 이 현상이 하나님의 임재를 나타내는 것임을 의식하지 못한 채 그 앞으로 나아간다. 모세는 그때까지 하나님의 임재하심과 그분의 속성을 몰랐다.

가까이 다가오는 모세를 향해 여호와의 사자가 떨기나무 불꽃 가운데서 그를 부르셨다. "모세야 모세야(4절)."

여호와의 사자는 하나님 자신을 가리킨다. 4절에서는 여호와와 하나님으로 표현되어 있다. 이 명사들이 교호적으로 사용되었음(used interchangeably)을 알 수 있다.

구약에서 불은 하나님의 임재의 상징이다. 하나님 자신과 그의 의지(뜻)를 나타내심에 종종 불이 수반된다. 또한 불은 하나님의 거룩하심과 죄와 관련된 그분의 진노를 보여준다. 그렇다면 떨기나무 속의 불꽃은 어떤 의미를 가질까? 하나님의 임재(divine presence), 하나님의 부르심(calling), 그리고 하나님이 주시는 사명(mission)과 직결되어 있다.

하나님은 우리가 전혀 예상치 못한 것을 이용해 우리와 소통하고자 하신다. 아브라함은 연기 나는 풀무(the smoking firepot)와 타는 횃불(blazing torch)을 보았고(창 15:17), 야곱은 한 사람과 씨름하였다(창 32:24~29). 하나님은 모세로 하여금 타오르는 덤불에서 하나님을 경험하게 하셨다.

그의 이름을 두 번씩이나 부른 것은 그에 대한 하나님의 친밀성을 보여준다. 예수님도 부활하신 후 사울에게 나타나셔서 그의 이름을 두 번이나 부르셨다. 그에게 사명을 부여할 하나님의 때가 비로소 임한 것이다.

구경하러 가까이 오는 모세를 향해 하나님은 명령하신다. "이리로 가까이 오지 말라 네가 선 곳은 거룩한 땅이니 네 발에서 신을 벗으라(5절)." 사도행전에는 "네 발에 신을 벗으라 너 섰는 곳은 거룩한 땅이니라(행 7:33)" 소개하고 있다.

여리고 성을 살피러 온 여호수아를 향해 여호와의 군대 대장, 곧 하나님이 같은 명령을 내리셨다. "여호와의 군대 대장이 여호수아에게 이르되 네 발에서 신을 벗으라 네가 선 곳은 거룩하니라 하니 여호수아가 그대로 행하니라(수 5:15)."

하나님은 그 땅을 '거룩한 땅'이라 부르셨다. '아데맛 코데쉬.' 이것은 구별되어 선정된 땅, 구별되어 깨끗한 땅, 정결하게 하신 땅 등 여러 의미로 사용된다. 그 땅이 본래 거룩한 것이 아니라 하나님의 임재로 인하여 거룩하게 된 곳이다. 이 세상에 본래부터 거룩한 곳은 없다. 하나님이 임재하시는 그곳이 바로 거룩한 곳이다. 하나님이 임재한 거룩한 땅은, 그곳이 어디든 여호와를 경배할 곳이다. 하나님이 그곳에 계시기 때문이다. 거룩한 땅은 하나님으로 인해 보통의 장소와 구별된다.

네 발에서 신을 벗으라(Take off your sandals). 성경에서는 신과 연관되어 여러 모습을 제시하고 있다. 신을 신는 것과 벗는 것, 그리고 신을 던지는 것 등. 신을 신는다는 것은 여행을 떠날 준비가 되었음을 의미한다(출 12:11; 막 6:9). 신이나 샌들을 땅 위에 던지는 것은 소유권을 확증하는 한 방법이었다(시 60:8). 그렇다면 신을 벗는 것은 무슨 뜻일까? 이것에는 다양한 주장이 있다.

첫째, 포기를 의미한다. 신은 소유 여부와 함께 사회적 신분을 반영하는 척도였다(겔 16:10; 눅 15:22). 상거래나 가옥매매 시 자기의 권리를 포기할 때 신발을 벗어준다. 수혼법에 따라 이미 태어난 아이의 상속권을 포기하고자 할 때 상속될 땅의 소유권을 포기하는 의식(신 25:9~10; 룻 4:6~10)이 바로 신발을 벗는 것이다. 내 권리를 넘겨주는 것이다.

영적인 의미의 포기는 무엇일까? 그것은 자기를 완전히 내려놓는 것이다. 내 삶의 패권을 주님 앞에 내려놓는다. 그것은 겸손, 자기 부인, 마음을 비움, 회개 등으로 나타난다. 종들은 맨발로 다녔다(눅 15:22).

포로들은 신발을 벗었다(대하 28:15; 사 20:2~4). 가난한 자나 수도자는 먼 길을 맨발로 다녔다(마 10:10; 눅 9:1~5). "곧 그때에 여호와께서 아모스의 아들 이사야에게 일러 가라사대 갈지어다 네 허리에서 베를 끄르고 네 발에서 신을 벗을지니라 하시매 그가 그대로 하여 벗은 몸과 벗은 발로 행하니라(사 20:2)."

둘째, 경외의 행동(an act of reverence)이다. 고대 근동에서 신발을 벗는 것은 존경(respect)과 겸손(humility)의 상징이었다. 이슬람교도들은 아직도 사원에 들어가기 전에 신발을 벗는다. 하나님 앞에 그분의 위대함과 자신의 무가치함을 드러내는 것이다.

경외의 방법에는 여러 설이 있다. 종의 입장에서 순종의 표시(눅 15:22)라는 주장, 그리고 자신들이 섬기는 신들에게 나아갈 때 몸에 두른 치장들을 벗어 옆에 두는 고대의 풍속이라는 주장 등이다.

꺼지지 않는 불꽃을 보았을 그때만 해도 모세는 하나님의 임재를 몰랐다. 그래서 그는 존경의 태도나 신중함의 모습을 보이지 않았다. 하나님은 그의 이름을 부름으로써 자신의 임재를 알렸고, "네가 선 곳은 거룩한 땅이니 네 발에서 신을 벗으라" 명령하심으로써 그에 합당한 태도를 촉구하신 것이다. 거룩하신 하나님 앞에 나갈 때 우리는 그에 합당한 태도를 취해야 한다. 모세는 신을 벗고 얼굴을 가렸다.

주님의 일을 하는 곳이라면 그곳은 모두 거룩한 땅이다. 그 땅에서 우리가 해야 할 일은 신을 벗는 일이다. 주님 앞에 늘 나를 내려놓는다. 다 내려놓기까지 오늘도 더 내려놓는다. 그것이 바로 신을 벗는 일이다.

40년의 세월은 사람을 변화시키는 데 충분한 세월이었다. 40세 때의 그의 불같은 성질도 80세가 되면서 자제력이 있는 온순한 모습으로 변했다. 그가 변했다는 것은 11절에서 드러난다.

하나님은 불꽃 가운데 신비하게 나타나셔서 이후에 일어날 모든 일의 사실적 결말을 모세에게 일러주셨다. 그리고 "내가 너를 보내리라" 하셨다. 모세는 그 말씀에 사양의 뜻을 적극적으로 드러냈다. "내가 누구이기에 바로에게 가며 이스라엘 자손을 애굽에서 인도하여 내리이까(11절)."

"내가 누구이기에." 지금까지 사람들은, 이 말을 하나님에 대한 불신앙으로 보려 했다. 이것은 잘못된 생각이다. 하나님께서는 불신앙의 사람을 사용해 큰일을 하시는 분이 결코 아니다. 모세의 말은 인생을 더 이상 자기 혼자의 힘으로, 마음대로 경영할 수 없다는 것을 드러낸 것이다.

모세는 자신에게 엄청난 사명을 맡기시는 하나님의 말씀에 스스로 나약함과 힘없음을 고백할 수밖에 없었다. "하나님 도움 없이는 아무것도 할 수 없습니다." 과거에 그는 스스로 특이한 인물(somebody)로 생각했다. 하지만 지금 그는 자신은 아무것도 아니다(nobody)라는 인식을 갖게 되었다.

하나님은 자신의 무력함에 관한 모세의 변명에 대해 두 가지로 답하셨다. 첫째, 하나님 자신의 임재를 약속하셨다. "정녕 내가 너와 함께 있으리라(12절)." 그에게 확신을 심어준 이 말씀은 "나는 스스로 있는 자(14절)"라고 번역한 것과 동일한 히브리어다. 둘째, 그와 함께 하시겠다는 약속에의 증거 또는 징표를 주시겠다는 것이다. 증거는 출애굽한 뒤 이스라엘 백성들이 호렙 산에서 하나님을 섬기게 되는 것이다. "네가 그 백성을 애굽에서 인도하여 낸 후에 너희가 이 산에서 하나님을 섬기리니 이것이 내가 너를 보낸 증거니라(12절)." 그리고 징표는 그가 가진 막대기를 뱀이 되게 하신 것이다(출 4:8).

하나님은 그와 함께하겠다는 약속을 주시면서 자신을 "나는 스스로 있는 자(14절)"라 하셨다. 히브리어로 '에흐예 아쉐르 에흐예' 이 말은 '나는 곧 나다(I am who I am)', '나는 스스로 존재하는 자다', '어제나 오늘이나 영원무궁하신 자'란 의미이다.

여호와(15절)는 '야훼(Yahweh)'에서 나온 말이다. 야훼는 히브리어로 'I am', 곧 존재하시는 분, 스스로 계시는 분을 뜻한다. 'I am'은 불변하신 하나님의 속성을 드러낸다. 하나님은 아브라함, 이삭, 그리고 야곱에게 언약을 주실 때도 자신을 이렇게 드러내셨다. 이 불변의 약속이 모세를 통해 이루어지는 것이다. 한 번 하신 약속은 불변하며, 하나님은 그 약속을 변함없이 이루는 분이시다. 이스라엘의 하나님은 바로 그런 분이심을 믿고 알리라는 것이다.

> "모세가 하나님께 아뢰되 내가 이스라엘 자손에게 가서 이르기를 너희의 조상의 하나님이 나를 너희에게 보내셨다 하면 그들이 내게 묻기를 그의 이름이 무엇이냐 하리니 내가 무엇이라고 그들에게 말하리이까 하나님이 모세에게 이르시되 나는 스스로 있는 자이니라 또 이르시되 너는 이스라엘 자손에게 이같이 이르기를 스스로 있는 자가 나를 너희에게 보내셨다 하라(13~14절)."

후대의 유대인들은 여호와의 이름을 망령되이 일컫는 죄(출 20:7)를 범할까 두려워 '야훼'를 '아도나이(나의 주님)'로 바꿔 읽었다. 야훼자음에 아도나이의 모음을 표기하여 붙여 읽으므로 여호와란 이름이 생겨나게 된 것이다.

하나님은 약속의 땅 가나안을 이스라엘에게 주시고, 모세로 하여금 하나님의 그 큰 사역에 동참하도록 하셨다. 그 땅은 젖과 꿀이 흐르는 땅(a land flowing with milk and honey)이다. 이것은 그 땅에 젖과 꿀이 넘쳐흐르는 땅이라는 것보다 하나님이 약속하신 그 땅의 아름다움과 생산성을 드러내는 시적인 표현이다. 모세도, 이스라엘 민족도 애굽을 나와 그 땅을 향해 한 걸음씩 나아갔다. 약속의 땅으로. 우리도 지금 그 땅을 향해 가고 있다.

우리가 할 수 있는 일은 주 앞에서 신발을 벗는 것이다. 그것은 하나님의 일을 하나님이 하실 수 있도록 나의 모든 것을 내려놓고, 그분의 존재와 뜻을 겸손히 받드는 일이다. 하나님은 "네 손에 있는 것이 무엇이냐(출 4:8)" 물으신다. 하나님은 현재 나에게 있는 것을 그대로 사용하신다. 내 손에 있는 것을 주의 손에 올려 드리라. 주님은 그것을 주님의 사역에 귀히 사용하신다. 너무도 보잘것없고, 힘없는 내가 주의 도구로서 오늘도 사역의 현장에 서 있다는 자체가 얼마나 대견스러운가. 주의 일이라면 그 역할이 무엇이든 물어서 무엇하리. 주님의 뜻을 이루는 것이 더 기쁘고, 중요하지 않은가.

3. 인정받는 삶: 야베스처럼 존귀한 자가 되려면

역대상은 여러 족장들을 지루하게 기록한다. 그러다 갑자기 야베스에 와서 그냥 넘어가지 않고 그에 대해 두 절을 할애했다. 다른 사람보다 뭔가 다른 특별한 것이 있다는 것을 보여주고 싶은 것이다.

"야베스는 그의 형제보다 귀중한(honorable) 자라(역상 4:9)." 개역한 글에는 '존귀한 자'라 했다. 유다의 여러 후손 가운데 야베스가 하나님으로부터 존귀하게 여김을 받았다는 말이다. 성경에 600여 명의 인물이 기록되지만 그 가운데 믿음과 기도의 인물로 야베스가 꼽히고 있다. 그가 남보다 뛰어나다 인정을 받은 이유는 과연 무엇일까.

그가 유다의 다른 사람보다 귀하게 여김을 받은 것은 기도하는 사람이었기 때문이다. 하나님은 기도하는 사람을 귀하게 보신다. 브루스 윌킨슨이 쓴 『야베스의 기도』가 한동안 베스트셀러가 되었다. 그 원인이야 여러 가지가 있지만 이 책의 부제, 곧 '내 삶을 기적으로 채우는 기도의 원리'를 배우고 체험하고 싶었기 때문이었을 것이다.

"야베스가 이스라엘 하나님께 아뢰어 이르되(10절)." '아뢰어 이르되'는 단순히 기도했다는 것을 의미하지 않는다. 'cried out', 소리쳐 부르짖었다. 야베스 기도는 뛰어난 기도가 아니다. 매우 단순하지만 단호하다. 하나님은 그 기도를 들어주셨다.

그는 기도가 무엇인지를 아는 사람이었다. 그는 하나님께 매달렸다. "주의 손으로 나를 도우사(10절)." 주님을 전적으로 의지한 것이다. 주께서 나와 함께하시면 불가능이 없다는 확고한 믿음이다. 야베스는 고통을 복으로 전환시켜 주실 분은 오직 하나님이시라는 것을 확신했다. 그만큼 하나님을 신뢰했다.

그는 자신의 아픔을 기쁨으로 받아들인 사람이었다. "그의 어머니가 이름 하여 이르되 야베스라 하였으니 이는 내가 수고로이 낳았다 함이었더라(9절 하반절)." 야베스라는 이름의 배경을 말해준다. 이 말씀으로 미루어보면 그의 이름은 결코 축복이 담긴 이름이 아니었음을 알 수 있다. '날 때 어미가 수고해서 난 아이, 난산 끝에 태어난 아이, 어미에게 고통을 준 아이.' 이런 정도라면 태어날 때부터 부모에게 짐이 된 존재라는 것을 알 수 있다. 그는 날 때부터 축복받지 못하고 태어난 이른바 '태생적 아픔'을 안고 있었다.

"내가 수고로이 낳았다 함이었더라." 야베스라는 이름은 "고통스러운(painful)"이라는 뜻을 가지고 있다. 그의 이름이 '미스터 고통(Mr. Pain)'

이라는 것이다. 성경은 야베스의 모친이 그를 낳았을 때 고통스러웠음을 보여준다. 그녀의 고통은 태어날 때만 아니라 그를 낳기 전후에 얼마나 큰 고통과 고난이 있었는가를 보여준다.

야베스의 기도 내용 가운데서도 환난과 고통이 있었음을 볼 때 야베스 자신의 삶의 과정에서도 근심과 고통이 있었음을 보여준다. 그러나 그 내용이 무엇인지는 정확하지 않다. 그래서 그는 하나님께 나아가 기도했을 것으로 보인다.

자녀의 이름을 지을 때 생각해서 지을 필요가 있다. 이름이 자녀에게 미치는 심리적·영적 영향이 클 수 있기 때문이다. 예를 들어 나오미의 두 아들 말론과 기룐의 이름이 가진 의미는 '허약하다', '수척하다'였다. 결국 그들은 다 죽고 말았다. 반대로 솔로몬의 이름은 '평화'라는 뜻을 가지고 있다. 솔로몬은 다윗 때와는 달리 전쟁이 없는 평화를 누릴 수 있었다.

성경은 야베스가 어떤 특별한 능력이나 달란트를 가진 것으로 묘사하고 있지 않다. 우리처럼 매우 평범한 인물이었고, 오히려 육체적인 것이든 정신적 능력이 모자라든 보통사람보다 못한 어떤 조건을 가지고 있음을 보여준다.

그가 귀중한 것은 그러한 자신을 탓하지 않고 자기를 수용했다는 것이다. 약점까지도 있는 그대로를 무조건 수용하는 그 태도. 그 아픈 이름을 가지고도 건강하게 살았다는 그 사실. 신체적인 핸디캡과 어려움이 있음에도 불구하고 그것을 극복한 그의 삶. 그것만으로도 귀중하다 인정을 받을 만하다. 이것은 그의 육체적인 조건에 비해 믿음이 얼마나 성숙해 있는가를 보여준다. 그는 어려서부터 힘든 상태에 있었지만 하나님을 향한 그의 믿음은 날로 성숙했다. 그는 자라는 믿음(growing faith)의 소유자였다. 고난을 극복한 것이다.

고난을 당했을 때 반응은 부정적인 반응과 긍정적인 반응, 두 가지로 나타날 수 있다. 부정적으로 반응할 경우 고난에 굴복하고 체념에 빠지고 만다. 그러나 긍정적으로 반응할 경우 고난을 극복하고 이에 도전하고자 한다. 야베스의 기도는 바로 고통에 대한 긍정적 반응이다. 하나님은 그의 태생적 고통, 마음의 고통과 신음을 다 아셨다. 주님은 야베스의 처지만 아시는 것이 아니라 우리 각자의 처지도 잘 아신다.

중요한 것은 그 처지를 어떻게 대응하며 살아가는가 하는 것이다. 그 아픔을 끌어안고 오히려 감사하며 산다면 그는 하나님이 인정하시는 스타(honored star)가 된다. 그러나 우리 상태를 저주하며 살면 지울 수 없는 상처(inerasible scar)만 남는다. 이름도, 고난도 궁극적으로 받아들이라. 내 이름이 아니라 나 자신의 삶으로 나 자신을 증명하라. 그러면 당신도 존귀한 자가 될 것이다.

그는 하나님의 복과 도우심을 구한 사람이었다. 그는 자신의 모든 문제를 안고 하나님 앞에 나아갔다. 그리고 간구했다. "주께서 내게 복을 주시려거든 나의 지역을 넓히시고 주의 손으로 나를 도우사 나로 환난을 벗어나 내게 근심이 없게 하옵소서(10절)." 이 기도문은 매우 짧지만 그의 생애에 걸쳐 얼마나 많은 시간을 하나님께 호소했을까 싶다.

"주께서 내게 복을 주시려거든"의 개역한글판은 "내게 복에 복을 더하사"이다. 야베스는 하나님께 복을 달라고 간구했다. 그는 그 복이 자신의 힘으로 소유할 수 있는 것이 아니라 하나님이 주실 수 있는 것으로 생각했다. 하나님이 복의 주체라는 것이다. 이러한 관점은 인간이 복의 주체라는 다른 종교관과는 다르다.

"나의 지경을 넓히시고." '나의 지경'은 하나님이 정해준 땅이자 물려받은 땅이다. 지금까지 대대로 농사를 짓고 양을 키우며 살아온 땅이다. 부모로부터 받은 땅으로도 살아가기 힘들 수 있다. 지경을 넓혀달라는 것은 하나님께 복을 달라고 기도하는 또 하나의 표현이다. 이 기도를 유치한 기복적 기도로 한정시켜서는 안 된다. 우선 기복신앙은 복 자체가 목적이 되는 것이지만 야베스의 기도는 복만 받기에 그치지 않기 때문이다. 나아가 지경을 넓혀달라고 해서 넓혀질 수 있는 것도 아니다. 지경을 함부로 사고팔지 않기 때문이다. 따라서 여기서 지경은 단순히 땅만을 의미하지 않음을 알 수 있다.

야베스는 큰 야망(great ambition)을 가졌다. 그는 아무런 꿈도 없이 표류하는 삶을 산 것이 아니라 삶의 목표를 확실히 했다. 그 꿈은 "주께서 내게 복에 복을 더하사 나의 지경을 넓혀달라"는 것이었다. 위대한 야망은 겸손한 가운데 나와야 한다. '내가' 아니라 하나님이 도우시면 나는 할 수 있다는 겸손함이다. 위대한 야망은 만족감을 준다. 그 만족은 그 야망이 비록 달성되지 않는다 할지라도 행복한 만족감이다. 위대한 야망은 작은 생각이 아니라 영적으로 큰 생각이다.

우리는 단지 교회가 커지는 것만 야망할 것이 아니라 하나님을 위한 우리의 미션이 넓어지도록 야망해야 한다. 우리의 기도는 달라야 한다. 보다 승화된 기도를 드려야 한다. 하나님의 사역장을 넓혀주옵소서. 영적 지경을 넓혀주옵소서. 주님을 위해 더 무거운 십자가를 지기 원합니다. 거룩한 지경을 넓혀주옵소서. 간절히 구하면 하나님이 응답하신다. 가난과 고통이 심할수록 긍정적으로 도전하라.

"나를 도우사 환난을 벗어나 근심이 없게 하소서." 그의 간단하고, 단순한 이러한 기도는 매우 소박하고 인간적이고, 현실적이다. 그는 진실한 기도의 삶(genuine prayer life)을 살았다. 그는 무엇보다 자신의 삶에 하나님의 능력(God's power in his life)이 나타나도록 기도했다. "너희가 얻지 못함은 구하지 아니함이요(약 4:2)." "너는 내게 부르짖으라 내가 네게 응답하겠고 네가 알지 못하는 크고 비밀한 일을 네게 보이리라(렘 33:3)." 그는 자신의 삶에 하나님의 임재(God's presence in his life)가 있기를 기도했다. "주의 손으로 나를 도우사." 그는 자신의 삶에 하나님의 보호하심(God's protection over his life)을 기도했다. "나로 환난을 벗어나 근심이 없게 하소서."

그는 하나님의 응답을 받은 사람이었다. 그의 기도는 응답되었다. "하나님이 그 구하는 것을 허락하셨더라(10절)." 하나님은 그의 기도(big request)를 들으시고 응답하셨다. 그의 기도가 얼마나 진정한 기도였는가를 보여준다.

하나님은 그의 내면의 깊은 외침 기도를 들으셨다. 고통과 내적인 아픔이 클수록 주님은 더 크게 귀를 기울이신다. 기도로 하나님 앞에 가까이 나아가라. 우리의 기도는 잠자는 영혼까지 깨울 뿐 아니라 하나님은 우리를 만나시고 치유의 팔을 펴신다. 주님을 만나는 순간 달라진다. 자연 우리의 삶도 존귀한 자의 반열에 서게 된다.

야베스는 구약시대의 사람이었다. 그에 비해 우리는 주님이 주시는 성령을 받고, 예수를 아는 사람들이다. 그렇다면 우리는 야베스의 수준을 넘어 보다 깊은 기도, 성숙한 기도를 드릴 수 있어야 마땅하지 않은가.

존귀한 자는 그저 되는 것이 아니다. 하나님을 신뢰하고 기도로 늘 그 앞에 나아가며, 자기의 연약한 모습 그대로를 기쁨으로 받아들이며, 그 가운데서 미래에 대한 소망을 안고 주의 도우심을 구하는 자라야 한다. 하나님은 그의 자녀가 고난 속에서 주저앉는 모습을 원치 않는다. 그 자리에서 주님을 의지하고 일어나 전진하는 삶의 모습을 보고자 하신다.

4. 새 힘: 여호와를 앙망하는 자는 새 힘을 얻으리니

사람은 때로 실의에 빠지기도 하고, 삶에 의욕을 잃기도 한다. 그리스도인도 예외가 아니다. 우울증을 이기지 못해 자살하는 사람들 가운데서 기독교인들이 있을 때마다 안타까운 마음을 금할 수 없다. 적어도 그리스도인이라면 달라야 한다는 생각이 앞서기 때문이다. 달라야 한다고 말하는 것은, 우리는 날마다 새 힘을 주시는 주님을 모시고 살기 때문이다. 새 힘을 소유한 자는 삶이 달라야 한다.

> "너는 알지 못하였느냐 듣지 못하였느냐 영원하신 하나님 여호와, 땅끝까지 창조하신 이는 피곤하지 않으시며 곤비하지 않으시며 명철이 한이 없으시며 피곤한 자에게는 능력을 주시며 무능한 자에게는 힘을 더하시나니 소년이라도 피곤하며 곤비하며 장정이라도 넘어지며 쓰러지되 오직 여호와를 앙망하는 자는 새 힘을 얻으리니 독수리가 날개 치며 올라감 같을 것이요 달음박질하여도 곤비하지 아니하겠고 걸어가도 피곤하지 아니하리로다(사 40:28~31)."

하나님은 피곤한 자에게 능력을, 무능한 자에게 힘을 주신다. 28절은 하나님의 속성을 4 가지로 묘사하고 있다. 첫째, 영원하신 하나님(the everlasting God) 여호와이시다. 하나님은 '스스로 있는 자'로서 영원자존하신 분이시다. 영원히 살아계신 분이기 때문에 그들의 상태를 모르는 분이 아니시다. 둘째, 땅끝까지 창조하신 자(the Creator of the ends of the earth)이다. 세상 모든 것을 창조하신 분이시다. 그러므로 하나님은 모든 것을 다 아신다. 셋째, 피곤치 아니하시며 곤비치 아니하시는(not grow tired or weary) 분이시다. 인간은 피곤하고 넘어지지만 하나님은 피곤치 아니하시며 곤비치 아니하시다. 넷째, 지혜와 명철이 한이 없으시다(his inscrutable understanding). 즉 모든 것을 다 아는 분이시다.

하나님을 아는 사람이라면 이 4가지 속성에 대해 의문을 달지 않을 것이다. 하나님은 이처럼 피조물과는 다른 속성을 가지고 있다. 그러나 하나님이 피조물인 인간과 다른 점만 강조한다면 하나님은 우리와 상관이 없다. 너무나 높으신 분이기 때문이다. 그러나 29절은 그 속성이 우리와 깊게 연관된다는 것을 가르쳐준다.

"피곤한 자에게는 능력을 주시며 무능한 자에게는 힘을 더하시나니."

피곤한 자에게 능력(power, strength)을 주시고 무능한 자, 곧 힘없는 자(the weak)에게 힘(strength)을 더해주신다(increase). 하나님을 믿고 신뢰하는 모든 사람들에게 이 능력과 힘을 주신다. 자기 속성 중의 중요한 일부를 우리에게 할애함으로써 우리의 몸과 영혼이 살게 하신다. 우리 하나님은 이처럼 다르다. 그분이 바로 우리의 아버지시다. 하나님은 오늘도 풍성한 사랑과 자비로 지친 우리를 돌보시고 넘어짐에서 일으키신다. 사람은 약한 사람을 못살게 굴고 그를 밟고 이용하려 하지만 하나님은 연약한 자를 오히려 사랑하고 보호하신다.

하나님은 자신을 앙망하는 자에게 새 힘을 주신다. 하나님은 우리가 이 세상을 살면서 곧잘 피곤하고 많이 넘어진다는 것을 아신다.

"소년이라도 피곤하며 장정이라도 넘어지며(30절)." 여기서 소년은 youths로, 그리고 장정은 vigorous young men을 가리킨다. 인간적으로 볼 때 육체적으로 힘이 제일 강한 시기를 말한다. 이들도 결국 피곤하고 넘어진다.

특히 인간은 자기 힘으로 자기를 보호하려 한다. 인간이 자기를 의지하면 결국 피곤해지고 넘어지고 자빠질 수밖에 없다. 하나님의 것 외에 인간이 의지하는 그 어느 것도 결국 넘어진다. 나라도 넘어지고 대기업도 은행도 쓰러진다. 부동산도 믿을 것이 못 된다. 나 자신도 넘어진다. 인간은 그만큼 한계가 있다. 그래서 하나님은 선언하신다. "오직 여호와를 앙망하는 자는 새 힘을 얻으리니(31절)." 여호와를 앙망하는 자만큼은 새 힘을 얻게 된다.

여호와를 앙망한다는 것은 무엇을 의미하는가?

첫째, 앙망한다는 것은 희망을 가지고 앞을 바라본다는 뜻을 가지고 있다. 하나님에 대한 무한한 기대와 희망을 가지고 오직 그분만을 바라보는 자(those who hope in the Lord)에게 새 힘을 주신다.

둘째, 앙망한다는 것은 기다린다(wait)는 뜻을 가지고 있다. 그분이 손을 펴 도와주실 것을 확신하고 기다린다. 믿음으로 겸손하게 기다리고, 참을성 있게 기다린다. 기다린다는 것은 강해진다는 의미를 가지고 있다. 기다림을 통해 우리 신앙이 더 강해진다. 강한 사람이 오래 기다릴 수 있다. 기다림은 수동적이 아니라 능동적이다. 기대하면서 적극적으로 기다리는 것이다. 기다림은 하나님이 내 안에서 일하도록 하며, 나 자신이 더욱 주의 도구가 되기를 소원한다. 막연히 기다리는 것도 아니며 불평하며 기다리는 것도 아니다. 하나님의 선한 인도하심을 기뻐하며 기다린다.

셋째, 앙망한다는 것은 갈망하고 사모한다(crave)는 의미를 가지고 있다. 사막에서 한 방울의 물이라도 얻고자 하는 사람처럼 여호와를 갈망한다. 파수꾼이 아침을 기다리듯 주님을 갈망한다. 어미 새는 가장 크게 입을 벌리는 새끼에게 먹이를 준다고 한다. 배가 고플수록 입을 크게 벌리기 때문이다. 하나님을 향해 입을 크게 벌리라. 그러면 그 입을 채우실 것이다.

"오직 여호와를 앙망하는 자는 새 힘을 얻으리니." 아무리 신앙이 좋다 해도 인간인 자기를 의지하면 결국 넘어진다. 모세도, 엘리야도, 베드로도 자기를 의지했을 때 낙심하고 좌절했다. 모세는 분노하며 반석을 쳤고, 엘리야도 로뎀나무 아래서 절망했다. 베드로는 디베랴 바다로 갔다. 삶의 정점에 오른 사람도 주님을 놓치면 낙심한다. 그러나 인간을 의지하지 않고 하나님을 앙망하며 그를 향해 기도하면 끊임없이 새 힘을 주신다.

주님은 오직 여호와를 앙망하는 자에게 새 힘을 주신다. 우리가 하나님을 바라보고 기도하고 성경을 읽고 전도하고 봉사하고 가르치며 말씀대로 살아가는 모두도 주님을 앙망하는 데서 나온 것이다. 주를 앙망하는 자는 주님나라의 확장을 위해 열심히 산다. 그때마다 하나님은 우리에게 힘을 더하여 주시고, 그 일이 이루어지게 하신다.

새 힘 그것은 무엇인가? 우리는 자주 세상으로부터 힘을 얻는다. 그것은 때로 나의 성취로부터 나오기도 하고, 아내의 지지나 친구의 도움이 힘을 주기도 한다. 돈이 힘이 되기도 하고, 명예가 힘이 되기도 한다. 그러나 세상이 주는 힘은 유한하다. 그 힘이 다할 때, 마치 소진된 배터리처럼 더 이상 힘을 주지 못한다. 그만큼 제한되어 있다.

"오직 여호와를 앙망하는 자는 새 힘을 얻으리니." 새 힘을 얻는 것은 힘을 새롭게 한다, 또는 새로운 힘을 얻는다(renew their strength, gain new strength)는 의미다. 힘의 갱신 또는 새로운 힘의 부여 모두에 해당된다. 31절의 새 힘은 하나님이 주시는 힘이라는 점에서 세상이 주는 힘과는 다르다. 새 힘은 하나님으로부터 나오는 힘으로, 하나님이 그 힘의 원천이 된다. 28절에서 하나님은 피곤치 아니하시며 곤비치 아니하시는 분이라 하였다. 하나님은 소진되는 배터리가 아니라는 말씀이다. 우리는 바로 그 하나님으로부터 힘을 얻는다. 그리고 우리 영혼이 새로워진다. 그래서 시편기자는 고백한다. "나의 힘이 되신 여호와여 내가 주를 사랑하나이다."

새 힘은 과거의 힘과는 다르다. 과거의 것은 인간을 의지한, 인간이 원동력이 되는, 그래서 곤비하고 넘어질 수밖에 없는 힘이다. 하지만 새 힘은 하나님으로부터 나온다. 우리는 인간 위주의 과거의 것을 버리고 오직 주님이 주시는 새 힘을 가지고 살아야 한다.

31절은 하나님이 주시는 새 힘을 3가지 형태로 설명하고 있다. 독수리의 날개 치며 올라감 같은 힘, 달음박질해도 곤비치 아니한 힘, 그리고 걸어가도 피곤치 아니한 힘이다. 주님이 주시는 힘은 이처럼 다이내믹하다.

"독수리의 날개 치며 올라감 같을 것이요(31절)." 독수리처럼 날개를 펴 솟아오른다(soar on wings like eagles). 독수리가 올라가려면 힘이 필요하듯 우리도 주님이 주시는 힘이 필요하다. 로켓의 강한 추진력과 같은 힘이 주님으로부터 주어진다. 독수리는 다른 새와 달리 폭풍우를 뚫고 올라간다. 어느 새보다 높이 올라 멀리 바라다보며 먹이를 찾는다. 독수리의 날개 치며 올라감 같은 힘은 난관에도 불구하고 결코 포기하지 않고 하나님을 의지하여 오르고 또 오른다. 주변 상황에 집착하여 현재를 낙담하지 않고 멀리 보며, 암담한 가운데서도 미래를 긍정적으로 바라본다.

성도는 군인, 경주자, 농부, 나그네, 순례자 등 다양하게 상징된다. 이 장에서는 독수리로 상징되고 있다. 독수리는 올라감을 상징한다. 이것은 우리의 신앙도 '향상의 원리', '발전의 원리'에 따라야 한다는 것을 말해준다. 그리스도인은 퇴보가 아니라 항상 위로 올라가는 생활을 해야 한다. 중생은 새로운 단계로 향상하는 것(level up)을 나타낸다. "오직 사랑 안에서 참된 것을 하여 범사에 그에게까지 자랄지라 그는 머리니 곧 그리스도라(엡 4:15)." 우리는 머리 되신 예수 그리스도에게까지 자라야 한다. 이것은 예수님의 인격이나 마음이나 성품을 우리가 닮아야 한다는 것을 의미한다. 성장은 중단이 없다. 올라가다 시험을 받아 중단하는 생활을 해서는 안 된다. 성장에는 은퇴가 없다. 믿음에는 은퇴가 없다.

알프스를 등반하다 죽은 어떤 산악인의 묘비에 이런 글이 쓰여 있다. "올라가다가 죽었음." 짧지만 매우 의미를 준다. 그리스도인은 내려가다 죽는 사람이 아니다. 올라가다 죽어야 한다. 왜 올라가야 하는가? 하나님이 우리의 신앙이 성장하도록 바라시고, 위로부터 우리를 부르시기 때문이다. "오직 한 일, 즉 뒤에 있는 것은 잊어버리고 앞에 있는 것을 잡으려고 푯대를 향하여 그리스도 예수 안에서 하나님이 위에서 부르신 부름의 상을 위하여 좇아가노라(빌 3: 13,14)." 푯대는 위에서 부르신 목표이다. 우리는 이 목표를 향해 항상 올라가는 삶을 살아야 한다.

"달음박질하여도 곤비치 아니하겠고(31절)." 계속 달려도 피곤치 않다(run and not grow weary, run and not get tired)는 말이다. 신앙생활은 장거리 경주다. 오래 달음박질하려면 목표를 향한 열정과 지구력이 요구된다. "너는 마음을 다하고 뜻을 다하고 힘을 다하여 네 하나님 여호와를 사랑하라(신 6:5; 막 12:30)" 하신 말씀이나 "부지런하여 게으르지 말고 열심을 품고 주를 섬기라(롬 12:11)" 하신 말씀은 모두 우리에게 치열한 열심이 필요하다는 것을 가르쳐준다. 야곱은 장자가 아니었지만 하나님의 축복을 받겠다는 일념으로 살아왔다. 형 에서와의 갈등, 부모로부터 멀어짐, 타향살이 등 힘든 과정이 많았지만 결국 이스라엘 12지파의 아버지가 되었다.

"걸어가도 피곤치 아니하리로다(31절)." 계속 걸어가도 피곤치 않다(walk and not be faint, walk and not become weary)는 말이다. 지쳐 쓰러지지 않는다. 신앙생활은 달음박질도 있고, 걸어감도 있다. 하나님은 우리로 하여금 뛰게도 하시고, 걷게도 하신다. 인생의 긴 거리를 걸어감에 있어서 필요한 것은 결코 포기하지 않는 인내다. 인내는 하나님의 때를 기다리며 좀처럼 성급하지 않아야 한다. 아브라함과 같은 위대한 인물도 하나님의 때를 기다리지 못했다. 후사가 없을 때는 엘리에셀을 후사로 정하고자 했고(창 15:2), 심지어 사라의 몸종을 통해 이스마엘을 얻기도 했다. 때가 되면 이삭을 주실 것인데 참아내지 못한 것이다. 하나님을 의지하는 자는 이삭을 주실 때까지 기다리는 인내가 필요하다. 걸어감은 지속이다. 중단이 아니다.

성경은 하나님으로부터 새 힘을 얻으며 살아간 사람들을 소개하고 있다. 그중에 대표적인 인물로 요셉, 다니엘, 욥이 있다. 그들은 모두 새 힘을 가지고 난관을 극복해나갔다. 중간에 낙심하거나 절망하지 않았고, 하나님을 불신하거나 원망하지도 않았다. 원망은 사단이 주는 독약이 아니던가.

욥의 경우를 보자. "내가 모태에서 적신이 나왔사온즉 또한 적신이 그리로 돌아가올지라 주신 자도 여호와시요 취하신 자도 여호와시오니 여호와의 이름이 찬송을 받으실지니이다 하고 이 모든 일에 욥이 범죄 하지 아니하고 하나님을 향하여 어리석게 원망하지 아니하니라(욥 1:21~22)."

욥의 아내는 "하나님을 욕하고 죽으라" 했다. 그러나 그는 "그대의 말이 어리석은 여자 중 하나의 말 같도다 우리가 하나님께 복을 받았은즉 재앙도 받지 아니하겠느뇨" 하고 이 모든 일에 욥이 입술로 범죄치 아니했다(욥 2:10). 욥은 결국 갑절의 축복을 받았다.

다니엘은 바벨론 포로 시대에 여러 왕들을 거치면서 믿음을 시험 당하는 어려운 과정을 거쳤지만 그때마다 하나님을 의지하여 새 힘을 얻었다.

요셉도 형들을 원망할 만한 충분한 이유가 있었음에도 불구하고 그리하지 아니했다. 오히려 그들을 감싸 안았다. 원망하면 복을 받지 못한다. "저가 저주하기를 좋아하더니 그것이 자기에게 임하고 축복하기를 기뻐 아니하더니 복이 저를 멀리 떠났으며(시 109:17)." "악을 악으로, 욕을 욕으로 갚지 말고 도리어 복을 빌라 이를 위하여 너희가 부르심을 입었으니 이는 복을 유업으로 받게 하려 하심이라(벧전 3:9)."

어느 선교사가 현지인으로부터 많은 핍박을 받았다. 그날도 일부 난폭한 원주민들이 찾아와 고향으로 돌아갈 것을 권했다. 마지막이라면서. 그는 이곳에서 선교는 더 이상 할 수 없다고 생각하고 하나님께 기도했다. 기도하는 가운데 주님의 음성을 들었다. "너는 나와 함께 여기 머물러라." 선교사는 이 말씀에 힘을 얻어 물러서지 않고 복음을 전했다. 훗날 그곳에 여러 교회를 세우게 되는 결과를 얻었다.

고난당하는 그곳에 주님이 함께하신다. 그리고 새 힘을 주신다.

하나님은 우리 인간과는 달리 피곤하지 아니하시는 분이시며 곤비하지 아니하시는 분이시다. 지금도 일하고 계신다. 그 하나님은 자기를 앙망하는 자녀에게 새 힘을 주신다. 하나님이 새 힘의 원천이시다. 우리가 우리 자신의 것을 의지하면 잠시 힘을 얻을 수 있겠지만 지속성이 없다. 금방 넘어지고 좌절한다. 그러나 우리가 주님을 온전히 의지하고 얻는 힘은 세상적인 힘과 다르다. 하나님은 자기를 의지하는 자에게 늘 새 힘을 주신다. 힘이 떨어질 만하면 자동충전이 되게 하신다. 내 안에 주님이 계시기 때문이다. 새 힘을 가진 자는 하나님을 신뢰하며 힘 있게 올라가고, 달음박질하고, 꾸준히 걸어간다. 그래도 피곤하거나 곤비하지 않다. 그 속에 발전이 있고, 열정이 있고, 지속성이 있다. 오늘 당신은 하나님이 주시는 새 힘으로 사는가, 아니면 자신의 힘으로 사는가.

5. 결사적 신앙: 크라조 신앙

믿음에는 크게 머리로만 믿는 신앙과 그것이 가슴과 다리까지 내려와 전신으로 살아 움직이는 신앙이 있다. 머리 신앙은 지식에 그치는 신앙이다. 그런 사람은 성경지식과 정보에만 관심이 있는 크리스천(informational Christian)이 될 수 있다. 그러나 전신 신앙은 삶의 변화를 통해 나 자신뿐 아니라 사회에 선한 영향력을 끼친다. 우리가 바라는 변혁적 크리스천(transformational Christian)이 되는 것이다.

마태복음 9장 27~31절을 보면 두 소경이 소개된다. 이 두 사람은 예수 그리스도를 만남으로써 지식적인 믿음에서 벗어나 삶에 기적을

맛본다. 육적인 변화뿐 아니라 영적인 변화를 통해 그들은 그리스도
의 증인이 되었다.

변화를 위해선 우리의 믿음에도 은사가 넘쳐야 한다. 믿음의 은사
란 우리의 이성적인 머리로는 불가능하다고 생각되지만 마음으로는,
즉 주님이 함께하시면 불가능은 없다고 생각하는 것을 말한다. 부정
적인 것도 긍정적인 것을 바꿀 수 있는 힘, 그것이 바로 믿음의 은사
다. 이 은사가 넘칠 때 삶은 달라진다.

성경에서 소경은 때로 불신앙의 상징으로 나타난다. "그냥 두어라
저희는 소경이 되어 소경을 인도하는 자로다 만일 소경이 소경을 인
도하면 둘이 다 구덩이에 빠지리라(마 15:14)." 그런데 마태복음 9장
에 두 소경이 등장한다. 두 소경은 영적 구덩이에 빠질 가능성이 높
다. 서로 만나 쉽게 자신의 처지를 비관할 수 있었기 때문이다. 그런
데 예외가 있다고 말한다.

두 사람의 귀에 혈루증 앓던 여인이 나았다는 말이 들리고, 회당장
야이로의 죽은 딸을 주님이 살리셨다는 놀라운 소문이 들렸다. 두 소
경은 소문으로 지나칠 수 있다. 그러나 그들은 들려오는 그 소리에
적극적으로 반응했다. 하나님께 반응한 것이다.

예수를 향한 관심이 머리에서 가슴으로 내려온다. 세상에 그런 일이
일어날 수 있을까. 이 소식에 그들의 생각이 달라지고 가슴이 뛰기 시
작했다. "예수님이시라면 내 눈 뜨는 것 정도는 아무것도 아니리라."
그들은 자신들이 가진 문제보다 더 크신 권능의 주님을 보게 되었다.
이것이 문제를 압도하는 믿음이다. 압도하는 믿음이 구원을 가져온다.

두 소경 모두 어떻게 이런 신앙을 갖게 되었는지, 서로 어떤 영향
을 주고받았는지 알 수 없다. 적어도 두 소경은 믿음의 은사를 발휘

하여 구덩이에 빠지지 않는 기적을 이뤄냈다는 것이다. 이 또한 기적이 아닐 수 없다.

그들은 결단을 내린다. 주님만큼은 하실 수 있다는 꿈이 주님을 향한 열망과 믿음을 더욱 강화시켰다. 꿈 없이 믿음은 강화되지 않는다. 믿음에는 꿈이 필요하다. 이제 그 꿈을 따라갈 차례다.

거리에 많은 사람들이 있다. 그래서 두 사람은 온 신경을 주님 쪽으로 집중하며, 주님을 따라가며 소리친다. "두 소경이 따라오며 소리 질러 가로되 다윗의 자손이여 우리를 불쌍히 여기소서(27절)." 불쌍히 여김을 받지 않으면 고칠 수 없다. 그래서 소리를 지른다. "소리 질러." 이 말은 "크라조(krazo)"다. crying. 결사적으로 매달린다, 붙잡는다는 뜻이다. 꿈을 꾸는 것으로 그 꿈은 이뤄지지 않는다. 계속 꿈만 좇는 사람이 되어서는 안 된다. 꿈을 이루기 위해 결단하고 주님을 만나야 한다. 주님을 붙들고, 소리를 질러야 한다. "주님 낫고 싶습니다." 이것이 크라조의 믿음이다.

두 소경은 거리에서 주님을 만나지 못했다. 그래도 쫓아가고 쫓아갔다. 믿음의 은사를 발휘하여 주님을 놓치지 않고 따라가 어느 집에서 결국 주님을 만났다. 두 소경의 끈질긴 믿음으로 인해 결국 주님을 만나게 된 것이다. 주님은 물으셨다. "내가 능히 이 일을 할 수 있다고 믿느냐?" 대답은 예스다. "주여 그러하오이다." 그렇다마다요. 그래서 저희들이 여기까지 쫓아오지 않았습니까. 두 사람의 답이 마치 한 사람의 목소리처럼. 화합된 믿음의 공명이다. 주님은 이 믿음에 응답하셨다. "네 믿음대로 될지어다(마 9:29)." 믿음으로 움직일 때 주님의 기적을 경험할 수 있다. 할 수 있다는 믿음은 염려를 거부하는 것이다. 그 믿음이 눈을 뜨게 한다.

생후 6주 만에 시력을 잃은 패니 제인 크로스비(Fanny Jane Crosby),
그는 찬송가 337장 <인애하신 구세주여>를 작사했다. 4절은 이렇다.

> "만복 근원 예수시여 위로하소서.
> 우리 주와 같으신 이 어디 있을까.
> 주여, 주여 내 말 들으사.
> 죄인 오라 하실 때에 날 부르소서."

그러나 원문은 다소 차이가 있다.

> "당신은 내 모든 위로의 샘이시오.
> 저에겐 생명보다 귀하십니다.
> 이 땅에서 당신 외에 내가 누구를 가지며
> 하늘에서 당신 외에 누구를 가지오리까.
> 주여, 주여 나의 겸손한 외침을 들으소서.
> 당신이 다른 사람들을 부르실 때에 날 지나치지 마소서."

이 곡의 제목도 <오 자비로운 주시여 나를 지나치지 마십시오(Pass me not, O Gentle Saviour)>이다.

여기서 주목해야 할 부분은 후렴 부분이다. "주여, 주여, 나의 겸손한 외침을 들으소서(Saviour, Saviour hear my humble cry)." 겸손한 외침. 크로스비는 우리로 하여금 겸손히 주님을 향해 소리 지르라 말하고 있다. 우리에겐 너무나 고칠 것이 많지 않은가. "주님, 나를 지나치지 마세요. 그냥 지나가지 마세요. 저를 고쳐주세요." 크라조다.

두 소경은 구원하는 믿음(saving faith), 곧 구원에 이르게 하는 믿음을 가졌다. 구원은 단지 병으로부터 자유를 얻는 질병구원에만 해당되지 않는다. 예수님은 질병만 치료해주신 것이 아니라 영혼구원을 통해 영생을 얻게 하셨다. 영육 간의 전인치료를 하심으로 영육 모두 구원에 이르게 하셨다. 이러한 이적을 통해 주님은 그를 찾아온 모든 사람들에게 믿음의 주요 온전케 하시는 이이심을 명확히 하셨다(히 12:2).

구원체험은 우리의 믿음에 달려 있으며, 우리의 믿음은 주님을 향한 전적인 의뢰와 순전한 순종에 달려 있다. 이것이 바로 능력으로 나타나는 믿음(powerful faith)이다. 주님은 그 믿음에 그들의 눈을 어루만지시며 말씀하신다. "너희 믿음대로 될지어다." 믿음이 눈을 뜨게 하는 순간이다. 이것은 우리가 매일 어떤 믿음의 근육을 강화해야 하는가를 말해준다.

고침을 받은 그들을 향해 주님은 엄하게 말씀하신다. "삼가 아무에게도 알게 하지 말라." 그러나 주님의 능력을 체험한 그들의 입을 누가 막을 수 있겠는가. 그들은 나가 힘써 예수의 소문을 온 땅에 전했다. 주의 선하심과 놀라운 주님의 능력을. 전도는 하나님을 경험한 사람들의 야성에 의해 강하게 전파된다는 것을 실감케 한다.

주님의 이름이 전파되는 것으로 이 일이 끝나서는 안 된다. 우리의 믿음은 역사하는 믿음이다. 주님을 향해 꿈을 가졌다면, 그 이룬 꿈으로 주님을 드러내고 이웃을 섬기는 일에 사용되어야 한다. 자신의 눈을 뜨는 것으로 끝난 것이라면 그것은 초라한 성적표일 수밖에 없다. "네가 낫고자 하느냐?" "네 믿음대로 될지어다." "이제 섬기는 자가 되라." 그 섬김이 우리 안에서 더욱 빛을 발한다.

6. 찾으시는 하나님: 삭개오에게 물어봐

누가복음 19장에는 예수님과 여리고 세리장 삭개오와 만남, 그리고 삭개오의 변화를 극적으로 소개하고 있다. 삭개오 사건은 다각도로 살펴볼 수 있다. 여기선 물질주의, 물량주의에 빠진 여리고와 삭개오를 통해 우리가 어떤 삶을 살아야 하는가를 보고자 한다.

여리고는 원래 '하나님의 동산'이라는 뜻을 가지고 있다. 그러나 하나님의 동산과는 거리가 먼 물질 중심의 도시로 발전했다. 삭개오라는 이름도 '의로운 자, 순결한 자, 정결한 자'라는 뜻을 가지고 있다. 부모가 이 같은 삶을 살기 바라며 이름을 지었을 것이다. 하지만 그는 세리장으로서 그 이름과는 거리가 먼 생활을 해왔다. 주님 보시기에, 여리고는 문제가 있는 도시이자 그 속에 사는 삭개오도 문제인물이었다. 주님은 그곳에 영적인 메스를 가하고자 한 것이다.

먼저 여리고를 보자. 당시 여리고는 교통의 요로이자 무역의 중심지로 유대지방과 요단강 건너 베레아 지방 간의 교역을 감시하고 통관세를 징수하는 세관이 있었다. 또한 요단강변이라 땅이 비옥해 종려나무 숲이 우거졌고 세계적인 발삼향 나무 산지였다. 따라서 세금에 관한 한 황금지역이었다. 이를 배경으로 여리고는 돈을 중시하는 대표적인 도시 가운데 하나가 되었다. 그러나 오늘 주님이 이곳을 방문하심으로 여리고에 복음이 폭발하는 날이 되었다.

삭개오는 이 여리고의 세리장이었다. 그는 국내세금을 징수하고, 통관세를 걷는 지방세관장으로 유지였다. 당시 세리는 현재와 같은 공무원 제도에 따른 합리적 세정에 입각한 것이라기보다 입찰제 방식이었다. 가장 많이 거두겠다고 하는 사람에게 낙찰해 특정지역의 세리직을 맡게 한다. 세리는 입찰 때 로마정부에 약속한 세금을 거두어 정부에 바쳤다. 로마정부의 앞잡이 노릇을 한 것이다. 그래서 당시 세리는 창녀, 이방인과 함께 천하게 여김을 받는 대상이자 증오의 대상이었다.

2절을 보면 그를 부자라 소개하고 있다. 그가 부자였다는 것은 부정한 방법으로 부자가 되었을 가능성이 아주 높다. 당시 세리는 로마정부에 바치기로 약정한 금액 이상을 거두어 치부하였다. 그 대표적 방법이 토색과 늑징이다. 토색은 속여 먹는 것을 말하고, 늑징은 정한 과세 외에 사욕을 위해 부가세를 징수하는 것을 말한다. 보기를 들어 2억 원을 징수키로 했다면 그것의 3~4배, 심지어 12배까지 거두어 나머지를 착복한다. 그의 인생의 목적은 돈이었다.

삭개오는 원래 유대인이었다. 하지만 유대인들로부터 아브라함 자손으로 인정받지 못했다. 주님은 이런 삭개오를 만나고자 하셨다. 이 사람을 구원해야 한다는 일념으로. 결론적으로 말해서 그가 주님을 만나고자 한 것이 아니라 주님이 그를 만나고자 하셨다. 예수님은 그 결과를 이미 아셨다. 때문에 예수님과 삭개오의 만남이 더욱 귀하게 느껴진다.

1절과 4절을 보면 예수님이 여리고로 들어가 지나가시더라 하였다. 예수님은 베뢰아 지역 전도를 마치고 예루살렘으로 유월절을 지키러 올라가는 길에 여리고를 통과하셨다. 이 길은 마지막 예루살렘 입성 길이다. 이 길로 예수님이 예루살렘에서 십자가를 지셨기 때문이다.

주님은 바삐 가시는 길이었다. 그러나 주님은 급한 것보다 중요한 것을 먼저 해야 한다는 것을 아셨다. 그것은 삭개오를 변화시키고, 여리고를 변화시키는 일이다. 만약 삭개오가 이 기회를 놓쳤더라면 회개할 기회를 얻지 못할 뻔했다. 아니, 여리고는 변화된 삭개오를 경험하지 못할 뻔했다.

표면적으로 볼 때 여리고는 목적지가 아니라 지나가는 길이었다. 그러나 지나가는 그 시간에 삭개오를 만나주시고, 그를 위해 하룻밤 유하셨다. "삭개오야 속히 내려오라 내가 오늘 네 집에 유하여야 하겠다(5절)." 이런 점에서 여리고는 단순히 스쳐 지나가는 길이 아니라 삭개오를 만나기 위한 분명한 목적이 있었음을 알 수 있다.

주님은 우리를 만나시기 위해 지금 여리고 성으로 들어오고 있다. 이 기회를 마지막 기회로 생각하고 주님을 찾을 필요가 있다. "만날 만한 때에 찾으라." 지금 이 순간이 주님을 만나는 마지막 기회라고 생각하면 우리는 더욱더 간절한 마음으로 주님을 찾게 될 것이다.

마지막으로 가시는 이 귀한 걸음에 시간을 내어 그를 만나고자 하셨다는 것에 주목하라. 이것은 단지 삭개오 한 사람에 국한된 사건이 아니다. 한 사람의 영혼을 살려 여리고를 거듭나게 하고, 이스라엘과 땅끝까지 변화되는 사역의 첫걸음이다. 이 사건이 전 인류의 구원 사역과 직결된다는 것은 이 때문이다.

예수님은 삭개오의 집에서 그의 변화된 모습을 보며 말씀하셨다. "인자의 온 것은 잃어버린 자를 찾아 구원하려 함이니라(10절)." 이것은 주님이 이 땅에 왜 오셨는가를 보여준다.

인자는 다니엘서에서 말하는 인자요 바로 하나님의 아들이다. 인자는 구원을 위해 우리를 찾아오신 예수님이시다. 주님은 잃어버린 자를 위해 오셨다. 잃어버린 자는 복구할 수 없을 정도로 망가진 자를 말한다. 주님은 그런 자를 회복시키기 위해 오신다. 에스겔서를 보자. "그 잃어버린 자를 내가 찾으며 쫓긴 자를 내가 돌아오게 하며 상한 자를 내가 싸매어주며 병든 자를 내가 강하게 하려니와(겔 34:16)." 이것이 주님의 심정이요, 본심이다.

"잃어버린 자를 찾아." 여기서 '찾아'는 '찾기 위해(zeetenai, to seek)' 오셨다는 말이다. 동사 '제테오(zeeteo)'는 찾기 위해 '눈을 크게 뜨다'는 의미를 가지고 있다. 이것은 주님이 잃어버린 자에 관심이 그만큼 크다는 것을 보여준다. 잃어버린 자는 하나님의 자녀로서 그 위치를 떠나 있는 자이다. 주님은 그런 자들이 하나님께 돌아와 새롭게 변화되기를 바라신다. 주님은 죄인의 회개 눈물을 기뻐하신다. 눈물을 보일 때 그 눈물을 닦아주시고, 마음을 찢을 때 그 상처를 기꺼이 감싸주신다. 삭개오가 먼저 찾아온 것처럼 보이지만 실상 우리 주님이 먼저 삭개오를 찾아오셨다. 잃어버린 그를 회복하고 화목하기 위해서다.

"구원하려 함이니라." '구원하기 위해서(sosai, to save)' 오셨다는 말씀이다. '소사이'의 동사 '소조(sozo)'는 '안전하고 좋은 곳으로 이르게 한다'는 뜻을 가지고 있다. 아담을 향해 "네가 어디 있느냐" 부르신 것도 구원을 위한 부름이다. 지금도 주님은 우리를 주의 자녀로 회복시키기 위해 찾고 부르신다. 그리고 상처 나고 찢긴 영혼을 하나님의 형상으로 온전히 회복시키신다. 예수님은 우리를 '제테나이'하고 '소사이'하기 위해 오셨다. 하나님은 말씀하신다. "너희는 나를 찾으라 그리하면 살리라(암 5:4)."

여리고를 떠나신 후 혼자 남은 삭개오에게 어떤 일이 일어났을까? 주님께 약속한 것을 모두 지켰을 것이다. 가난한 자를 위해 먹을 것과 입을 것을 내놓았고, 토색한 것이 있나 장부 들고 돌아다니며 주님께 약속한 대로 모두 갚았을 것이다. 이 사건으로 여리고가 뒤집어졌을 것이다. 한 사람이 변하면 여리고 성이 변한다. 주변의 칼라가 바뀐다.

우리가 변화하면 세상을 바꿀 수 있다. 우리에게도 희망이 있다.

예수님은 여리고의 문제점을 아셨고, 그곳의 대표적 인물 삭개오를 아셨다. 주님은 잃어버린 자를 찾으러 이 땅에 오셨다. 여리고 사건은 삭개오 한 사람만의 사건이 아니다. 인류 전체를 생각하신 구원 사건이다. 주님이 이 땅에 오신 목적이나 성령을 보내신 목적(행 1:8), 그리고 우리를 향해 왕 같은 제사장이라 칭하신 목적은 모두 같다. 그것은 구원사역에 동참하기 위함이다. 이 땅에 여리고와 삭개오는 많다. 그들을 향해, 우리 모두 주님의 마음을 가질 때다.

삭개오는 부자였고, 세리장으로서 사회적 지위도 높았지만 그는 사람들로부터 인정을 받지 못했다. 심지어 죄인 취급을 받았다. 인간적으로 볼 때 그는 참 외로운 사람이었다. 그러나 그런 그가 예수님으로 인해 인생의 전환점을 맞게 되었다. 더 이상 외롭지 않게 되었기 때문이다. 그 이유는 무엇일까? 간단하다. 예수님은 그를 전인격적으로 포용해주셨다. 그는 예수로 인해 충만한 기쁨을 얻게 되었다. 삶의 의미도 달라졌다. 그래서 그는 선언한다. "주여 보시옵소서 내 소유의 절반을 가난한 자들에게 주겠사오며 만일 누구의 것을 속여 빼앗은 일이 있으면 네 갑절이나 갚겠나이다(눅 19:8)."

유대에서 세리는 철저히 소외되었다. 세리는 욕을 먹든 말든 수단 방법을 가리지 않고 돈만 많이 거두는 데 혈안이었다. 무자비한 삶을 산 것이다. 그래서 사람들은 세리를 매국노, 비애국자, 죄인 취급을 했다. 삭개오도 예외가 아니었다. 그가 세리장이었다는 것은 그가 그 일에 얼마나 열정을 쏟았는가를 보여준다. 키도 작고 놀림감이 되자 앙갚음을 위해서라도 더 열심을 냈을 것이다.

그와 유대 백성 사이에 인간관계가 깨어져 있었다. 민족을 팔고 착취를 했기 때문에 유대 공동체 일원으로 간주되지도 않았다. 재물이 있고 명예도 있었지만 그것이 그에게 평안을 가져다주지 못했다. 오직 금고 안의 돈만이 그에게 위로를 주었다.

삭개오의 삶은 한마디로 자기중심이었다. 하나님보다 자신을 더 귀하게 생각하며 살았다. 이 같은 삶은 자기뿐 아니라 주님을 기쁘게 할 수 없다. 우리 인생의 목표는 나 자신이나 재물이 아니라 주님을 더 귀하게 보고 그의 뜻을 이 땅에 펴며 사는 것이다. 자기 연민보다 자기 부정의 삶을 사는 것이다.

이런 그에게 기회가 찾아왔다. 예수님이 여리고에 오신 것이다. 그는 예수님을 보고자 했다. 그는 예수님이 여리고 근처에서 구걸하는 소경을 고치셨다는 이야기도 들었을 것이고, '죄인과 세리들의 친구'라는 주님에 대한 평판이 가깝게 느껴졌을 것이다. 그러나 비록 부자가 되기는 했지만 그의 마음이 편하지 않았다는 점이다. 그의 마음속에는 늘 영적인 갈망이 있었다. 그는 평소 예수님을 만나보고 싶었다. 어쩌면 주님께서 이미 그의 마음을 움직이셨을 것이다.

누가복음 19장 3절과 4절은 예수님을 향한 삭개오의 갈망이 배어 있다. 예수님을 향한 그의 첫 번째 갈망은 '보고자 하되(3절)'에 있다. 특히 '하되'는 다른 표현으로 '찾는다'이다. 이 말은 '힘쓰다(눅 6:19)', '연구하다(눅 22:2)'와 같다. 이것은 단순한 호기심이 아니라 뵙기를 열망하고, 그 기회를 찾고 기다렸음을 의미한다.

그 갈망은 4절에서 더 깊어진다. '앞으로 달려가서' 그리고 '보기 위하여 돌무화과나무(sycamore fig tree)에 올라가니.' 앞으로 달려가는 믿음과 나무 위로 올라가는 믿음이다. 사람들이 너무 많아 예수님에게 접근하기 어려웠고, 자신의 키마저 작아 예수님을 보기도 어려웠다.

그는 한계에 부딪혔다. 하지만 그는 예수님을 결코 포기하지 않았다.

돌무화과나무는 유대 동네에 흔히 있는, 우리 식으로 말하면 동네 정자나무와 같다. 이 나무는 일명 "애굽 무화과"라는 별명을 가지고 있다. 잎은 뽕나무 잎 같지만 열매는 무화과 열매와 비슷하다. 이 나무는 키가 크지 않지만 몸통이 커 쉽게 오를 수 있다. 지금도 여리고성 길가에 한 돌무화과나무가 있어 삭개오가 올라간 나무라고 말한다. 하지만 오랜 시간이 흘러간 것으로 볼 때 바로 그 나무라고 말하기는 어렵다. 그 나무를 보며 누가복음의 여리고 사건으로 돌아간다.

우리가 주목해야 할 것은 돌무화과나무가 아니라 그가 그 나무 위로 올라간 사실이다. 그는 사람들로부터 주목을 받았다. 그는 아이가 아니라 세리장이다. 어른이 나무 위로 올라갔다는 것은 아무나 할 수 있는 일이 아니다. 그는 체면 따위는 개의치 않고 그 길로 나무 위에 오른 것이다. 어찌 되든 예수님을 보고자 하는 열정이 그를 나무 위로 오르게 한 것이다. 예수를 볼 수만 있다면 나무 아니라 지붕 위에도 뛰어오를 것이다.

그에겐 마음의 허무함이 있었고, 그 영혼의 공간을 주님으로 채우고자 했다. 로마의 협력자라는 이유로 증오와 미움의 대상이 되었던 그. 돈은 많았지만 회당에도 들어가지 못하는 그. 그런 그에게 사람들은 관심이 없었다. 사람들로부터 철저하게 왕따를 당하며 살아온 지 오래다. 높이 올라간 만큼 그는 영적으로 심각했고, 채움을 위한 갈증이 심했다. 주님은 그러한 자를 찾으신다. 성령의 눈으로, 심령의 눈으로 현대의 삭개오를 보라. 그리고 그들에게 복음을 전하라.

5절은 삭개오에 대한 예수님의 반응을 구체적으로 소개하고 있다. 그를 우러러보시고, "삭개오야" 부르시고, "속히 내려오라" 하시고,

나아가 "내가 오늘 네 집에 유하여야 하겠다" 하신 것이다. 삭개오가 얼마나 놀랐을까. "아니, 예수님께서 나를 어떻게 아시고." 감당할 수 없는 부름이다.

주님이 그를 우러러보신 것은 물리적으로는 그가 나무 위에 있기 때문이기도 하지만 영적으로는 그의 믿음이 컸기 때문이다. 예수님은 그의 믿음을 우러러(크게) 보셨다. 예수님은 그를 인정하신 것이다. 그것은 지금까지 그가 받아보지 못한 인정이다. 그것도 보통 사람의 인정이 아니라 예수님의 인정이다.

"삭개오야." 부르신 것은 주님의 전지하심을 보여준다. 예수님은 이미 그를 알고 부르셨다. 삭개오는 놀랐을 것이다. 예수님은 죄인의 이름 하나하나까지 관심을 가지신 분이시다. 주님은 우리 모두를 아실뿐 아니라 우리 각 사람을 아신다. 주님은 우리의 이름뿐 아니라 우리가 어떤 처지에 있음을 아신다. 우리의 죄악 됨을 아시고, 우리가 한계에 처해 있음도 아시며, 우리가 얼마나 주님을 필요로 하는가도 아신다.

"속히 내려오라" 하심은 어서 그 죄인을 만나보고 싶은, 예수님의 사랑의 마음이 담겨 있다. 이 명령은 하늘 높은지 모르고 솟아 있는 우리의 교만에서 빨리 내려와 낮아지고 겸손하라는 명령과도 같다. 자기만 잘났다고 기고만장한 우리를 향해 "내려오라" 하신다. 그리고 "조용히 생각하라, 겸손하라, 낮아지라" 하신다.

'오늘'은 문자적으로는 시간적 오늘이다. 영적으로는 하나님의 구원 계획을 이룰 때가 왔다는 사상을 나타낸다. 주님에게 있어서 오늘은 삭개오를 위한 '나의 모든 날'이다. 내일은 없다. 오늘 주님을 만나야 한다.

"네 집에 유하여야 하겠다"는 말씀은, 단지 먼발치에서 뵙기만을 바랐던 그에게 생각지도 못한 은혜이다. 주님이 집에 온다는 것은 교제, 죄의 용서의 뜻을 담고 있다. 만나주시고, 궁극적으로 용서하신다는 것이다. 주님의 말씀에 그는 급히 내려와 즐거워하며 영접했다. 명령대로 기꺼이 순복한 것이다.

주님과 마주한 삭개오. 그의 마음은 얼마나 기쁘고 설렜을까. 그 마음속에 변화가 일기 시작했다. 내면의 변화. 옛 삭개오는 죽고 새 삭개오가 태어나는 변화다. 예수 그리스도 안에서 거듭나는 삭개오를 보라. 그의 내면에 평화가 넘친다.

주님은 삭개오에게 무엇이 필요한지 아셨다. 그만큼 상대방 중심으로 생각하고 사셨다. 예수님은 삭개오를 포용하고, 전 인격의 지지자가 되어주셨다. 그 깊은 포용이 수십 년 동안 썩어 문드러진 그의 마음에 새싹이 돋게 하시고, 다시금 아브라함의 자손으로 회복시키셨다. 삭개오에게 있어서 주님과의 하룻밤은 평생 잊지 못할 밤이 되었다.

그러나 사람들의 생각은 달랐다. 예수님이 세리의 집에 들어갔다고 수군거렸다. "저가 죄인의 집에 들어갔도다(7절)." 예수님은 삭개오의 집에 들어감으로써 자신의 이미지가 나빠지는 것에 대해 신경을 쓰지 않으셨다. 오히려 그 잃어버린 자에 대해 관심이 컸다. 예수님은 죄인을 부르러 오신 분이므로 그들의 비난에 개의치 않으셨다. 오히려 죄인의 편에 서주셨다. 이것이 예수님과 우리의 차이이다.

주님과의 인격적인 만남, 다른 사람들과 전혀 다른 주님의 전폭적인 지지, 그리고 그에게 찾아온 심령의 변화. 그는 북받치는 심정으로 서서 주님께 아뢴다. "주여 보시옵소서(8절)."

짧은 만남이지만 예수님은 삭막한 삶을 살아온 그를 감싸주셨다. 예수님을 만나는 순간부터 그는 변화하기 시작했다. 그는 주님 앞에 섰다. "서서"는 서약하듯이 단호하게 말하는 자세이다. 깨어진 그가 얼마나 단호한 결단을 했는가를 보여주는 것이다. "주여 보시옵소서." 이 말은 변화된 자신을 드러내는 선언적 언어이다. 우리에게도 그 순간이, 그 선언이 필요하다.

예수님과 마주한 삭개오는 감격했다. 그리고 주님 앞에 섰다. 누가복음 19장 8절은 "삭개오가 서서 주께 여쭈오되"라고 했다. '서서'는 '스타데이스(statheis)'로 진술을 하기 위해 벌떡 일어서는 것을 말한다. 그리고 말한다. "주여 보시옵소서." 이것은 "주여, 제가 변화되었나이다"라는 말이다. 어떻게 변화되었다는 것은 8절의 다음 진술에서 더 확연해진다. "내 소유의 절반을 가난한 자들에게 주겠사오며 만일 누구의 것을 속여 빼앗은 일이 있으면 네 갑절이나 갚겠나이다."

"내 소유의 절반을 가난한 자들에게 주겠사오며." 예수님을 찾아온 젊은 부자 관원은 재산을 팔아 가난한 자에게 주라는 가르침에 곤혹감을 표시하고 물러갔지만 삭개오는 결단성 있게 재산의 사회 환원을 선언했다. 자기 재산의 반을 팔아 가난한 자에게 주겠다고. 이것은 이미 그가 옛 삭개오가 아니라는 것을 보여준다. 빼앗는 것에 익숙한 자가 이타적인 자로 변한 것이다.

그것은 예수를 만난 이후 자신을 지배해왔던 삶의 주인이 바뀌었기 때문이다. 지금까지 그의 삶의 주인은 돈이었다. 그러나 회개한 다음부터 돈은 더 이상 그의 주인이 아니었다. 주인이 바뀌자 그는 소유의 절반을 가난한 자에게 주겠다고 한다. 주님을 만나 은혜를 받고 나니 물질관이 바뀐 것이다. 당시 랍비들은 소유의 5분의 1을 가난한 자에게 주면 족하다고 가르쳤다. 그럼에도 그가 절반을 주겠다고 한 것은 그의 각오가 얼마나 대단한가를 보여준다.

그는 지금까지 그것을 소유하기 위해 살아왔다. 그의 소유는 자신의 모든 것이었고, 그것도 손가락질당하며 모은 것이었다. 그 소유를 절반이나 내놓겠다는 것은 돈의 주인은 내가 아니라 우리의 주인이신 하나님의 것이며 자신은 관리자라는 것을 시인한 것이다. 이제 그 돈을 주인의 뜻을 따라 사용하겠다는 선언이다. 지금까지 그는 사람을 착취의 대상으로 보았다. 그러나 이제는 사람을 사람, 곧 더불어 살아야 할 대상으로 인식하게 되었다.

"만일 누구의 것을 속여 빼앗은 일이 있으면 네 갑절이나 갚겠나이다." 개역한글 성경에서는 토색(討索)한 것이 있으면 4배나 갚겠다고 했다. 이것은 과거에 대한 사죄뿐 아니라 앞으로 그런 일은 절대 하지 않겠다는 것을 엄숙하게 선언하는 것이기도 하다. 토색한 일이 있었다면, 죄를 지었다면, 남에게 피해를 주었다면 과감히 청산하겠다는 것이다. 그는 직업뿐 아니라 삶에서의 변화를 시도했다.

토색은 부당하게 갈취한 돈을 말한다. 이런 경우 대개 그 액수의 5분의 1을 더 보태어 갚는 것이 보통이다(레 6:1~5). 그럼에도 불구하고 4배로 갚겠다는 것은 엄중히 갚겠다는 것을 보여준다. 이것은 그의 회개가 보통이 아님을 나타낸다. 그의 회개는 점진적인 변화가 아니라 급진적이고 혁명적인 변화로 나타나고 있다.

그는 회개의 합당한 열매를 맺었다. 물질과 영적 생활은 관계가 없는 것이 아니라 서로 연관되어 있다. 변화된 사람은 물질사용에서도 변화가 있어야 한다. 그 물질을 자신을 위해서만 사용한다면 아직도 합당한 열매를 맺지 못하고 있는 것이다. 루터는 우리의 지갑이 회개해야 한다고 말한다. 삭개오는 회개하고 변화하자 지갑과 생활태도가 달라졌다.

주님을 만난 삭개오의 마음이 뜨겁게 열렸고, 철저한 회개와 변화가 있었다. 그의 마음이 주님을 영접함으로써 삶이 변화되었다. 하나님과 자신의 관계가 회복되었고, 이웃과의 관계도 회복되었다. 삭개오 사건은 구원받는 자가 생활에서 무엇이 달라져야 하는가를 보여준다. 우리에게도 그러한 만남과 열림, 회개와 변화가 필요하다.

삭개오는 재산보다 예수님이, 천하보다 주님이 귀한 분임을 깨달았다. 그는 이 고백으로 돈으로부터 자유 함을 얻었다. 지금도 하나님보다 돈에 집착하는 그리스도인이 얼마나 많은가.

이에 대한 주님의 반응도 즉각적이다. "오늘 구원이 이 집에 이르렀으니 이 사람도 아브라함의 자손임이로다 인자가 온 것은 잃어버린 자를 찾아 구원하려 함이니라(9~10절)."

"오늘 구원이 이 집에 이르렀으니." 죄인이 회개할 때 주님은 용서하신다. 주님이 오늘 이 집에 구원이 이르렀다고 선포하신 것은 삭개오의 진정한 회개를 보았고, 회개의 열매가 나타날 것을 아셨으며, 그의 회개로 온 집안에 변화가 일게 될 것도 미리 아셨기 때문이다.

그리고 그를 아브라함의 자손이라 선언하셨다. 예수님이 그를 아브라함의 자손이라 선언한 것은 획기적인 변화를 통해 그가 더 이상 미움받을 대상이 아니라 하나님의 백성이 되었음을 선언한 것이다. 아브라함의 자손은 단지 육신의 유전적 혈통을 의미하는 것이 아니다. 믿음에 바탕을 둔 말이다. 이로써 그는 인간관계가 회복되고 그리스도 공동체 일원이 되었다. 믿음으로 말미암은 자는 믿음의 조상 아브라함과 함께 복을 받는다(갈 3:6~7, 9). 복음 안에서의 변화는 하나님의 상속자로 만든다.

삭개오 사건은 여리고를 방문하신 주님의 목적과 뜻이 어떻게 이뤄졌는가를 보여준다. 잃어버린 자를 찾고 구원시키는 것, 그를 주님의 사람으로 온전히 회복시키는 것이 주님의 뜻이다. 삭개오의 전환은 구원으로의 대전환이요, 구원받은 증거이다.

복음은 전혀 새로운 나를 창조한다. 삭개오처럼 과거에 목매어 살던 삶에 변화를 가져온다. "네 갑절이나 갚겠나이다." 이것은 삭개오가 변화했다는 구체적 증거이다. 4배 배상은 최고의 배상이다. 그만큼 달라졌다. 그날 여리고 사람들은 물을 것이다. "삭개오에게 무슨 일이 생긴 거야?" "삭개오에게 물어봐." 소란이다. 예수님을 통한 성령 안에서 참된 변화가 중요하다. 삶에서 당신의 구원을 입증하라. 주님을 만나 구원받은 그리스도인이라면.

7. 전도: 권리를 주장하지 않는 전도자

사람은 누구나 책임을 다하고 그에 따른 권리를 주장한다. 책임과 의무는 한쪽을 차지하고 권리행사는 다른 한쪽을 차지한다. 책임만 있고 권리가 없다면 무슨 재미로 일을 하겠는가. 그러나 우리 사회에는 책임을 다하지 못하면서 권리만 찾으려 드는 사람들이 더 많은 것 같다. 그러니 불공평하다는 말이 더 자주 나오는 것이 아닐까.

그러나 고린도전서 9장에 소개되는 전도자의 삶의 모습은 전혀 다르다. 책임을 다하면서도 권리를 주장하지 않는다. 그러면서도 오히려 버림을 당할까 두려워한다. 세상 방식과는 전혀 다르다. 이것은 그리스도인이 전도에 관한 한 어떤 삶의 방식을 가지고 살아야 하는가를 가르쳐준다.

"내가 복음을 전할지라도 자랑할 것이 없음은 내가 부득불 할 일임
이라 만일 복음을 전하지 아니하면 내게 화가 있을 것이로다 내가
내 자의로 이것을 행하면 상을 얻으려니와 내가 자의로 아니한다
할지라도 나는 사명을 받았노라(고전 9:16~17)."

바울은 자신을 사명자라 한다. 우리는 한 사람이라도 전도하면 그
것이 자랑스럽다. 그런데 바울은 그토록 많이 전도를 했음에도 불구
하고 전혀 자신을 자랑하지 않는다. 전도의 부르심을 받은 자로써 마
땅히 해야 할 일을 했을 뿐이라는 것이다. 자의로 했든 타의로 했든
상관하지 않는다. 사명자는 그만큼 다르다.

전도를 했으면 상이 있을 터. 그러나 그 상의 개념도 우리와는 전
혀 다르다. 18절을 보자.

- "그런즉 내 상이 무엇이냐 내가 복음을 전할 때에 값없이 전하
  고 복음으로 말미암아 내게 있는 권리를 다 쓰지 아니하는 이것
  이로다(개역개정)."
- "내가 복음을 전할 때 아무 대가도 받지 않고 전하는 것과 복음
  을 전하면서 나의 권리를 사용하지 않는 것입니다(쉬운성경)."

값없이(free of charge) 전한 것, 그리고 복음 전함으로 인해 내게 있을
그 어떤 권리도 다 사용하지 않는 것(not make full use of my rights in
preaching it), 그것이 상이라는 것이다. 죄인을 전도자로 삼고 복음을
전할 수 있게 된 그것만으로도 너무나 큰 상인데 그 이상 바랄 것이
무엇인가. 그러므로 전도로 인해 자신에게 돌아올 그 어떤 칭찬도 권
리도 다 사용하지 않겠다는 것이다. 권리가 남용하는 세대에 오히려
권리를 사용하지 않으려는 모습 속에서 바울의 깨끗함을 본다. 전도

의 순수성이다. 값없이 주신 구원과 은혜, 그것을 값없이 전하고, 그로 인해 자신에게 돌아올 그 어떤 대가도 거부하며 그 모든 것을 주님께 드리겠다는 것이다. 얼마나 아름답고 순수한가.

권리를 쓰지 않는다고 해서 전도를 게을리하는가? 절대 그렇지 않다. 전도에 최선을 다한다. 한 가지 방법으로만 접근하는 것이 아니라 사람에 따라 다르게 접근할 만큼 다양하다.

> "유대인들에게 내가 유대인과 같이 된 것은 유대인들을 얻고자 함이요 율법 아래에 있는 자들에게는 내가 율법 아래에 있지 아니하나 율법 아래에 있는 자같이 된 것은 율법 아래에 있는 자들을 얻고자 함이요 율법 없는 자에게는 내가 하나님께는 율법 없는 자가 아니요 도리어 그리스도의 율법 아래에 있는 자이나 율법 없는 자와 같이 된 것은 율법 없는 자들을 얻고자 함이라 약한 자들에게 내가 약한 자와 같이 된 것은 약한 자들을 얻고자 함이요 내가 여러 사람에게 여러 모습이 된 것은 아무쪼록 몇 사람이라도 구원하고자 함이니(20~22절)."

유대인들에게는 유대인이 되어 접근하고, 율법 없는 자에게는 율법이 없는 자처럼 되어 접근하며, 약한 자에게는 약한 자가 되어 접근하고, 강한 자에게는 강한 자가 되어 접근한다. 그야말로 여러 사람에게 여러 모습으로 접근한다.

이렇게 하는 목적은 단 하나다. 한 사람이라도 더 전도해서 구원받게 하려는 것이다. 그는 이것을 가리켜 자원해 종이 되는 것이라 했다. "내가 모든 사람에게서 자유로우나 스스로 모든 사람에게 종이 된 것은 더 많은 사람을 얻고자 함이라(19절)." 자기는 자유자이지만 한 영혼이라도 구원된다면 기꺼이 종이 되겠다는 말이다. 아니 주님과 복음을 위해서라면 자신을 철저히 낮추겠다는 것이다.

바울을 따른 선교사들도 많다. 영국 선교사들 가운데는 인도 선교를 위해 자기를 인도인으로 간주하고 국적도 인도로 바꾸며, 그 땅에서 죽기를 각오하며 복음을 전한 이들도 있었다. 그들은 인도에 뼈를 묻었다. 하와이에서 평생 한센병 환자를 대상으로 선교하던 다미엔 드 베스테르 신부. 그는 이렇게 기도하기에 이른다. "주여 나를 나환자로 만들어주옵소서." 결국 그는 한센병을 얻게 되었고, 그 병자들 곁에서 헌신하다 부름을 받았다. 그가 바로 성 다미엔이다. 주님을 위해서라면 자존심 따윈 기꺼이 버린다. 복음은 이렇듯 자기를 낮춘 사람을 통해서 전파되었다.

바울은 자신이 얼마만큼 전도에 최선을 다했는가를 육상선수에 비교했다. 선수는 1등이 되기 위해 최선을 다해 달린다. 상을 타기 위해 달음질하는 것이다. 달음질을 잘하기 위해 철저하게 자기 훈련을 한다. 그날의 영광을 생각하며 하고 싶은 것도 하지 않고 절제하며 연습에 최선을 다한다.

> "내가 복음을 위하여 모든 것을 행함은 복음에 참여하고자 함이라 운동장에서 달음질하는 자들이 다 달릴지라도 오직 상을 받는 사람은 한 사람인 줄을 너희가 알지 못하느냐 너희도 상을 받도록 이와 같이 달음질하라 이기기를 다투는 자마다 모든 일에 절제하나니 그들은 썩을 승리자의 관을 얻고자 하되 우리는 썩지 아니할 것을 얻고자 하노라 그러므로 나는 달음질하기를 향방 없는 것 같이 아니하고 싸우기를 허공을 치는 것 같이 아니하며 내가 내 몸을 쳐 복종하게 함은(23~27절)."

전도도 마찬가지다. 하지만 전도는 썩지 않을 관을 얻기 위한 달음질이며, 목적이 뚜렷한 달음질이다. 그 일을 위해 전도자는 자신의 몸을 쳐 복종한다. 경건으로 절제하고 말씀으로 훈련하며, 피눈물 어린 기도로 자기를 쳐 주 앞에 복종시킨다. 하나님은 이렇듯 자기 훈련에 철저한 사람을 기뻐 사용하신다.

그러한 전도자는 썩지 않을 면류관을 받을 것이다. 그러나 의외의 말을 한다. "내가 남에게 전파한 후에 자신이 도리어 버림을 당할까 두려워함이로다(27절)." 구원받지 못할까 두렵다는 말일까? 결코 그렇지 않다. 주님께서 말씀하지 않으셨는가. "나중 된 자가 먼저 된다." 바울은 하늘의 소망이 큰 사람이다. 이 땅에서의 면류관보다 주님이 주시는 면류관에 더 관심이 많다. 썩지 않을 승리의 면류관. 그는 달리는 전도자로서 어느 누구보다 이 상을 받고 싶어 했다. 하나님 나라에서 별과 같이 빛나는 존재가 되고 싶은 것이다. 거룩한 욕망이다. 그런데 그 상을 받지 못하는 자가 되지 않을까 두렵다.

"버림을 당할까 두려워함이로다." 이 말의 진정한 의미는 무엇일까? 전도에 무용지물이 되지 않도록 끝까지 최선을 다하겠다는 것이다. 나중 된 자보다 더 열심을 내야겠다는 스스로의 다짐이다. 아니 우리 모두가 승리의 면류관을 받아야 한다는 적극적인 권유다.

모두가 그 면류관을 받는 아름다운 모습, 그리고 그 받은 면류관을 오히려 주님께 드리는 모습. 이렇게 되려면 서로 뒤지지 않고 끝까지 최선을 다할 때 가능하다. 주님은 한 사람에게만 승리의 관을 주는 것이 아니라 힘써 일하는 모든 자에게 주고자 하신다. 그러니 우리 모두 힘써 달리고, 더 달려야 한다. 더 경건하고 더 낮아지며 더 열심히 전도할 이유가 여기에 있다. 그러므로 버림을 당할까 두려워하는 이 마음은 전도자가 가져야 할 겸비의 마음이다. 바울, 정말 리더답다. 우리 모두 이 마음을 닮아야 할 것이다.

8. 그때: 떠날 시각이 가까웠을 때

바울의 적들은 당시 기독교를 불법종교로 간주하고 있었기 때문에 바울을 성공적으로 고발할 수 있었다. 바울은 유죄판결은 면했지만 풀려날 가망이 없음을 알았고, 곧 처형될 것을 각오하고 있었다. 그는 죽음을 앞두고 자기의 지나온 과거를 회상하며 미래의 자기 삶까지 정리했다. 7절은 그의 과거를 짧게 표현하고 있고, 8절은 그의 미래가 어떻게 될 것인가를 보여주고 있다.

> "전제와 같이 내가 벌써 부어지고 나의 떠날 시각이 가까웠도다 나는 선한 싸움을 싸우고 나의 달려갈 길을 마치고 믿음을 지켰으니 이제 후로는 나를 위하여 의의 면류관이 예비 되었으므로 주 곧 의로우신 재판장이 그날에 내게 주실 것이며 내게만 아니라 주의 나타나심을 사모하는 모든 자에게도니라(딤후 4:6~8)."

"전제와 같이 내가 벌써 부음이 되고." 전제의 희생제물이 될 시점에 곧 다다랐음을 의미한다. 전제란 제물에 포도주를 부어 마무리하는 헌주를 말한다. 죽음이라는 최후가 가까웠음을 보여준다.

"나의 떠날 기약이 가까웠도다." 순교의 때가 가까웠음을 직감하고 있다. 나의 떠날 기약은 그때를 가리킨다. 여기에서 바울은 죽음의 때를 언급하면서도 어떤 두려움이 없음을 보여준다. 사람들은 누구나 죽음이 겁난다. 그러나 바울에게서 죽음은 영원한 나라로 들어가는 새로운 항해의 시작이다. 바울은 본향을 사모하면서 '담대히 원하는 바는 육신을 떠나 주와 함께 영원히 거하는 것'이라고 하였다. 믿음을 따라 본향을 사모하는 믿음을 가진 사람은 죽음의 두려움으로부터 진정 자유로울 수 있다. 우리 모두 이런 의미(값) 있는 죽음을 기꺼이 기다리며 살 수 있어야 한다. 그는 이미 죽음을 준비하고, 죽음 이후의 세계를 바라보고 있었다.

"선한 싸움을 싸우고." 바울은 그 길을 갔고, 선한 싸움을 잘 싸웠다. 뒤돌아보면 험난했지만 하나님이 순간순간 함께하셨고, 하나님의 일을 이루게 하셨으니 여한이 없다.

신앙은 선한 싸움이다. 영적 전투를 해야 하기 때문이다. 전도자들도 전사들이다. 훌륭한 군인이 되기 위해 기초훈련을 받아야 한다. 마찬가지로 영적인 군사도 기본훈련을 받고 영적 전사들로서 기본자세를 확고하게 갖추어야 한다. 그것은 무엇일까. 구원의 확신을 가져야 한다(예수를 주님으로 시인하면 구원받을 수 있다는 사실을 확신 있게 전한다). 죄 사함을 받았다는 확신을 가져야 한다(용서함을 받았으므로 용서하는 삶을 산다). 승리에 대한 확신을 가져야 한다(사단은 부정적인 생각과 행동을 하게 한다. 그러나 주 안에서 승리하는 사람은 긍정적이고 선한 마음, 생각, 말을 한다). 하나님이 우리의 기도에 응답하신다는 확신을 가져야 한다. 하나님이 내 인생, 장래를 인도하신다는 확신을 가져야 한다.

"달려갈 길을 마치고." 그는 67년 또는 68년에 로마 오스티안 가도에서 참수형을 당했다. "달려갈 길을 마치고"는 원문으로 "톤 드로몬 테테레카(ton dromon teteleka)"이다. 이것은 다음과 같은 뜻을 가지고 있다.

- 정해진 코스(course)를 다 달렸다. 바울은 경기장에서 오직 한 푯대 그리스도만을 향해(빌 3:14) 달렸다.
- 장거리 경주(marathon race)를 다 달렸다. 바울은 주님을 만난 뒤 하루도 쉬지 않고 달리고 달려(빌 3:12) 종착점에 도달했다.

- 장애물 경주(obstacle race)를 다 달렸다. 그의 신앙의 경주에는 많은 장애물이 놓여 있었다. 그에 따르면 수고를 넘치도록 하고, 옥에 갇히기도 하고 매도 수없이 맞고 여러 번 죽을 고비를 넘겼다(고후 11:23～27). 그러나 바울은 이 장애물을 기도와 찬미로(행 16:19～34) 이기고 달렸다.
- 완주자로서 결승선(goal line)에서 테이프를 끊었다. 이것은 맡겨 주신 사명을 최선을 다해 수행했음을 의미한다.

이것은 얼마나 중요한 말인가. 경주에 참여하여 끝까지 그 경주를 마쳤다는 말이다.

그리스도인에게 있어서 인생은 분명한 목적이 있다. 그 목적은 부르심에 충실한 것이다. 달려갈 길은 우리 생의 계획과 그것에 따라 가야 할 길이다. 이 길은 내가 아니라 하나님이 가지고 계신다. 하나님은 다메섹에서 지금까지 그의 활동을 중단시키고 다른 목적으로 가게 하셨다. "이 사람은 내 이름을 이방인과 임금들과 이스라엘 자손들에게 전하기 위하여 택한 나의 그릇이라 그가 내 이름을 위하여 얼마나 고난을 받아야 할 것을 내가 그에게 보이리라(행 9:15～16)." 삶의 대전환을 하도록 하신 것이다. 그것이 하나님의 계획이다.

우리 가운데는 출발은 잘했지만 마치지 못하는 사람이 있다. 중도에 포기하는 사람도 있고, 달린다 하면서도 기진맥진한 모습을 보이는 사람도 많다. 우리가 끝까지 믿음의 경기를 잘하기 위해서는 정직하고 성실한 삶(integrity), 겸손한 삶을 산다. 심령을 날마다 새롭게 한다. 영원한 삶에 초점을 맞춘다. 장거리를 뛰는 데는 정신집중이 필요하다.

믿음생활은 끈기를 요구하는 경기와 같다. '인내로써 우리 앞에 당한 경주를 경주하며(히12:1).' 지금의 작은 고난이 있다 하여 중도에 포기할 순 없다. 사단은 자주 실망이라는 도구를 사용하여 우리를 중도에 포기하도록 한다. 그 시험을 이겨내야 한다. 우리가 그 시험에 넘어져 있다면 다시 경기를 시작해야 한다. 삶의 나머지 부분을 어떻게 해야 할 것인가 생각하라. 그렇다면 지금 당장 일어나 이 순간부터 달리기를 시작해야 한다. 중간에 포기하고 새나가는 일을 중단하고 끝까지 가는, 성공하는 삶을 살아야 한다. 남이 뛰는 것을 보면서 사는 방관자가 되어서도 안 된다. 경기를 시작하지 않으면 끝낼 수 없다.

"믿음을 지켰으니." 바울 자신이 하나님을 전적으로 신뢰하고, 하나님의 약속을 확신하며 살았음을 고백하는 말이다.

"이제 후로는 나를 위하여 의의 면류관이 예비되었으므로." '이제 후로는'은 '이제 남은 것은'을 뜻한다. 의의 면류관을 받을 것만 남았다는 것이다. 면류관은 우승자에게 씌워주는 관이다. 바울은 신앙의 경주장에서 완주자로서 우승을 했다. 주님은 이런 그를 위해 의의 면류관을 준비하셨다. 의의 면류관은 영생의 면류관, 영원한 면류관이다. 앞서 언급한 죽음과는 대조적임을 보여준다. 그리스도인의 순교, 죽음은 본향을 향하는 죽음이다. 본향은 영원한 나라이다. 본향을 향하면 죽음에서 자유로울 수 있다. 이런 의미에서 그리스도인의 죽음은 새로운 시작이다.

"그날에 내게 주실 것이니 내게만 아니라 주의 나타나심을 사모하는 모든 자에게니라." 우리는 그날에 주실 면류관, 상을 바울은 당연히 받으리라 생각한다. 받아도 많은 상을 받을 것이다. 그러면 우리는 어떻게 될까. 바울은 자신뿐 아니라 주님을 사모하는 모든 자에게 면류관이 주어진다고 말한다. 그러므로 우리에게 필요한 것은 끝까지 달려 믿음의 경주를 완주하는 일이다.

인간은 누구나 이 세상을 떠날 때가 있다. 바울도 이제 떠날 때가 되었음을 실감하고 이 글을 썼다. 인생은 영원하지 않다. 마지막이 있다. 마지막을 두려움 없이 맞이할 수 있어야 하겠다. 그러나 중요한 것은 그저 주님 앞에 가는 것이 아니라 주님이 우리에게 맡겨주신 소명을 잘 감당하고 가는가 하는 것이다.

우리가 최종으로 만나야 할 사람은 하나님이다. 죽음은 이 세상에서 최종적 마지막 한 걸음이지만 저세상에서의 첫걸음이다. 죽음은 끝남이 아니다. 우리의 생명은 영원하기 때문이다. 그러므로 우리가 이 땅에서 얼마나 오래 사느냐가 중요한 것이 아니라 어떻게 사느냐, 곧 어떤 가치와 목적을 가지고 사느냐가 중요하다. 그리스도인의 삶은 순례자의 길을 가는 삶이다. 우리가 이 땅에서 해야 할 것은 끝까지 믿음을 지키는 일이다. 내가 떠나야 할 시각에 마지막으로 점검해야 할 것은 바로 하나님을 향한 우리의 믿음이다. 주님을 위해 어떻게 살았는가, 그리고 미래에 대한 소망이 확실히 있는가.

9. 갈릴리: 갈릴리로 가라

> "이에 예수께서 이르시되 무서워하지 말라 가서 내 형제들에게 갈
> 릴리로 가라 하라 거기서 나를 보리라 하시니라(마 28:10)."

이 말씀을 표준새번역으로 읽어본다. "그때에 예수께서 그 여자들에게 말씀하셨다. "무서워하지 말아라. 가서, 내 형제들에게 갈릴리로 가라고 전하여라. 그러면 거기에서 그들이 나를 만날 것이다." 이른 새벽 무덤을 찾아간 여인들에게 주님이 하신 말씀이다. 돌아가셨는데 살아 있는 주님을 보다니. 도저히 믿어지지 않는다. 무섭기만 하다.

그래서 주님은 무서워하지 말라 하신다. 안심시키시는 주님.

주님은 제자들에게 전해달라 하신다. 갈릴리로 가라고. "갈릴리로 가라(go to Galilee)." 주님은 왜 갈릴리로 가라 하셨을까? 이제 우리의 관심을 갈릴리에 집중시켜 본다.

갈릴리는 이스라엘 북부 호수의 명칭이다. 갈릴리를 바다라 부르기도 하는데 이것은 '얌'이라는 히브리어가 바다 또는 호수 모두를 포함하고 있기 때문이다. 고대 히브리인에게 있어서 바다는 오늘날의 개념과 달랐다.

갈릴리는 신약시대의 명칭으로 '둥글다'는 뜻을 가지고 있다. 갈릴리를 바라다보면 둥근 모양을 하고 있다. 물결을 뜻하는 히브리어 '갈'에서 나왔다는 주장도 있다. 구약시대에는 이 호수가 거문고 모양을 하고 있다 하여 '긴네렛(Kinneret)' 바다라 했다. 이것이 신약시대에 와서 '게네사렛(Gennesaret)' 바다라 불리었다. 또한 신약시대에 '디베랴(Tiberias)' 바다라 한 것은 티베리우스 로마황제 이름에서 온 것이다.

갈릴리라 할 때는 호수만 의미하는 것이 아니다. 갈릴리를 중심으로 여러 도시가 있었다. 따라서 갈릴리 지역, 갈릴리 도(province)로 인식하는 것이 더 바람직하다. 예수님도 갈릴리 나사렛 사람(마 21:11)으로 인식되었고, 물이 포도주로 변한 혼인잔치의 기적이 일어난 곳도 갈릴리 가나(요 2:1)였다.

갈릴리는 예수님 사역의 중심지이다. 주님은 갈릴리 해변에서 제자들을 부르셨다. "갈릴리 해변으로 지나가시다가 시몬과 그 형제 안드레가 바다에 그물 던지는 것을 보시니 그들은 어부라(막 1:16)." 그는 갈릴리 여러 회당에서 전도하시고(눅 4:44), 가르치셨다(눅 4:31). 그래서 예수와 그의 제자들은 갈릴리 사람으로 불리었다. 빌라도도 예수에 관한 말을 듣고 묻는다. "그가 갈릴리 사람이냐(눅 23:6)." 대제사장 집 뜰에서 예수님이 심문을 당하실 때 한 여종이 그곳 뜰에 앉아 있는 베드로에게 말한다. "너도 갈릴리 사람 예수와 함께 있었도다(마 26:69)." 예수는 한마디로 갈릴리 사람이었다.

갈릴리는 우리에게 매우 친숙하고 친근하게 들리지만 유대인들에게 있어서 갈릴리는 경멸의 대상이었다. "스불론 땅과 납달리 땅과 요단강 저편 해변 길과 이방의 갈릴리여(마 4:15)." '이방의 갈릴리'라는 말은 경멸의 의미가 담겨 있다. 그래서 예수가 갈릴리 사람이라 할 때 어떤 사람은 말했다. "그리스도가 어찌 갈릴리에서 나오겠느냐(요 7:41)." 그들이 기다리던 메시야가 갈릴리 사람일 수 없다는 것이다. 일종의 편견이다. 그러나 이사야서는 예고하였다.

> "전에 고통받던 자들에게는 흑암이 없으리로다 옛적에는 여호와께서 스불론 땅과 납달리 땅이 멸시를 당하게 하셨더니 후에는 해변 길과 요단 저쪽 이방의 갈릴리를 영화롭게 하셨느니라(사 9:1)."

예수 그리스도가 그 땅에 오심으로 달라졌다는 것이다. 말씀의 성취이다. 경멸을 받던 갈릴리가 예수로 인해 축복의 땅으로 변한 것이다.

예수님은 갈릴리에 관심이 많으셨다. 왜 갈릴리인가? 그곳은 사회적으로 오랫동안 소외당해온 곳이다. 멸시를 받은 곳이며, 하나님의 위로가 절실히 필요한 곳이다. 하나님은 그곳을 택하셨으며, 독생자 예수를 그곳에 보내심으로 그곳을 영화롭게 하셨다.

주님의 관심은 갈릴리에 있었다. 당신에게 있어서 갈릴리는 어디인가? 바로 하나님이 당신을 보낸 곳이다. 당신은 예수의 사람으로 이곳에 왔다. 당신이 그리스도인으로 선 자리가 바로 사역지다. 그곳이 세상 사람들로부터 별로 환영을 받지 못하는 곳이거나 고통받는 곳이라면 더 좋다. 주님이 갈릴리로 가셨다는 것을 기억하라. 그 소외된 땅에 주님의 영화를 선포해야 한다.

그 땅을 영화롭게 하기 위해서는 무엇보다 예수님이 필요하다. 그 땅은 당신이 필요한 것이 아니라 주님이 필요하다. 당신은 오직 주님의 도구요 종일 뿐이다. 당신이 영광의 대상이 아니다. 주님이 드러나야 한다. 당신이 있어 그 땅에 예수의 생명이 깃들고, 사람들 사이에 생명의 기쁨이 넘친다면 당신은 지금 주님이 그 갈릴리를 축복의 자리로 바꾸시는 역사의 증인이다. 당신의 갈릴리를 영화롭게 하는 예수께 감사하라. 당신을 사용하시는 주님께 감사하라.

부활하신 예수님은 제자들에게 "갈릴리로 가라" 하셨다. 갈릴리에로의 초청이다. 왜 갈릴리로 가라 하셨을까? 그만한 이유가 있다. 다시 사신 예수를 만나기 위해서다. 예수님은 생전에 부활 후에 갈릴리로 갈 것을 말씀하셨다. "내가 살아난 후에 너희보다 먼저 갈릴리로 가리라(마 26:32; 막 14:28)." 주님은 부활하신 후 가실 곳, 제자들이 주님을 보게 될 곳을 명확히 하셨다. 그곳이 만날 장소다.

그럼에도 불구하고 제자들의 관심은 아직도 어두운 무덤에 있었다. 십자가 사건이 너무 충격적이어서 그전에 하신 말씀을 생각할 틈도 없었다. 부활 후에 먼저 갈릴리로 갈 것이라는 약속을 잊다니.

무덤에서 천사들이 찾아온 제자들에게 이 사실을 일깨운다. "여기 계시지 않고 살아나셨느니라 갈릴리에 계실 때에 너희에게 어떻게 말씀하셨는지를 기억하라(눅 24:6)." 찾아온 여인들에게도 말한다. "예수께서 너희보다 먼저 갈릴리로 가시나니 전에 너희에게 말씀하신 대로 너희가 거기서 뵈오리라 하라(막 16:7; 마 28:7)." 주님은 무덤을 찾아온 여인들에게도 직접 말씀하셨다. "가서 내 형제들에게 갈릴리로 가라 하라. 거기서 나를 보리라." 갈릴리로 가라는 말씀은 매우 일관성이 있다. 천사의 말이나 주님의 부탁을 보아서도 제자들이 관심 두어야 할 사항은 갈릴리의 주님임을 가르쳐준다.

주님을 만나기 위해 갈릴리로 가야 한다. 갈릴리는 주님이 일하시는 사역의 현장이다. 그 현장에서 만나야 할 분은 바로 우리 주님이시다. 사역의 현장에는 언제나 주님이 계신다. 그곳에서 주님을 뵈어야 우리 영혼이 산다. 다른 곳에서 서성대지 말고 갈릴리로 가라. 갈릴리에서 다시 예수를 만나라. 더 이상 방황해서는 안 된다. 마음을 놓아서도 안 된다. 지금 가라. 갈릴리로.

예루살렘에서 제자들은 흔들리고 있었다. 믿었던 예수님이 십자가에서 돌아가셨고, 돌아가신 지 이미 사흘이 되어간다. 그들은 확신을 잃었고, 자신도 없었으며, 가야 할 길이 분명치 않았다.

그런데 무덤을 찾아온 여인들이 부활하신 주님을 만난 것이다. 주님은 지금 제자들이 실망과 좌절 가운데 있음을 아셨다. 예수님이 죽으신 것이 아니라 제자들이 심적으로 죽어 있었다. 주님은 지금 그들을 일으키는 데 관심을 가지셨다. 그들에게 보혜사 성령이 필요함도 아셨다. 주님은 그런 분이시다.

예수는 부활의 주시다. 주님의 부활이 없다면 우리에게도 부활의 소망이 없다. 그래서 주님의 부활은 매우 중요하다. 그러나 그 부활은 우리가 죽은 다음의 부활만을 의미하지 않는다. 지금 이 땅에 살면서 영적으로 죽은 상태에서의 부활, 용기를 잃고 주저앉음으로부터 생명으로의 부활이 필요하다.

새로운 생명을 얻으려면 주님께 돌아가야 한다. 그래서 주님은 지금도 우리를 향해 "갈릴리로 가라" 하신다. 우리 영혼 속에서 다시 한 번 예수를 만나 주님만이 주시는 생명의 활력을 되찾으라는 말씀이시다. 파탄된 당신의 영혼에 예수의 생명을 부활시켜라. 피곤하고, 지치고, 삶의 의미를 잃어가는 당신에게 필요한 것은 바로 예수 생명이다.

갈릴리는 예수님께서 말씀을 전하시던 곳이다. 요한이 옥에 갇히자 예수님은 피하지 않으셨다. 오히려 더 갈릴리에 오셔서 하나님의 복음을 전파하셨다(막 1:14). 자신의 때가 가까워져 왔다고 생각하셨기 때문이다. 위기에 복음은 더 강하게 전달된다.

갈릴리 현장을 가보자. 갈릴리 주변 산과 들로 모여드는 사람들, 주님은 더 높은 곳에서 말씀을 전해야 했다. 사람들이 해변가로 몰려든다. 그때 주님은 배를 띄우게 한다. 그들과 조금 거리를 두고 말씀을 전하셨다. 대표적인 말씀이 바로 산상수훈이다.

> "예수께서 무리를 보시고 산에 올라가 앉으시니 제자들이 나아온지라 입을 열어 가르쳐 이르시되
> 심령이 가난한 자는 복이 있나니 천국이 그들의 것임이요
> 애통하는 자는 복이 있나니 그들이 위로를 받을 것임이요
> 온유한 자는 복이 있나니 그들이 땅을 기업으로 받을 것임이요
> 의에 주리고 목마른 자는 복이 있나니 그들이 배부를 것임이요
> 긍휼히 여기는 자는 복이 있나니 그들이 긍휼히 여김을 받을 것임이요
> 마음이 청결한 자는 복이 있나니 그들이 하나님을 볼 것임이요
> 화평하게 하는 자는 복이 있나니 그들이 하나님의 아들이라 일컬음을 받을 것임이요
> 의를 위하여 박해를 받은 자는 복이 있나니 천국이 그들의 것임이라
> 나로 말미암아 너희를 욕하고 박해하고 거짓으로 너희를 거슬러 모든 악한 말을 할 때에는 너희에게 복이 있나니 기뻐하고 즐거워하라 하늘에서 너희의 상이 큼이라 너희 전에 있던 선지자들도 이같이 박해하였느니라(마 5:1~12)."

산상수훈은 대표적인 갈릴리 말씀이다. 이 말씀은 마태복음 5장에서 시작하여 7장까지 이어진다. 주님의 말씀이다. 갈릴리에는 바로 주님의 말씀이 살아 움직인 곳이다. 그러므로 제자들을 향해 "갈릴리로 가라"는 말씀은 "너희들이 산에서 하나님과 함께 있던 당시로 돌아가라. 말씀으로 돌아가라"는 것이다. 우리도 갈릴리 예수의 말씀으로 돌아가야 한다.

갈릴리는 예수의 치유와 기적이 일어났던 곳이다. 예수의 능력이 나타난 곳이다.

> "이에 온 갈릴리에 다니시며 그들의 여러 회당에서 전도하시고 또 귀신들을 내쫓으시더라(막 1:39)."
> "예수께서 온 갈릴리에 두루 다니사 그들의 회당에서 가르치시며 천국 복음을 전파하시며 백성 중의 모든 병과 모든 약한 것을 고치시니(마 4:23)."

예수가 갈릴리에 오셨다는 소문만 나도 사람들은 그를 찾았다. "그가 예수께서 유대로부터 갈릴리로 오셨다는 것을 듣고 가서 청하되 내려오셔서 내 아들의 병을 고쳐주소서 하니 그가 거의 죽게 되었음이라(요 4:47)." 예수가 가는 곳에 치유가 일어나고 생명이 회복된다.

베드로가 예수를 만난 곳도 갈릴리였고, 부활 후 새로운 사명을 부여받은 곳도 갈릴리였다. 그는 예수를 만남으로 치유되었고, 새로운 사명자가 되었다.

제자들은 예수님이 마련한 식탁에서 조반을 먹었다. 예루살렘 다락방에서 가졌던 최후의 만찬이 더 이상 끝이 아니라 갈릴리에서 다시 이어진 것이다.

"그들이 조반 먹은 후에 예수께서 시몬 베드로에게 이르시되 요한
의 아들 시몬아 네가 이 사람들보다 나를 더 사랑하느냐 하시니 이
르되 주님 그러하나이다 내가 주님을 사랑하는 줄 주님께서 아시
나이다 이르시되 내 어린 양을 먹이라 하시고
또 두 번째 이르시되 요한의 아들 시몬아 네가 나를 사랑하느냐 하
시니 이르되 주님 그러하나이다 내가 주님을 사랑하는 줄 주님께
서 아시나이다 이르시되 내 양을 치라 하시고
세 번째 이르시되 요한의 아들 시몬아 네가 나를 사랑하느냐 하시니
주께서 세 번째 네가 나를 사랑하느냐 하시므로 베드로가 근심하여
이르되 주님 모든 것을 아시오매 내가 주님을 사랑하는 줄을 주님께
서 아시나이다 예수께서 이르시되 내 양을 먹이라(요 21:15~17)."

예수님은 베드로를 책망하지 않으셨다. "왜 나를 부인했느냐?" 그
대신 물으셨다. "네가 나를 사랑하느냐?" 그리고 부탁하셨다. "내 양
을 먹이라."

사명을 받은 그들이 다시 예루살렘에 돌아와 성령의 기름 부으심
을 받았다. 성령이 충만한 가운데 그들은 전도했다. 그것도 각 나라
말로 유창하게 복음을 전했다. 완전히 달라진 제자들의 모습을 보며
사람들은 말하기 시작했다.

"다 놀라 신기하게 여겨 이르되 보라 이 말하는 사람들이 다 갈릴
리 사람이 아니냐(행 2:7)."

"이 말하는 사람들이 다 갈릴리 사람이 아니냐"는 말속에는 학문
도 없고 비천한 갈릴리 사람으로 알았는데, 대체 무슨 일이 벌어진
것이냐는 뜻이 담겨 있다. 사람들만 놀랐을까. 그보다 제자들이 더 놀
랐을 것이다. 자기들의 삶에 기적이 일어난 것이다.

우리의 치유를 위해 가야 할 곳이 바로 갈릴리다. 그곳에서 주님을

만나 우리의 삶에 기적을 일으켜야 한다.

오늘도 주님은 말씀하신다. "갈릴리로 가라 하라 거기서 나를 보리라." 예수님이 갈릴리에 가셨을 때는 성령 충만하셨다. "예수께서 성령의 능력으로 갈릴리에 돌아가시니 그 소문이 사방에 퍼졌고(눅 4:14)." 우리도 주님이 주시는 성령을 사모하며 갈릴리로 가야 한다. 그분이 내 안에서 일하실 것을 확신하며, 오직 그분을 위해 일할 것을 다짐하며 갈릴리로 가야 한다.

지금 우리는 어떤 모습인가? 그저 오실 주님을 생각하며 하늘만 바라보고 있지는 않는가? "이르되 갈릴리 사람들아 어찌하여 서서 하늘을 쳐다보느냐 너희 가운데서 하늘로 올려지신 이 예수는 하늘로 가심을 본 그대로 오시리라 하였느니라(행 1:11)." 이제 주님의 사역지로 돌아가자. 그곳에서 땀을 흘리며 복음을 전하자. 그곳이 바로 우리의 갈릴리다. 주님은 당신이 갈릴리 사람인 것을 기뻐하신다. 요한복음 4장 3절은 이렇다. "유대를 떠나사 다시 갈릴리로 가실 새." 이제 유대를 떠나 갈릴리로 가자. 주님과 함께.

10. 복음: 이 땅이 주님의 음성을 듣게 하라

최근 두 가지 외침이 나의 뇌리를 떠나지 않는다. 하나는 로잔운동 (Lauzanne Movement)의 구호이고, 다른 하나는 루터의 외침이다. 이 모두 하나님의 말씀으로 돌아가자는 정신이 바탕을 이루고 있다. 이것이야말로 그리스도인으로서 삶의 기본이 아니던가.

로잔운동의 초석인 로잔대회는 1974년 빌리 그래함을 중심으로 스위스 로잔에서 열린 로잔세계복음화대회를 말한다. "이 땅이 주님의 음성을 듣게 하라(Let the earth hear His voice)"라는 슬로건 아래 토의를 벌였다.

이 로잔대회는 두 가지 점에서 특색이 있다. 첫째, 복음전도와 함께 사회적 책임의 가치를 동일하게 인정했다는 점이다. 당시 주요강사들의 발제문을 바탕으로 이른바 로잔언약(Lauzanne Covenant)이 작성되었다. 성공회 사제 존 스토트(John Stott) 신부가 초안심사위원장을 맡았다. 이 언약의 골자는 "복음화는 모든 교회가 총체적 복음을 온 세계에 전할 것을 요구한다(Evangelization requires the whole church to take the whole gospel to the whole world)"는 것이었다. 여기에서 그 유명한 '세 가지 홀(the three wholes)', 곧 Whole Church(모든 교회), Whole Gospel(총체적 복음), Whole World(온 세계)가 등장한다.

이 가운데 주목해야 할 것이 총체적 복음이다. 이것에는 복음전파의 우선권을 인정하면서도 교회가 사회적 책임을 다해야 한다는 의미가 담겨 있다. 가서 복음을 전하고 제자를 삼는 것(마 28:19~20)도 중요하지만 우리를 세상에 보내 가난한 자와 병든 자를 돕는 것(요 17:18)도 중요하다는 스토트의 발제에 따라 복음전파와 사회적 책임이 균형 있게 강조된 것이다. 이렇게 된 데는 무엇보다 선교지에서의 선교실패가 현지상황을 고려하지 않고 일방적으로 복음만 선포했다는 반성과 함께 노예제 해방 등 사회참여를 활발히 했던 근대 복음주의자들과는 달리 현대 복음주의자들은 사회참여를 소홀히 했다는 비판을 겸허히 수용한 것이다. 요즘 빈곤문제가 크다. 로잔언약도 "빈곤은 정의가 없는 사회제도가 만든 것으로 그리스도인은 빈곤퇴치에 참여해야 한다"고 했다. 복음주의자들도 그만큼 적극적이어야 한다는 말이다.

둘째는, 랄프 윈터(R. Winter)의 '새 마케도니아(New Macedonia)' 선교전략이다. 그는 이 제목의 강연을 통해 세계복음화가 더 이상 진전되지 않는 것은 국가단위의 선교를 했기 때문이라며 각 문화를 형성하는 종족단위로 복음화가 일어나야 한다고 주장했다. 그는 각 문화단위를 구성하는 종족을 분류하고 그 가운데 미전도 종족을 찾아내 복음을 전하도록 했다. 이로써 이른바 '미전도 종족 선교'의 문이 열리게 되었다.

이 로잔대회의 정신을 잇기 위해 1988년 제2차 세계복음화국제대회가 필리핀 마닐라에서 열렸다. 이 대회를 전후로 급격한 세계화 변화 속에서 복음의 총체성에 대한 의미와 내용, 미전도 종족 선교전략을 구체화하는 작업이 활발하게 이뤄졌다. 그리고 2010년 남아공 케이프타운에서 제3차 로잔대회가 열렸다. 3차는 1910년 에든버러에서 열린 세계선교사대회 100주년이 되는 해여서 의미도 컸다. 로잔대회의 뿌리가 바로 에든버러 대회에 있었기 때문이다. 선교 중흥기에 에든버러에 모인 1,234명의 세계 선교사들 가운데 비서구인은 20명에 불과했다. 하지만 케이프타운에는 200여 국가에서 4,500명이 참가했고, 비서구선교사들의 참여도도 아주 높았다. 앞으로도 로잔대회는 계속 이어질 것이다.

1차 로잔대회 때 참가자들은 "우리 세대에 세계 복음화를 이루자"고 했다. 3차에서도 "모든 교회가 전 세계에 있는 모든 족속에게 복음을 전하자"고 했다. 로잔대회의 중심에는 늘 복음이 자리하고 있다.

로잔언약의 서문은 다음과 같다.

"우리는 150여 나라에서 모인 예수 그리스도의 교회에 속한 회원으로서(…) 하나님이 우리 시대에 행하시는 일에 깊은 감동을 받고 우리가 저질러 온 갖가지 잘못을 회개하며, 아직 미완성으로 남아 있는 복음화의 사명에 도전을 받는다. 우리는 복음이 온 세상을 위한 하나님의 좋은 소식임을 믿으며, 이 복음을 온 인류에게 선포해 모든 민족을 제자로 삼으라고 하신 그리스도의 명령에 순종할 것을 그분의 은혜로 결단한다."

이 서문을 읽을 때마다 우리가 기본으로 삼아야 할 것, 아니 잃었던 기본이 무엇인가를 생각게 한다.

나아가 설교는 많지만 말씀이 부족한 이 시대에 루터가 있었으면 무엇이라 말할까 궁금해진다. 선두에 서서 종교개혁을 이끌었던 인물이 바로 그였기 때문이다. 그는 라틴어 성경을 독일어로 번역하고, 일반인들이 하나님의 말씀을 직접 읽을 수 있도록 했다. 그리고 외쳤다. "예수로 돌아가자! 말씀으로 돌아가자! 근원으로 돌아가자!"

"예수께서 나아와 말씀하여 이르시되 하늘과 땅의 모든 권세를 내게 주셨으니 그러므로 너희는 가서 모든 민족을 제자로 삼아 아버지와 아들과 성령의 이름으로 세례를 베풀고 내가 너희에게 분부한 모든 것을 가르쳐 지키게 하라 볼지어다 내가 세상 끝 날까지 너희와 항상 함께 있으리라 하시니라(마 28:18~20)."
"아버지께서 나를 세상에 보내신 것 같이 나도 그들을 세상에 보내었고(요 17:18)."

당시에만 종교개혁이 필요한 것이 아니다. 지금 이 시대는 더 강한 종교개혁이 필요하다. 우리가 복음으로 돌아가 그 말씀을 읽고 전하며 온전히 실천할 때, 아니 기본으로 돌아갈 때 비로소 이 땅에 하늘의 빛이 보이게 될 것이다. "이 땅이 주님의 음성을 듣게 하라."

11. 비움과 채움: 주 예수 그리스도로 가득 채우라

신학자 레너드 스위트는 오늘날 교회가 심각한 질병을 앓고 있다고 말한다. 이른바 '예수결핍장애(JDD, Jesus Deficit Disorder)'다. 교회에 예수가 없다, 예수가 보이지 않는다는 말이다.

교회에 예수가 없다니 무슨 말인가? 교회가 예수 그리스도 이외의 것으로 너무 가득 차 있다. 그만큼 교회가 변질되어 있다. 교회 집회나 회의에 참석해도 성경이나 예수, 성령에 대한 이야기를 듣기는 어렵다. 리더십 강좌나 교회성장을 위한 새로운 전략 프로그램이 주류를 이루고 있다. 세계적으로 유명한 비즈니스 그룹의 전문가들이 교회에 와서 컨퍼런스를 한다. 교회가 비즈니스 전문가를 초청한다. 그 속에 성경과 예수, 성령에 대한 이야기는 없다. 그만큼 관심이 없다는 말이다. 설교도 예외가 아니다. 사람들의 마음을 일으키는 긍정 심리학이나 듣기 좋은 엔터테인먼트로 변한 지 오래다. 가끔 성경 말씀을 인용해도 자기주장을 합리화하기 위해 사용한다. 성경이 도구로 전락한 지 오래다.

예수결핍장애는 왜 생겼을까? 성공주의, 인간주의가 교회를 장악했기 때문이다. 목회자는 스타목사를 꿈꾸고, 기독교출판사도 스타목사를 이용해 돈을 모은다. 교인들은 기꺼이 이 축제에 참여한다. 일찍이 마르틴 루터는 "하나님은 교회를 만드셨고, 악마는 채플을 만들었다"고 했다. 하나님도 뭔가를 하시지만 악한 세력도 뭔가를 한다는 말이다. 미국이든 한국이든 기독교는 성공적으로 성장했다. 그동안 기독교인이 된다는 건 아주 존경받는 일이었다. 그런데 교회가 예수님 대신 그동안의 성공, 그 자체를 예배하기 시작하면서 기독교에 대한 회의가 증폭되고 있다. 어느 세대나 축복이 있고, 저주가 있다. 우리 세대가 맞고 있는 저주는 바로 예수결핍장애다. 예수 결핍으로 인해 교회는 지금 심각한 질병을 앓고 있다.

예수결핍 증세를 치유할 수 있는 방법은 뭘까? 혹시 기독교세계관으로 무장하는 것인가? 그는 기독교 세계관이란 말을 좋아하지 않는다. 기독교인이 가져야 할 세계관은 없다. 세계관은 모두 머리에서 나온 것이라 거기에서 얻을 것은 아무것도 없다는 것이 그의 생각이다. 성경에선 하나님을 맛보고, 그걸 느끼라고 했다. 우리에게 필요한 것은 예수의 생명이지 관점이 아니란 말이다. 진정으로 내 안에 예수의 생명을 소유하고, 그 생명으로 살면 우리 영이 다시 소생할 수 있다는 것이다. 지금 우리에게 필요한 작업은 내 안에 들어 있는 잡동사니들을 다 치우고, 예수로 가득 채우는 것이다. 그래야 소망이 있다.

예수님은 겟세마네 동산에서 "제 뜻대로 마시고 아버지 뜻대로 하소서"라고 기도하셨다. 여기에 주님의 위대한 '비움과 채움'이 있다. 나의 뜻은 버림의 대상이며 아버지의 뜻은 채움의 대상이다. 비움과 채움이 동시에 이뤄진다. 하지만 아버지의 뜻은 언제나 우선된다.

그리스도인의 삶에 필요한 것도 비움과 채움이다. 토마스 아퀴나스는 늘 자기 안에 그리스도로 채워지기를 바랐다. 성경을 라틴어로 번역한 제롬도 베들레헴 마구간에서 여러 해를 보냈다. 주님과 가까이하고, 그리스도로 마음을 가득 채우기 위해서였다.

그리스도인은 누구나 주님을 채우기 원한다. 비본질적인 나를 비우고 본질적인 예수를 채우는 것이다. 그 채워짐의 상태가 바로 '주님이 내 안에, 내가 주님 안에' 있는 것이다. 아퀴나스는 그리스도가 내 안에 살 때 진과 선과 미가 동시에 존재한다고 보았다. 신앙에서 빛이 나는 때는 바로 내 삶에서 오직 그리스도가 드러날 때다.

그런데 중요한 것은 상황이 좋을 때만 그렇게 존재하는 것이 아니라 참담한 상황에서도 그렇게 존재한다는 사실이다. 예수의 십자가를 생각해보자. 그것은 참으로 비참하고 참혹하다. 하지만 거기서 참으로 아름다운 것이 무엇인가를 알게 된다. 그 아름다움 안에 진리와 선함이 함께 있어 더 기이하다. 주의 진실하심과 선하심과 아름다움은 이처럼 초월적으로 존재한다.

세상이 어지러울수록, 정치에 혐오감이 들수록 우리의 기도가 사나워진다. 때론 공격적이다. 그러나 중요한 것이 있다. 그것들은 다 지나간다. 그것이 우리의 모든 것이 될 수 없다. 영원한 것은 하나님과 그의 나라다. 세상의 것을 비우고, 하나님의 것을 채울 때 비로소 영원한 기쁨과 생명이 살아난다. "내 왕국은 세상의 것이 아니다. 너는 베들레헴의 구유로 살아가라." 내 안에 오직 그리스도가 살아 움직일 때 우리는 가장 참담한 풍경에서도 주의 진실하심과 선하심과 아름다움을 보게 된다.

손양원 목사는 말한다. "술 중독자는 술 없으면 못 산다. 마약 중독자는 마약 없으면 못 산다. 우리는 예수 중독자가 되어야 한다." 그리스도인은 바로 예수 없으면 못 사는 사람들이다. 바울은 말한다. "오직 주 예수 그리스도로 옷 입고 정욕을 위하여 육신의 일을 도모하지 말라(롬 13:14)." 새번역 성경에는 이렇게 쓰였다. "주 예수 그리스도로 옷을 입으십시오. 정욕을 채우려고 육신의 일을 꾀하지 마십시오." 오늘 주님을 가득 채우라. 그래야 희망이 있다.

12. 죽음과 심판: 오늘 주님을 붙잡으라

다이너마이트 발명자 알프레드 노벨은 어느 날 신문사의 실수로 나온 자신의 부고 기사를 읽었다. 기사에는 자신을 '죽음의 상인'으로 일컬었다. 충격을 받은 그는 나머지 삶의 자세를 완전히 바꿨다. 인류의 행복에 기여하고자 노벨상 제도도 만들었다. 누구나 죽음을 피할 수 없다. 그러나 죽음을 생각하는 순간, 내가 어떻게 살아가야 하는가를 알게 된다.

아르카디아(Arcadia)는 서구인들이 동경하는 지상낙원이자 이상향이다. 동양인이 꿈꾸는 무릉도원과 같다. 이것은 고대 그리스 펠로폰네소스의 실제 산악지역 이름이기도 하다. 17세기 프랑스 화가 니콜라 푸생(N. Poussin)이 <아르카디아의 목동들>이라는 제목으로 그림을 그렸다. 이 그림에서 화가는 아르카디아에서조차 인간의 삶은 유한하다는 것을 강조하였다.

그림에 따르면 아르카디아의 세 목동이 어느 날 무덤과 마주친다. 묘비에는 충격적인 말이 쓰여 있다. "심지어 아르카디아에도 내가 있다(Et in Arcadia Ego)." 이곳에도 죽음이 있다는 말이다. 이 글을 본 세 목동의 반응이 각각이다. 제일 왼쪽의 목동은 묘비에 기대서서 깊은 사색에 잠긴다. 가운데 목동은 손가락으로 묘비명을 되짚으며 다시 한 번 그 글을 확인해본다. 그리고 오른쪽 목동은 우수에 잠긴 눈으로 뒤에 선 여인을 보며 묻는다. "이것이 진실인가?"

오른쪽 목동 어깨 위에 손을 얹은 여인은 역사의 알레고리다. 엄숙한 그 여인은 인간이 이 세상에서 어떤 쾌락을 누릴지라도 반드시 죽음을 맞을 것이며 그 뒤에는 심판이 따른다는 것을 담담히 말해준다.

<심지어 아르카디아에도 내가 있다>는 제목으로 작품을 남긴 사람은 구에르치노(Guercino)다. 여기에서도 두 목동이 두개골 아래 쓰여 있는 이 비문을 보며 생각에 잠기는 모습을 하고 있다.

푸생은 구에르치노에 영향을 받아 <아르카디아의 목동들>과 <심지어 아르카디아에도 내가 있다>는 작품을 남겼다. 그의 작품은 죽지 않을 것처럼 살아가는 인간들에게 죽음을 심각하게 받아들일 것을 말하고 있다.

그 후 죽음은 인간의 주요 묵상 주제가 되었다. "메멘토 모리(Memento Mori)." 죽음을 생각하라는 말이다. 1969년 사망학 개척자인 스위스 출신 정신과 의사 엘리자베스 퀴블러 로스(Elisabeth Kubler-Ross)는 죽음의 과정을 설명한 책 『사망과 임종에 대하여(On Death and Dying)』를 내놓았다. 이 책에서 그는 말기 환자를 대상으로 임종의 정신 상태를 분석한 5단계 모형을 제시했다. 5단계의 영어 첫 글자를 따서 다브다(DABDA) 모델이라 불린다.

첫 번째는 부인(Denial)이다. 이 단계에서 많은 사람은 죽게 된다는 사실을 받아들이려 하지 않는다. 말기 환자는 "아니야, 나는 아니야"라고 불치병에 걸린 사실을 부인함과 동시에 고립되는 듯한 감정을 느끼게 된다.

두 번째는 분노(Anger)다. 부인은 두 번째 단계에서 분노나 원망으로 바뀐다. "왜 하필 나야? 왜 이렇게 재수가 없지"라고 투덜대며 정서 불안을 나타낸다. 이때 가족과 의사는 인내심을 갖고 무조건적인 사랑으로 환자를 보살펴야 한다.

세 번째는 거래(Bargaining)다. 죽음을 지연시키는 방법을 찾으려고 온갖 궁리를 한다. 신자라면 하나님과 담판을 시도한다. 하나님에게 자신의 생명을 연장시켜 달라고 애원하고 자신의 부탁을 들어준다면 "하나님의 영광을 빛낼 일에 여생을 바치겠다"고 하거나 "새사람으로 태어나겠다"고 약속한다. 거래는 모든 사람에게 나타나는 단계는 아니지만 죽음을 앞둔 환자의 절박한 심정을 잘 보여준다.

네 번째는 우울(Depression)이다. 병세가 갈수록 악화되고 있음을 깨닫게 되면서 절망 상태에 빠진 환자는 우울증에 시달린다. 우울증의 빌미는 다양하다. 죽은 뒤 남겨질 배우자나 자식에 대한 걱정, 죽기 전에 하고 싶은 일을 마무리하지 못하는 상실감 등을 들 수 있다.

끝으로, 수용(Acceptance)이다. 마지막 단계는 죽음에 임박하여 이 세상과 결별하려는 순간이다. 마침내 죽음이 피할 수 없는 자연현상임을 인정하고 마음으로 받아들이게 된다. 이승의 모든 굴레를 벗어던지고 긴 여행을 떠나기 전 마지막 휴식을 즐기는 것처럼 평온한 마음으로 죽음을 기꺼이 수용한다. 하지만 모든 사람이 죽음을 자연스럽게 맞이하는 것은 아니다. 최후의 순간까지 죽음의 그림자로부터 빠져나오려고 몸부림치는 사람은 존엄한 임종을 맞이할 수 없기 때문에 가족의 이해와 도움이 절실히 요구된다.

DABDA모델을 활용한다 해도 죽음의 문제를 해결할 수 없다. 중요한 것은 "인간은 왜 죽어야 하는가?", "그 문제를 해결하기 위해 어떻게 해야 하는가?"를 묻고 답을 얻어야 한다.

성경은 인간의 죽음은 죄 때문이라 한다. "한 사람으로 말미암아 죄가 세상에 들어오고 죄로 말미암아 사망이 들어왔나니 이와 같이 모든 사람이 죄를 지었으므로 사망이 모든 사람에게 이르렀느니라(롬 5:12)." 아담 한 사람의 죄로 인하여 그의 허리에서 태어난 모든 자손, 곧 인류가 한 사람도 예외 없이 죽음으로 이끌어가게 되었다는 것이다. 죽음에서 제외된 인간은 아무도 없다는 말씀이다.

인간의 죽음이 죄 때문이라면 이 문제를 해결하기 위해 죄의 문제를 해결하는 수밖에 없다. 인간은 스스로 그 문제를 해결할 수가 없다. 그럴 만한 위인은 아무도 없다. 그것을 너무나도 잘 아신 하나님께서 우리에게 영생을 얻게 하기 위해 예수를 이 땅에 보내셔서 우리 죄 값을 치르셨다. 십자가로 영원히 사는 길을 열어주신 것이다.

예수님은 하나님의 본체시다. 본체이신 그분이 자기를 비어 이 땅에 오시고 종으로 낮추어 십자가에서 죽으신 것이다(빌 2:6). 나의 죄는 예수님께 옮겨 죄인 되시어 십자가에서 죽으시고, 예수의 의는 내게 옮겨 죄인인 나를 의로운 자가 되게 하셨다(고후 5:21). 예수님이 우리를 위해 죽으심으로 우리는 영원히 살 수 있게 되었다.

"그러므로 이제 그리스도 예수 안에 있는 자에게는 결코 정죄함이 없나니(롬 8:1)." 이 말씀은 죽음에 대한 우리의 두려움을 없애준다. 죽음 대신 영원한 생명을 얻었기 때문이다. 그래서 사도들은 외쳤다. "주 예수를 믿으라 그리하면 너와 네 집이 구원을 얻으리라(행 16:31)." 믿는다는 것은 무엇인가? 예수님이 하나님이심을 믿는 것이다. 예수님을 붙들기만 하면 죄인으로 보지 않는다. 우리의 행위나 고행으로 구원받는 것이 아니다. 믿기만 하면 된다. 믿으면 죽음을 뛰어넘는 하늘의 평강을 누릴 수 있다.

믿지 않는 자에겐 심판이 따른다. "한 번 죽는 것은 사람에게 정해진 것이요, 그 후에는 심판이 따르리니(히 9:27)." 하나님이 우리를 지옥으로 보내는 것이 아니라 믿지 않음으로 우리가 지옥으로 가고 있다. "불러 이르되 아버지 아브라함이여 나를 긍휼히 여기사 나사로를 보내어 그 손가락 끝에 물을 찍어 내 혀를 서늘하게 하소서 내가 이 불꽃 가운데서 괴로워하나이다(눅 16:24)." 지옥에 가서 아무리 호소해 봐도 때는 이미 늦다. 예수님이 지금 생명의 길을 열어놓으셨다. 생명의 길로 가는 방법은 오직 예수를 믿는 것이다. 오늘 주님을 붙잡으라.

13. 생수의 강: 그 찬란한 생명의 강가에서 주님을 만나라

요한복음 7장을 보면 예수님이 초막절에 예루살렘에 가시어 외치시는 장면이 나온다. "누구든지 목마르거든 내게로 와서 마시라 나를 믿는 자는 성경에 이름과 같이 그 배에서 생수의 강이 흘러나오리라(요 7:37~38)." 영적으로 목마른 우리에게 주님이 주시는 생수는 절실하다. 그런데 주님을 믿고 의지하면 내 안에서 생수의 강(streams of living water, rivers of living water)이 흘러넘친다는 것이다.

요한은, 그 생수의 강은 바로 믿는 자들이 받을 성령을 가리켜 말씀하신 것(요 7:39)이라 하였다. 영생은 예수님을 아는 데서 출발한다. 그런데 성령은 예수님을 알게 하고, 그분의 말씀을 따르도록 역사한다. 성령이 우리를 영생의 길, 생명의 길로 인도하는 것이다. 성령이 충만하면 우리의 영이 새롭고 풍성해진다. 우리 배에서 생수의 강이 흘러넘친다. 그리스도인의 삶은 그만큼 다르다.

그런데 지금 과연 그런가 하는 것이다. 지금 우리의 배에서 생수의 강이 흘러넘치는가? 충만한 성령으로 내 영이 진정 주님을 기뻐하며, 우리 이웃을 향해서도 감동 있는 삶을 사는가? 이것이 문제다.

예레미야서를 보면 생수의 근원은 바로 하나님이시다. "내 백성이 두 가지 악을 행하였나니 곧 그들이 생수의 근원(the spring of living water) 되는 나를 버린 것과 스스로 웅덩이를 판 것인데 그것은 그 물을 가

두지 못할 터진 웅덩이들이니라(렘 2:13)." 생수의 근원이신 하나님을 버리고, 담을 수 없는 웅덩이만 파며 헛수고하고 있는 인간들의 모습을 정말 안타깝게 바라보시는 하나님.

예레미야는 생수의 근원이신 여호와를 버린 그들이 결국 수치를 당하게 될 것이라 하였다. "이스라엘의 소망이신 여호와여 무릇 주를 버리는 자는 다 수치를 당할 것이라 무릇 여호와를 떠나는 자는 흙에 기록이 되오리니 이는 생수의 근원이신 여호와를 버림이니이다(렘 17:13)." 이스라엘은 결국 나라가 망하고, 백성들이 포로로 잡혀가는 수모를 겪어야 했다.

베르디는 오페라 <나부코> 제3막에 '히브리 노예들의 합창'을 넣었다. 그 합창은 비장함이 흐른다. 아픔이 절절하다.

"금빛 날개를 타고 날아가라, 내 상념이여.
가거라, 부드럽고 따뜻한 바람이 불고
향기에 찬 조국의 비탈과 언덕으로 날아가 쉬어라.
요르단의 큰 강둑과 시온의 무너진 탑등에 참배하라.
오, 사랑하는 빼앗긴 내 조국이여.
오, 절망에 찬 소중한 추억이여.

예언자의 금빛 하프여,
그대는 왜 침묵을 지키고 있는가?
우리 가슴속의 기억에 다시 불을 붙이고
지나간 시절을 이야기해다오.
예루살렘의 잔인한 운명처럼
쓰라린 비탄의 시를 노래 부르라.

참을 힘을 주는 노래로
너에게 용기를 주시리라."

이 말씀들을 종합해보면 성부 하나님, 성자 예수님, 그리고 성령 하나님 모두 생수의 근원이심을 알 수 있다. 삼위 하나님 없이는 우리는 생명을 이어갈 수 없다는 말이다. 특히 성령 시대를 살아가는 우리에겐 성령의 충만한 기름 부으심이 필요하다. 그래야 영적으로 살 수 있다.

하나님은 에스겔에게 회복의 환상(vision)을 보여주셨다. 성전의 문지방에서 물이 나온다. 발목에 이르던 물은 어느덧 허리에 차고, 헤엄칠 물로 커진다. 그 물이 강으로 바뀌고, 강물을 따라 나무가 무성히 자라며, 바다에 닿자 바다도 되살아난다.

"강 좌우 가에는 각종 먹을 과실나무가 자라서 그 잎이 시들지 아니하며 열매가 끊이지 아니하고 달마다 새 열매를 맺으리니 그 물이 성소를 통하여 나옴이라 그 열매는 먹을 만하고 그 잎사귀는 약 재료가 되리라(겔 47:12)." 생명수 강가다. 이 강가엔 삶의 기적이 일어난다. 성령의 폭발적인 능력이 나타난다. 주님은 결코 우리를 버리는 분이 아니시다.

이 찬란한 광경이 요한계시록에서 재현된다. "또 그가 수정같이 맑은 생명수의 강을 내게 보이니 하나님과 및 어린양의 보좌로부터 나와서 길 가운데로 흐르더라 강 좌우에 생명나무가 있어 열두 가지 열매를 맺되 달마다 그 열매를 맺고 그 나무 잎사귀들은 만국을 치료하기 위하여 있더라(계 22:1~2)." 하나님의 나라에는 언제나 그 강이 흐른다.

그 강이 찬송가 291장(날빛보다 더 밝은 천국)에는 요단강으로 소개된다. 잘못된 번역이다. 원문에 요단강이란 말이 없다. '아름다운 강가에서(on that beautiful shore)', 곧 생명의 강가다. 먼저 간 성도를 우리는 그곳에서 기쁨으로 만난다. 며칠 후 죽음의 강 요단강을 건너

가서 만나는 것이 아니라 바로 그 찬란한 생명의 강가에서 다시 만난다. 그곳이 바로 주님이 우리를 위해 예비해두신 곳이기 때문이다. 그래서 후렴은 고쳐져야 한다. "그 아름다운 강가에서 우리들 다시 만나리. 그 아름다운 강가에서 우리들 다시 만나리."

주님은 지금도 우리를 그 강가에 초대하신다. 끊임없는 초대다. 그러나 그 초대도 언젠가 거두실 날이 있다.

> "또 내게 말씀하시되 이루었도다 나는 알파와 오메가요 처음과 마지막이라 내가 생명수 샘물을 목마른 자에게 값없이 주리니(계 21:6)."
> "이는 보좌 가운데에 계신 어린양이 그들의 목자가 되사 생명수 샘으로 인도하시고 하나님께서 그들의 눈에서 모든 눈물을 씻어주실 것임이라(계 7:17)."
> "성령과 신부가 말씀하시기를 오라 하시는도다 듣는 자도 오라 할 것이요 목마른 자도 올 것이요 또 원하는 자는 값없이 생명수를 받으라 하시더라(계 22:17)."

아가서를 보면 예수의 신부인 그리스도인을 향해 이렇게 말한다. "너는 동산의 샘이요 생수의 우물이요 레바논에서부터 흐르는 시내로구나(아 4:15)." 우리를 향해 생수의 우물이라 하신다. 황공한 말씀이다. 그러나 우리는 주님을 만나 생수를 마신 자요 그 물을 우리 이웃에 풍성하게 나누어줄 자다. 그만큼 책임이 크다는 말씀이리라.

오늘 우리의 삶에 생수의 강이 흐르는가. 그 강가에서 사철 성령의 열매가 열리고 있는가. 살아 있는 예배를 드리고 있는가, 기도에 눈물과 감격이 있는가, 순간순간 하나님의 임재를 느끼는가, 내 안에 진정 주님으로 인한 감동이 있는가. 다시 한 번 조용히 우리 자신에게 물어본다. 그리고 다짐해본다. "내 무거운 짐을 벗으려네. 생명수 강가에.

흰옷을 입기 나 원하네. 생명수 강가에.” 이 생수의 강가는 언제나 세상이 줄 수 없는 하늘의 기쁨이 차고 넘친다. 배에서 생수의 강이 흘러넘친다. 우리가 소망을 두어야 할 곳은 세상이 아니다. 오늘도 우리를 생수의 강으로 인도하는 하나님이시다.

14. 삶의 의미: 이 땅에서도 주의 영광을 드러내며 살라

헨리 나우웬의 책을 읽다가 사람은 어떻게 사는가(how to live) 하는 것도 중요하지만 왜 사는가(why to live) 하는 것을 발견하는 것이 매우 중요하다는 데 공감했다. 인간은 무엇보다 삶의 의미가 중요하다. 삶의 의미가 없다고 느껴지는 그 순간부터 인간은 공허하고, 더 이상 존재 의미를 잃기 때문이다.

삶의 의미를 집요하게 추구한 학자로 빅토르 프랑클(Victor Frankl)이 있다. 그는 극한상황에서도 삶의 의미를 붙잡고 살아온 인물이다. 야스퍼스는 인간이 처할 수 있는 극한상황으로 병, 고독, 죽음 등을 꼽았다. 프랑클은 아우슈비츠 수용소 체험을 통해 극한상황의 심리를 실제적으로 체험하면서 삶의 의미가 왜 중요한가를 보여주었다. 출소 후 그는 프로이트의 정신분석과 아들러의 개인심리학을 바탕으로 자신의 고유한 실존적 정신요법인 의미치료법(logotherapy)을 개발함으로써 정신의학에 새로운 장을 열었다.

정신의학이나 심리학은 기본적으로 인간관에서 출발한다. 프로이트는 인간의 의식성에, 아들러는 인간의 책임성에서 그 답을 찾았다. 신경증을 치료함에 있어서 프로이트는 무의식을 의식화함으로써, 아들러는 책임의 영역을 넓힘으로써 그 해답을 찾으려 했다. 그러나 프란클은 의식성과 책임성 모두 중시해야 인간이 제대로 보인다고 말한다. 그에 따르면 의식성과 책임성이야말로 실존의 두 가지 근본적 사실을 이룬다. 여기서 그의 독특한 개념인 실존이 탄생한다. 그의 실존개념은 관념적 구상이 아니라 극한체험을 바탕으로 하고 있다. 프랑클은 수용소 체험을 통해 인간은 '의미를 찾으려는 존재'임을 주장한다. 의미를 찾으려는 존재의 모습이 바로 실존이다. 여기서 의미란 삶의 의미이다.

부모와 아내, 아우와 두 자녀 모두 학살당하고 자신의 체모마저 제거당한 채 그는 강제수용소에서 유대인 119104로 살아야 했다. 프랑클이라는 그의 이름도 아무 의미를 갖지 못했다. 그 폐쇄된 공간에서 그가 느껴야 했던 것은 산다는 것이 무엇이냐 하는 것이었다. 많은 사람들이 죽기 전에 정신질환을 앓았다. 그들은 삶의 의미를 상실해 가고 있었고, 상실한 자 가까이에는 언제나 죽음이 찾아왔다.

그는 3년간 수용소에서 사람들을 관찰한 결과 인간은 극한상황에서 어떤 삶의 태도를 가지느냐에 따라 살기도 하고 죽기도 한다는 것을 발견했다. 삶의 의미를 잃고 비관적으로 생각하며 지내는 사람은 가스실에 가기도 전에 죽어갔다. 그러나 한 가지 이유라도 붙잡고 이대로는 절대로 죽을 수 없다고 생각하며 긍정적으로 살아가는 사람은 극한상황 속에서도 살아남았다.

그에게 있어서 이미 만들어져 있는 의미란 없다. 따라서 그의 이론은 결정론이 아니다. 의미는 결국 인간이 만들어가는 것이다. 책임성에 입각한 자아가 결정적 존재가 된다. 실존적 존재는 인생이 나에게 무엇을 해줄 것인가를 기대하지 않고 내가 나의 삶에 어떤 의미를 부여하며 무엇을 해주어야 할 것인지를 묻는다.

의미치료는 삶에서 목적을 발견하고 의지적(의식적)으로 가치(의미)를 찾게 만드는 치료방법이다. 삶의 의미와 보람을 갖게 함으로써 역경을 이겨나가게 한다. 이를 위해서는 때로 긴장도 필요하다. 의미치료는 실존적 진공상태에 빠뜨리는 것이 아니라 자기를 초월할 수 있는 실존의 성숙한 단계에 이르게 하는 것이다. 이 단계에서 인간은 비극을 낙관적으로 전환할 수 있다.

바울은 삶의 의미를 주님과의 관계에 두었다. 그는 선언한다. "우리가 살아도 주를 위하여 살고 죽어도 주를 위하여 죽나니 그러므로 사나 죽으나 우리가 주의 것이로다(롬 14:8)." 그리스도인의 존재 의미는 바로 우리가 '주의 것'임에 있다. 우리가 주의 것이라는 말은 주님이 우리의 주님이심(Lordship)을 인정하고 그에 합당한 삶을 사는 것이다. 그것을 벗어나면 어떤 의미를 찾을 수 없다. 하나님과의 관계에서 벗어나 있기 때문이다.

삶의 의미에서 중요한 것은 우리의 존재를 인정하는 것에서 출발한다. 연변과기대 이종완 교수에 따르면 우리가 말을 함에 있어서도 존재 인정이 중요하다. "자네 그러면 못써"라고 말하면 싸움으로 번지기 쉽다. 이 말 속에는 못 쓰는 사람, 곧 존재를 부정하는 뜻이 담겨 있기 때문이다. 이와 달리 "자네 그런 사람이 아닌데(존재 인정) 어째서 그렇게 되었데(존재와 사건 분리)"라고 하면 결코 싸움이 일어나지 않는다. 존재를 인정하기 때문이다.

바울은 우리를 하나님과 관계되는 존재라는 데서부터 시작했다. 창세기에서는 우리를 하나님의 형상으로 지음을 받았다 했다. 예수님은 우리를 하나님의 자녀라 했다. 결코 시시한 존재가 아니라는 말이다. 바울은 우리가 세상에서 의미를 찾는 사람이 아니라 하나님과의 관계에서 의미를 찾는 사람이라 했다. 우리가 그토록 하나님의 임재를 구하는 것도 그리스도인은 그만큼 남다른 존재임을 드러낸다.

삶의 의미를 주님의 관계에 둔 사람은 삶의 모습도 다르다. 하나님은 인간을 창조하신 다음에 복을 주어 다스리게 하셨다(창 1:26). 이것은 단순히 하나님의 피조물들을 마음대로 지배하고 다스리는 것이 아니라 하나님의 청지기로서 그의 뜻에 합당하게 살라는 의미다. 목회자라면 성도를 온전케 하며 봉사의 일을 하게 하며 그리스도의 몸을 세우는 일(엡 4:12)에 힘써야 할 것이다. 멕클린바이블처치 론 솔로몬(Lon Solomon) 목사는 성도들로 하여금 "지옥의 삶에서 체크아웃하고, 천국의 삶으로 체크인하라"고 외친다. 이 땅에서도 하늘나라의 삶을 살 수 있고, 그것이 삶의 의미를 가져다주기 때문이다.

1945년 미국의 평균 연령은 47세였다. 그러나 지금은 다르다. 삶의 의미는 단지 수명을 연장하는 데 있지 않다. 주님과의 관계를 바르게 하고, 그의 영광을 드러내며 사는 것이다. 이것이 바로 그리스도인이 이 땅에서 가져야 할 삶의 목적이요, 가치다. 이 가치가 이 험난한 삶 속에서도 천상의 기쁨을 누릴 수 있도록 만든다.

15. 부활: 삶에서 그리스도의 생명력을 드러내라

빙하시대에 있었던 고대 식물이 조직세포 배양을 통해 되살아나 3만여 년 만에 꽃을 피웠다. 러시아 세포생물물리학연구소 과학자들은 시베리아 영구동토층에 있는 화석 유적지 콜미아 강둑 다람쥐 굴에서 한 열매를 발견했다. 3만 년 전의 식물인 실레네 스테노필라의 열매였다. 그들은 열매 조직을 배양시켜 꽃을 피우고 열매를 맺게 하는

데 성공했다.

사람들은 그 열매 속 씨앗은 죽었으리라 생각했다. 하지만 3만 년을 뚫고 다시 태어났다. 부활한 것이다. 작은 씨앗이라도 얼마나 생명력이 강한가를 보여준다. 이 사건은 영적으로 큰 교훈을 준다. 그리스도인은 모두 예수 DNA를 가지고 있다. 그리스도인은 세상의 그 어떤 씨앗과도 비교할 수 없을 만큼 강한 생명력을 가지고 있다. 동토가 아니라 그 어떤 환경에서도 살아, 결국 그리스도를 피워내는 사람들이다.

기독교에서 부활은 꽃과 같다. 그리스도의 높은 생명력을 보여주기 때문이다. 만일 부활이 없다면 어떻게 될까? 바울은 한마디로 말한다. "그리스도께서 만일 다시 살아나지 못하셨으면 우리가 전파하는 것도 헛것이요 또 너희 믿음도 헛것이며(고전 15:14)." 헛되다는 것은 모든 것을 제로로 만든다는 말이다. 이 말은 그리스도의 부활은 우리의 모든 것이 된다는 말과 같다. 부활은 이런 점에서 매우 의미가 깊다.

우울한 기분을 나타낼 때 우리는 블루(blue)라는 말을 사용한다. 이것은 항해 중에 선장을 잃은 배가 항구로 돌아올 때 파란색 깃발을 달고 선체를 온통 파란 띠로 두른 데서 유래한 것이다. 선장을 잃으면 우울할 수밖에 없다. 예수님이 십자가에 달리시고 죽으심으로 우리는 주님을 잃었는가? 아니다. 부활을 통해 고난의 주님과 승리의 주님을 생각하며 이 땅에 부활의 기쁨, 생명의 기쁨을 주신 주님을 찬양한다. 부활은 블루가 아니라 소망이요, 기쁨이다. 세상이 줄 수 없는 하늘의 기쁨이다.

우리는 부활절 아침을 기다린다. 이 기다림은 단순한 기다림이 아니다. 사순절(lent)을 통해 고난의 주님을 묵상하며 그의 가르침을 삶에 옮긴다. 사순절은 재의 수요일(Ash Wed.)부터 시작해 부활주일 전날까지 46일 중 6일을 뺀 40일간을 말한다. '렌텐(lenten)'에서 나온 말로 '고기를 넣지 않는 음식', '검소하고 경건하다'는 뜻을 가지고 있다. 313년 로마가 신앙의 자유를 선포하면서 세례준비기간을 36일로 했다. 이것은 1년 365일의 십일조에 해당한다. 이 기간에 금식하며 경건한 영적 생활을 하게 된 것이 동기이다. 예수님의 광야 금식기도 40일을 기억하는 영적 무장의 계절이다. 이 절기에 경건한 기도생활과 성경읽기, 절제운동, 교회봉사 및 소외된 이웃을 위한 봉사로 고난에 동참하면서 신앙훈련의 계절로 삼는다. 예수님의 삶을 본받는 기간이다. 이 기간을 거쳐 부활의 아침을 기쁨으로 맞는 것이다.

이것으로 부활의 의미가 끝난 것은 아니다. 주님의 부활은 우리가 주님을 만나는 영광스러운 그 순간까지 이 땅에서 영적으로 어떻게 살아야 하는가를 가르쳐준다.

첫째, 영적인 삶을 살라 한다. 주님은 부활을 통해 3차원의 세계, 곧 저 하늘의 무한한 세계, 영혼의 세계, 하나님의 세계를 보여주셨다. 그럼에도 불구하고 우리는 아직도 육적 쾌락과 물질적인 1차원 세계와 지정의의 2차원 세계를 벗어나지 못하고 있다. 이젠 영적으로 차원이 다른 삶을 살아야 한다. 육체를 지닌 우리가 영적으로 사는 것은 매우 힘든 일이다. 우리 안에 그리스도가 없으면 불가능하다. 절대적으로 주님을 의지해야 한다.

둘째, 우리의 영을 어린양의 피로 적시라 한다. 오순절은 50일째를 가리킨다. 유월절 어린양의 피가 있었던 그 후 50일째다. 구원에 관한 유월절 식사는 역사적으로 의미가 있다. 유월절 식사는 430년 포로생활을 끝내는 마지막 재앙과 연관되어 있다. 하나님은 완고한 애굽에 장자의 죽음을 예고하셨다. 그리고 이스라엘에게는 유월절 음식을 먹도록 하였다. 그들은 그날 누룩 없는 떡, 무교병과 쓴 나물 그리고 유월절 양을 잡아 그 피를 인방에 바르고 그 고기를 함께 나누어 먹었다. 그 음식을 먹는 동안 하나님의 사자들은 피 묻은 인방을 확인하고 그 집에 재앙이 피해가도록 했다. 하나님의 말씀을 듣지 않은 집은 그날이 바로 초상 날이었다. 그러나 주님의 백성들에게는 그 밤이 하나님의 역사를 몸으로 느끼는 위대한 날이었다. 이날은 우리에게도 의미가 크다. 예수님이 십자가에서 보혈의 피를 흘리신 지 50일째 되는 바로 그날에 성령이 임하셨기 때문이다. 우리 영혼이 어린양의 피로 적셔지고, 성령으로 충만하지 않으면 영적인 삶은 불가능하다.

셋째, 거듭나라 한다. 하나님은 우리를 위해 하신 놀랍고 위대한 역사를 기억하게 하실 뿐 아니라 우리로 하여금 변화(transformation)의 삶을 살도록 하신다. 사람을 변화시키는 것은 복음뿐이다. 하나님은 "항아리를 부수라" 명령하셨다. 그런데도 우리는 오히려 항아리를 안고, 자기 것으로 삼고 있다. 바울은 복음을 위한 것이라면 자신의 생명조차 귀하게 여기지 않았다. 자기 자신보다는 유대민족과 이방을 품고 울었다. 가슴속으로부터 차원이 다른 눈물을 흘려야 우리 사이에 구원의 역사가 일어난다.

넷째, 늘 하나님의 임재 속으로 들어가라 한다. 헨리 나우웬은 "기도는 순간의 훈련이다. 우리가 기도할 때 하나님의 임재 속에 들어간다. 그분의 이름은 우리와 함께하시는 하나님(God-with-us)이시다"라고 했다. 우리는 순간순간 주님이 필요하다. 기도는 주님의 임재 속에 들어가는 가장 간단한 방법이다. 기도할 때 우리는 간구하고 아뢰는 데 익숙해 있다. 하지만 이보다 더 중요한 것은 주님의 말씀을 듣는 것이다. 우리는 성도다. 성도라는 글 속에 한자 '거룩할 성(聖)' 자가 있다. 聖을 보면 귀(耳)와 입(口)과 왕(王)이 있다. 경청을 잘하고, 말을 지혜롭게 하는 데 있어서 으뜸 되는 사람이라는 것이다. 그중에 경청이 맨 위에 자리한다. 말은 그다음이다. 말하기에 앞서 경청을 잘하는 사람이 좋다. 영어의 순종(obedience)은 라틴어 'ob-audire'에서 나온 말이다. 이것은 '마음을 집중해서 듣는다'는 뜻을 가지고 있다. 주님의 말씀을 잘 들어야 주님의 말씀에 잘 순종할 수 있다. 주님의 임재 속에 들어가기 위해선 우리의 높은 주의력(great attentiveness)이 필요하다.

마리아는 해산의 고통을 당했지만 예수는 우리를 구원하기 위해 인간이 담당할 수 없는 큰 고통을 담당하셨다. 주님이 우리를 위해 당하신 모든 곤욕과 아픔을 생각한다면 이 땅에서 우리가 어떻게 살아야 하는가는 더욱 분명해진다. 마틴 로이드 존스는 "유혹(temptation)은 죄가 아니다. 그러나 우리가 그것을 받아들이고 그것에 빠질 때 죄가 된다." 했다. 세상은 예수를 거부하게 만든다. 심지어 부활이 어디에 있느냐고 말한다. 마귀는 늘 주님을 포기하게 만든다. 그러나 예수님은 지금도 우리를 붙드시고, 다시 일어서게 하신다. 이 땅에서도 우리를 부활의 존재로 살아가게 하시는 것이다. 부활 신앙을 굳게 붙들라.

부활절은 단지 기념일이 아니다. 우리가 영적 존재인 것을 일깨워 주고, 앞으로 남아 있는 길을 사슴처럼 높이 뛰게 하는 중요한 날이다. 그 출발선에서 우리 인생의 주인은 주님이심을 고백하고, 하나님의 주권을 인정하며, 죽는 순간까지 주를 위해 살기를 다짐한다. 우리의 영이 주 앞에서 새로워지지 않고서는 결코 완주할 수 없다. 이 동토보다 춥고 영적으로 어지러운 세상에서 주님의 꽃을 아름답게 피우기 위해서는 우리의 영이 더 순결하고 강해져야 한다.

16. 죄와 의: 의로운 자로 여김을 받은 자여, 이제 의로운 삶을 살라

철학자 파스칼은 인간에 대해 아주 의미 있는 말을 했다. "세상에는 두 종류의 인간밖에 없다. 하나는 자기를 죄인이라고 생각하는 의인이고 또 하나는 자기를 의인이라고 굳게 믿는 죄인이다." 이 말에 약간이라도 가슴이 뜨끔하다면 자신을 의인이라고 믿어온 쪽일 가능성이 높다.

성경적으로 보아 인간은 과연 의인일 수 있을까? 바울은 단언한다. "의인은 없나니 하나도 없으며(롬 3:10)." 하나님의 속성 가운데 하나는 절대적으로 의로우신 분이라는 점이다. 이에 비해 인간은 절대 의롭지 않다. 죄 가운데 태어났기 때문이다. 그런데도 우리는 오늘도 의로운 척하고 살아간다.

우리가 죄와 한통속이 되는 한 의인일 수 없다. 사단은 지금도 우리를 유혹한다. 우리를 죄로 이끌어 그것에 물들게 하고, 평생 죄로 인한 고통에 얽매이게 한다. 우리가 죄에 질질 끌려다닐수록, 아니 고통받을수록 내심 기뻐한다. 그러나 하나님은 우리를 결코 죄 속에 두기를 원치 않으신다. 오히려 그 죄에서 해방시켜 새로운 피조물로서 바르게 살아가게 하신다. 이런 점에서 하나님은 사단과 다를 뿐 아니라 진정 우리의 '아바 아버지'이심을 알게 한다.

그리스도를 내 주로 고백하는 자는 바로 주님을 내 안에 모시고, 그분의 통치를 받으며 살고자 하는 사람이다. 인간은 의롭지 않지만 주님의 보혈의 피로 죄 씻음을 받은 사람은 의롭다 인정을 받는다. "믿음으로 말미암는 의는 주를 네 마음에 믿으면 구원을 얻으리니 사람이 마음으로 믿어 의에 이르고 입으로 시인하여 구원에 이르느니라(롬 10:6~10)." 의롭지 않은 자가 주님을 믿음으로 의로운 자로 여김을 받는 것이다. 이것이 하나님의 은혜다. 그리스도인은 바로 이 은혜를 입은 자다. 이것은 이 의가 하늘로부터 온 것임을 말해준다. 결코 나의 의 때문이 아니다.

문제는 아무리 성숙한 그리스도인이라 할지라도 죄의 유혹에서 벗어나지 못한다는 점이다. 하나님과 관계가 깊었던 아브라함도 종종 무너졌다. 다윗도 유혹을 이기지 못했다. 오죽하면 바울마저 "오호라 나는 곤고한 자로다" 외쳤을까. 어떻게 하면 그 유혹으로부터 자유로울 수 있을까? 이 질문은 우리가 죽는 순간까지 가지고 가야 할 무거운 짐이요, 극복해야 할 과제다.

하나님은 왜 우리를 지금도 죄 가운데 두시는가를 알 필요가 있다. 예수를 믿고 죄 사함을 받으면 더 이상 유혹은 존재하지 않고, 우리 마음속조차 죄의 그림자가 없어야 할 터인데 현실은 그렇지 못하다. 오히려 더 악랄한 죄의 모습과 유혹들이 우리 주변을 감싸고 있다. 그렇다고 눈을 감고 살 수도 없다. 하나님은 왜 우리를 그냥 그 자리에 있게 하시는 것일까? 그것은 우리로 죄를 두 눈으로 직접 목도하게 하고, 그것이 더 이상 하나님의 자녀들에게 적합지 않다는 것을 알게 하기 위함이다. 더 이상 죄를 가까이하지 않기 위해서 우리를 죄 가운데 두시는 것이다. 이것은 역설적이지만 진리다. 다른 말로 말해 우리로 담대히 죄에 대적하고, 날마다 싸워 이기게 하기 위해 우리를 그 가운데 두셨다.

문제는 그것을 어떻게 이길 수 있을까? 그것은 내 힘으로 되는 것이 아니다. 주의 영, 곧 성령이 우리 안에서 강하게 역사하셔야 가능한 일이다. 성령이 우리를 붙들지 않으면 넘어간다. 그래서 순간마다 하나님이 우리와 함께하심, 곧 임마누엘(God-with-us)이 필요하다.

우리가 구주를 믿음으로 의로운 자로 여김을 받았다면 의로운 삶을 사는 것은 당연하다. 의롭게 살기 위해서는 어떻게 해야 할까? 그것은 하나님의 말씀에 충실한 삶을 사는 것이다. 성경에서 의(righteousness)는 크게 두 가지를 우리에게 요구한다. 첫째는 올바로 행하고 하나님 앞에 바로 서는 것(right doing and right standing with God)이고, 둘째는 하나님의 뜻에 완전히 일치는 하는 것(perfect conformity to God's will)이다. 이것은 하나님이 우리에게 주님의 자녀로 살아야 할 참 모습이요, 죄로 인해 잃었던 원형을 회복하는 것이다. 하나님의 은혜를 받은 자로서 하나님에 우리가 어떤 자세로 살아야 하는가를 보여준다.

은혜를 입은 자는 이웃에 대해서도 하나님의 의를 드러내며 살아야 한다. 실제적인 삶에서 의를 드러내는 것이다. 예를 들어 "해질 때에 그 전집물을 반드시 그에게 돌릴 것이라 그리하면 그가 그 옷을 입고 자며 너를 위하여 축복하리니 그 일이 네 하나님 여호와 앞에서 네 의로움이 되리라(신 24:13)" 하신 말씀이 있다. 전집물은 옷가지 등 가난한 자의 담보물을 말한다. 이스라엘은 낮에는 햇살로 따갑지만 저녁에는 몹시 춥다. 가난한 자가 옷을 입지 못해 추워 죽게 된다면 그것은 살인이나 마찬가지 행동이다. 이웃이 비록 돈을 빌려 쓰고 갚지 못해 전집물을 잡았다 해도 저녁이 되어 그가 추워할 것을 염려하고 돌리면 이것은 하나님 앞에서 인정받는 의로움이 된다는 것이다. 상대는 그 도움에 감사하며, 그 제도를 세워주신 하나님께도 감사할 것이며, 전주도 그 사람 잘되게 해달라고 하나님께 기도할 것이니 모두에게 좋은 일이다. 이것이 바로 하나님 앞에 의를 쌓는 것이다.

그리스도인이 행하는 이 의는 단지 거기 율법이 있어서 어쩔 수 없이 지켜야 하는 것과는 다르다. 우리의 속성이 그리스도의 속성으로 바뀌고, 주의 영이 우리를 온전히 주장함으로써 누릴 수 있는 하늘의 평화다. 이것이 바로 이 땅에서 죄로부터 자유 함을 얻을 수 있는 방법이다. 우리가 주님과 하나로 밀착되어 있어 그 속에는 사단이 비집고 들어올 공간이 없다.

억울한 누명을 쓰고 오래 감옥 생활을 한 빠삐용. 그는 그 한 많은 생활을 하면서 스스로 깨닫는 것이 하나 있었다. "하나님 앞에서 세월을 낭비한 죄가 나에게 있구나." 한탄만 하고 살았던 것에 대한 후회다. 우리도 혹시 죄와 유혹의 틀에서 벗어나지 못하고 세월을 낭비하고 있지는 않는가. 하나님 앞에 선 때에 후회한다면 이미 늦다.

스펄전 목사는 말한다. "하나님은 자기 자녀를 죄를 짓는 데 성공하도록 내버려두지 않으신다." 하나님은 오늘도 자신의 자녀들이 죄와의 싸움에서 실패하는 것이 아니라 승리하도록 하신다. 넘어져도 일으키고, 또 일으켜 세우신다. 우리는 바로 그분의 사랑을 받는 자녀이기 때문이다. 주님이 사단의 권세를 이기신 것처럼 우리도 주님을 의지해 육적인 삶을 이기고 하나님이 기뻐하시는 의를 높이 드러내야 한다.

17. 죄책감: 좋은 죄책감은 주님을 찾게 한다

하나님은 인간에게 아주 좋은 선물을 주셨다. 죄책감이다. 이것은 우리로 하여금 죄에 대해 민감하도록 하신 것이므로 선물치고 이런 선물이 없다. 하나님은 그 선물을 우리 마음 한가운데 심어두시고, 우리가 죄를 지었을 때 그로 인해 잠 못 이루게 하신다. 그것으로부터 빨리 벗어나라는 영적인 신호다.

윤동주의 시 <하늘과 바람과 별과 시>에 이런 구절이 있다.

> "죽는 날까지 하늘을 우러러
> 한 점 부끄럼이 없기를
> 잎새에 이는 바람에도
> 나는 괴로워했다."

이 시를 읽노라면 얼마나 깨끗하게 살고자 했는가를 보여준다. 이런 정도의 심정으로 사노라면 죄책감은 조금쯤 물러나 있을 성싶다. 그러나 깊이 들어가 보면 잎에 이는 바람에도 괴로워할 만큼 죄책감에 시달렸다는 말도 된다. 인간은 그만큼 죄와 가까이 있다. 그래서 죄책감을 벗어나기 어렵다.

죄에는 늘 죄책감이 따라오게 되어 있다. 죄는 영육 간에 문제를 일으킨다. 영적으로 침몰하게 만들고, 육적으로 싸우게 한다. 도둑은 제 발 저리고, 살인자는 잠을 편히 잘 수도 없다. 인간은 영적인 존재이므로 영적으로 자유롭지 않으면 참 자유를 누리지 못한다. 그래서 우리의 영은 늘 반문하기를 좋아한다. "하늘을 우러러 한 점 부끄럼 없다고 맹세할 수 있는가?"

옥죄는 세상적인 모든 것으로부터 자유하게 될 때 비로소 우리는 자유인이 된다. 그러니 죄책감을 멀리할 것이 아니라 사랑할 필요가 있다. 더 이상 지적당하지 않을 만큼 깨끗해야 비로소 안정감을 찾을 수 있다. 모건 스콧 펙(Morgan Scott Peck)은 말한다. "죄책감은 은총의 선물이다. 악을 더 저지르지 않게 하기 때문이다." 죄를 짓고도 죄책감이 없다면 그것은 사람이라 할 수 없다.

하지만 죄책감이라고 해서 다 좋은 것은 아니다. 죄책감에도 나쁜 죄책감과 좋은 죄책감이 있다.

나쁜 죄책감은 후회하게 하고 파멸의 길로 몰아간다. 그 예로 가룟 유다의 자살을 들 수 있다. 그는 예수를 은 30에 팔고 결국 십자가에 못 박히게 했다는 죄책감에 사로잡혔다. 그리고 죄책감에 이끌려 밖에 나가 자살을 했다. 나쁜 죄책감은 오늘도 비극으로 이끈다. 죄를 들추어 어둠으로 인도한다. 자신을 쓸모없는 존재로 전락시키고, 하나님과의 관계도 끊어놓는다. 이에 반해 좋은 죄책감은 생명의 길로 인도한다. 자신이 연약한 존재임을 깨닫고 하나님을 찾게 한다. 폴 투르니에는 "죄책감은 인생의 양면이다"라고 말한다. 좋은 면과 나쁜 면이 섞여 있기 때문이다. 문제는 우리의 선택이다. 나쁜 죄책감이 아니라 좋은 죄책감을 택할 필요가 있다.

토니 캐플로는 95세 이상 500명을 상대로 "다시 산다면 무엇을 하며 살겠는가?" 물었다. 그들은 "삶을 진지하게 살겠다. 죽음 이후에 계속될 영원한 것을 준비하며 살겠다"고 했다. 좋은 쪽으로 선택하며 살겠다는 것이다.

인간이 아무리 좋은 쪽을 선택하며 살겠다고 해도 쉽게 그리될 수 있는 것이 아니다. 인간은 약하기 때문이다. 자꾸만 죄를 짓는 것도 다 약하기 때문이다. 이 문제를 해결하기 위해서는 연약한 우리 자신이 아니라 날마다 우리를 죄로부터 구원하신 주님을 의지하고, 그를 바라보며 한 걸음 한 걸음 걸어갈 필요가 있다.

예수님은 우리의 약함을 너무나 잘 아신다. 그는 십자가를 지심으로 우리의 죄 문제까지 다 해결해주셨다. 주님의 은혜가 아닐 수 없다. 이처럼 하나님의 은혜는 모든 것을 덮는다. 우리가 해야 할 일은 늘 예수 안에 거하는 것이다. 나의 힘으로 죄의 문제를 결코 해결할 수 없다. 구원은 하나님의 은혜로 주어진 것이다. 우리는 그저 감사함으로 주께 나아가면 된다. 그분께 나아가기만 하면 영적으로 새로운 세계가 열린다. 그 속의 나는 과거의 내가 아니다. 영적으로 새로워진 피조물이다.

그럼에도 불구하고 오늘도 약함을 느끼는가? 약할수록 더욱 주님 앞에 나아가라. 우리가 멸망하는 것은 죄 때문이 아니다. 주님 앞에 나오지 않기 때문이다. 주님 앞에 나오면 언제나 용서를 받는다. 빌리 그레이엄은 말한다. "심판을 면할 수 있는 방법은 예수님 등 뒤에 숨는 것이다. 늘 예수 안에 피하라."

탕자는 죄 속에서 헤어나지 못하고 비참하게 살아간다. 자기의 자녀가 그런 상태에 빠졌을 때 가장 비통해하는 분은 아버지다. 신앙은 바로 이 같은 아버지의 마음을 아는 것이다. 그리고 아버지에게 돌아가는 것이다. 아버지에게 죄를 지었다는 탕자의 죄책감이 결국 그를 아버지에게 돌아가게 만들었다. 좋은 죄책감이 그를 살린 것이다.

죄 속에 있기에 우리는 더 하나님 아버지의 잊지 못할 자녀, 더 소중한 자녀이다. 하나님은 오늘도 죄책감을 주어 그 죄로부터 멀리하게 하신다. 하나님 밖에 있는 자에 대해서 하나님은 긍휼 없는 심판, 곧 무서운 심판을 하신다. 죄책감도 없기 때문이다.

죄책감이 드는가? 그렇다면 그것을 피하지 말고 사랑하라. 그것은 오늘 주님이 당신을 죄에 두지 않기 위해 특별히 내려주신 은총의 선물이다. 주님이 그만큼 당신을 사랑하신다는 증거다. 좋은 죄책감을 갖도록 노력하라. 그것은 오늘도 주님의 얼굴을 찾게 한다. 당신은 더 이상 죄의 종이 아니라 하나님의 자녀라는 긍정적 자아상을 가지고 영적 자유 함을 맛보라. 주님 안에서 진정으로 자유하라. 그리하면 죄의 올무가 더 이상 우리를 묶지 않을 것이다.

18. 광야: 황량한 땅에서 하나님을 더 깊이 만나라

레바논에서 마론파 기독교인들은 이슬람으로부터 모진 핍박을 받았다. 그래서 그들은 산속 깊은 곳으로 숨어들어 가 살며 신앙을 이어갔다. 지금도 데이르 칸누빈(Deir Qannoubine)을 비롯해 여러 수도원들이 레바논의 험한 산에 자리하고 있다. 그곳 수도원의 한 대주교는 이렇게 말했다. "하나님 나라에 가면 고난과 고통은 없다. 이 땅에서만 느낄 수 있는 것이다. 그러므로 이 땅에서 고난을 당할 때 감사히 받으라." 놀라운 말이 아닐 수 없다. 고난을 감사히 받을 수 있는 마음은, 과연 누가 준 것일까?

우리는 종종 이 세상에서의 삶을 광야 같다 말한다. "광야 같은 세상에 곤한 내 여정은." 복음 송가에서도 우리는 광야 같은 세상을 살고 있고, 그 여정은 곤하다 말한다. 그만큼 힘들다는 말이다.

성경은 광야(曠野)를 두 가지로 묘사하고 있다. 하나는 물도 나무도 없고, 인적도 없어 개척과는 거리가 먼 사막 지대(desert)이다. 이곳에선 농사를 지을 수 없다. 다른 하나는 사막은 아니지만 농사하기 어려운 목축지대(wilderness)이다. 농사를 짓는다 하지만 너무 척박하다. 하지만 두 곳 모두 넓다. 사람이 살기엔 너무 힘들다는 데 공통점이 있다.

그래서 광야는 크고 두렵다. 물이 없어 끊임없이 갈증을 일으키고 먹을 것이 없어 늘 배고프게 하는 고통의 광야, 죽음의 광야다. 그런데 인생이 광야라 한다. 어느 누구도 예외 없이 그 길을 간다. 이제 막 그 길을 시작한 사람도 있고, 중도에서 오늘도 지친 걸음을 내딛는 사람도 있고, 광야의 끝에 선 사람도 있다.

예레미야 애가를 보면 광야는 매우 위험한 곳이다. "광야에는 칼이 있으므로 죽기를 무릅써야 양식을 얻사오니(애 5:9)." 이 말씀은 다른 번역본을 봐야 의미가 더 확실해진다. "사막으로부터 적들이 칼을 휘두르며 쳐들어오기 때문에 죽음을 무릅쓰고 곡식을 거두어들이게 되었습니다(공동번역)." "먹거리를 얻으려고, 쫓는 자의 칼날에 목숨을 내겁니다(새번역)." "광야에는 칼이 있으므로 우리가 목숨을 걸어야 양식을 얻을 수 있습니다(현대인의성경)." 죽기를 각오해야 겨우 먹고 살 수 있는 곳, 적들의 위협이 커 그것을 지키기 위해 안간힘을 쓰지 않으면 생명부지가 안 되는 곳이 바로 광야다. 그 길을 가야 하니 두렵지 않을 수 없다.

그러나 그 광야는 하나님을 만날 수 있는 곳이라는 점에서 영적으로 아주 특별한 곳이다. 모세가 하나님을 만난 곳은 바로 광야였다(출 3:1~18). 예수님이 시험을 받으시고 이기신 곳도 광야였다(마 4:1). 하나님은 아무도 없을 것 같은 그곳까지 오셔서 고통받는 우리와 함께하시고 힘을 주시고 이기게 하신다. 그분이 바로 우리 하나님이다. 황량한 땅에서 하나님을 더 깊이 만나라. 절망적인 상황에서 더 기도하라.

아라바 광야에 도달하자 모세는 이스라엘 자손들에게 다음과 같이 선포한다. "광야에서도 너희가 당하였거니와 사람이 자기의 아들을 안는 것같이 너희의 하나님 여호와께서 너희가 걸어온 길에서 너희를 안으사 이곳까지 이르게 하셨느니라(신 1:31)." 그는 하나님께서 광야의 이스라엘 백성을 어떻게 보호하셨는가를 말해준다. 모세는 광야를 하나님의 품 안으로 보았고, 하나님이 이스라엘을 그 품에 안아주셨다고 한다. 놀라운 말이다. 광야가 어떻게 하나님의 품 안일 수 있을까? 우리가 바로 그들이라면 그렇게 생각할 사람은 과연 몇이나 될까. 하지만 모세는 달랐다. 이것은 그리스도인이 이 땅에 살면서 광야를 하나님의 품으로 인식하며 살아야 한다는 것을 가르쳐준다. 그래야 복되다.

이제 우리가 해야 할 일은 아무리 어렵더라도 우리는 하나님 아버지의 품 안에 있는 자로서의 정체성을 가지고 살아야 한다. 세상을 두려워하며 사는 것이 아니라 당당하게 사는 것이다. 그것은 믿음을 가진 자로서 마땅한 선택이다.

이사야서에서는 하나님이 우리를 안으시는 자로 묘사한다.

"그는 목자같이 양 떼를 먹이시며 어린양을 그 팔로 모아 품에 안으시며 젖 먹이는 암컷들을 온순히 인도하시리로다(사 40:11)." "야곱의 집이여 이스라엘 집에 남은 모든 자여 내게 들을지어다 배에서 태어남으로부터 내게 안겼고 태에서 남으로부터 내게 업힌 너희여 너희가 노년에 이르기까지 내가 그리하겠고 백발이 되기까지 내가 너희를 품을 것이라 내가 지었은즉 내가 업을 것이요 내가 품고 구하여 내리라(사 46:3~4)." 하나님은 우리가 노년이 되고 백발이 되어도 안고, 품고, 업어주시는 분이시다. 그것은 우리를 향한 하나님의 변함없는 약속이다.

안기만 하는 분이 아니시다. 그분은 우리에게 광야에서 우리를 눈동자처럼 지키시고 물을 마시게 하신다. "여호와께서 사막 같은 땅에서, 짐승이 울부짖는 광야에서, 그들을 자기 눈동자처럼 보호하고 지켜주셨으니(신 32:10, 현대인의 성경)." "내가 광야와 사막에 강물을 흐르게 하여 택한 내 백성들이 마시게 할 그때에는 이리와 타조와 같은 들짐승도 나를 존경할 것이다(사 43:20, 현대인의 성경)."

마론파 대주교의 말대로 하늘나라엔 광야가 없다. 광야는 우리가 이 땅에 살 때 우리 모두 가야 하는 길이다. 피할 수 없다면 중요한 것은 어떻게 갈 것인가 하는 일이다. 모세는 고난을 은혜의 통로로 보았다. 그는 아래를 보며 절망하지 않았다. 오히려 위를 보며 희망을 얻었다. 아버지 하나님 품에 있는 자녀는 떨지 않는다. 내 영혼아, 두려워 마라. 당신은 하나님의 아들이다. 하나님은 당신의 아버지시다. 그분은 우리의 광야생활을 승리로 이끄는 분이시다.

하나님은 고난의 길에 선 우리로 하여금 오늘도 하늘의 기쁨을 보게 하신다. 보이는 현실 때문에 낙담하는 것이 아니라 우리가 도착할 가나안 땅, 그 영광의 순간을 생각하며 기뻐하라. 아브라함도 그 순간을 생각하며 기뻐했고, 다윗도 그랬다. 그리스도인은 가나안을 향해 걸어가는 순례자다. 순례자는 오늘도 찬양한다. "광야 같은 세상 주님만 의지하리. 주의 인도하심 날 강건케 하네. 주의 사랑 안에서 살게 하소서. 주님만 의지하리. 영원토록."

19. 실수: 한 번의 실수가 전체에 고통을 줄 수 있다

며칠 전 길을 걷다가 그만 넘어지고 말았다. 보도블록 교체 작업을 마무리하지 않고 대충 늘어놓은 것에 구두코가 걸린 것이다. 조금 더 신경을 써야 했는데 방심한 사이 순간적으로 일이 벌어졌다. 이마, 코와 입 사이, 팔목, 다리 등 여러 곳에 상처가 났다. 이 광경을 바로 뒤에서 지켜본 한 행인은 치료비용을 구청에 청구할 경우 자신이 기꺼이 증인이 되겠노라며 전화번호와 이름을 남겨주었다. 작은 사마리아인을 보는 것 같았다. 하지만 아내와 상의한 뒤 그냥 집에서 치료하기로 했다. 한 번 넘어졌는데도 불구하고 시시각각 험한 모습으로 변해가는 눈 주위를 보면서 이런저런 생각을 하게 되었다.

마무리를 깔끔하게 하지 않은 구청 작업반의 잘못이 크다. 하지만 어떤 길이든 조심스럽게 다닐 책임은 나에게도 있다. 서울 구석구석에 나를 넘어지게 할 요소들이 산재해 있지 않은가. 그것을 따져 고소하면 시도 감당하기 어려울 것이다.

상처를 볼 때마다 그때 한눈을 팔지 않았으면 이런 일이 없었을 터인데 생각하기도 하고, 넘어진 그 일 하나로 두세 주 몸 전체가 고통당하는 것을 보며 한 번의 잘못이 얼마나 부작용이 큰가도 생각하게되었다. 나아가 이 일을 영적으로 확대해, 선악과를 따 먹은 아담 부부의 한 번의 실수가 인류에게 얼마나 큰 고통을 안겨주었는가를 생각하기도 했다.

아담 부부의 선악과 이야기로 들어가 보자. 그 이야기에서 하와가먼저 등장한다. 하와 이름이 나왔으니 한 가지 짚고 넘어가야 할 부분이 있다. 한글 성경엔 대부분 하와라 한다. 그런데 사람들은 하와를가리켜 이브라 한다. 아담의 이름은 하나인데 하와는 왜 이브일까? 간단히 말해서 하와는 이브와 다르지 않다. 하와는 히브리식 이름이고, 이브는 영어다. 하와는 크게 세 가지로 불렸다. 히브리어로는 하우와(Hawwah), 라틴어로는 에바(Eva), 그리고 고대영어에선 에페(Efe)라 했다. 하우와는 하와로, 에바나 에페는 이브로 발전했다.

하와는 맨 첫 번째 여인이자 아담의 아내이다. 하와는 '사는 것', '존재하는 것'이라는 뜻을 가진 '하야(haya)'에서 나온 말로, '모든 산

자의 어미(창 3:20)'라는 의미를 가지고 있다. 하와는 분명 산 자의 표상이다. 그 이름 속에는 모든 사람을 살아 있게 만들어야 할 책임이 부여되어 있다. 그런 그가 뱀의 유혹을 받아 선악과를 따 먹음으로써 인류를 영적으로 죽은 자로 만들었다. 한 번의 실수가 돌이킬 수 없는 결과를 초래한 것이다.

아담은 히브리어로 아드함(Adham)으로, '인류'라는 뜻을 가지고 있다. 그는 하나님이 만드신 인류 최초의 인간이다. 하나님은 사람(하아담-땅)을 땅의 흙(하아다마-붉게 되다)으로 만드셨다. 생기를 그 코에 불어넣자 생령(네페쉬하야)이 되었다. 혼자 사는 것을 아름답지 않게 보신 하나님께서 아담의 뼈를 취해 여자를 만드셨다. 하나님이 여인을 데려왔을 때 그는 자신의 배필인 것을 직감했다. 그는 아내 하와를 통해 가인과 아벨을 낳았다.

하나님이 아담에게 '인류'라는 이름을 주실 때는 인류 최초의 인간으로써 하나님 보시기에 모범된 삶을 기대했을 것이다. 그러나 그는 아내가 주는 선악과를 먹음으로써 결국 하와와 같은 길을 가게 되었다. 아담 부부의 한 번의 실수는 인류에게 고통을 안겨주었을 뿐 아니라 죽음을 맛보게 했다.

바울은 예수님이 마지막 아담으로 오셨다고 말함으로써 그동안 잊힌 아담을 새롭게 등장시켰다. 첫 사람 아담은 그 코에 하나님의 생기를 받아 산 영(living being)이 되었다. 그러나 마지막 아담으로 오신 예수님은 살려주는 영(life-giving spirit)이 되셨다(고전 15:45). 첫 사람 아담 한 사람의 잘못으로 인해 모든 사람이 죄의 종이 되었고, 사망이 모든 사람에게 이르렀다. 이 아담은 실패한 아담이다. 그러나 마지막 아담으로 오신 예수 그리스도로 인해 많은 사람이 의롭다 함을 받아 생명에 이르게 되었다(롬 5:12~21, 고전 15:20~28). 예수님은 우리를 죄 가운데서 헤매게 하는 첫 사람 아담이 아니라 죄에서 우리를 자유하게 하신 마지막 아담이시다.

몇 주면 나의 상처도 깨끗이 나을 것이다. 지금 다시 생각해본다. 다음 주에 한국장애인개발원에서 특강을 할 예정이다. 나를 넘어지게 하신 것은 장애인의 고통을 미리 체험하라는 뜻이 담긴 것은 아닌지 모르겠다. 넘어짐을 통해서 주님을 바라보게 하시니 감사할 따름이다.

아담 부부의 한 번의 실수. 그것은 인류에게 돌이킬 수 없는 아픔과 고통을 주었다. 나 한 사람의 잘못으로 이 사회에, 아니 주님의 교회에 돌이킬 수 없는 고통을 주어서는 안 될 것이다. 하나님은 오늘도 우리가 죽은 자가 아니라 산 자, 인류에게 유익을 주는 모범된 그리스도인이 되기를 바라신다. 바울은 권한다.

> "그러므로 내 사랑하는 형제들아 견실하며 흔들리지 말고 항상 주의 일에 더욱 힘쓰는 자들이 되라 이는 너희 수고가 주 안에서 헛되지 않은 줄 앎이라(고전 15:58)."

20. 위기: 강한 자와 약한 자 사이에 도와줄 이 주밖에 없다

살다 보면 아주 어려운 일을 만날 때가 있다. 그것도 내가 도저히 풀 수 없는, 그러나 그것을 온몸으로 맞아야 하는 진퇴양난의 위기상황이다. 인간적인 노력은 다 해보았다. 그런데 정말 출구가 보이지 않는다. 앞, 뒤, 옆 모두 막혔을 때 우리는 위를 바라볼 수밖에 없다. 바로 하나님이시다.

그리스도인은 기도하는 사람이다. 하지만 막다른 골목에 섰을 때 그 기도는 다르다. 다윗에게도 사망의 음침한 골짜기를 지날 때가 있었다. 시편 기자의 기도 시에도 종종 사망의 줄과 음부의 고통이 보인다. 큰 고난과 죽음이라는 표현도 있다. "사망의 줄이 나를 두르고 스올의 고통이 내게 이르므로 내가 환난과 슬픔을 만났을 때에(시편 116:3)." "사망의 줄이 나를 얽고 불의의 창수가 나를 두렵게 하였으며(시편 18:4)." 사망의 줄은 죽음의 위험에 처한 것을 말한다. 그들은 그 모든 과정을 기도로 통과했다. 기도 외에 다른 길이 없다. 주님을 향한 애끓는 기도다. 기도는 히브리어로 '아타르'다. 이것은 희생제물을 드리기 위해 도살하는 것을 의미한다. 헌제의 기도다. 진정 자신을 드릴(도살할) 정도로 기도해본 적이 있는가?

역대하 14장을 보면 유대의 6대 왕 아사(Asa)가 구스 사람 세라(Zerah)를 맞아 위험에 처한 장면이 나온다. "구스 사람 세라가 그들을 치려 하여 군사 백만 명과 병거 삼백 대를 거느리고 마레사에 이르매 아사가 마주 나가서 마레사의 스바다 골짜기에 전열을 갖추고."

아사가 누군가? 그는 여호와 보시기에 정직하고 온전히 행하였다 평가를 받을 만큼 하나님 편에 선 인물이었다. 모든 우상을 불살라 없앨 뿐 아니라 모친 마아가 우상을 만들었다고 태후의 위까지 폐할 정도로 열심이었다(왕상 15:9~13). 그럼에도 불구하고 그런 그에게 위기가 닥쳤다. 구스 사람 세라가 백만 대군과 300의 병거를 거느리고 유다를 침공한 것이다. 구스는 에티오피아다. 세라는 구스 사람이지만 잘 훈련된 이집트(또는 아라비아)군의 장수로 알려져 있다. 그 위세에 왕은 얼마나 두려웠을까.

아사는 하나님께 부르짖으며 기도했다. "여호와여 힘이 강한 자와 약한 자 사이에는 주밖에 도와줄 이가 없사오니 우리 하나님 여호와여 우리를 도우소서 우리가 주를 의지하오며 주의 이름을 의탁하옵고 이 많은 무리를 치러 왔나이다 여호와여 주는 우리 하나님이시오니 원하건대 사람이 주를 이기지 못하게 하옵소서.” 유명한 아사의 기도다. “여호와여 힘이 강한 자와 약한 자 사이에는 주밖에 도와줄 이가 없사오니.” 이 문구는 절체절명의 위기 상황에서 하나님만 바라는 기도문이다.

“귀를 지으신 이가 듣지 아니하시랴 눈을 만드신 이가 보지 아니하시랴(시편 94:9).” 하나님 우리 아버지는 그 자녀의 기도에 귀를 기울이신다. “여호와께서 구스 사람들을 아사와 유다 사람들 앞에서 치시니 구스 사람들이 도망하는지라 아사와 그와 함께한 백성이 구스 사람들을 추격하여 그랄까지 이르매 이에 구스 사람들이 엎드러지고 살아남은 자가 없었으니 이는 여호와 앞에서와 그의 군대 앞에서 패망하였음이라.” 하나님의 군대 앞에서 세라의 군대는 초개와 같다. 세라는 ‘바위’라는 뜻을 가지고 있고, 아사는 ‘치료’라는 뜻을 가지고 있다. 하나님은 바위 같은 그를 치고 기도하는 종 아사를 위로하셨다.

왕이 그들을 맞아 싸운 곳은 마레사(Mareshah) 근처 스바다(Zephathah) 골짜기였다. 하나님은 그 와디(wadi)에서 싸우게 하셨다. 그리고 이기게 하셨다. 승리의 원인은 하나다. 하나님을 전적으로 의지했기 때문이다. 적군이 아무리 강하다 할지라도 하나님은 강한 외국 군대뿐 아니라 그랄 사면 모든 성읍 백성을 두렵게 하고, 모든 성읍까지 쳐 이기게 하셨다. 그리고 많은 전리품을 이끌고 예루살렘으로 돌아오게 하셨다. 승리는 주께 있다.

하나님은 사망의 음침한 골짜기에서 드리는 기도에 응답하실 뿐 아니라 우리의 작은 신음에도 귀를 기울이신다. 루터는 말한다. “매일 아침 두 시간 기도하지 못하면 그날은 마귀가 승리한다. 나는 일이 너무 많아 매일 세 시간씩 기도하지 않고서는 배겨날 수 없다." 그만큼 우리는 사단과 전쟁을 하며 산다. 기도하지 않으면 시련은 골리앗처럼 다가온다.

기도가 응답받기 위해서 우리가 해야 할 일이 있다. 오직 주 안에 거하라(요 15:7). 기도의 동기를 바르게 하라. 정욕으로 구하지 않고 항상 주를 위하여 기도하라. 하나님께는 모든 것이 가능하다는 것을 믿고 구하라. 성령 앞에서 기도하라. 회개하라. 회개하지 않은 죄가 있거나 용서하지 않은 일이 있을 때 응답되지 않는다. 그리고 낙망하지 않고 끝까지 매달린다. 덴마크·노르웨이·스웨덴·핀란드 등 북구 4개국 국기에 십자가가 있다. 주께 매어 있기 위함이다. 개인뿐 아니라 국가도 주께 매어 있을 때 자유 함이 있다.

"고난을 통해 우리는 비로소 하나님께 귀를 기울이고 하나님의 얼굴을 들여다보기 시작한다. 그런 의미에서 우리가 고난을 달라고 간구할 필요는 없으나 고난이야말로 우리가 구할 만하고 가장 좋을 것일 수 있다." 무디의 말이다. 위험에 처해 있는가? 산이 요동할지라도 우리는 두려워하지 않는다. 새벽에 하나님이 우리를 도우시기(시 46:3, 5) 때문이다. 그 하나님을 의지하고 기도하라. 기도는 불가능에서 가능성을 찾게 한다. 1번의 가능성을 위해 99번 도전하라. 하나님은 그 믿음을 보실 것이다.

21. 여호와삼마: 여호와는 거기 계신다

한때 무신론에다 불가지론자였던 자리에서 돌아서 공동체 라브리를 설립하고 많은 사람에게 복음의 삶을 살게 한 프란시스 쉐퍼

(Francis A. Schaeffer), 그가 쓴 책으로『거기 계시는 하나님』이 있다. 그는 이 책뿐 아니라 20여 권의 책을 썼다. 그의 주된 생각은 오늘날 사회 병리 현상의 주원인은 우리가 절대적인 진리를 추구하지 않고 상대적인 진리를 추구하고 있기 때문이라는 것이다. 하나님을 떠나 인간이 자기 생각대로 자기를 주장하며 살아가기 때문에 끊임없이 서로 충돌하고, 결국 혼란스러울 수밖에 없다는 것이다. 따라서 그는 상대적 진리관을 지양하고, 절대적 진리관을 회복해야 한다고 말한다. 이를 위해 우리가 해야 할 일은 성경적 절대 기준으로 돌아가는 것이다. 그리고 항상 존재하시며, 늘 거기 계시며 진리와 사랑을 우리에게 주시는 하나님과 그의 말씀에 우리의 닻을 내려야 한다.

쉐퍼의 거기 계시는 하나님(God who is there)은 영적으로 눈을 떠 바라보아야 할 하나님이다. 눈은 무엇보다 하나님이 계시는 자리를 향하고, 마음은 그분이 계시는 자리에 있어야 한다. 거기에 계시는 하나님을 바라보며 살 때 인간은 비로소 진정 인간다움을 찾게 된다는 것이다.

쉐퍼에 따르면 하나님은 비합리성에 둘러싸여 우리가 절대 알 수 없고, 말할 수 없는 그런 하나님이 아니다. 우리를 창조하신 하나님이며, 당신의 계시를 보이심으로 우리와 교제하고 경험하기를 바라시는 하나님이다.

에스겔서는 무엇보다 하나님은 '여호와삼마(Jehovah-Shammah)'이심을 보여주고 있다. 여호와삼마는 "여호와는 거기 계신다(The Lord is there)"는 뜻으로, 하나님께서 에스겔을 통해 계시하신 이름이다. 에스겔은 제사장 위임을 받은 지 얼마 안 되어 나라가 멸망했다. 그는 바벨론 포로가 되었고 아내는 9년 만에 죽고 말았다. 그가 예언을 해도 사람들은 듣지 않았다. 그는 고난과 역경 가운데서도 오직 여호와삼마를 믿고 외쳤다. 하나님은 지금 고통당하는 그들과 함께 계시다는 것을 확신했기 때문이다.

에스겔은 어느 날 갈대아 땅 그발 강가에 있었다. 그 강은 바벨론 남쪽에 있으며, 유프라테스 강의 한 지류이다. 여호와의 말씀이 그에게 임했다. "그발 강가에서 여호와의 말씀이 부시의 아들 제사장 나 에스겔에게 특별히 임하고 여호와의 권능이 내 위에 있으니라(겔1:3)." 여기서 "여호와의 말씀이 임하고"에 주목할 필요가 있다. 여기는 예루살렘이 아니다. 머나먼 갈대아 땅이다. 그곳에 하나님의 말씀이 임하신 것이다. 여호와는 예루살렘에만 계시지 않고, 이 먼 곳에도 계시는 분이다. "여호와는 거기 계신다." 에스겔에게 하나님의 말씀만 임한 것이 아니라 여호와의 권능이 임했다. 말씀과 권능이 함께 임함으로써 에스겔은 그의 이름 그대로 '강하신 하나님이 그를 더욱 강하게 만들었다.' 하나님은 결코 자신의 자녀들을 버리지 아니하신다. 그는 절망의 순간뿐 아니라 고통의 현장에도 함께하시는 하나님을 보았다.

에스겔서를 보면 390과 40이라는 숫자가 나온다. 하나님은 에스겔로 하여금 390일 동안 좌편으로 눕고, 40일 동안은 오른쪽으로 눕도록 했다. 이는 심판이 임하는 전 기간에 예루살렘에 미칠 일에 대한 예언이었다. 하나님은 이스라엘이 범죄 한 햇수대로 눕는 날수를 정했다. 처음 390일은 솔로몬이 패역한 행실을 하게 된 이후부터 예루살렘이 점령당하기 전까지의 기간이다. 그리고 40일은 유다 족속이 죄를 범한 햇수대로 누워 있어야 할 날수다. 하나님은 이스라엘이든 유대족속이든 하나님께 범죄 한 것에 대해서 그 죄악을 담당하도록 하셨다. 이 모습은 우리 죄악을 담당하신 예수님의 십자가를 연상케 한다. 하루를 그저 눕기만 해도 어려운 일인데 390일을 좌편으로 눕고, 40일을 우편으로 눕는다고 생각해보라. 그 고통이 얼마나 클 것인가. 사람의 고통이 이처럼 큰데 하나님의 아픔은 얼마나 컸을까. 우리는 그 고통을 통해서 죄의 중함을 깨닫게 하고, 그 죄의 고통으로부터 벗어나게 하려는 하나님의 마음을 읽을 수 있어야 한다. 단지 포로생활에서 벗어나는 것이 문제가 아니다.

에스겔서는 '여호와삼마'로 끝을 맺는다. 에스겔이 전한 모든 메시지는 '여호와가 거기 계시다'라는 아주 단순하고 탁월한 말로 요약된다. 에스겔서 48장 35절에서 하나님께서는 에스겔에게 회복될 성읍 새 예루살렘을 보이시고 "그날 후로는 그 성읍의 이름을 '여호와삼마'라 하리라" 하셨다. 절망 속에 있는 그들에게 메시아를 바라보게 하시고, 그로 인해 세워질 완전한 그 나라를 소망하게 하신 것이다.

여호와삼마는 언제 어디서나 어떤 상황에서든 우리가 소망해야 할 분은 오직 하나님이심을 가르쳐준다. 하나님은 그의 자녀들이 있는 곳이라면 어디에나 계신다. 그곳이 어디든 우리와 함께 계시며 우리를 붙드신다. 다윗은 고백한다. "내가 주의 영을 떠나 어디로 가며 주의 앞에서 어디로 피하리이까 내가 하늘에 올라갈지라도 거기 계시며 스올에 내 자리를 펼지라도 거기 계시니이다 내가 새벽 날개를 치며 바다 끝에 가서 거주할지라도 거기서도 주의 손이 나를 인도하시며 주의 오른손이 나를 붙드시리이다(시 139:7~10)."

여호와삼마는 유다의 불순종으로 인해 하나님께서 그들을 떠난 것과 같이 아니하시고, 하나님을 찾는 자들에게 모습을 보이시고, 그들의 슬픔과 아픔을 위로하시고, 그들의 연약함을 담당하시고 도우시는 분임을 보여준다. 우리를 이 땅에 고아처럼 홀로 두지 않겠다는 주님의 마음이 그 이름에 새겨져 있다. 여호와삼마의 하나님은 우리가 억울함을 당해도 뒤에서 팔짱을 끼고 무심히 서 계시는 분이 아니다. 하나님은 우리의 억울함을 들으시고, 고통을 보시며 하나님의 때에 신원해주신다. 성령으로 우리 안에 계시는 여호와삼마의 하나님은 우리 연약함을 도우셔서 우리가 하나님께 마땅히 빌 바를 알지 못할 때에도 성령의 말할 수 없는 탄식으로 우리를 위하여 친히 간구하신다.

여호와삼마는 단지 '하나님은 계신다'는 신학적인 교리로만 존재하는 것이 아니라 하나님은 바로 거기에 계셔서 구체적으로 우리의 삶에 개입하시고, 도우시고 위로해주시는 분이시다. 우리는 바로 그 하나님을 매일의 삶에서 경험하며, 그의 위대하심을 사람들에게 드러내고 증거해야 한다.

지금 우리 삶 속에 여호와삼마가 있는가? 만일 우리가 여호와삼마의 주님을 만나지 못했다면 우리가 그분을 찾지 않기 때문이다. 성전인 우리가 그의 임재와 인도하심을 외면한다면 그리스도인이라 할 수 없을 것이다. 그러나 우리의 모습 속에서 주님을 느낀다면 사람들은 말할 것이다. "하나님이 이 사람들과 함께하시는 것이 확실하다. 하나님은 거기 계신다." 여호와삼마를 경험하고, 그의 영광을 세상에 비추며 살라. 여호와삼마를 절대 확신한다면 이 세상의 것들, 곧 물질이든 사상이든 명예든 그 무엇이든 얼마든지 상대화할 수 있다. "오라 우리가 굽혀 경배하며 우리를 지으신 여호와 앞에 무릎을 꿇자(시 95:6)." 하나님은 거기 계신다. 오직 그분만이 우리를 강하게 하신다.

22. 성경: 그 말씀이 나를 변화시키게 하라

성경이 66권으로 결정된 것은 A. D. 4세기 히포와 칼타고 회의에서였다. 그 66권으로 된 성경이 한글로 번역되어 완전한 성경으로 출간된 것은 1911년 3월 6일이었다. 미국 선교사 윌리엄 레이놀즈(William Reynolds), 그리고 한국인 이승두와 김정삼 등이 번역한 '셩경젼셔'가 그것이다. 한국인이 성경 전체를 한 권의 책으로 읽을 수 있게 된 지 이제 100년이 넘게 되었다.

성경은 구원의 역사이다. 하나님이 우리를 어떻게 구원하시고자 하는가를 구약과 신약이 구체적으로 담고 있다. 구약은 오실 메시아에 대한 약속이다. 그분이 오셔서 우리 죄를 담당하고 구원하실 것이라는 것이다. 신약은 약속된 메시아가 오셔서 우리 죄를 위해 십자가를 지셨으며, 승천하신 예수님이 우리를 부르기 위해 다시 오실 것이라는 새로운 약속을 담고 있다. 성경을 읽어도 구원의 역사에 대한 이해가 없다면 성경을 읽은 것이 아니다.

성경은 또한 하나님이 사람을 어떻게 다루시는가를 기록하고 있다. 성경에는 다양한 인물이 등장한다. 그들이 하나님과 어떤 관계를 가지고 살았는가에 따라 각자의 삶의 모습이 달라진다. 어떤 사람은 징계를 받았고, 어떤 사람은 인정을 받았다. 인정을 받은 사람보다 징계를 받은 예가 더 많다. 그만큼 성경은 정직하다. 숨김이 없다. "저희에게 당한 이런 일이 거울이 되고 또한 말세를 만난 우리의 경계로 기록하였느니라(고전 10:11)." 성경역사는 우리의 거울이자 경고다. 거울로, 경고로 받아들일 때 그 말씀이 나를 살린다.

우리 삶의 역할 모델들로 아브라함, 이삭, 야곱, 요셉 등을 들 수 있다. 아브라함은 본토 친척 아비 집을 떠나 하나님만을 의지하며 살아온 인물이다. 이삭은 주변의 질시에 양보하는 미덕을 보이며 살았다. 성경은 부정직한 야곱의 모습을 통해 정직하게 사는 것이 얼마나 중요한가를 깨닫게 했다. 또한 "벧엘로 올라가자"는 그의 외침을 통해 하나님과의 관계를 올바로 갖는 것이 중요하다는 것을 가르쳐주었다. 요셉은 성실한 사람이었다. 그는 하나님께는 충성하고, 사람에게는 성실한 삶을 살았다. 환난과 고통 가운데서도 일관되게 성실을 유지했다. 그의 삶이 예수의 삶을 상징한다 할 만큼 인정을 받았다.

무엇보다 성경을 신뢰하라. 신뢰한 만큼 성경을 이해할 수 있다(잠 2:3~4). 성경은 하나님의 말씀이다. 성경을 펼치는 것은 하나님을 만나는 것과 같다. 성경은 어느 누가 가감하거나 폐하지 못할 만큼 권위가 있다. 그러므로 성경을 대할 때 하나님을 대하듯 존중하라. 예수님은 구약의 예언의 말씀을 이루기 위해 이 땅에 오시고, 십자가에 달리시기까지 했다. 제자들은 성경을 사람의 말이 아니라 하나님의 말로 받았다. 성경의 시각을 바르게 회복할 때 그 말씀이 나의 삶에 영향을 줄 수 있다.

기록된 성경의 말씀(written words)이 지금 내게 하시는 말씀(saying words)이 되게 하라. 같은 성경이라도 읽으면 평소에는 느끼지 못했지만 순간 마음에 와 닿고 마음에 꽂히는 말씀이 있다. 기록된 말씀이 로고스(logos)라면 지금 나에게 다가와 역동적으로 역사하는 말씀은 레마(rema)이다. 레마의 말씀이 영적으로 좌초된 상태에서 나를 일으킨다(눅 5:5).

성경을 읽을 때 기도를 잊지 마라. "기도의 법은 신앙의 법이다(lex orandi, lex credendi)." 신앙의 선배들은 믿음은 기도와 서로 통한다고 보았다. 입술의 고백과 믿음의 행위가 함께 세워질 때 더 의미 있다고 본 것이다.

이 원칙은 루터에게서도 나타난다. 그는 성경을 보기 전 먼저 기도했다. 성경을 보고 난 후 그 말씀에 의지해 기도했다. 말씀이 기도의 원천이 된 것이다. 그리고 그 말씀대로 살도록 간구했다. 루터의 기도문 가운데 "내가 성경을 읽습니다"라는 것이 있다. 그는 먼저 주를 찾는다. 그리고 말씀을 제대로 읽고 이해하게 하시며, 그 말씀을 행하도록 간구한다. 그리고 오직 주님의 영광을 돌리게 해달라고 한다. 그렇지 못할 경우라면 단 한 자도 이해하지 못하게 해달라고 한다. 기도의 초점, 신앙의 초점이 얼마나 하나님께 맞춰 있는가를 보여준다.

다음은 그의 기도문이다.

사랑하는 주 하나님,
주의 은총을 선사하시어서
내가 주의 말씀을 제대로 이해하게 하시고
나아가 그 말씀을 또한 행하게 하여 주소서.

그러나
주 예수 그리스도시여, 보시옵소서.
나의 탐구가 단지 주님께 영광을 돌리지 못한다면
차라리 한 자도 이해하지 못하게 하소서.

단지 내게 유익할 정도만 선사하셔서
주님께 영광을 돌리게 하소서.

흔히 우리는 어떻게 기도를 잘할 수 있을까 고민한다. 기도는 잘하는 것에 목적이 있지 않다. 투박해도 진실하고, 어눌해도 하나님께 바로 가려는 마음이 중요하다. 그러기 위해서는 루터가 "내가 성경을 읽습니다"라고 한 것처럼 주님의 말씀에 더 가까이 가야 한다. "주님, 말씀하옵소서. 내가 듣겠나이다." 주님의 말씀 앞에 엎드릴 때 기도의 문이 열린다. 성경이 나의 삶과 직결된다. 그 말씀이 나를 변화시킨다.

23. 공부: 하나님의 말씀을 늘 읽고 밤낮으로 공부하라

왕백민이 쓴 『중국소수민족미술사』에는 화가 전동식의 유화 작품 <모친>의 사진이 실려 있다. 조선의 어머니는 어디에 살든 자식이 공부 잘하기를 바랐다. 밥상이 책상이 되어도 자식은 열심히 공부한다. 어머니는 바느질을 하면서도 자식을 지켜본다. 많은 것을 생각나게 하는 작품이다.

"공부해라, 공부!" 이것은 우리가 어렸을 때 부모로부터 가장 많이 들었던 말이다. 자식이 책상에 붙어 있어야 비로소 마음이 놓이셨을 것이다. 그렇다고 공부하는 것도 아닌데. 다산 정약용도 예외는 아니었다. 그는 아들에게 편지를 보내 공부하도록 독려했다. "폐족으로서 잘 처신하는 방법은 오직 독서하는 것 한 가지밖에 없다. 너희들은 이것을 한 번 얼핏 읽어보고 고리짝에 처넣고는 다시 마음을 두지 않아서야 되겠느냐?" 다른 부모와 다르다면 다산 스스로 공부에 정진했다는 점이다. 그저 공부하라 말만 해서는 안 된다는 것을 몸으로 보여주었다.

공부가 뭐기에, 공부, 공부할까? 공부(工夫)는 '장인 공(工)'과 '지아비 부

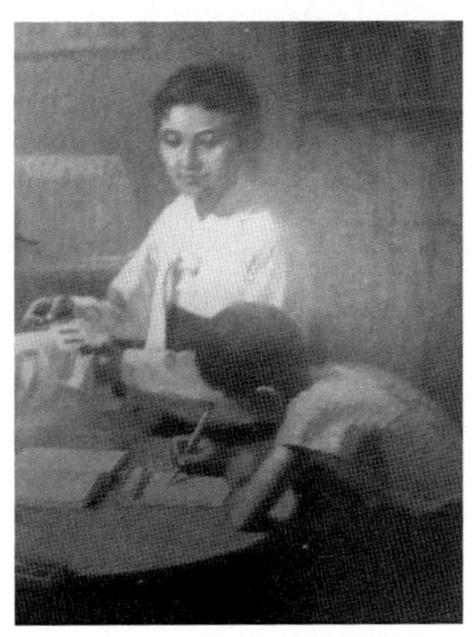

전동식의 유화 〈모친〉

(夫)’를 합한 말이다. 공(工)은 상하의 판자에 구멍을 뚫고, 그것을 막
대기로 관통한 모양을 나타낸 글자이다. 쉬워 보이지만 구멍을 내 균
형을 맞추기 어렵다. 아무나 할 수 있는 일이 아니다. 그래서 장인
(artisan) 공이라 한다.

지아비 부(夫)는 남편(husband)을 일컫는다. 공부에 남성이 들어가
있다니. 공부는 남자만 하는 것은 아닐 것인데. 부(夫)는 큰 대(大)자로
선 사람의 머리에 관을 얹은 모습을 본뜬 글자이다. 그래 공부하는
사람이 큰 사람이지. 부는 어른이 된 남자, 또는 일꾼을 가리킬 때 사
용되기도 한다. 미래를 꿈꾸는 일꾼 아닌가. 공부에 남성이 등장하는
것은 그 옛날 남성이 공부 부분에서 해야 할 몫이 컸다는 것을 보여
준다. 요즘 남성만 공부하라면 여성들이 좋아할까? 무슨 소리. 공부엔
남녀노소가 없다.

한자의 어원은 그렇다 치고 공부는 과연 무엇일까? 조사해보니 여
러 뜻이 있다. 첫째는 수단을 강구하거나, 여러모로 생각하는 것이다.
중국에서는 오랫동안 공들이는 것을, 일본에서는 궁리하고 생각을 짜
내는 것을 공부라 했다 한다. 공부는 시간을 들여 궁리하며 생각하는
것임을 알 수 있다. 둘째는 학문이나 기술 등을 익히고 배우거나, 정
신의 수양 또는 단련을 위해 힘쓰는 것을 말한다. 이 같은 정의는 한
국에서 주로 많이 사용한다. 셋째는 일꾼이다. 어떤 경우든 공부는 강
한 집중도를 요구하며, 이로 인해 결과도 다르게 나타난다.

성경에서는 공부를 어떻게 말할까? “내 아들아 또 이것들로부터 경
계를 받으라 많은 책들을 짓는 것은 끝이 없고 많이 공부하는 것은
몸을 피곤하게 하느니라(전 12:12).” 이 말씀을 보면 성경은 공부에 대
해 긍정적이지 않은 것처럼 들릴 것이다. 그러나 그렇지 않다. 여호수

아 1장 8절(새번역)을 보자. "이 율법책의 말씀을 늘 읽고 밤낮으로 그것을 공부하여, 이 율법책에 쓰인 대로, 모든 것을 성심껏 실천하여라. 그리하면 네가 가는 길이 순조로울 것이며, 네가 성공할 것이다." 성경을 밤낮으로 공부하라는 것이다. 집중도가 완전히 다르다. 공부는 물론 피곤한 작업이다. 하지만 하나님의 말씀을 열심히 공부하고 삶에 적용하는 것은 하루도 게을러서는 안 될 작업이다. 그리스도인은 오직 말씀에 집중하는 사람들이다. 성경에 관한 한 전문가가 되는 것이다.

부모는 자식들에게 왜 공부를 강조할까? 그것은 공부가 자식의 미래, 곧 세상에서의 성공과 직결된다고 보기 때문이다. 물론 공부를 잘한다고 해서 다 성공하는 것은 아니지만 아는 것이 힘이 되는 것은 확실하다. 그러나 성경이 말하는 성공은 다르다. 세상에 대한 성공이 아니라 하나님에 대한 성공이다. 하나님의 뜻을 바로 알고 그대로 실천하는 삶이 성공이다. 이것은 세상에서 말하는 공부와 성경에서 말하는 공부가 목적에서 있어서 얼마나 차이가 있는가를 보여준다.

공부는 학습과 직결된다. 공부는 익히고 또 익혀 내 것이 되었을 때 마음껏 활용할 수 있기 때문에 오랜 숙련과정을 거친다. 경지에 달하려면 여러 단계를 거쳐야 한다. 이른바 학습의 단계(stage of learning)다.

학습단계는 주로 네 가지 단계가 있다. 첫째, 내가 모르고 있는 것이 뭔지도 모르는 단계(ignorance of ignorance)이다. 이 단계에서는 공부에 대한 관심이 비교적 적다. "왜 공부해야 하는 건데?" 둘째, 무지의 인식 단계다. 그동안 내가 몰랐던 것이 무엇인지 아는 단계이다. 이땐 공부를 해야 한다는 생각이 든다. 셋째, 의식적으로 알아야 하는 단계이다. 뜻과 목적을 두고 배워야 할 것을 배우고 익히는 단계다. 끝으로 완숙 및 창조 단계이다. 이것은 배운 것이 체화되어 그것을 바탕으로 새로운 삶이 만들어지는 단계이다. 이 단계에 도달하기까지 힘든 과정을 거쳐야 한다. 무엇을 알고 그 분야에 최고가 되는 길은 결코 쉽지 않다. 성경공부도 마찬가지다. 공부의 필요성을 모르는 단계에서부터 시작해 완숙단계에 이르기까지 긴 과정을 거치며 발전한다. 당신은 지금 어떤 단계에 와 있는가?

공부에 대해 한 가지 더 할 말이 있다. 부모는 아이들을 다그칠 때 이렇게 말한다. "공부해서 남 주냐?" '다 너 좋으라고 한 것이니 열공 모드로 들어가라'는 말씀이다. 그런데 요즘 이런 말이 있다. "공부해서 남 주자." 공부한 전문지식이나 기술로 어려운 이웃을 돕는 데 사용하니 어찌 아니 좋으랴. 이기적인 공부가 이타적으로 바뀌면 세상이 달라진다. 이때 "공부해라, 공부!"의 의미는 매우 좋게 들린다. 성경은 왜 공부하는가? 그것은 자신의 신앙만을 위한 것이 아니다. 이웃을 구원하기 위해 더 열심히 공부한다. 그리스도인의 공부는 이타성에 뿌리를 두고 있다. 하나님 나라는 혼자 가는 나라가 아니며, 그 나라는 혼자서 만드는 나라가 아니다. 함께 가고, 함께 만든다. 말씀에 대한 철저한 공부는 이 목적을 이루는 데 도움을 준다. 더 열심히 성경을 묵상하고 연구해야 할 이유가 확실하다.

24. 기도: 우리 기도에 대전환이 필요하다

요즘 주중 대사를 지낸 김하중 장로의 간증집회가 자주 열린다. 몇 주 전 주빌리통일구국기도회에 참석하게 되었는데 마침 김 장로님이 설교를 하였다. 그분의 말씀 중에 잊을 수 없는 부분은 "영의 기도를 하라"는 것이었다. 그는 영의 기도와 혼의 기도를 구분했다. 영의 기도가 하나님 나라와 그 의를 위한 기도라면 혼의 기도는 자기 자신만을 위한 기도라는 것이다. 주님이 가르쳐주신 것과 같이 그 나라와 그 의를 위해 기도해야 하는데 나의 유익을 먼저 내세운다는 것은 근본적으로 잘못되었다는 것이다. 우리 기도에 대전환이 필요하다.

기도생활을 하는 분이라면 나름대로 기도관이 있다. 기도하는 인물로 조지 뮬러가 있다. 그도 나름대로 기도수칙을 가지고 있다. 그 수칙 가운데 가장 첫 번째가 바로 "예수님을 의지하라"는 것이다. 그가 예수님을 의지하라는 말에는 '기도 응답을 받기 위해선 어떻게 해야 하는가?'라는 제안의 속성이 강하다. 그는 말한다. "축복을 간청하기 위한 유일한 근거는 주 예수님의 중보사역을 전적으로 의지하는 것이다." "너희가 내 이름으로 무엇을 구하든지 내가 그것을 행하겠으니 이는 아버지로 하여금 아들 안에서 영광을 받으시게 하려 함이라. 너희가 내 이름으로 무엇이든 구하면 내가 행하겠노라(요 14:13~14)." 예수님을 의지해서 기도하면 응답을 받는다는 것이다. 틀린 말은 아니다. 어려운 가운데 고아원을 운영하다 보니 기도 응답이 절실했을 것이다. 그러나 기도의 초점이 물질적 응답에만 매어 있으면 우리 기도는 언제나 형이하학에서 벗어나지 못한다. 더 높은 차원의 의지라면 얼마나 좋았을까.

오정현 목사는 기도란 나의 힘을 빼고 하나님을 의지하는 것이라 했다. 하나님은 우리가 기도하기 전에 내가 무엇을 필요로 하는지 다 아신다. 하지만 기도를 통해 하나님을 찾고 더욱 의지하게 하신다. 기도는 "나는 하나님을 신뢰합니다." 선언하는 것이다. 우리를 주저앉게 만드는 모든 것을 하나님께 맡기고 그분을 신뢰하는 것이 기도라는 것이다. 하나님을 향한 고강도 신뢰. 그래서 그는 기도를 통해 하나님을 깊이 체험하라 한다.

그 체험을 하기 위해선 하나님의 임재에 깊이 들어가는 기도를 할 필요가 있다. 우리 자신을 비우고 하나님 외에는 아무것도 구하지 않는, 하나님의 임재에 더 깊숙이 들어가는 기도다. 그 기도는 자신을 비우고 하나님을 새롭게 만나게 한다.

이 기도의 보기로 토머스 머튼(T. Merton)의 기도를 들 수 있다. 그의 신학을 놓고 여러 비판이 있기는 하지만 그의 기도문을 보면 얼마나 세상적인 나를 비우고 주님께 나아가고자 했는가를 알 수 있다. 다음은 그의 기도문이다.

> 나의 주님, 당신의 십자가 외에는 내가 바라는 것이 없습니다. 당신께서는 스스로 낮아지시고 고통을 당하시고 죽음으로써 나로 하여금 헛된 것을 바라지 않게 하셨습니다. 이 땅에 머무르시는 동안 당신께서는 세상살이의 헛됨을 소멸시키셨고 죽었다가 다시 사심으로써 나에게 모든 영원한 것을 주셨습니다.
> 당신께서 가난하셨는데 내가 어찌 부자 되기를 바라겠습니까? 거짓 예언자를 높이고 참 예언자를 돌로 쳐 죽인 자들의 후손들이 당신을 거부하여 십자가에 못 박았는데 내가 어찌 사람들 눈에 유명하고 권세 있는 자 되기를 애써 바라겠습니까? 이 세상에서 완전한 행복을 누리겠다는 희망을, 그 희망이 결국은 절망을 가져다줄 뿐인데, 내가 어찌 그런 희망을 가슴속에 품어 기르겠습니까?
> 나의 희망은 눈에 보이지 않는 것에 있습니다. 그러하오니, 눈에 보이는 보상을 믿지 않게 하소서. 나의 희망은 사람의 가슴으로 느낄 수 없는 것에 있습니다. 그러하오니, 내 가슴의 느낌을 믿지 않게 하소서. 나의 희망은 사람의 손이 닿을 수 없는 것에 있습니다. 내 손가락으로 잡을 수 있는 것을 믿지 않게 하소서. 죽음이 나로 하여금 잡은 것을 놓게 하고, 그리하여 나의 헛된 희망은 사라질 것입니다.
> 당신의 자비를 믿되 나 자신을 믿지 않게 하소서. 당신의 사랑을

믿되 건강이나 힘이나 재능이나 인간이 지니고 있는 것들을 믿지 않게 하소서. 만일 내가 당신을 믿으면 모든 것들이 나에게 힘이 되고 건강이 되고 나를 뒷받침해줄 것입니다. 모든 것들이 나를 하늘나라로 데리고 갈 것입니다. 만일 내가 당신을 믿지 않으면 모든 것들이 나를 파멸시킬 것입니다.

기도만 하고 실행에 옮기지 않으면 그것은 말로만의 기도일 것이다. 우리의 기도는 아뢰기만 하는 일차원적 기도가 아니라 생활 자체가 기도인 고차원적 기도여야 한다. 링컨은 기도를 실행하기 위해 다음과 같은 10가지 다짐을 했다.

제일, 나는 주일을 거룩하게 지키며 예배생활에 힘쓸 것이다.
제이, 나는 날마다 하나님의 말씀인 성경을 묵상하고 그 말씀을 실천할 것이다.
제삼, 나는 도움을 베풀어주시는 하나님 아버지에게 날마다 겸손히 기도할 것이다.
제사, 나는 나의 뜻이 아니라 하나님의 뜻에 순종할 것이다.
제오, 나는 하나님께서 베풀어주신 은혜를 기억하며 감사할 것이다.
제육, 나는 연약하지만 하나님의 도우심을 의지할 것이다.
제칠, 나는 하나님만을 높여 드리고 그분께만 영광을 돌려 드릴 것이다.
제팔, 나는 하나님 안에서 우리 모두는 자유하며 평등하다고 믿는다.
제구, 나는 형제를 사랑하고 이웃을 사랑하라는 주님의 명령을 실천할 것이다.
제십, 나는 이 땅 위에 하나님의 진리와 공의가 실현되도록 기도할 것이다.

링컨이 기도를 삶에 연결시키려 노력했음을 볼 때 하나님 앞에서도 큰 종이구나 하는 생각이 든다. 우리 시대에 기도의 삶과 헌신의 삶을 균형 있게 살아간 인물로 마더 테레사를 꼽지 않을 수 없다. 그는 '단순한 길(A Simple Path)'이라는 글을 통해 이같이 말한다.

> "침묵의 열매는 기도다. 기도의 열매는 믿음이다. 믿음의 열매는 사랑이다. 사랑의 열매는 봉사다. 봉사의 열매는 평화다."

참 평안을 얻는 길은 기도로부터 시작된다는 말이다. 그 나라와 그 의를 구할수록 하늘의 평안이 임할 것이다. 이제 내 기도부터 바꿔야 하겠다.

25. 은혜 나누기: 받은 자여, 만찬의 떡만 탐하지 마라

앤드루 카네기는 한마디로 은혜를 아는 인물이다. 그의 삶을 관통 하는 키워드도 은혜이다. 특히 그는 가난할 때 입었던 은혜를 잊지 않았다. 그가 수많은 도서관을 지어 기부한 것도 은혜를 보답하는 일 가운데 하나였다.

그는 가난한 가정에서 태어났다. 학교도 다니지 못했다. 어릴 때부 터 이 공장 저 공장 전전하며 돈을 벌어야 했다. 그런 가운데서도 배 우고자 하는 열망을 놓지 않았다. 마침 공부할 수 있는 기회가 열렸 다. 이웃에 사는 퇴역 대령이 자기의 서재를 동네 사람들에게 개방했 기 때문이다. 그는 대령의 서재에서 책을 빌려 읽으며 지식을 쌓아가 기 시작했다. 그러면서 그는 다짐했다. "돈을 벌면 나도 꼭 이처럼 좋 은 일에 쓸 거야." 카네기의 꿈은 실제가 되었다. 철강 왕이 되자 도 서관을 지어 사회에 기부했기 때문이다.

그것도 한두 개가 아니다. 뉴욕을 비롯해 미국 전역에 3천여 개의 공공도서관을 세웠다. 도서관 건립에 들인 돈만도 5천만 달러가 넘는다. 그 대표적인 도서관이 뉴욕의 공공도서관이다. 1901년에 520만 달러를 들인 이 도서관은 현재 4개 연구센터와 85개 분관을 거느리고 5,200만 권의 장서를 자랑하고 있다. 어디 그뿐인가. 뉴욕 시민은 그 도서관에서 다양한 문화강좌에 참여하고, 이주민들은 언어교육을 받는다. 이 도서관은 시민들의 사랑을 받을 뿐 아니라 뉴욕의 랜드마크가 되었다.

"대중을 위한 가장 훌륭한 복지 투자는 도서관을 짓는 일이다. 도서관은 스스로 돕는 자만을 도우며 사람을 결코 가난하게 만들지 않는다." 카네기의 말이다. 지금도 카네기의 정신을 따라 도서관에 기부금을 내는 시민이 늘어가고 있다. 은혜를 아는 사람들이 줄을 잇고 있는 것이다.

도서관 기부는 미국에만 있는 일은 아니다. 이 글을 쓰는 시간에도 박승 전 한국은행총재가 모교인 전북 김제 백석초등학교의 도서관 건립을 위해 5억 원을 기탁했다는 소식이 들린다. 그가 다닐 때 400명 정도이던 재학생이 자꾸만 줄어드는 상황에서 '도서관이 절실하다'는 말을 듣고 기탁을 결심했다. 농촌의 모교가 몰락하는 현실에 가슴 아파한 것이다. 빌 게이츠가 "오늘의 나를 있게 한 것은 시골의 작은 도서관"이라 고백했는데, 훗날 이 고백을 이 학교의 졸업생으로부터 듣는 날이 오기를 기대해본다. 그 또한 은혜를 잊지 않을 것이다.

그리스도인에게 있어서 은혜 중의 은혜는 하나님이 우리에게 주신 은혜이다. 로마서에 이런 말씀이 있다. "그러나 이 은사는 그 범죄와 같지 아니하니 곧 한 사람의 범죄를 인하여 많은 사람이 죽었은즉 더욱 하나님의 은혜와 또한 한 사람 예수 그리스도의 은혜로 말미암은 선물은 많은 사람에게 넘쳤느니라(롬 5:15).” 이 말씀 가운데 은사, 은혜, 선물이라는 단어가 나온다. 헬라어로 카리스마(charisma), 카리스(charis), 카리스마타(charismata)다. 그 모두 ‘위로부터(elpis, from above)’ 왔다는 뜻을 가지고 있다. 사람으로부터 오는 것이 아니라 하나님으로부터 주어지는 것이다. 우리를 구원하신 것도, 지금 우리가 은혜 가운데 사는 것 모두 위로부터 온다. 은혜는 우리의 행위 때문이 아니라 하나님의 절대적이고 압도적인 선물이다. 그러므로 우리가 자랑할 것이 없다.

하나님 은혜를 갚는 방법은 무엇일까? 무엇보다 감사할 일이다. 과거 우리는 누구였던가? 죄를 지어 하나님과 원수 되고, 경건과는 거리가 먼 자들이었다. 저주받아 마땅한 것밖에 또 무엇이 있을까. 그럼에도 불구하고 하나님은 그 모든 허물을 십자가의 피로 덮으시고 우리를 사랑의 띠로 묶으셨다. 일방적으로 부어주시는, 한없는 그 사랑 앞에 우리 모두는 무릎을 꿇을 수밖에 없다. 너무나 감사하기에.

그러나 감사에 그쳐서는 안 된다. 은혜는 입는 것이요, 주어진 것이다. 나의 공로가 결코 아니다. 그 은혜로 인해 오늘의 내가 있고, 영적으로 풍요를 누리고 있다면 이제 우리가 이웃을 향해 복의 근원(창 12:2)이 되어야 한다. 우리의 삶을 통해 하나님의 은혜가 그리스도의 향기로 피어나야 한다. 그것이 아무리 작다 할지라도 향기는 언제나 아름답다.

하지만 가끔씩 우리 안을 들여다보면 놀라지 않을 수 없다. 은혜를 나누기보다 지금도 계속 받으려만 하기 때문이다. 설교를 들음으로, 경건과 금욕으로 하나님의 은혜를 모으려고만 한다면 우리는 아직 하나님의 은혜에 감사할 줄 모르는 자다. 자기 안에만 채우려 한다면 우리는 그저 이자크 디네센이 쓴 소설 『베베트의 만찬(Babette's Feast)』처럼 만찬을 즐기는 자일 뿐이다.

그리스도인은 하나님의 은혜를 이미 풍성히 받은 자들이다. 카네기가 그랬던 것처럼 우리의 삶에서도 은혜에 보답하는 운동이 우리 사이에서 적극 일어날 필요가 있다. 일반인들 가운데서도 이웃의 유익을 위해 기꺼이 나눔의 길을 택하지 않는가. 그것을 보면서도 그리스도인이 은혜 받기만 고집하고 그것을 누리는 데만 몰두한다면 만찬의 떡만 탐하는 자가 아닐까.

26. 관계: 두려움과 두려움 사이에도 하나님의 역사가 있다

창세기에서 야곱과 에서는 쌍둥이 형제이지만 서로는 경쟁 대상이다. 야곱은 팥죽으로 배고픈 에서로부터 장자권을 직접 샀다. 그러나 그 장자권 매매를 부모가 인정한 것은 아니다. 에서도 그렇게 해서 장자권이 인도된다고 생각지 않았을 것이다. 하지만 에서는 경솔했다.

이삭이 에서에게 축복을 하겠다고 하던 날, 에서의 마음은 기뻤다. 아버지가 원하는 사냥감을 잡아 마음껏 축복을 받으리라. 그러나 이 사실을 안 모친 리브가는 야곱을 꼬드겨 이삭으로부터 결국 축복을 받아낸다. 그런데 리브가보다 야곱에게만 비난이 쏟아지는 것은 아이러니다. 어쨌든 축복을 빼앗긴 에서는 살기등등했다. 리브가는 말했다. "어찌 한 날에 두 아들을 잃으리요." 두려운 야곱은 결국 부모의 권고를 받아들여 하란으로 피할 수밖에 없었다.

하란에서의 20년 삶을 마치고 고향으로 돌아오는 날 야곱은 에서에 대한 두려움으로 가득하다. 야곱이 돌아온다는 소식을 듣고 에서는 400인을 데리고 야곱을 맞으러 나선다. 여기서 우리는 쉽게 분노한 에서를 생각한다. 야곱의 두려움과 에서의 분노가 충돌할 것인가? 그런데 어떤 학자는 두 두려움이 맞붙는다고 주장한다. 에서가 400인을 거느리고 오는 것은 야곱으로부터 자신의 재산을 지키려는 계산이 작용할 수 있다는 것이다. 이삭으로부터 축복은 야곱이 받았지만 실제 재산을 받은 것은 에서가 아닌가. 한참 물질적인 축복을 누리고 있는데 야곱이 오고 있다니. 두렵다. 그러니 밀어붙일 수밖에 없다.

하지만 야곱은 에서가 두렵다. 그는 우선 선물 공세를 폈다. 암염소 2백, 암양 2백, 낙타 삼십, 암소 사십 등. 선물치고 그 수가 보통 숫자가 아니다. 모두 형의 감정을 풀기 위한 것이다. 예물을 보내고 난 뒤에도 그 두려움은 떠나지 않았다. 식구들도 얍복강을 건너게 했다. 이제 얍복 나루에 홀로 남은 야곱. 금방 얍복강을 건너지 못하는 것은 그만큼 두려움이 컸기 때문이다.

그 날 밤 홀로 있는 그를 하나님이 찾아오셨다. "어떤 사람이 날이 새도록 야곱과 씨름하다가." 창세기 32장 24절의 이 말씀은 씨름을 걸어온 주체가 야곱이 아니라 하나님이심을 보여준다. 최후까지 인간의 방법을 다 사용한 야곱. 이제 막다른 골목에 선 그에게 하나님이 개입하신 것이다. 이 처절한 두려움 앞에서 문제보다 크신 하나님을 바라보게 만드신 것이다. 그것은 하나님께 매달려 기도하는 것 외에 다른 길이 없다. "주님, 제가 할 수 있는 것은 여기까지입니다. 주님께 간구합니다. 내 형 에서의 손에서 나를 건져내시옵소서 그가 와서 나와 내 처자들을 칠까 겁이 납니다." 그는 밤새 하나님을 붙들고 기도했다. 하나님의 작전은 언제나 성공한다.

그의 끈질긴 매달림을 성경은 이렇게 표현한다. "자기가 야곱을 이기지 못함을 보고"(창 32:25) 하나님이 야곱을 이기지 못할 정도로 그가 매달렸다는 말이다. 하나님은 야곱으로 하여금 기도로 소나무 뿌리를 뽑게 하셨다. 하나님이 개입하시면 우리의 기도도 달라진다.

끝내 붙들고 놓아주지 않는 그를 향해, 하나님은 결국 그의 환도 뼈, 곧 허벅지 관절을 치셨다. 관절이 어긋나면서 힘줄에 문제가 생기고, 그는 절게 되었다. 환도 뼈는 사람을 바로 서게 하는 중요한 부분이다. 이것은 영적으로 볼 때 지금까지 자신의 힘만 의지해온 야곱을 꺾은 것이다. 환도 뼈 사건은 삶의 의존성을 인간 자신이 아니라 하나님이어야 함을 하나님께서 가르쳐 주신 사건이다. 하나님은 자신을 의지하는 자에게 비로소 길을 열어주신다.

날이 새어도, 절면서도 그의 기도는 끝나지 않았다. "당신이 내게 축복하지 아니하면 가게 하지 아니하겠나이다." 절절한 그의 모습은 그가 얼마나 영적으로 변해 있는가를 보여준다. 야곱을 향한 하나님의 계획이 이뤄진 것이다.

"네 이름이 무엇이냐?" 하나님이 왜 그의 이름을 모르실까. 하지만 하나님은 그의 이름을 물으셨다. 그리고 하나님은 그의 이름을 야곱에서 이스라엘로 바꾸게 하셨다. 정체성을 바꾸고, 그의 삶을 바꾸게 하신 것이다. 이스라엘은 '하나님과 겨루다'는 뜻을 가지고 있다. 세상에 어떤 인간이 하나님과 겨뤄 이길 수 있겠는가. 그만큼 하나님의 은혜를 사모했고, 변화된 그를 하나님께서 인정하셨다는 말이다.

그 날 비로소 야곱은 에서를 만났다. 야곱이 눈을 들어보니 에서가 장정 400명을 거느리고 오고 있었다. 그는 더 이상 주저하지 않았다. 보는 눈이 달라진 것이다. 믿음의 눈이다. 그는 뒤에 숨지 않고 자기 식구들 앞에 나가 형을 맞았다. 다리를 절며 나오는 그 앞에 나오는 야곱, 그 모습을 보고 있는 에서의 마음이 과연 어떠했을까. 그토록 오랜만에 보는 동생이 불쌍해 보였을 것이다. 자기 몸조차 가누지 못하는 야곱이 몸을 일곱 번 굽히며 절을 하는 모습에 에서는 그만 동생의 목을 안고 말았다. 그리고 두 사람은 목 놓아 울었다. 지금까지 둘 사이를 가로막았던 그 큰 두려움이 한순간에 녹아내리고 있다.

두 사람의 화해와 용서는 야곱이 보낸 선물을 놓고 나눈 대화에서 드러난다. 에서는 애써 사양한다. "내 동생아 내게 있는 것이 족하니 네 소유는 네게 두라." 야곱도 지지 않는다. "그렇지 않습니다. 제가 형님의 은혜를 입었고, 하나님이 내게 은혜를 베푸셨습니다. 내 소유도 족합니다. 청하건대 제가 형님께 드리는 예물을 받으소서." 에서는 결국 예물을 받았다. 이 광경은 두 사람 모두에게서 두려움이 떠났음을 의미한다.

두 사람이 만나는 그 시점엔 서로에 대해 두려움이 있었다. 하나님은 그들 사이에 두려움과 분노가 있는 것을 아셨다. 그것을 없애 주신 분은 하나님이시다. 하나님은 인간 자신이 아니라 하나님을 더 의지하도록 함으로써 야곱의 두려움을 먼저 지워주셨다. 에서 또한 야곱이 더 이상 자신의 물질을 탐내는 과거의 야곱이 아니며 하나님의 은혜 가운데 있음을 알게 함으로써 마음을 놓게 만들었다.

우리는 이 사건을 통해 두 사람 사이에서 역사하시는 하나님을 봐야 한다. 그리스도인은 자신을 의지하는 자가 아니라 하나님을 의지하는 자이다. 하나님은 우리 안에 두려움과 미움과 분노가 아니라 화해와 용서와 사랑을 두고자 하신다. 하나님은 이 사람의 관계들 사이에서도 자신의 뜻을 이루는 분이시다.

5부

주의 빛을
세상에
드러내라

5부 주의 빛을 세상에 드러내라

1. 신자: 가짜 신자, 립싱크 교인은 가라

새들백교회 목사 릭 워렌은 『목적이 있는 삶』으로 우리에게 너무 잘 알려져 있다. 이 책이 베스트셀러가 되어 인세가 많이 들어오자 그는 교회로부터 월급을 받지 않을 뿐 아니라 그동안 교회로부터 받은 월급을 다 정산해 갚았다. 그리고 세계선교를 위해 그 돈을 사용하고 있다. 그의 신학에 대해 여러 말이 있지만 나름대로 하나님 앞에서 바르게 살려고 노력하는 목자임에는 틀림없다. 더욱이 그 자신 간질이라는 장애를 가지고 있어 설교 때 항상 두 사람의 목사를 대기시킨다. 어떻게 될지 모르기 때문이다. 하나님은 오늘도 약한 자를 들어 일하신다.

교회창립 30주년을 축하하며 향후 10년 계획을 밝히는 자리에서 그는 "수동적인 신자로 남기를 원한다면 차라리 다른 교회를 찾아보라"며 폭탄적인 설교를 했다. 왜 그런 말을 했을까?

그는 새들백교회가 기하급수적으로 성장할 것으로 보았다. 하지만 그는 교인의 수가 많아지는 것이 한편 두려웠다. 양적 성장이 곧 질적인 성장과 직결되는 것은 아니기 때문이다.

그는 신약시대의 초대교회 모습과 현대교회의 모습을 비교하면서 예수님이라면 거부했을 수많은 일들을 현대교회가 자행해왔음을 고백했다. "이러고도 교회라 할 수 있을까?" 주님의 시각에서 볼 때 이것은 가짜 기독교, 유사 기독교다. 이런 현상이 늘어가는 것은 매우 두려운 일이다. 워렌은 가짜 신자들과의 고별을 선언했다. "앞으로 가짜 신자들은 교회에 발붙일 여지가 없다. 가짜 신자는 가라."

물론 그가 진짜 교인과 가짜 교인들을 가려 가짜를 추방하려는 의도는 결코 아니다. 21세기 교회와 신자들의 모습이 1세기 교회와 신자들의 모습과는 전혀 다른 모습임을 반성하고, 예수님의 진실한 추종자가 되어야 할 것을 강조한 말이다.

예수님도 이미 말씀하셨다. "나더러 주여 주여 하는 자마다 다 천국에 들어갈 것이 아니요 다만 하늘에 계신 내 아버지의 뜻대로 행하는 자라야 들어가리라(마 7:21)." 이 말씀 앞에 우리 모두 두려운 마음으로 서야 할 것이다. 예수님은 이 땅에 계실 때 하나님의 열심을 가지고 목회하셨다. "제자들이 성경 말씀에 주의 전을 사모하는 열심이 나를 삼키리라 한 것을 기억하더라(요 2:17)." 이 말씀은 그 열심이 어떠했는가를 보여준다. 그 뜨거움은 예수를 믿는 순간부터 지속되어야 한다. 수동적인 신자로 남아 비실비실 죽을 것인가? 열심을 다하다 장렬하게 죽을 것인가?

존 모리는 믿음을 이렇게 정의했다. "믿음이란 우리 자신을 의지하고 인간의 자원을 의지하던 모든 것을 포기하고, 예수 그리스도 한 분만 의지하는 것이다. 구원에 이르는 믿음이란 그리스도의 인격, 즉 예수 그리스도는 하나님의 아들이시며 잃어버리는 자를 구원하시는 구세주라는 것을 인정하고 예수 그리스도를 신뢰하는 것이다." 구원받은 자로서 이 믿음을 확고히 한다면 수동적일 수 없다.

"네가 만일 네 입으로 예수를 주로 시인하며 또 하나님께서 그를 죽은 자 가운데서 살리신 것을 네 마음에 믿으면 구원을 받으리라 사람이 마음으로 믿어 의에 이르고 입으로 시인하여 구원에 이르느니라(롬 10:9~10)." 바울은 예수님을 주로 시인하면 구원을 얻으리라 했다. 사람들은 시인만 하면 되니 참으로 쉽다고 말한다. 만일 그렇게만 생각한다면 그것은 구원을 너무 값싸게 만드는 것이다. 이 말씀은 내 인생의 핸들을 주님께 맡긴다는 뜻이다. 내 인생에 있어서 주인은 이제 내가 아니라 주님이라는 고백이다. 주님이 나의 주인이기 때문에 나는 과거와는 판이하게 다른 삶을 살아야 한다. 예수를 주로 시인한다는 것은 엄청난 변화를 요구한다. 이렇게 고백하는 삶을 살면 달라진다. 참된 변화는 그 고백에서 시작한다.

내가 구원받은 것이 참이라면 나의 삶의 태도는 달라질 수밖에 없다. "나의 가는 길 사납고 위험하나 항상 예수의 도우심 믿고 가네. 할렐루야, 할렐루야. 내가 예수를 믿어 그의 흘리신 피로 내 죄 씻었네." 삶 속에 늘 노래하지 않겠는가?

베이징올림픽 개막식 당시 꼬마스타 린먀오커(林妙可)가 천진한 표정을 짓고 꾀꼬리 같은 목소리로 '가창조국(歌唱祖国)'을 불러 전 세계인을 매료시켰다. 그런데 그것이 립싱크(lip sync)였음이 밝혀지면서 중국을 당혹하게 만들었다. 립싱크 가수를 제재해야 한다는 목소리가 봇물처럼 터져 나왔다.

결국 중국정부는 입만 뻐끔거려 금붕어 가수라 불리는 립싱크 가수들에 대해 최대 2천만 원까지 벌금을 부과하는 법을 통과시켰다. 그리고 2년 동안 무대에서 립싱크를 2회 이상 하는 가수에게도 벌금 약 625만~1,250만 원의 벌금을 부과하는 것은 물론 가수 허가증을 취소하는 조치도 취했다.

레너드 스위트도 립싱크하는 기독교인들에 대해서 벌금을 물려야 한다고 주장한다. 자신의 가슴에서 올라오는 찬양을 해야 하는데 립싱크 가수처럼 입만 뻐끔거리기 때문이다.

스위트는 찬양에만 립싱크를 적용하지 않는다. '예수를 믿는다' 할 때 '믿는다(Believe)'는 단어에서 'e'를 빼면 'Be+live'가 된다. 예수를 믿는 이는 '생명이 되어야 한다'는 말이다. 예수의 생명에 내가 잠겨야 한다. 예수의 본질이 생명이기 때문이다. 예수의 생명을 가진 자는 삶의 모습이 다르다. 그는 생명을 모르는 교인을 가리켜 립싱크 교인이라 한다. 벙긋거리는 입 모양을 보아서는 교인이지만 그 속에 예수의 생명이 없으니 진정한 교인이라 할 수 없다.

그는 생명이 없는 기독교, 예수가 빠진 기독교를 자살에 비유했다. "기독교에서 예수를 빼면 자살행위이다(Christianity minus Jesus is suicide)." 그런데도 많은 교회와 교회 지도자들이 지금도 그 행위에 동참하고 있다. 영적으로 그만큼 둔감하다. 그래서 그는 립싱크만 하는 교회와 그 교회 지도자에게도 벌금을 매겨야 한다고 주장한다.

예수님은 말씀하셨다. "화 있을진저 외식하는 서기관들과 바리새인들이여 너희는 천국 문을 사람들 앞에서 닫고 너희도 들어가지 않고 들어가려 하는 자도 들어가지 못하게 하는도다(마 23:13)." 그때나 지금이나 립싱크 종교지도자들이 있었다. 지금 난 어떤가. 종교 배우여, 껍데기는 가라.

2. 변화: 변화는 나로부터 시작되어야 한다

"20대에 리버럴하지 못하면 뜨거운 가슴이 없는 사람이다. 그러나 40대에 보수적이 되지 않으면 정신이 없는 사람이다." 처칠의 말이다.

젊어서 세상의 변화를 꿈꾸지 않은 사람이 누가 있을까. 교과서 밖의 세상은 부조리와 부패, 억압으로 얼룩져 때론 살 희망조차 보이지 않았다. 그런 때 우리 속에 있는 자유정신은 내면에 불을 지르고 변화를 갈망하게 했다. 그런데 처칠은 나이가 들면서 보수적이 되라 한다. 이것은 그저 보수꼴통이 되라는 말이 아니다. 젊은 때 품었던 생각에 안주하지 말고, 또 다른 정신에 도전하라는 말이다. 삶의 다른 면도 생각할 수 있어야 한다는 것이다. 그래서 삶은 늘 변화를 요구한다.

그런데 문제가 하나 있다. 그 변화의 대상이 누구냐 하는 것이다. 우리는 변화를 외치면서 그 손가락 끝을 남에게 향했다. 나는 변화의 대상이 아니고 당신이 변화의 대상이라는 것이다. "모든 사람은 세상을 바꾼다고 생각한다. 그러나 자기 자신을 바꾸는 것을 생각하는 사람은 없다." 톨스토이의 말이다. 우리는 성경을 읽으면서도 그 많은 명령이 나보다는 다른 사람에게 해당되는 것이라 생각하고, 설교를 하면서도 그것은 내가 아니라 청중에게 있다 생각지 않았던가. 우리는 돌을 자신에게 던지지 않고 늘 남에게 던지는 데 익숙했다. 그것이 문제다.

이제 그 돌을 나에게 던지는 연습이 필요하다. 어거스틴이 이미 우리에게 주문한 것이 있다. "다른 사람에게 불을 붙이고 싶으면 먼저 자신의 내부에서 태워야 한다." 남에게만 붙이려 하지 말고 나 자신에게 불을 붙이고 나부터 변해야 한다는 것이다. 엄한 명령이다. 내가 바뀌지 않고 남을 바꿀 수 없다. 다른 사람을 바꾸려면 나부터 먼저 바뀌어야 한다. 내가 먼저 죽어야 한다.

신학자 토마스 애덤스의 말이다. "이 세상이 나아지지 않는 이유는 한 가지 때문이다. 서로가 서로를 변화시키려고만 할 뿐 자신은 변화하려고 들지 않기 때문이다." 짧지만 얼마나 우리의 가슴을 찌르는 말인가. 촌철살인이 따로 없다.

간음한 여인을 현장에서 잡아온 무리들이 기세등등하여 금방이라도 돌을 들어 여인을 죽이고자 했다. 이것이 우리의 모습이다. 그런데 주님은 말씀하셨다. "죄 없는 자가 먼저 치라." 아무도 그 여인을 칠 수 없었다. 우리 모두 그보다 더한 죄인이 아니던가.

지금 우리에게 필요한 것은 남을 먼저 변화시키는 것이 아니다. 내가 먼저 변하는 것이다. 마더 테레사처럼 세상을 진정으로 변화시킨 사람들은 남이 아니라 자기부터 변화한 사람들이었다. 이제 그 손가락 끝을 나에게 향할 때다.

복음은 과거의 나를 새로운 나로 바꾸는 데 관심이 있다. 단순한 개선이 아니라 새로운 창조다. 오죽하면 새로운 피조물이라 하지 않았는가. 그만큼 변화를 추구한다는 말이다.

변화를 보여주는 여러 사례가 있지만 삭개오의 경우 아주 극적이다. 예수님을 만나자 그는 완전히 달라졌다. 과거의 삭개오가 아니다. 주님이 자신의 집에 오신 것에 감격한 그는 주님 앞에 벌떡 일어섰다. 그리고 스스로 주님께 약속한다. "주여 보시옵소서. 내 소유의 절반을 가난한 자들에게 주겠사오며 만일 누구의 것을 속여 빼앗은 일이 있으면 네 갑절이나 갚겠나이다(눅 19:8)." 이 말은 "주님, 제가 이만큼 변화되었나이다"라는 말이다. 삭개오의 이 말에 주님이 감동하셨다.

"오늘 구원이 이 집에 이르렀으니 이 사람도 아브라함의 자손임이로다 인자가 온 것은 잃어버린 자를 찾아 구원하려 함이니라." 이 장면은 바로 앞서 일어난 누가복음 18장의 관리 사건과 뚜렷하게 비교된다. 주님이 자기의 소유를 다 팔아 가난한 자에게 주라 했을 때 관리는 심히 근심하며 떠났기 때문이다. 변화는 누구나 할 수 있는 일이 아니다.

다음은 웨스트민스터 대성당의 지하묘지에 있는 영국 성공회 주교의 묘비에 적힌 글이다.

> "내가 젊고 자유로워서 상상력의 한계가 없을 때 나는 세상을 변화시키겠다는 꿈을 가졌었다. 그러나 좀 더 나이가 들고 지혜를 얻었을 때 나는 세상이 변하지 않으리라는 것을 알았다. 그래서 내 시야를 약간 좁혀 내가 살고 있는 나라를 변화시키겠다고 결심했다. 그러나 그것 역시 불가능한 일이라는 것을 알았다. 나는 마지막 시도로 나의 가장 가까운 내 가족을 변화시키겠다고 마음먹었다. 그러나 아무것도 달라지지 않았다. 이제 죽음을 맞이하기 위해 자리에 누운 나는 문득 깨닫는다. 만약 내가 나 자신을 먼저 변화시켰더라면 그것을 보고 가족이 변화되었을 것을, 또한 그것에 용기를 내어 내 나라를 더 좋은 것으로 바꿀 수도 있었을 것을, 그리고 누가 아는가. 세상까지도 변화되었을지."

이 글은 변화는 나로부터 시작되어야 한다는 것을 가르쳐준다. 사람은 진정 변화될 수 있을까? 있다. 그러나 그 변화가 본질적인 것이 되려면 예수님을 통한 성령 안에서의 참된 변화여야 한다. 우리는 할 수 없다. 하지만 하나님은 하실 수 있다. 삭개오를 변화시키신 것처럼.

3. 순종: 하나님의 뜻을 이루는 일이라면 즉시 순종하라

강해 설교 분야에서 주목을 받고 있는 데니스 레인이 한국교회의 좋은 점과 나쁜 점에 대해 입을 열었다. 좋은 점으로는 기도와 열심을 꼽았고, 나쁜 점으로는 말씀에 대한 순종이 비어 있다는 것이었다. 은혜 받는 데 열심이고, 기도도 열심히 하는 것 같은데 하나님의 말씀을 순종하며 살아가는 일에 있어서는 문제가 있다는 것이다. 믿음은 있어 보이는데 그것이 순종하지 않는 믿음이라면 한국교회에 대한 주님의 평가도 낮을 수밖에 없다. 아니, 주님의 준엄한 질책이 두렵다.

마가복음에는 '곧', '즉시', '바로'라는 말이 많이 나온다. 이것은 마가복음이 순종을 가르치는 복음인 것을 보여준다. 이것은 그가 소아시아 내지전도를 하려던 바울을 따라가기보다 예루살렘으로 돌아온 불순종에 대한 자신의 회한이 작용했을 것으로 보인다. 우리도 순종하기보다 나의 고집을 내세웠을 때가 얼마나 많았던가. 이젠 지체하지 말고 곧 순종하자는 것이 마가의 생각이다.

성경에는 하나님의 수많은 명령문이 담겨 있다. 이것은 우리가 순종해야 할 것들이 그만큼 많다는 말이다. 그 명령문이 나쁜 것인가? 결코 그렇지 않다. 하나님은 우리에게 가장 좋은 것이 무엇인지를 잘 알고 계신다. 그분은 나보다 나를 더 알고, 사랑하시는 분이다. 우리가 계획을 세우는 것보다 더 좋은 계획을 가지고 계시는 분이 바로 하나님이시다. 그렇다면 하나님께 순종하는 것이 가장 선하고 좋은 것임을 알 수 있다.

그러나 사람들은 명령문을 좋아하지 않는다. 너무 권위주의적이기도 하고, 다른 것에 유혹을 받기도 했다. 이스라엘도 마찬가지였다.

"내가 너희에게 나의 종 선지자들을 꾸준히 보내 그들의 말을 순종하라고 하였으나 너희는 순종하지 아니하였느니라(렘 26:5)." 그 선지자들을 때리고 죽이기까지 했다. 이것은 인간이 하나님에 대해 얼마나 악했는가를 보여준다.

대표적 불순종 사례로 사울 왕이 있다. 사무엘상 15장을 보면 불순종했던 사울을 향해 사무엘이 엄하게 말한다. "여호와께서 번제와 다른 제사를 그의 목소리를 청종하는 것을 좋아하심 같이 좋아하시겠나이까 순종이 제사보다 낫고 듣는 것이 숫양의 기름보다 나으니 이는 거역하는 것은 점치는 죄와 같고 완고한 것은 사신 우상에게 절하는 죄와 같음이라 왕이 여호와의 말씀을 버렸으므로 여호와께서도 왕을 버려 왕이 되지 못하게 하셨나이다(삼상 15:22~23)." 불순종의 결과는 버림당하는 것뿐이다.

성경에는 순종으로 인해 복을 받은 인물도 소개하고 있다. 노아나 아브라함은 산증인이다. 이젠 우리의 선택은 분명하다. 불순종이 아니라 순종의 길로 나가는 것이다.

바울은 말한다. "한 사람이 순종하지 아니함으로 많은 사람이 죄인 된 것같이 한 사람이 순종하심으로 많은 사람이 의인이 되리라(롬 5:19)." 순종치 아니한 한 사람은 아담이고, 순종한 한 사람은 예수님이다. 불순종과 순종의 결과가 아주 극명한 결과를 가져왔다. 한 사람의 순종이 얼마나 중요한 결과를 낳을 수 있는가를 안다면 순종은 그저 넘어갈 일이 아니다. 자신의 순종(희생)을 통해 많은 사람들에게 유익을 줄 수 있는 귀중한 선택이기 때문이다.

순종 중의 순종은 그것이 비록 도전적이라 할지라도 순종하는 것이다. 우리는 종종 그 명령이 나의 한계를 넘어선다고 생각될 때 주저하게 된다. 기드온도 그랬다. 모세도 그랬다. 내가 보기엔 전혀 불가능한 일인데, 아니 내가 도저히 할 수 없는 일인데 하나님이 왜 그 사명을 주실까? 하나님이 명하실 때는 나의 능력을 보시고 도전하도록 하신 것이 아니다. 믿을 수 없다 해도 오히려 주님을 전적으로 신뢰하고 따르기를 바라신다. 하나님은 우리의 능력이 아니라 자신에 대한 깊은 신뢰를 기뻐하신다. 지금은 이해할 수 없지만 예수님이 하라고 하시니 그 말씀에 의지하여 깊은 곳에 그물을 내린 베드로처럼 순종하며 따르는 것이다. 순종에는 이처럼 강한 용기가 필요한 때가 있다. 거부할 이유가 있음에도 불구하고 믿고 따를 때 주님은 힘과 능력을 주시고, 그것을 기어이 이루게 하신다. 내가 하는 것이 아니라 주님이 하신다.

돌이켜보면 우리 각자도 그 쉽지 않은 과정을 넘은 때가 한두 번이 아니다. 하나님의 도우심이 없었다면 이 자리까지 올 수 없었을 것이다. 이것을 보면 "하나님께서도 우리를 두고 참 모험을 많이 하시는구나" 하는 생각이 든다. 하나님은 일의 결과를 너무나 잘 알고 계시기 때문에 우리로 하여금 그 일을 하도록 하신다. "괜찮아! 내가 밀어 줄게." 그 하나님이 없다면 우리는 절대 순종할 수 없다. 모험이라는 생각이 들지라도 하나님을 의지하고 순종한다.

하나님은 왜 우리에게 순종을 요구하시는가? 그것은 내 꿈을 이루기보다 하나님의 꿈을 이루기 위해서다. 하나님의 영광을 드러내기 위해서다. 모세는 사명을 받고 애굽에 갔고, 말씀대로 이스라엘 백성들을 이끌었다. 불가능한 일이 실현된 것이다. 하나님의 뜻은 여호수아로 이어졌고, 그를 통해 가나안이 정복되었다. 모세는 죽었지만 하나님의 꿈은 이루어졌다. 모세는 개인의 꿈이 아니라 하나님의 꿈을 이루는 삶을 살았다. 이런 의미에서 그는 죽지 않았다. 하나님의 뜻을 이룸에 있어서 중요한 역할을 했기 때문이다. 하나님의 뜻이 살아 있는 한 우리는 죽지 않는다. 따라서 우리는 순종을 통해 하나님의 뜻을 이루는 일에 적극 동참해야 한다.

임종이 가까워져 오자 여호수아는 백성들에게 선택하도록 했다. "너희가 섬길 자를 오늘 택하라 오직 나와 내 집은 여호와를 섬기겠노라(수 24:15)." 오직 하나님의 말씀에 순종하는 삶을 살겠다는 것이다. 결단 있는 신앙의 대부가 아닐 수 없다. 그는 왜 그의 자손을 걸고 이런 결정을 할 수 있었을까? 하나님이 어떤 분이시라는 것을 잘 알았기 때문이다.

이제 우리 남은 생애 해야 할 일은 바로 순종의 길로 가는 것이다. 산상수훈의 마지막 말씀은 순종이다. 듣기만 하지 말고 말씀을 행하라는 것이다. 순종이 그 나라를 이루는 길이요, 작은 예수가 되는 것이기 때문이다. 듣고 순종하지 않으면 아무것도 남지 않는다.

이스라엘이 불순종하자 하나님은 이방에게 구원의 문을 활짝 여셨다. 바울은 말한다. "너희가 전에는 하나님께 순종하지 아니하더니 이스라엘이 순종하지 아니함으로 이제 긍휼을 입었는지라(롬 11:30)." 그 문은 지금 이스라엘이 시기할 정도로 열려 있다. 우리가 순종하지 않으면 언젠가 그 문도 닫힐 것이다.

더 잘 순종하기 위해선 순종을 가로막는 흉악한 이리들에 주의해야 한다. 그들은 오늘도 우리로 하여금 나쁜 열매, 곧 불순종의 열매를 맺도록 부추긴다. 회개를 귀찮게 여기게 하고, 하나님의 말씀을 멀리하게 한다. 주님이 "거짓 선지자를 삼가라"는 말씀을 하신 것도 이 때문이다. 우리 주변엔 말씀순종보다 다른 일에 더 신경을 쓰도록 만드는 일들이 얼마나 많은가.

본회퍼는 말한다. "믿는 자는 순종하며 순종하는 자만이 믿는다." 말로는 "주여! 주여!" 하면서 행동은 안 하는 자에 대한 경고다. 말씀을 잘 안다고 해서 믿음이 좋은 것은 아니다. 말만 하고 행하지 않는 자가 바로 거짓 선지자 아니던가. 하나님 뜻대로 행하는 자가 하나님 편에 선 자다.

중요한 것은 순종이다. 믿음만으로는 예수님을 닮아갈 수 없다. 행동으로, 순종함으로 예수를 깊이 닮아갈 수 있다. 원수를 사랑하기는 불가능하다. 그러나 말씀에 따라 원수를 사랑하면 그를 위해 기도하게 된다. 그를 위해 기도할 때 은혜의 파도가 밀려온다. 신앙생활의 행·불행의 갈림길은 바로 순종에 있다. 하나님의 뜻을 이루는 일이라면 즉시 순종하라.

4. 자기 십자가: 오늘 당신이 진 십자가로 세상을 놀라게 하라

기독교는 십자가로 시작해서 십자가로 마친다. 기독교에서 십자가는 그만큼 상징성을 가지고 있다.

원래 십자가는 부정적인 의미가 컸다. 형틀이었기 때문이다. 로마인에게 있어서 십자가는 불의, 저주, 추방, 끊어짐, 떨어져 나감이었다. 유대인들은 십자가형을 받은 사람을 섬기는 것은 하나님을 모독하는 것으로 간주했다. 그들은 예수를 신성모독자로 몰아 십자가에 못 박으라 외쳤다. 더 이상 존경하지 않겠다는 말이다. 당시 그리스인들도 십자가 존경을 어리석은 것으로 생각했다.

그러나 예수님께서 십자가를 지심으로 십자가에 대한 이미지는 완전히 달라졌다. 십자가는 단순한 형틀이 아니라 인류를 죄에서 구원하는 역사의 출발점이자 새로운 창조, 만물을 새롭게 하시는 사건이 되었다. 십자가는 새로운 길로 들어서는 표상이자 용서와 구속, 감사와 용기를 갖게 하는 틀이 되었다. 이 일은 갑자기 이뤄진 것이 아니다. 하나님은 이미 그리스도를 이 땅에 보내기로 작정하셨고, 선지자들을 통해 구속을 예언하셨다. 아브라함도 그날을 생각하면서 기뻐했다. 하나님은 이미 새로운 일을 시작하셨고, 십자가를 통해 확증하셨다.

그런데 예수님이 제자들을 향해 말씀하셨다. "누구든지 나를 따라오려거든 자기를 부인하고 자기 십자가를 지고 나를 따를 것이니라(마 16:24)." 자기 십자가를 지고 주님을 따르라는 것이다. 누가복음을 보면 "날마다 제 십자가를 지고(눅 9:23)"라 했다. 그렇지 않은 사람은 주님께 합당하지 않을(마 10:38) 뿐 아니라 능히 주의 제자가 되지 못하리라(눅 14:27) 하셨다. 자기 십자가를 지는 일은 제자로서 당연한 의무라는 것이다.

먼저 주님이 말씀하신 '자기 십자가'가 무엇인가에 대해 정의를 내릴 필요가 있다. 이 십자가는 주님이 지신 십자가와는 성격이 다르다. 주님의 십자가는 한마디로 인류 구원의 십자가다. 그러나 자기 십자가는 그리스도인들이 이 땅에서 '주님과 복음을 위하여(막 8:35)' 져야 할 십자가다. 그리스도의 제자로서 마땅히 져야 할 십자가다.

자기 십자가를 진다는 것은 '자기를 부인하고'라고 하신 말씀과 맥락을 같이한다. 자기 부인을 해야 자기 십자가를 질 수 있다는 말이다. 두 개념은 서로 떼어 생각할 수 없다.

자기 부인은 사람의 일을 생각하기보다 하나님의 일을 생각하며 살라는 말씀이다. 베드로가 위대한 신앙고백을 한 뒤 예수님은 자신이 앞으로 어떻게 고난을 받고 죽게 될 것인가를 말씀하셨다. 베드로는 이 일에 대해 예수님께 항변했고, 예수님은 그를 향해 사단이라며 그를 질타하셨다. 생각지도 않은 일이 벌어진 것이다. 그때 주님은 결론적으로 말씀하셨다. "네가 하나님의 일을 생각하지 아니하고 도리어 사람의 일을 생각하는도다(막 8:33)." 그리고 자기를 부인하고 자기 십자가를 지고 나를 따르라 하셨다. 그러므로 자기 부인은 무엇보다 사람의 일을 생각하는 것이 아니라 하나님의 일을 먼저 생각하는 사람이 되어야 함을 알 수 있다.

자기부인은 자기의 존재성을 거부하라는 것이 아니다. 하나님과의 관계에서 새로워진 존재로 살아가는 것이다. 세상이 아니라 주님과 접속될 때 과거의 내가 아니라 새로워진 나로 살아갈 수 있다. 더 이상 과거의 나가 아니라 주님으로 인해 새로워진 나, 새로운 피조물이다. 내 마음대로 사는 것이 아니라 주님의 가르침 따라 산다.

자기 십자가를 지기 위해서는 무엇보다 과거의 삶, 육적인 나로부터의 자유가 필수다. 우리는 지금까지 자기 유익과 자기주장에 익숙한 삶을 살아왔다. 자기의 권리가 조금만 침해당해도 참지 못한다. 고소하고, 고발하고, 무시하고, 미워한다. 없는 권리까지 자기 권리라며 억지를 부린다. 자기를 철저히 사수한다. 그러나 참된 제자는 자기 권리가 보장된 것이라 할지라도 그것들을 주님의 십자가 아래 기꺼이 내려놓는다. 세상 욕심을 철저히 상대화하는 것이다. 그것들이 없어도 주님만 있으면 된다. 더 이상 세상 방식대로 살지 않는다.

십자가는 버림이다. 주님은 십자가 위에서 버림의 모범을 보여주셨다. "하나님, 왜 나를 버리셨나이까?" 외치셨다. 그 이유를 몰라서가 아니다. 하나님은 그 고통의 절규에도 왜 그를 십자가에 두셨을까.

자신의 독생자, 곧 십자가의 예수님을 아끼지 아니하고 버리실(죽게 하실) 만큼 우리를 사랑하셨기 때문이다. 그 다함 없는 사랑에 참여하기 위해 우리도 십자가를 진다.

자기 십자가를 지는 것은 예수님의 자리로 더 깊이 나아가는 것이다. 십자가는 죽음이 있는 곳이다. 그 죽음은 인격적으로 대우받지 못하는 죽음이다. 몸을 다 드러내놓고, 온갖 모욕과 수치를 받으며 죽어야 한다. 십자가를 진다는 것은 결코 쉽지 않다. 자기 유익을 생각지 않는다는 것은 쉽지 않다. 자기를 죽이는 일이 어찌 쉬운 일인가. 그런데 주님은 그 길을 함께 가자고 하신다. 하나님의 일을 이루기 위해 고난을 피하지 말라 하신다. 주님이 함께하지 않으면 갈 수 없는 길이다. 제자로서 주님을 더 닮기 위해 오늘도 우리는 이 길을 간다. 주님이 명령하셨고, 주님의 뜻을 이루기 위해서다.

주님은 자기 십자가를 날마다 지라 하신다. 이것은 한 번만 지라는 것이 아니다. 삶에서 십자가의 삶을 생활화하라는 것이다. 십자가, 멸망해가는 사람에게는 미련하게 보인다. 때로는 "그래, 자네가 십자가를 져서 어떻다는 거야. 그게 나와 무슨 상관이야. 그게 무슨 의미가 있어?" 조소하기까지 한다. 그러나 이 일은 주님 보시기에 매우 중요한 일이다. 주님의 나라를 이 땅에 세우고, 어둠 속에 빛을 밝히는 일이다. 우리는 이 일을 위해 매일 주님의 말씀을 묵상하며 십자가로 더 가까이 간다. 나에게 주어진 십자가가 매일 다르고, 참기 어렵다 할지라도 기쁨으로 진다. 그 일이 쉽다면 결코 십자가라 하지 않았을 것이다. 주님은 그 고통을 아시면서도 우리를 향해 십자가를 지라 명령하셨다. 고난이 클수록 그 열매가 크기 때문이다.

주님은 이 십자가를 질 수 없다면 능히 내 제자가 될 수 없으리라 하셨다. 자기 십자가를 지는 것은 필수요건이다. 하지만 날마다 자기 십자가를 질 만한 능력이 우리에겐 없다. 말로는 제자라 하면서 실제 론 그렇지 못한 우리가 아닌가. 그렇다고 제자이기를 포기할 수는 없 다. 그것은 주님을 포기하라는 말과 같기 때문이다. 이럴 때 우리가 할 수 있는 일은 순간순간 주님 앞에 나아가 성령님이 내 안에서 강 하게 역사하시도록 나 자신의 체면, 나의 권리 모두 주님께 내어 드 리는 것이다. 나를 깨뜨리고 주님의 것을 받아들이는 것이다. 나를 내 세우는 것은 성령의 역사를 거부하는 것이다. 거부하면 십자가는 질 수 없다.

주님은 왜 우리를 향해 십자가를 지라 하셨을까? 그것은 제자의 삶 이 과거와 달라야 하기 때문이다. 예수의 삶이 세상의 삶과 다르듯 작은 예수가 되기 위해선 세상과 다른 삶을 살아야 하기 때문이다. 자기희생의 삶이 없다면 그 나라는 이뤄질 수 없다.

십자가는 단두대가 있는 곳이다. 우리가 그리스도의 제자로서 날 마다 자기 유익을 구하지 아니하고 주님이 홀로 지신 십자가를 생각 하며 제 몫의 십자가를 질 때 우리 속에 하나님의 나라가 임한다. 주 님이 기뻐하실 뿐 아니라 진정한 샬롬, 곧 하나님 나라의 기쁨과 평 화가 우리 가운데 넘치게 된다. 하나님의 나라는 오늘도 자기 십자가 를 진 사람들에 의해 아름답게 세워지고 있다. 오늘 당신이 진 십자 가로 세상을 놀라게 하라.

5. 빛과 어둠: 주의 빛을 세상에 드러내라

창세기는 빛과 어둠을 창조하신 하나님의 역사로부터 시작한다.

하나님은 단지 물리적인 낮과 밤만이 아니라 영적으로 빛의 세계와 어둠의 세계가 존재한다는 것을 알게 하시고, 인간으로 하여금 빛의 세계에 거하도록 하셨다.

유대인들은 초막절이 되면 밤에 등불을 단다. 불기둥을 기념하기 위해서다. 광야에서 하나님은 낮엔 구름기둥과 밤엔 불기둥으로 그들을 보호하셨다. 그 역사를 잊지 않는 것이다. 그들은 초막절에 그 불빛을 바라보며 하나님이 어둠에서 자신들을 인도하신 역사를 기억하고 있다. 빛은 이처럼 영적인 역사를 새롭게 쓴다.

우주에는 블랙홀(black hole)과 화이트홀(white hole)이 존재한다. 블랙홀은 모든 입자를 빨아들여 어둠으로 만든다. 그러나 화이트홀은 빛을 발산한다는 점에서 블랙홀과 다르다. 화이트홀은 웜홀(wormhole, 우주 공간에 존재할 수 있다는 가상의 물체이자 통로) 때문에 블랙홀의 반대개념으로 생겨난 이론상의 천체이다. 이론상의 천체란 오로지 이론상으로만 존재한다는 말이다. 블랙홀이 물질을 집어삼키면 웜홀을 통해 반대편으로 나와야 한다는 생각에서 생겨난 것이 화이트홀이다.

두 홀의 성격은 아주 다르다. 블랙홀은 물체를 그 깊고 어두운 심연으로 빨아들이기만 한다. 반면 화이트홀은 빛의 속도로 접근하는 그 어떠한 물체든 분산, 방사되게 한다. 블랙홀 자체가 정보를 방출할 수 있다는 스티븐 호킹의 주장 때문에 화이트홀의 존재성이 다소 힘을 잃었지만 화이트홀에 대한 이론적 가정이 아주 포기된 것은 아니다.

이스라엘엔 사해와 갈릴리가 있다. 사해가 블랙홀처럼 받아들이기만 한다면 갈릴리는 화이트홀처럼 다시 방사한다. 이것은 이 땅에서 자신의 욕심을 채우기 위해 급급한 인간이 아니라 나눔으로 빛을 발하는 존재가 되어야 한다는 것을 가르쳐준다.

우리는 육신을 가지고 있다. 이것은 우리가 육신으로도 빛을 발해야 한다는 것을 보여준다. 또한 우리는 정신을 가지고 있다. 이것은 우리가 정신의 빛을 발해야 한다는 것을 보여준다. 그리고 영을 가지고 있다. 영적으로도 빛을 발해야 한다는 것이다. 우리가 이처럼 육신의 빛, 정신의 빛, 영적인 빛을 발한다면 우리 주변의 삶이 달라질 것이다.

요한복음 12장을 읽어보면 빛과 어둠에 대한 예수의 말씀이 소개된다. 즉 "아직 잠시 동안 빛이 너희 중에 있으니 빛이 있을 동안에 다녀 어둠에 붙잡히지 않게 하라 어둠에 다니는 자는 그 가는 바를 알지 못하느니라(요 12:35)." 빛이나 생명은 요한이 예수에게서 발견한 중요한 개념이다. 우리가 빛 아래 있지 않고 어둠 가운데 있다면 우리는 방향을 잡지 못하고 헤맬 것이다. "진실로 생명의 원천이 주께 있사오니 주의 빛 안에서 우리가 빛을 보리이다(시 36:9)."

우리가 몸담고 있는 사회는 우리 눈으로 보고 피부로 느낄 수 있는 것 이상으로 어둠에 싸여 있다. 문제는 그 어둠 속에서는 사람이 사람으로서 살아갈 수 있는 조건이 형성되어 있지 않다는 점이다. 우리로 하여금 "어둠에 붙잡히지 않게 하라"는 예수의 말씀이 현실적으로 와 닿는 것은 우리가 처한 상황이 심각하기 때문일 것이다.

하워드 진은 제2차 세계대전에 참전, 종전을 목전에 두고 프랑스 전역을 장악한 상황 속에서 고립되어 저항능력조차 없던 독일군을 소이탄으로 불살라버린 불필요한 공습에 참가했다. 전후 그는 자신이 도구화된 사실에 경악을 금치 못했다. 인권에 관한 한 히틀러 치하의 독일군이든 연합군이든 할 말이 없다는 것이다. 전쟁이 끝난 다음 그는 억압에 맞서는 용기와 독립적 사고를 가르치며 인간이 인간을 차별하는 사상과 인간을 도구화하는 사상에 항거하는 교수가 되었다.

인간적 삶을 위해서 그는 말한다. "달리는 기차 위에 중립은 없다." 빛에 서지 않으면 결국 당신은 어둠의 세력일 수밖에 없다는 것이다.

우리가 사는 지구에서 지금 온갖 비인간적인 일들이 자행되고 있다. 억압과 구속으로 인해 몸은 더 이상 항거할 수 없는 지경에 이른 곳도 많다. 때로는 이념으로, 때로는 편견으로 인간이 인간 스스로를 묶는다. 인간이 인간다운 대우를 받을 수 없다면 인간이 설 수 있는 곳은 과연 어디일까? 어둠은 생각밖에 가까이 있다.

국기에 태양을 담고 있는 국가가 있다. 일본과 마케도니아다. 그러나 빛을 내뿜는 태양의 모습을 그린 국기는 마케도니아다. 태양을 따라 가다 보면 마케도니아를 만난다고 말할 만큼 국가에 대한 자부심이 강한 민족이 바로 마케도니아다. 그런데 그들은 국가를 부르면서 외치는 말이 있다. "마케도니아 사람들이여! 정의를 위해 싸우라." 그들이 국가를 부르는 모습을 보며 순간 깨닫는 것이 있다. 빛으로 싸워 어둠을 물리치는 일은 바로 그리스도인들에게 부여된 사명이라는 것이다.

에베소서 5장 14절에 이런 말씀이 있다. "잠자는 자여 깨어서 죽은 자들 가운데서 일어나라 그리스도께서 너에게 비추이시리라." 공동번역은 이렇게 번역했다. "빛을 받아 드러나면 빛의 세계에 속하게 됩니다. '잠에서 깨어나라. 죽음에서 일어나라. 그리스도께서 너에게 빛을 비추어주시리라.'" 빛을 드러내는 것이 우리의 본분이다.

예수님이 이 땅에 계실 때는 그분이 빛이셨다. 주님은 "너희에게 아직 빛이 있을 동안에 빛을 믿으라 그리하면 빛의 아들이 되리라(요 12:36)." 하셨다. 빛의 아들이 된다는 것은 빛의 모든 특성을 지닌 자로서 변화된 삶을 살아야 한다는 것을 의미한다. 주의 빛이 우리 삶에서 드러나려면 주님과 하나 되는 것이 중요하다. 사단과 하나 되면 우리 삶에 어둠이 침입하고, 주님과 하나 되면 광명으로 밝아지기 때문이다. 삶에 빛이 넘치게 하는 방법은 의외로 간단하다. 주의 빛에 거하는 것이다. "일어나라 빛을 발하라 이는 네 빛이 이르렀고 여호와의 영광이 네 위에 임하였음이니라(사 60:1)." 당신은 빛의 사자들이다. 주의 빛을 세상에 드러내라.

6. 더러움과 거룩함: 어두운 이 땅에 샘이 터지는 기적을 일으키라

선한 사마리아인의 비유를 보면 제사장과 레위인은 강도 만난 자를 지나쳐 갔다. 알면서도 의도적으로 지나쳤다. 바쁜 이유도 있었을 것이고, 혹시 죽은 자를 만졌을 때 종교적인 의무를 수행하기 어려운 탓도 있었으리라. 그러나 다른 이유도 있었다. 당시 유대인들은 이웃을 한정적으로 생각하여 유대교 공동체에 속한 동료 유대인만을 이웃으로 규정하고, 율법으로 부정한 죄인들이나 사마리아인 및 이방인들은 이웃에서 제외시켰다. 그러나 예수님은 이 비유를 통해 인종적·종교적 장벽을 초월하여 도움이 필요한 모든 사람들에게 사랑을 실천할 것을 가르치셨다. 도움이 절실히 필요한 자 앞에서 인종을 따지고 종교적 행위를 따져 무엇을 얻을 수 있는가. 주님은 강도 만난 자에게 가라 하신다.

예수님이 성전에서 가르치실 때 서기관들과 바리새인들이 간음 중에 잡힌 여인을 끌고 와 돌로 치고자 했다. 율법적으로 더러운 자였기 때문이다. 여인은 떨고 있었다. 그때 예수님이 "너희 중에 죄 없는 자가 먼저 돌로 치라” 하셨다. 이 말씀에 모두 양심의 가책을 받아 들었던 돌을 놓고 돌아갔다. “나도 너를 정죄하지 아니하노니 가서 다시는 죄를 범치 말라.” 그들은 여인을 정죄하고 돌로 치고자 했지만 예수님은 오히려 용서하고 들었던 돌을 놓게 하셨다.

레너드 스위트에 따르면 유대인들은 더러운 것에 가지 않는 것을 거룩함이라 여겼다. 더러운 자를 정죄하고 멀리했다. 그런데 예수님은 그것을 뒤바꿔놓았다. 오히려 그 안으로 들어가는 것이 거룩함이라고 했다. 예수님은 선언하셨다.

> “건강한 자에게는 의원이 쓸데없고 병든 자에게라야 쓸 데 있느니라
> 내가 의인을 부르러 온 것이 아니요 죄인을 부르러 왔노라(막 2:17).”

예수님은 기꺼이 가난한 자, 병든 자, 억압받는 자, 심지어 죄인들의 친구가 되어주셨다. 욕하고 정죄하며 미워하기보다 사랑하고 용서하며 죄에서 돌아서도록 하셨다. 예수님은 붙잡히시기 전까지도 제자의 발을 씻어주셨다. 몸에서 가장 더러운 부분을 씻어주신 것이다. 그래서 레너드 스위트는 세상의 추악함 속에서 예수님을 볼 수 있어야 한다고 주장한다.

스가랴서를 보면 “그날이 오면, 샘 하나가 터져서, 다윗 집안과 예루살렘에 사는 사람들의 죄와 더러움을 씻어줄 것이다(슥 13:1)” 하였다. 예수님이 이 땅에 오셔서 죄와 더러움을 씻어주셨다. 예수님이 몸소 생명의 샘물이 되어주셨다. 그 생명수가 우리 죄를 씻고, 우리를 살리셨다.

교회는 주님이 가르쳐주시는 바 거룩한 공동체의 꿈을 버려선 안

된다. 그 거룩함은 우리의 완전함을 의미하지 않는다. 교회는 완전한 자들의 모임이 아니다. 예수는 의인, 곧 완전한 자를 위해 이 땅에 온 것이 아니라 불완전한 자, 곧 죄인을 위해 오셨다 하지 않았는가. 교회는 완전한 자들을 위한 전시관이나 박물관이 아니라 병든 자를 위한 병원이 되어야 한다. 이 병원은 어둠에 있는 자들이 와서 예수 그리스도의 이름으로 고침 받고 위로받고 치유받는 곳이다. "이 죄인을 온전케 하옵소서." 이것은 오늘도 주님을 향한 우리의 간절한 기도이다. 주님만이 우리를 고치시고 온전케 하실 수 있기 때문이다.

고린도교회는 문제가 있는 교회였다. 여러 파로 나뉘고, 성만찬 때 서로 먹으려 하고, 심지어 음행하는 자도 있었다. 그럼에도 바울은 그들을 가리켜 성도(saints)라 불렀다. 그들이 거룩해서가 결코 아니다. 거룩하신 분은 오직 하나님 한 분뿐이시다. 그런데도 그는 왜 거룩한 성도라 했을까? 비록 지금은 하나님의 눈엔 너무나 부족하지만 주님 때문에 위로받고 치유받았으며, 앞으로 이 어두운 땅에서 그의 거룩함을 기꺼이 드러내고자 하기 때문이다. 바울은 과거와는 달라진 현재의 모습, 그리고 앞으로 더 달라질 그들의 모습을 보며 기꺼이 성도라 부르기를 주저하지 않았다.

주님도 우리를 향해 이러한 기대를 가지고 계신다. 이 기대를 저버리지 않기 위해선 주님으로부터 위로받는 것으로 만족해서는 안 된다. 지금 우리 모두에게는 그의 거룩함에 참예하는 소명이 주어져 있다. 위로받는 자의 위치에서 벗어나 오히려 위로자가 되는 것이다. 그것은 어둠에 처한 사람들에게 가까이 나아가 생명의 소식을 전하며 기꺼이 그들의 발을 씻어주는 것이다. 이것이 바로 우리에게 주어진 거룩한 기회(divine opportunity)다.

우리의 도움이 필요한 곳은 멀리에 만 있는 것이 아니다. 생각밖에 우리 가까이에 많이 있다. 주님이 기회를 주실 때 감사하며 그 일에 당신의 가슴을 뜨겁게 불태우라. 그날 우리 가운데 샘이 터지는 기적이 일어날 것이다. 그곳에 우리의 의원이신 주님이 계시기에.

7. 안식일: 안식일은 천국 생활의 그림자다

하나님은 창조와 함께 인간에게 특별히 안식일을 주셨다. 엿새 일을 했으면 하루는 쉬도록 하신 것이다. 그래서 어떤 이는 6대 1의 비율로 쉬는 것이 성경적이라고 말하기도 한다. 일제 때 관리들은 일을 강조하면서 일주일을 '월월월화수목금'이라 했다. 토요일과 일요일도 쉬지 않고 열심히 일해야 한다고 했다. 그렇게 했다고 해서 나라가 평안하고, 국민이 잘사는 것이 아니다. 쉴 때는 쉬고, 일할 때는 열심히 일하는 것이 바람직하며, 그것이 성경적이다.

"안식일을 지켜 더럽히지 아니하며 그의 손을 금하여 모든 악을 행하지 아니하여야 하나니 이와 같이 하는 사람, 이와 같이 굳게 잡는 사람은 복이 있느니라(이사야 56:2)." 이스라엘은 "안식일을 기억하여 거룩하게 지키라(출애굽기 20:8)"는 하나님의 명령에 따라 안식일을 거룩히 지키기 위한 노력을 게을리하지 않았다. 이 명령은 국가적 차원에서도 존중된다. 그리스도인은 안식일을 거룩하게 보내야 한다고 생각한다. 성경이 그것을 여러 번 강조하고 있기 때문에 이것에 대해 반론을 제기하는 사람은 아무도 없다. 그러나 정작 안식일이 갖는 의미는 쉽게 간과한다.

안식일은 '사밧(sabbath)'이다. '멈추다'는 뜻이 있다. 일하는 것을 멈추고 쉬라는 것이다. "엿새 동안은 일할 것이요 일곱째 날은 쉴 안식일이니 성회의 날이라 너희는 아무 일도 하지 말라 이는 너희가 거주하는 각처에서 지킬 여호와의 안식일이니라(레위기 23:3)." 하나님은 안식일에 일하지 않고 쉬도록 하셨다.

하나님은 이 명령을 하시면서 종에게도 안식을 하도록 했다. 수확기라도 예외가 없다. 짐을 옮기거나 짐승 위에 둘 수 없다. 짐승도 쉬게 하는 것이다. 먹는 음식도 하루 전에 준비해둔다. 불도 피우지 않는다. 유대인들은 이 말씀에 문자적으로 충실했다. 그래서 그들은 24장 139조에 달하는 긴 안식일 법을 만들었다. 그 규정에는 안식일에 할 수 있는 것과 해서는 안 될 것을 규정해놓았다. 이렇다 보니 이 날이 안식하는 날이 아니라 오히려 짐이 되어버렸다. 예를 들어 짐을 들어 올려야 할 경우 어느 정도를 짐으로 간주해야 하는가는 그들에게 심각한 문제였다. 율법을 해석한 미쉬나에 따르면 랍비들은 마른 무화과 두 개 이상이면 짐이라고 결정했다.

십계명의 10개 조항도 중요하지만 그것보다 더 본질적으로 중요한 것은 십계명의 서론이다. "하나님이 이 모든 말씀으로 일러 가라사대 나는 너를 애굽 땅 종 되었던 집에서 인도하여 낸 너의 하나님 여호와로다(출 20:1~2)." 하나님은 자신을 종 되었던 집에서 인도해낸 여호와, 곧 해방자 하나님이라고 말씀하셨다. 하나님은 인간을 모든 부자유와 억압과 고통과 죄 그리고 노동으로부터 해방하시는 분이다. 하나님은 인간에게 이런 해방의 기쁨을 주시기 위해 십계명을 주셨다. 그래서 10계명을 온전히 지키게 되면 결과적으로 참된 자유와 쉼을 얻게 되는 것이다. 이것이 십계명의 근본목적이다. 그런데 애석하게도 유대종교지도자들은 이 하나님의 계명을 무거운 짐으로 바꾸어버렸다.

　유대인들은 안식일 법을 지키지 않을 경우 공동체에서 추방했다. 이런 정황에서 예수님이 자신들이 만든 안식일 규례를 어기고 병자들을 고치는 것에 대해 바리새인들이 분노한 것은 당연한 일일 수 있다. 이에 대해 주님은 자신이 안식일의 주인이라 말씀하시고, 안식일은 사람을 위하여 있는 것이요, 사람이 안식일을 위하여 있는 것이 아님(마가복음 2:27)을 확실히 하셨다. 온갖 규례로 사람을 옭아매는 안식일이 아니라 사람들을 살리고, 평안을 주는 안식일이어야 함을 가르쳐주셨다.

　사밧은 '앉는다'는 뜻을 가지고 있다. 앉아서 하나님의 말씀을 묵상하며 쉰다. 유대인들은 말씀을 묵상하며 하나님이 그들에게 행하신 일을 기억했다. 안식일에는 믿는 자들이 함께 모였다. 성전에서는 특별한 제사를 드렸고, 회당에선 전체 공동체를 가르치는 일도 했다. 이사야 56장 2절은 이날을 거룩하게 지키되 모든 악을 행하지 않아야 하고, 그런 자에게 복이 있으리라 했다. 이것은 안식일에 하나님의 말씀을 묵상할 뿐 아니라 자신의 행동을 지켜 거룩한 존재로 성화시켜야 한다는 것을 가르쳐준다.

　안식일은 즐겁게 안식하는 날이 되었다. 죽으신 예수님이 부활하신 주일로 바뀌었기 때문이다. 우리의 안식이 진정 즐겁기 위해서는 근심과 걱정으로부터 자유로워야 한다. 예배를 드리러 교회에 오는 것은 안식에서 제일 중요한 일이다. 예배 자체가 거룩해야 하지만 즐거워야 한다. 기쁨으로 찬양하고 기쁨으로 말씀을 듣고 기쁨으로 서로 인사해야 한다. 우리의 예배를 구약의 제사에 종속시키는 것이 아니라 주님이 우리에게 허락하신 구속의 은총을 기뻐하고 감사하는 대축제일로 바꿔야 한다. 그럼에도 우리는 예배 하면 구약의 예배만 생각하고 있다. 우리의 예배가 거듭나지 않고서는 이 예배를 통해 삶의 에너지를 공급받을 수 없다. 우리의 예배를 거룩하고 기쁜 축제로 만들어 삶의 에너지를 공급받아 다른 날도 주 안에서 힘 있게 살 수 있도록 해야 한다.

안식일은 천국생활의 그림자이다. 이날엔 우리 입술에 찬양이 넘친다. "즐겁게 안식할 날 반갑고 좋은 날. (…) 이날에 하늘로서 새 양식 내리네. (…) 이 안식 지킴으로 새 은혜 입어서 영원히 쉬는 곳에다 올라갑시다." 그날 새 양식 먹으며 본향을 바라본다. 이 세상에서 안식일을 거룩하고 즐겁게 지킬 수 있어야 그 나라에 가서도 문제가 없다. 이 땅에서 안식일을 제대로 지키지 못하면서 그 나라만 소망하는 것은 바람직하지 못하다. 우리에게 안식의 영성이 필요한 것은 이 때문이다.

우리에게 있어서 안식일은 무엇인가? 이날은 일하던 것을 잠시 멈추는 데 그치지 않는다. 그날은 하나님을 기억하고 만나는 날이다. 하나님의 말씀을 묵상하고, 그분이 우리에게 특별히 주신 구원에 감사하며, 그분의 가르침을 늘 마음에 새기며 모든 악과 단절한다. 그때 비로소 하늘의 평안이 넘친다. 안식일은 하나님이 우리에게 허락하신 특별한 선물이자 축복이다. 그러나 사단은 그날을 파괴시키고 우리 삶을 엉망으로 만들고자 한다. 사단은 우리 속에 정복하고 소유하고자 하는 욕심을 부추김으로써 투쟁하고 대립하도록 만든다. 이날을 사단이 기쁘게 하는 날로 만들어서는 안 된다. 이날을 거룩하게 지킴으로 하나님을 기쁘시게 하고, 우리 모두 장차 영원한 나라를 함께 받는 소망의 날이 되도록 해야 한다.

8. 감사: 감사하고 감사하면 삶의 색깔이 달라진다

돈 베이커가 『감사요법(Thank You Therapy)』이라는 책을 내놓았다. 그 배경에는 늘 염려하며 살았던 자신을 돌아보며, 그것으로부터 벗어나고자 했던 과거가 있다. 그는 회사를 경영하면서 월말이 돌아오면 직원에게 주어야 할 월급 때문에 걱정했다. 아내는 오른쪽 팔꿈치에 혹이 생겨 MRI 검사를 했는데 그 결과가 어찌 될지 걱정했다.

물론 주님께서 "내일 일을 위하여 염려하지 말라 내일 일은 내일 염려할 것이요 한 날 괴로움은 그날에 족하니라(마 6:34)" 하셨고, 바울도 "아무것도 염려하지 말고 다만 모든 일에 기도와 간구로, 너희 구할 것을 감사함으로 하나님께 아뢰라(빌 4:6)" 한 것을 모를 리 없다. 그래도 염려를 떨쳐버릴 수 없다. 그것이 우리의 한계다.

그는 염려를 벗어나지 못하는 자신이 더 염려가 되기 시작했다. 그리하여 그것을 벗어나는 방법을 찾기 시작했다. 그리고 그에 관한 책을 썼다. 그에 따르면 염려가 심하면 여러 증상이 나타난다. 관절이 아프거나 호흡곤란이 일어나거나 소화불량과 위경련, 심지어 우울증으로 고생한다. 그래서 그 부부가 개발한 책이 바로 감사요법이다. 감사하면 그 병으로부터 자유 하게 된다는 말이다. 그는 예수님께서 이 방법을 우리에게 이미 가르쳐주신 것이라 말한다.

감사는 크든 작든 주어진 상황을 소중히 생각하는 마음에서 출발한다. 그 상황을 당연시하면 감사가 나오지 않는다. 그 상황을 받아들이지 못하고, 자족하기를 거부하면 염려로 발전한다. 그래서 현재에 대한 생각을 바꾸는 연습이 필요하다. 탈무드는 혀에 '감사하다'는 말을 버릇들이기 전에 아무 말도 하지 말 것을 권하고 있다. 바울도 마찬가지다. "누추함과 어리석은 말이나 희롱의 말이 마땅치 아니하니 오히려 감사하는 말을 하라(엡 5:4)."

평생 감사의 위력을 누리며 살아왔다는 감사전도사 강충원이 감사의 지혜를 터득하고 체질화하는 비법을 담은 책『감사진법』을 내놓았다. 그는 감사진법을 하나님이 주신 위대한 선물이라 말하고, 그것을 실행에 옮길 때 희망이 싹틀 것이라 했다. 이를 가정에서 실천하면 가족이 화목하게 되고, 학교에서 실천하면 학생과 선생이 살아나며, 직장에서 실행하면 직원들이 달라진다. 가정의 성공과 사업의 성공을 바란다면 이 방법을 자주 사용할 것을 권한다. 그에겐 감사가 만병통치약이다.

그가 말하는 감사진법은 모두 7진법이다. 감사1진법은 무조건 감사다. 예상치 못한 일은 생기게 마련, 무조건 감사한다. 감사2진법은 소리 내어 감사하기다. 내 귀가 반응하도록 소리 내어 감사한다. 감사3진법은 꼬집어 감사하기다. 방해 요인을 꼬집어 감사한다. 감사4진법은 마음 가득 감사하기다. 감사의 마음이 넘칠 때까지 감사한다. 감사5진법은 즉시 감사다. 늦으면 돌아오기 어렵다, 즉시 감사한다. 감사6진법은 모든 것에 감사한다. 예외는 없다, 모든 것에 감사한다. 그리고 감사7진법은 사람에게 상처를 입었다면 '감감축'한다. 상대를 생각하며 감사하고, 또 감사하고, 오히려 그를 위해 축복한다. 감사5진법까지는 특이하진 않다. 그러나 6진법과 7진법에 가면 차원이 다르다. 그는 인간관계 문제로 쓴 마음이 들 때 감감축약을 발라야 한다고 말한다. 상대가 도저히 용서할 수 없는 사람이라면 그 약을 더 자주 바른다. 원수도 사랑하라 하지 않으셨는가. 이 약은 원수 앞에서 통쾌한 승리를 안겨준다. 이런 차원으로 발전하면 우리의 삶이 행복할 것이다. 감사하고 감사하면 삶의 색깔이 달라진다.

그리스도인의 감사는 평범한 감사에서 차원이 높은 감사로 발전해야 한다. 이를 위해 범사에 감사하는 '살전 5:18 차원'으로 올라가야 한다. "항상 기뻐하라 쉬지 말고 기도하라 범사에 감사하라 이것이 그리스도 예수 안에서 너희를 향하신 하나님의 뜻이니라(살전 5:16~18)." '범사에 감사하라'는 말은 원어로 '엔 판테 유카리스테로'이다. '엔'은 'in'으로 '그 상황 속에서'라는 뜻을 가지고 있다. 그리고 '판테'는 '죄가 아닌 한 모든 것'을 가리킨다. 범사에 감사하는 것은 처한 상황에서 모두 감사하는 것이다. 좋을 때만 감사하지 않는다. 핍박을 받아도 감사하고, 슬픔이 있어도 깨닫게 하시니 감사한 일이다.

가장 차원이 높은 감사는 감사할 수 없는 상황에서도 감사하고, 도저히 용서할 수 없는 사람을 오히려 축복하는 감감축이다. 감사할 이유가 있어 감사하는 것은 누구나 할 수 있다. 그러나 도저히 감사할 수 없는 조건에서 감사하고, 도저히 용서할 수 없는 사람인 데도 용서하는 것은 아무나 할 수 있는 것이 아니다. 주님이 힘을 주셔야 가능하다. 그래야 우리의 인격 이상의 삶을 살 수 있다. 주님은 현재의 인격보다 더 높은 인격의 실현을 요구하신다.

성경주석가 매튜 헨리가 귀가하는 도중에 강도를 만났다. 피가 나도록 맞고 돈까지 빼앗겼다. 집에 돌아온 그는 기도를 드렸다. 그 유명한 감사기도다.

"주님, 제가 강도질을 하지 않고 강도당한 것을 감사합니다. 비록 돈을 빼앗겼지만 생명을 빼앗기지 않아서 감사합니다. 지금 이 시간 저를 괴롭힌 강도를 위해 기도할 수 있게 해주시니 감사합니다. 그도 다시는 강도로 살지 않게 하여 주옵소서."

이 기도를 보면 그가 얼마나 감사하며 용서의 삶을 살았는가를 알 수 있다. 감동적이다. 주님이 우리에게도 같은 힘을 주신다. 우리도 깨어 기도해야 한다. "주님, 오늘도 도저히 용서할 수 없는 사람을 위해 감사하고 감사하며 축복할 수 있게 하옵소서." 그 자리에 기쁨으로 나아갈 때 주님이 감동하신다.

감사에서 빼놓아서 안 될 부분이 있다. 바로 주님이다. 우리가 아무리 많은 감사를 하고, 차원 높은 감사를 한다 해도 주님을 뺀 감사는 진정한 감사일 수 없다. 주님이 바로 우리의 감사가 있게 한 원천이시기 때문이다. 하나님의 말씀은 이것을 가르치고 있다. "홍해를 가르신 이에게 감사하라 그 인자하심이 영원함이로다 하늘의 하나님께 감사하라 그 인자하심이 영원함이로다(시 136:13, 26)." "항상 기도에 힘쓰십시오. 기도할 때 정신을 바짝 차리고 하나님께 감사하십시오(골 4:2, 현대인의 성경)." 하나님은 오늘도 인생의 홍해를 가르고 감사의 자리로 인도하신다.

9. 정의: 정의를 원한다면 먼저 하나님을 구하라

헤이그 밀사로 파견된 이준, 이상설, 이위종은 한목소리로 외쳤다. "정의의 하나님이 어디에 있는가?"

일본의 한반도 지배가 너무나 불합리하고, 이렇게 된 현실이 참으로 이해가 되지 않는다. 헤이그까지 왔지만 막상 그들이 할 수 있는 일은 아무것도 없었다. 일본의 방해는 심했고, 각국 대표들도 귀를 막았다. 참을 수 없다. 이 땅에서 이해할 수 없는 일, 억울한 일이 어찌 한두 가지일까.

기독교인으로서 니버만큼 정의를 열렬히 외쳤던 사람도 흔치 않다. 그는 인간의 부정의(injustice)와 그 정의롭지 못한 시스템을 무너뜨려야 한다고 소리를 높였다. 유럽에서 파시즘의 사악함과 제2차 세계대전의 공포를 목도한 뒤 그는 더욱 강성이 되었다. 정의롭지 못한 사회에 대항하기 위해 기독교인은 힘으로 맞서야 한다고 주장했다. '힘에는 힘으로'다.

마이클 샌들은 그의 책『정의란 무엇인가』뿐 아니라 그의 영상강의도 유명하다. 1:99 사회에 대한 비판이 높아지면서 정의에 대한 갈구도 높아졌다. 빈부격차가 심한 사회에서 정의를 실현하기 위해서는 어떻게 해야 할까? 대부분 부자에 대한 징벌적 과세를 그 답으로 제안하기 쉽다. 하지만 샌들은 부자에게 세금을 부과해 가난한 자를 도우려는 일부 철학자들의 생각에 분명히 반대표를 던진다. 정의가 올바른 분배만의 문제가 아니란 이유다. 징벌 쪽만을 생각하면 정의에 대한 해답을 찾기 더욱 어렵다. 다른 쪽을 포용하지 못하기 때문에 또 다른 불균형을 피할 수 없다.

샌들은 최대 다수의 최대 행복을 정의로 본 공리주의뿐 아니라 개인적 선택의 자유가 정의라는 자유주의를 모두 비판한다. 그에 따르면 정의는 미덕을 키우고 공동선을 고민하는 것이다. 공동체의 선을 구가하는 것이다.

그 실행은 의외로 간단하다. 시민이 시민으로서의 의무를 다할 때 공동체의 선을 이룰 수 있다. 징병제가 채택되면 모두 그것을 따르는 것이 선이다. 병역의 의무가 제대로 실현되어야 정의가 선다. 지도층부터 납세와 병역의 의무를 다할 때 정의가 산다. 빈부격차 없는 공교육과 차별 없는 공공서비스 또한 공동선을 이룬다. 공공선이 이뤄진 사회는 더 이상 닫힌 사회가 아니다. 학교, 대중교통, 운동장, 도서관, 박물관 등과 같은 여러 시설들을 공유하고 서로 존중하며 열린 자세로 그것을 함께 활용한다. 이것이 공동체의 선을 이루는 사회의 모습이다.

샌들이 공공선을 강조했지만 문제는 이 땅에서 그 선을 쉽게 이룰 수 없다는 것이다. 성경을 보면 이 세상에서 정의를 찾기 어렵다. "정의가 뒤로 물리침이 되고 공의가 멀리 섰으며 성실이 거리에 엎드러지고 정직이 나타나지 못하는도다(사 59:14)." 이것이 우리의 현실이다. 아모스는 외친다. "정의를 쓴 쑥으로 바꾸며 공의를 땅에 던지는 자들아(암 5:7)." 정의를 행하라는 것이다.

성경은 정의를 행하는 자를 복되다 한다. "정의를 지키는 자들과 항상 공의를 행하는 자는 복이 있도다(시 106:3)." 중요한 것은 그 정의가 어떤 정의냐 하는 것이다. 성경이 말하는 정의는 한마디로 하나님의 정의다. "당신의 정의는 영원한 정의, 당신의 법은 언제나 진실됩니다(시 119:142)." 영원하고 진실한 하나님의 정의를 이 땅에 실현하라는 것이다.

이 땅의 정의도 실현하지 못하는데 어떻게 그 높은 하나님의 정의를 실현할 수 있을까? 문제가 아닐 수 없다. 그러나 의외로 간단하다. 하나님을 두려워하는 것이다. 우리가 늘 하나님 앞에 서 있음을 인식하고 말씀대로 행하면 하나님의 정의도 행하고, 이 세상에서 정의도 바로 세워질 수 있다. 한마디로 '코람 데오(Coram Deo)' 신전의식이다. 이 땅에서 정의가 세워지지 않는 것은 하나님을 전혀 의식하지 않고 마음대로 행하기 때문이다. 하나님이 보시는데 악을 행할 수 없지 않은가.

여기서 다시 이위종의 말로 돌아가 보자. "정의의 하나님이 어디에 있는가?" 이 말은 정의의 하나님이 없다는 말이 아니다. 정의는 하나님의 속성이다. 그런데 왜 정의의 하나님이 없다 말할까? 그것은 이 땅에 하나님을 두려워하며 사는 자가 없다는 말이다. 악을 행하는 자는 오늘도 말한다. "하나님이 어디 있는가?" 하나님을 두려워하지 않으니 개인도 국가도 자기 유익만 생각하고 남을 생각하지 않는다. 힘으로 약자를 누른다. 그러나 하나님을 생각하면 할수록 정의가 바로 선다.

공공의 선도 예외가 아니다. 하나님을 생각하지 않고 자신의 소유만 생각하면 정의가 서지 못한다. "산업화가 최대 다수의 최대 행복과 개인의 자유를 보장하리라 약속했지만 사람들은 소유로 인해 자신의 존재를 상실했다." 프롬의 말이다. 정의를 원한다면 먼저 하나님을 구하라. 그것이 답이다.

10. 차별: 사람을 차별하여 대하지 마라

검소한 간디가 남아프리카에서 살고 있을 때 더 이상 이발사에 의존하지 않기로 했다. 영국에 가는 사람은 누구나 면도질 방법을 배우기는 하지만 제 머리 깎기를 배운 사람은 없다. 그는 프리토리아에서 영국인 이발사에게 간 일이 한 번 있었다. 그는 아주 업신여기는 태도로 머리 깎기를 거부했다. 간디는 몹시 불쾌했지만 당장 이발 기구 한 벌을 사가지고 거울 앞에서 자기 머리를 깎기 시작했다. 앞머리는 그럭저럭 깎을 수 있었지만 뒤는 잘 되지 않았다. 그런 머리로 법정에 나갔더니 친구들이 법정이 떠나가도록 웃어댔다.

"여보게. 간디. 자네 머리 어떻게 된 거요? 쥐가 뜯어먹은 것 아니요?"

"아니야, 백인 이발사가 내 까만 머리에 손을 대지 못하겠다고 거절하잖아. 그래서 내 손으로 깎기로 했다네. 비록 보기엔 이렇게 흉할지라도."

이 말을 들은 친구들은 더 이상 웃거나 놀리지 않았다. 간디가 생각하기에 이발사가 머리 깎기를 거절한 것은 잘못이 아니었다. 유색인종인 자기의 머리를 깎았다가는 손님을 다 잃어버릴 수 있기 때문이다. 간디는 그 사실을 잘 알고 있었기 때문에 참을 수 있었다. 간디는 인도에서도 이발사가 특정그룹에 속하는 사람들의 머리를 깎아주지 않는다는 것을 말하고 있다. 그는 그 대가를 남아프리카에서 여러 번 받았다. 그리곤 그것은 인도인이 범한 죄에 대한 벌이라고 생각했다. 그래서 간디는 그 이발사의 행위에 대해 분노하지 않았다.

인간은 차별을 하며 산다. 어떤 사람은 그 차별을 즐긴다. 당하는 사람들의 아픔과 분노는 아랑곳하지 않는다. 그러나 언젠가 스스로 차별을 받는 순간 그 아픔을 알게 될 것이다.

차별(discrimination)은 일반적으로 나타나는 사회현상이다. 이런 일이 비일비재하게 일어난다는 말이다. 특정 개인이나 집단을 자의적인 기준에 따라 불평등하게 대우함으로써 사회적으로 격리시키는 비열한 통제방법이다. 차별에는 인종, 민족, 생활양식, 빈부, 국적, 지역, 성별, 언어, 종교, 사상 등 다양하다. 그들이 고유한 특징을 고려하지 않고 그들을 이질자로 취급하며 그들이 바라고 있는 평등 대우를 거부한다. 이 차별은 일반적으로 차별받는 사람들의 실제 행동과는 거의 무관하다. 사회적으로 범주, 또는 분류시켜 부당한 대우를 받게 한다.

차별행위는 사회적으로도 용납할 수 없을 뿐 아니라 비성경적이다. 성경은 기본적으로 차별행위를 거부한다. 차별행위에 대해 야고보는 가장 신랄하게 지적한다.

- "내 형제들아 영광의 주 곧 우리 주 예수 그리스도에 대한 믿음을 너희가 가졌으니 사람을 차별하여 대하지 말라(약 2:1)."
- "너희끼리 서로 차별하며 악한 생각으로 판단하는 자가 되는 것이 아니냐(약 2:4)."
- "만일 너희가 사람을 차별하여 대하면 죄를 짓는 것이니 율법이 너희를 범법자로 정죄하리라(약 2:9)."

그에 따르면 차별을 두고 사람을 대우할 경우 그것은 죄를 짓는 것이고 계명을 어기는 것이다. 따라서 불순한 생각으로 사람들을 판단하고 차별 대우를 하는 것은 그리스도의 정신에도 어긋난다.

무엇보다 하나님은 차별이 없으시다. "곧 예수 그리스도를 믿음으로 말미암아 모든 믿는 자에게 미치는 하나님의 의니 차별이 없느니라(롬 3:22)." 또한 사람을 차별함 없이 대하신다(롬 2:11). 그리고 차별받는 자의 신음을 들으신다. 하나님은 레아가 남편에게 차별 대우를 받는 것을 보시고 그의 태를 열어주셨다(창 29:31). 레아는 아기를 낳고 외쳤다. "내가 차별 대우를 받아 하소연하는 소리를 들으시고 하나님께서 나에게 또 아들을 주셨구나. 그리고 아기 이름을 시므온이라 불렀다(창 29:33)."

믿음 안에는 차별이 없다. 오바마 대통령은 "흑인이든 백인이든 미국은 하나(united states of America)"임을 강조했다. 차별 없는 사회를 열자는 것이다. 바울은 강조한다. "우리가 유대인이나 헬라인이나 종이나 자유자나 다 한 성령으로 세례를 받아 한몸이 되었고 또 다 한 성령을 마시게 하셨느니라(고전 12:13)." 베드로도 마찬가지다. "또 마음을 아시는 하나님이 우리에게와 같이 그들에게도 성령을 주어 증언하시고 믿음으로 그들의 마음을 깨끗이 하사 그들이나 우리나 차별하지 아니하셨느니라(행 15:8~9)."

우리는 모두 성령 안에서 하나다. 교회 안에서는 빈부나 귀천이 없다. 모두 다 존중받아야 할 귀한 존재다. 야고보의 말대로 서로 차별하거나 나쁜 생각으로 남을 판단해서는 안 된다. 그렇지 않으면 간디의 말처럼 우리도 되갚음을 당할 것이다. 우리 모두 주 안에서 차별 없는 세상을 열어야 한다.

11. 화: 예수 그리스도의 사랑으로 분노를 정복하라

사람은 평균 89일을 웃으며 살고, 5년이나 화내며 산다고 한다. 89일 대 5년, 너무 하지 않는가. 지금까지 거꾸로 산 느낌이다. 이젠 시간을 바로 돌려놓아야 할 때가 되었다.

사단이 노리는 것은 하나님 앞에 불평을 드러내는 것이다. 욥을 시험하기 전에 사단은 하나님 앞에서 자신의 특기를 드러냈다. 그뿐 아니다. 사단은 우리가 하나님으로부터 돌아서기에 앞서 불평부터 하게 만든다. 가룻 유다는 예수의 제자로 있으면서 불평하고 불만했다. 사단은 그 불만 속을 교묘히 파고든다. 이것이 사단의 전술이다.

왜 불평하고 화를 내는가? 바울은 자족하지 못하기 때문이라 한다. "어떠한 형편에든지 내가 자족하기를 배웠노니 (…) 모든 일에 배부르며 배고픔과 풍부와 궁핍에도 일체의 비결을 배웠노라(빌 4:11~12)." 자족은 희랍어로 '아우타르케스'이다. 모든 욕망을 제거하고 지우는 것이다. 소크라테스는 작은 것으로 만족하는 것이 바람직하다고 했다. 바울의 자족은 풍부하든 궁핍하든 일체 만족이다. 지금 우리에게 이것이 부족하다.

자족은 어디에서 나오는가? 바울은 말한다. "내게 능력주시는 자

안에서 내가 모든 것을 할 수 있느니라(빌 4:13)." 바울이 자족할 수 있었던 것은 '내게 능력주시는 자', 곧 예수 때문이다. 그분 안에 있을 때 자족할 수 있다.

허드슨 테일러는 종종 나룻배를 빌려 전도여행을 하곤 했다. 그날도 배 한 척을 세내 이 마을 저 마을을 찾아다니면서 복음을 전했다. 마침 한 마을에서 전도를 마치고 강 저편 마을로 가기 위해 배에 오르려는 순간 갑자기 중국인 부자 한 사람이 나타나 자기가 그 배를 타야 된다면서 테일러를 옆으로 밀쳐버렸다. 테일러는 진흙에 미끄러지면서 엉덩방아를 찧었다. 옷은 금방 더러워졌다. 그런데도 거만한 중국인 부자는 아랑곳하지 않고 배에 오르려 했다.

놀란 뱃사공은 부자에게 말했다. "죄송한데요. 저는 이 배에 당신을 태울 수 없답니다. 이 배는 바로 저분이 세를 냈기 때문입니다. 저분은 우리나라 사람이 아니라 영국 선교사님이십니다."

그 말을 듣고서야 중국인 부자는 놀라 뒤를 돌아보았다. 거기에는 비록 중국인 옷을 입었지만 영국인이 분명한 신사 한 사람이 서 있었다. 테일러는 진흙으로 신발과 옷을 버렸지만 조금도 화를 내지 않았다. 중국인이 당황해 하자 테일러는 말했다.

"보아하니 아주 급한 일이 있으신가 봐요. 제가 세낸 것이니 손님으로 모시겠습니다. 좁지만 타시지요."

배를 타고 가면서 중국인 부자는 테일러에게 물었다. "저같이 무례한 사람에게 전연 화를 내지 않고, 이렇게 친절을 베풀어주실 수가 있습니까?"

그러자 테일러는 미소를 지으면서 대답했다.

"저라고 왜 화가 나지 않겠습니까? 미끄러졌을 때 저도 당신을 강으로 밀치고 싶었어요. 하지만 제 안에 있는 예수님이 그것을 막으셨습니다. 제힘으로는 그렇게 할 수 없지요. 다 예수님 때문입니다.”

테일러의 사랑에 깊은 감화를 받은 중국인 부자는 마음의 문을 열고 예수 그리스도를 영접하였다.

테일러라고 왜 화가 나지 않을까? 하지만 화를 내게 하는 환경 속에서도 주님을 생각하며 참는 것이 그리스도인이다. 할 수 없어 억지로 참는 것이 아니라 주님을 생각하며 기꺼이 참는다. 테일러가 순간적으로 참지 못해 상황을 어렵게 했다면 전도고 뭐고 다 망가졌을 것이다. 주님을 생각하고 참음으로 하나님의 뜻을 이룬다면 더 없이 기쁜 일이 아니겠는가. 우리 각자의 삶에서 하나님의 뜻을 이루는 데 바로 우리의 인내가 필요하다.

세상은 화가 나면 그것을 풀라고 말한다. 화를 내지 않으면 오히려 스트레스가 쌓여 병이 들 것이라 한다. 하지만 그리스도인은 그것조차 주님께 맡긴다. 주님을 생각하며 기쁨으로 참는다. 예수를 생각하면 이 세상의 그 어떤 것도 참고 내 것을 포기할 수 있기 때문이다. 예수님이 바로 인내의 원천이요, 자족의 원천이다. 세상과 연합하면 우리는 늘 불만을 하고 화를 낼 수밖에 없다. 세상에는 부조리와 비합리가 넘치기 때문이다. 그러나 우리를 위해 고난을 당하신 주님을 생각하고, 그리스도와 연합하며, 그분의 뜻과 하나 될 때 세상의 것들을 상대화하며 자족할 수 있다. 화나는 일을 당해도 미소를 지을 수 있다.

그리스도인의 인내는 하나님의 뜻을 이루기 위한 소망을 갖고, 주변상황이 아무리 외롭고 답답해도, 화를 내고 싶어도 그 전에 하나님의 사람임을 기억하며 참는다. 그 참음을 통해 하나님의 뜻이 이뤄지기를 바란다. 비록 지금 세상이 바뀌지 않는다 해도 중국에는 하나님의 나라가 승리할 것을 믿는다. 그때를 생각하면 기쁨이 회복되고, 우리의 언어가 달라진다. 화가 나는 상황에서도 기뻐할 수 있는 것은 세상과 차원이 다른 삶을 산다는 것을 보여준다.

지금 우리는 불평불만의 공화국, 분노의 공화국에서 살고 있다. 그것들이 보이는 곳에만 있는 것이 아니다. 인터넷 속에서도 너무나 많은 공간을 차지하고 있다. 정치나 경제에만 있는 것이 아니라 종교에도 많다. 중요한 것은 우리 자신이다. 그리스도인으로서 가장 먼저 회복되어야 할 부분이 자족할 수 있는 마음가짐이다. 이제부터 십자가에 달리신 주님을 생각하며 인생의 빨랫줄에 그리스도의 사랑과 기쁨, 주님과 하나 된 당신의 미소와 웃음을 주렁주렁 걸어놓으라. 자족하는 당신의 모습을 보며 삶의 여유를 찾을지 누가 알리. 하나님도 당신의 인내를 기뻐하시리라.

12. 용서: 그리스도 앞에서 피차 용서하고 위로하라

건배사로 "빠삐용!"을 외친다 한다. '빠'는 '빠지지 말자', '삐'는 '삐치지 말자', 그리고 '용'은 '용서하며 살자' 라는 뜻이 담겨 있다. 이 말 가운데 '삐'와 '용'이 주목을 받는다. 우리네 인간관계에서 삐치는 일도 많고, 용서하지 못하는 일도 생기기 때문이다.

용서를 'forgive'라 한다. 고전영어의 forgifan에서 나온 것으로 for와 gifan을 합한 단어이다. gifan은 give라는 뜻이다. 용서는 한마디로 주는 것이다. 그런데 그것이 말처럼 쉽지 않다. 백 번 잘했다가 한 번 잘못하면 끝이다. 아니 상대가 사과를 하지 않으면 절대 용서하지 않겠다고 말한다. 그러나 주님은 용서하라 하신다.

베드로가 예수님께 물었다. "주여 형제가 내게 죄를 범하면 몇 번이나 용서하여 주리이까 일곱 번까지 하오리이까?" 바리새인들은 세 번까지만 용서했다. 일곱 번까지 하오리까 묻는 것은 그래도 바리새인보다는 나아야 하지 않겠느냐는 생각이 앞섰는지 모른다. 예수님의 답은 명쾌하다. "네게 이르노니 일곱 번뿐 아니라 일곱 번을 일흔 번까지라도 할지니라(마 18:22)." 일곱 번에 일흔 번이라도 용서하라는 것은 무한 용서를 의미한다.

나아가 예수님은 탕감의 비유(마 18:23~35)를 통해 우리로 용서하며 살라 하신다. 예수 그리스도를 따르는 우리는 과연 이 말씀에 잘 순종하고 있는가? 그렇지 못하다는 것이 정직한 대답이리라. 용서 문제는 우리 자신뿐 아니라 한국교회가 해결해야 할 고질적인 문제이기도 하다. 죽어 마땅한 우리가 그토록 많이 탕감받았는데 이웃의 그 작은 것을 용서하지 못한다면 그리스도인이라 하기 어려울 것이다.

용서에는 상대적인 용서와 절대적인 용서, 두 가지가 있다. 상대적인 용서는 사과를 했다든지, 보상을 충분히 받았다든지, 용서의 조건이 충족된 경우 용서하는 것을 말한다. 절대적인 용서는 용서할 수 없는 사람을 용서하는 것을 말한다. 원수까지도 사랑하는 것이 바로 이 용서다. 조건충족과는 상관이 없다.

하나님은 자신과 원수 되었던 우리, 곧 도저히 사랑할 수 없는 우리를 사랑하셨다. 하나님은 예수 그리스도를 이 땅에 보내어 화목제물로 삼으셨다. 자신이 십자가에 달리시기까지 우리 죄를 용서하신 것이다. 주님의 용서는 인간의 그것과는 차원이 다르다. 그리고 우리로 하여금 그런 용서를 하며 살도록 하셨다. 절대적 용서에 이르기까지 성장하라는 말씀이다.

그리스도인은 예수의 사랑을 이 땅에서 실천하는 사람들이다. 그럼에도 불구하고 우리의 용서가 상대적 용서에만 머물러 있다면 아직도 하나님의 뜻을 알지 못하고 순종하지 않고 있음을 의미한다. 늘 마음이 원이로되 육신이 약하다는 말로 자신을 합리화해서는 안 된다.

사도 요한은 용서에 대해 이렇게 말한다. "만일 우리가 우리 죄를 자백하면 그는 미쁘시고 의로우사 우리 죄를 사하시며 우리를 모든 불의에서 깨끗하게 하실 것이요(요일 1:9)." 이 말씀에서 우리는 하나님의 용서를 다시 한 번 확인할 수 있다. 그 용서는 우리의 죄를 완전히 제거해주시는 용서다. 다시 기억하지 않으신다. "다시 우리를 긍휼히 여기셔서 우리의 죄악을 발로 밟으시고 우리의 모든 죄를 깊은 바다에 던지시리이다(미가 7:19)." 잊어버릴 것은 깨끗이 잊으라. 남의 잘못을 자꾸 언급하지 마라. 그 용서는 허다한 죄를 덮어주시는 용서다. 주님은 우리가 죄를 지을 때마다 새로운 옷으로 덮어주신다. 그리고 그 용서는 우리를 새롭게 하시는 용서다. 우리를 새로운 존재로 만들어주신다.

바울은 고린도교회를 근심하게 하는 자들 문제를 놓고 교인들에게 권한다. "그런즉 너희는 차라리 그를 용서하고 위로할 것이니 그가 너무 많은 근심에 잠길까 두려워하노라 그러므로 너희를 권하노니 사랑을 그들에게 나타내라(고후 2:7~8)." 그를 용서하고 사랑의 자리로 나아가라는 것이다. 이를 위해서는 하나님의 마음을 가지는 것이 필요하다. 하나님의 마음을 가지고 용서하면 달라지기 때문이다. 하나님은 용서를 통해 그리스도 공동체가 회복되기를 원하신다. 상대가 진정 회복되기를 바라며 용서할 수 있다는 것은 주님이 우리에게 주시는 은혜요 축복이다. 그때 우리는 차원이 다른 삶을 살 수 있다.

용서는 예수님의 명령이다. 우리는 그 명령에 기꺼이 순종하는 사람들이다. 바울은 우리의 용서를 가리켜 '그리스도 앞에서 한 것(고후 2:10)'이라 했다. 내 안에 있는 예수 그리스도가 용서로 나타나는 것이다. 나는 할 수 없다. 하지만 주님이 용서할 수 있는 힘을 주시기에 용서할 수 있다. 용서할 수 없다면 갈보리 십자가의 예수를 바라보라. 주님으로부터 용서받은 사람은 그 어떤 사람도 용서할 수 있어야 하기 때문이다.

용서를 한다는 것은 우리가 사탄에 속해 있지 않다는 것을 입증하는 것이다. "이는 우리로 사탄에게 속지 않게 하려 함이라 우리는 그 계책을 알지 못하는 바가 아니로라(고후 2:11)." 사단은 우리를 용서하지 않게 한다. "용서는 무슨 용서. 법대로 해." 하지만 용서는 이러한 사단의 계략을 단숨에 무너뜨린다.

"그리스도 앞에서 용서하고 위로하라. 사탄의 계략에 속지 말라." 이 말씀 앞에서 우리 자신을 다시 한 번 추슬러 본다. "항상 우리를 그리스도 안에서 이기게 하시고 우리로 말미암아 각처에서 그리스도를 아는 냄새를 나타내시는 하나님께 감사하노라 우리는 구원받는 자들에게나 망하는 자들에게나 하나님 앞에서 그리스도의 향기니(고후 2:14~15)." 우리는 용서로 그리스도의 향기를 내뿜는 자들이다.

13. 원수: 세상이 감당할 수 없는 자리로 나아가라

펜실베이니아 랭캐스터에 있는 밀레니엄 시어터에서 오페라 <요셉>을 보았다. 요셉의 스토리가 전개되는 과정에서 지금도 잊을 수 없는 것은 형들을 만났을 때 요셉이 과거의 일을 회상하며 고뇌하는 몇 장면이었다. 그것은 요셉이 인간적으로 용서하기가 얼마나 어려웠는가를 깨닫게 했다. 형들이 아니라 원수였기 때문이다.

구약은 '눈에는 눈으로' 원수 갚을 것을 말하지 않느냐 말하고 싶을 것이다. 그러나 행한 대로 갚지 마라, 나아가 원수도 갚지 말라는 말씀도 있다. "너는 그가 내게 행함같이 나도 그에게 행하여 그가 행한 대로 그 사람에게 갚겠다 말하지 말지니라(잠 24:29)." "원수를 갚지 말며 동포를 원망하지 말며 네 이웃 사랑하기를 너 자신과 같이 사랑하라 나는 여호와이니라(레 19:17~18)." 모두 구약의 말씀이라는 데 주목하자.

파키스탄의 크리스천 장관 샤바즈 바티가 순교했다. 소수민족연방 장관인 그가 탈레반 조직원으로 추정되는 자에게 피살된 것이다. 그는 소수종교를 믿는 사람들의 인권과 종교자유를 위해 활동해왔다. 살해 현장에는 "바티 장관이 신성모독법을 반대하여 이를 폐지하려 했기 때문에 알라의 이름으로 본보기를 보였다"는 경고문이 놓여 있었다.

신성모독법은 샤리아 학자들이 제안한 것으로, 이슬람에 관한 어떤 것도 모욕할 수 없고 불경건한 행동을 해서도 안 되며 개종권유도 할 수 없다는 조항을 담고 있다. 신성모독법의 첫 희생자는 아이샤 비비이다. 그녀는 무함마드 모욕죄로 사형언도를 받았다. 비비가 무슬림 동료들에게 물잔을 나눠주었는데, 동료들이 "그리스도인이 주는 물은 더럽다"며 쏟아버리자 언쟁이 벌어진 것이다. 화가 난 비비가 "예수는 우리를 위해 십자가를 지셨는데, 마호메트는 무엇을 했는가?"라고 한 말을 신고한 것이다.

그가 사형선고를 받자 비비의 구명운동이 일어났다. 이 운동에 앞장섰던 펀자브 주지사 타세르도 살해되었고, 마침내 바티도 살해되었다. 이 소식에 분노한 파키스탄 크리스천들은 소셜 네트워크 서비스를 통해 조직적인 시위를 벌일 계획을 세웠고, 정부는 제2의 재스민 혁명이 될까 우려해 이를 막았다.

바티 장관 부인은 복수보다는 평화를 택했다. 그녀는 방송에 나가 모든 무슬림을 적으로 만드는 감정적인 행동을 중단하고 남편이 가진 꿈을 이뤄달라고 부탁했다. 그 꿈은 모든 사람들이 어떤 차별도 받지 않고 조화롭게 사는 것이다. 부인은 용서를 원했다. 예수님이 자신을 배반한 제자들, 심지어 가룟 유다까지 용서하셨듯이 남편을 살해한 무슬림을 용서하는 것이 주님의 모범을 따르는 그리스도인으로서 해야 할 일이라는 것이다. 그녀는 말한다. “용서를 경험한 무슬림이 사랑도 경험하기를 주님의 이름으로 축복합니다.”

성경에선 용서를 강조하지만 도저히 용서하지 못할 상대를 용서하기 위해선 정말 용기와 힘이 필요하다. 나 자신의 힘이라기보다 하나님이 주신 힘과 용기다. 성령이 나를 주장하지 않으면 불가능하다.

CCC 국제 강사 조시 맥도웰은 『회의에서 확신으로』를 통해 어떻게 자신의 아버지를 용서할 수 있었던가를 말해주었다. 그의 아버지는 술중독자로 그의 가정에 말할 수 없는 피해를 안겨주었다. 정말 아버지만큼은 용서할 수 없었던 그였다. 그러나 그가 부활을 연구하던 중 십자가의 죽음을 통하여 자신의 죄를 용서하신 것을 깨닫고 회개했다. 주님을 영접한 뒤 해야 할 가장 큰일은 바로 용서였다. 그는 아버지를 찾아가 사랑한다고 고백했다. 자신은 할 수 없었지만 주님께서 힘을 주신 것이다.

아버지는 놀랐다. “나 같은 아버지를 어떻게 사랑할 수 있느냐?” “아버지. 저는 크리스천입니다.” 놀란 아버지는 “나도 크리스천이 되고 싶다"고 하셨다. 그리고 아버지와 아들은 서로 안고 눈물을 흘렸다. 조시는 아버지만 용서한 것이 아니라 어릴 적에 자기를 성적으로 괴롭혔던 사람도 용서했다. 주님은 오늘도 하나님 아버지의 심정을 주시고 우리로 하여금 용서의 삶을 살게 하신다. 인간의 방법이 아니라 하나님의 방법이다.

용서는 감정이 아니다. 말씀에 따른 전적인 순종이다. 그 용기는 주님이 주신다. 용서로 인한 평안도 주님이 주신다. 우리 삶에 모든 골짜기는 메워지고 높은 산과 작은 언덕은 눕혀져 굽은 길이 곧아지며 험한 길이 고르게 되는 날(눅 3:5)이 바로 용서하는 날이다. 주님은 십자가의 피로 우리 삶에 고르지 못한 부분을 메워 평평하게 하셨다. 그리고 우리로 그 길을 걷게 하셨다. 그리스도인은 주님이 우리를 위해 특별히 만드신 용서의 길을 걷는 사람들이다. 세상에 용서받지 못할 사람은 없다. 용서를 통해 그리스도인 됨을 드러내자. 하나님의 영광을 드러내자. 지금 용서할 수 없다면 용서할 수 있는 힘을 달라고 기도하자. 세상이 감당할 수 없는 자리로 나아가라. 하나님의 용서로 세상을 이기라.

14. 생활고: 땅에는 가난한 자가 그치지 않는다

벨기에 여객기에 숨어 유럽으로 밀항하려다 숨진 아프리카 기니 소년들이 남긴 유서가 유럽인들을 울렸다. 야퀸 코이타와 포데 투르카나라는 14세, 15세 두 소년들이 기니 수도 코나크리에서 출발한 사베나 항공기 밑바닥 랜딩기어 보관실에 숨어들었다가 벨기에 브뤼셀에 도착한 뒤 얼어 죽은 시신으로 발견된 것이다. 속옷을 세 겹이나 끼어 입었지만 영하 50도를 넘는 살인적 추위를 견뎌내기에는 역부족이었다. 밀입국을 기도하다 동사한 것으로 여겼던 공항 정비사들이 그들의 호주머니에서 발견된 편지를 보고 눈물을 쏟고야 말았다.

편지의 수신인은 없으나 ‘존경하는 유럽 지도자 여러분께’라는 말로 시작되었다.

> “저희 둘의 험난한 여행과 고통의 목적을 감히 말씀드리고자 합니다. 우리는 여러분에게 고통에 찌든 아프리카 어린이들의 참상을 알리고자 이 여행을 시작했습니다. 아프리카 어린이들이 너무나 벅찬 고통을 겪고 있습니다. 우리는 전쟁과 병고와 배고픔에 시달리고 있습니다. 학교는 세워져 있지만 선생님과 교재가 없습니다. 아름다운 대륙 유럽에 사는 여러분이 사랑의 마음으로 우리를 도와주실 것을 간청합니다. 당신들의 국민, 가족, 자녀 사랑을 저희에게 조금만 베풀어주시길 바랍니다. 아프리카 어린이들을 대신해 호소합니다. 효율적 기구를 만들어 저희가 살고 있는 아프리카 대륙을 부디 되살려주십시오. 우리는 여러분이 따스한 정으로 아프리카를 구하러 찾아오시리라 믿습니다.”

소년들은 프랑스어로 쓴 편지 곳곳에 ‘우리를 도와달라’는 말을 되풀이해 적었다. 그러나 읽는 이의 심기를 건드릴까 염려한 소년들의 불안이 고스란히 배어 있었다. 북받치는 감정을 자신들이 아는 가장 공손하고 정중한 프랑스어 표현에 가두느라 고심한 흔적이 뚜렷했다.

소년들은 자신들의 운명을 예감한 듯 “만일 우리가 숨진 채로 발견된다면 아프리카에서 너무 큰 고통에 시달렸기 때문이며 또 당신들의 손길이 필요함을 증명하는 것입니다”라는 말로 편지를 맺었다.

벨기에 장관들은 소년들의 유서를 돌려 읽었다. 루이 미셸 외무장관은 ‘가슴이 미어진다’며 편지사본을 유럽 각국 외무장관에게 발송

했다. 소년들의 시신은 다시 기니로 송환되었다. 기니는 15세기부터 포르투갈 사람들이 노예무역을 해온 곳으로 1946년부터 12년간 프랑스의 식민지였다. 두 소년은 더 이상 밀항자가 아니라 아프리카를 위한 순교자가 되었다. 미셸 장관의 말처럼 아프리카 비극해결은 고려의 대상이 아니라 인간으로서의 의무이다.

가난은 아프리카에 한정되지 않는다. 세계가 전에 없이 풍요를 누리고 있기는 하지만 아직도 가난의 문제는 해결되지 못했다. 경제에서 세계 1위를 넘보는 중국도 예외가 아니다. 광둥 성에서 일어난 농민공의 데모는 생활고 때문이었다. 몇 번이나 금융위기를 거쳤는데도 앞으로 더 큰 위기가 닥쳐올 것이라는 경제학자들의 비관적인 예고는 세계 경제의 전망이 그리 밝지 않다는 것을 보여준다. 특히 뉴욕대 교수 누리엘 루비니는 세계경제가 퍼펙트 스톰(강력한 폭풍)을 맞을 수 있다고 경고했다. 미국의 재정위기, 중국의 성장둔화, 유럽의 채무위기, 동일본 대지진의 여파 등 여러 요소가 상호작용을 일으키면서 세계경제 성장을 크게 위축시킬 확률이 높다는 것이다. 강력한 가난 예고다.

"땅에는 언제든지 가난한 자가 그치지 아니하겠으므로 내가 네게 명령하여 이르노니 너는 반드시 네 땅 안에 네 형제 중 곤란한 자와 궁핍한 자에게 네 손을 펼지니라(신 15:11)." 성경은 가난한 자는 늘 우리와 함께 있을 것이라 했다. 우리가 이 땅에 사는 한 가난한 자가 그치지 않을 것이라는 말이다. 그 이유는 우리로 하여금 그들을 껴안고 사랑하며 살라는 가르침이 배어 있다.

출애굽기를 보면 나그네를 압제하지 말고 일곱째 해엔 가난한 자를 위해 경작지를 남겨두라 하신다. "너는 이방 나그네를 압제하지 말라 너희가 애굽 땅에서 나그네 되었은즉 나그네의 사정을 아느니라 너는 여섯 해 동안은 너의 땅에 파종하여 그 소산을 거두고 일곱째 해에는 갈지 말고 묵혀두어서 네 백성의 가난한 자들이 먹게 하라 그 남은 것은 들짐승이 먹으리라 네 포도원과 감람원도 그리할지니라(출 23:9~11)." 가난한 자를 살리기 위한 것이다.

신명기를 보면 그들을 도우라 한다. "네 하나님 여호와께서 네게 주신 땅 어느 성읍에서든지 가난한 형제가 너와 함께 거주하거든 그 가난한 형제에게 네 마음을 완악하게 하지 말며 네 손을 움켜쥐지 말고 반드시 네 손을 그에게 펴서 그에게 필요한 대로 쓸 것을 넉넉히 꾸어주라(신 15:7~8)."

또한 일곱째 해엔 꾸어준 것을 면제하도록 하는 면제의 규례까지 두었다. 그리고 말씀하셨다. "네가 만일 네 하나님 여호와의 말씀만 듣고 내가 오늘 네게 내리는 그 명령을 다 지켜 행하면 네 하나님 여호와께서 네게 기업으로 주신 땅에서 네가 반드시 복을 받으리니 너희 중에 가난한 자가 없으리라(신 15:4)." 이렇게만 살아도 우리 가운데 가난한 자가 없을 것이란 말씀이다.

바울은 어려운 처지에 있는 예루살렘 교인들을 위해 연보의 모범을 보인 마게도냐 교인들을 언급하며 가난한 이웃의 아픔에 동참하도록 했다. "이는 다른 사람들은 평안하게 하고 너희는 곤고하게 하려는 것이 아니요 균등하게 하려 함이니 이제 너희의 넉넉한 것으로 그들의 부족한 것을 보충함은 후에 그들의 넉넉한 것으로 너희의 부족한 것을 보충하여 균등하게 하려 함이라 기록된 것같이 많이 거둔 자도 남지 아니하였고 적게 거둔 자도 모자라지 아니하였느니라(고후 8:13~15)." 남이 어려울 때 도우면 훗날 자기가 어려울 때 도움을 받는다는 것이다. 이것이 바로 성경이 말하는 균등의 법칙이다.

가난은 나라님도 어찌하지 못한다는 말이 있다. 그만큼 풀기 어렵다는 말이다. 그럴수록 그리스도인은 '네 이웃을 내 몸과 같이 사랑하라'는 주님의 말씀에 주목해야 한다. 교회사를 보면 그 말씀에 귀를 기울여 많은 박애 실천자들이 등장했다. 슈바이처는 정상급 신학자, 철학자, 음악가였으면서도 30세에 모든 것을 버리고 다시 의사가 되어 아프리카 가봉의 랑바레네에서 그리스도의 사랑을 온몸으로 실천했다.

현재 기독교는 사방으로 공격을 받고 있다. 왜 그럴까? 이웃 사랑보다는 자기 사랑에 집착한 탓이다. 주님의 말씀을 실행에 옮기지 못한 때문이다. 주님이 잘못된 것이 아니라 우리가 잘못되었다. 우리가 더욱 말씀에 바로 섬으로써 기독교는 여전히 인류에게 필요하다는 것을 입증해야 한다. 말이 아니라 행동이다. 이 땅에 제2의 코이타가 다시금 등장하도록 해서는 안 된다.

15. 컴패션: 낮은 곳을 향하면 하늘의 기쁨을 맛본다

헨리 나우웬의 글을 읽으면 마음이 차분해진다. 그리고 앞으로 어떻게 살아야 하는가를 배운다. 오늘 그는 나에게 경쟁(competition)이라는 단어보다 컴패션(compassion)에 친숙하도록 했다. 컴패션은 남을 앞서기보다 남을 불쌍히 여기는 자세를 갖는 것이다. 그것이 바로 하나님의 길(God's way)이라 한다. 우리를 불쌍히 여기시는 하나님, 자비의 하나님(God of compassion) 아니신가.

우리는 오늘도 살아남기 위해 투쟁을 한다. 삶의 경쟁에서 모두 이

기고자 한다. 승리자만이 각광을 받고, 인정을 받기 때문이다. 이런 상황에서 그는 예수님의 말씀을 가져온다. "너희 아버지의 자비하심 같이 너희도 자비하라(눅 6:36)." 자비하면 불교의 용어 같은 느낌을 가진다. 그러나 성경은 하나님이 바로 자비하신 분이시며, 그의 자비하심 따라 우리도 이웃에 대해 자비할 것을 가르친다.

컴패션은 '함께'를 의미하는 com과 '열정', '고난'을 의미하는 passion을 합한 말이다. 고난을 함께하는 것, 곧 함께 괴로워하는(to suffer with) 것이다. 컴패션은 우리말로 '자비', '측은히 여김', 또는 '불쌍히 여김'이다.

컴패션의 태도는 상대보다 우월한 입장에서 불쌍히 여기는 것이 아니다. 컴패션 속에는 내가 남보다 뭔가 우월하거나 앞섰다는 개념(excelling)이 아니라 우리를 가장 인간답게 하는 섬김의 개념(serving)이 담겨 있다. 내가 다른 사람들보다 더 낫다고 주장하는 것이 아니라 치유와 일치를 통해 그 사람들과 같은 존재가 되었음을 고백하는 것이다. 그들이 고통받고 있고 있을 때, 바로 그곳에서 그들과 함께하며, 기꺼이 그들의 아픔 속으로 내가 들어간다. 그 자리에 내가 그들과 함께 서는 것이다. 이 속에 하나님의 평화가 임한다. 이것은 사랑을 위해 경쟁하는 것이 아니다. 우리를 자비의 자리로 부르시는 하나님께 기쁨으로 응답하는 것이다.

나우웬은 컴패션과 동정(pity)을 구분한다. 동정은 상대와 일정한 거리가 있다. 거리에서 구걸하는 사람에게 돈을 줄 때 우리는 상대와 눈을 마주치거나, 그 사람 곁에 앉아 말을 나누지 않는다. 그렇게 하기엔 내가 너무 바쁘다. 내어준 적은 돈이 동정 어린 나의 관심을 대신해주고, 나는 그것으로 내 할 일을 했다며 바삐 가던 길을 간다. 이것이 바로 동정이다. 그러나 컴패션은 다르다. 고통당하는 자 가까이 간다. 나는 당신과 똑같은 형제요 연약한 인간이라 말하고 그의 아픔을 함께한다. 같이 울고, 같이 아파한다. 동정은 하기 쉽지만 컴패션은 하기 어렵다. 그만큼 경지가 높다. 이 일은 내 힘으로 할 수 없다. 주님이 주셔야 할 수 있다.

나우웬은 자비의 삶을 가리켜 '낮은 곳을 향한 움직임(downward mobility)'이라 한다. 물질적 성공보다 가난의 자리로 나아가고, 각광을 받기보다 자신을 감추며, 기도가 필요한 자를 위해 고독의 자리로 나아간다. 이것은 성공지향적인 세상의 움직임, 곧 '높은 곳을 향한 움직임(upward mobility)'과는 반대된다. 세상의 눈으로 볼 때 이것은 바보 같은 짓이다. 그러나 낮은 곳으로 움직일 때마다 하나님께 더 가까이 나아갈 수 있어 좋다.

우리가 잘 아는 대로 나우웬은 데이브레이크(Daybreak)에서 장애인과 함께 생활했다. 특히 아담(Adam)이라는 청년을 돌보았다. 아침에 그를 깨우고, 목욕시키고, 면도를 해주고, 이를 닦는다. 머리를 빗어주고, 옷을 입히며, 부엌까지 데려온다. 그에게 아침을 주고, 식사 후에 그가 지낼 공간으로 그를 데려다 준다. 처음 그 일을 할 때 잘할 수 있을까 걱정도 했다. 그러나 시간이 지나면서 그 일에 익숙해졌고, 그 일을 기쁨으로 감당할 수 있게 되었다. 차츰 아담과 함께 지나는 시간을 기다리면서 아담이 자기의 친구가 된 것에 감사했다. 아담은 말을 할 수 없고, 심지어 인정의 어떤 몸짓도 줄 수 없지만 그 두 사람 사이엔 진정한 사랑이 있었다. 두 사람이 함께하는 시간이 그날에 가장 귀한 시간이 되었다.

하루는 친구가 찾아와 이런 말을 했다. "장애인 한 사람을 위해 일하는 것보다 더 나은 일에 네 시간을 보낼 수 없겠니? 이런 일을 하려고 그렇게 공부했다는 말이냐? 네 학문이 아깝다.”

나우웬은 교수직을 버리고 장애인 공동체에 들어왔다. 보통 대학인가. 하버드대, 예일대이다. 그러나 교수로서의 명성을 내려놓고 하나님이 기뻐하시는 일을 택한 것이다. 높은 곳을 향한 움직임이 아니라 낮은 곳을 향한 움직임이다. 나우웬은 말한다. “아담이 나에게 가져다준 이 기쁨을 내 친구에게 설명해줄 수 없어 정말 안타깝다. 그도 이 기쁨을 발견했으면 좋으련만.”

이 기쁨은 자비가 가져다준 비밀스러운 선물이다. 우리는 그 기쁨을 잊어버리고, 생각도 없이 자꾸만 다른 곳을 바라본다. 그러나 고통이 있는 곳을 향해 내려갈 때마다 세상이 줄 수 없는 새로운 기쁨을 맛볼 수 있을 것이다. 자비는 이 기쁨을 맛보게 하는 하늘의 비밀 통로다.

예수님은 말씀하신다. “자기의 생명을 사랑하는 자는 잃어버릴 것이요 이 세상에서 자기의 생명을 미워하는 자는 영생하도록 보전하리라(요 12:25).” “너희 중에 누구든지 크고자 하는 자는 너희를 섬기는 자가 되고 너희 중에 누구든지 으뜸이 되고자 하는 자는 너희의 종이 되어야 하리라 인자가 온 것은 섬김을 받으려 함이 아니라 도리어 섬기려 하고 자기 목숨을 많은 사람의 대속물로 주려 함이니라(마 20:26~28).” 주님은 오늘도 우리의 시선을 저 낮은 데로 향하게 하시고, 그곳으로 가라 하신다. 이것이 바로 주님이 말씀하시는 자비의 길이자 하나님이 기뻐하시는 길이다. 천국은 오늘도 이 길을 가는 형제들에게 박수를 보낸다.

16. 기부: 강도 만난 자의 이웃이 되라

선한 사마리아인의 비유는 '이웃이 누구인가', '강도 만난 이웃을 위해 우리는 무엇을 해야 하는가'를 잘 가르쳐주고 있다. 이 비유를 말씀하신 예수님은 제자들에게 강조하셨다. "너희도 이와 같이 하라." 듣고 감동만 하고 있을 것이 아니라 행동으로 옮기라는 말씀이다. 하나님은 인류로 하여금 이웃을 사랑하도록 하셨다. 이웃 사랑은 이웃의 아픔을 나의 아픔으로 아는 데서 출발한다.

"이웃을 네 몸과 같이 사랑하라." 이것은 내가 남보다 우월한 입장에 서는 것이 아니라 상대를 마땅히 존중받아야 할 중요한 인격으로 대한다. 상대를 나의 몸처럼 아끼는 마음이 있어야 한다. 이렇게 되면 도움을 주고받음에 있어서 마음에 상처를 받을 일이 없다. 서로 아끼고 존중함으로써 우리 모두의 인격이 업그레이드된다. 마더 테레사는 말한다. "진정 가난한 이들이 필요로 하는 것은 차디찬 동전이 아니라 인간의 따뜻한 손길이다."

굿윌 인더스트리(Goodwill Industry)를 만들어 장애인에게 도움을 많이 준 에드거 헬름 목사, 차별이 만연한 시대에 흑인과 백인이 서로 돕고 사는 사회를 꿈꾸며 인권운동에 앞장선 마틴 루터 킹, 하버드와 예일대 교수를 그만두고 중증 장애인의 친구가 되어준 헨리 나우웬, 여성투표권을 얻는 계기를 만들어준 여교사 수잔 앤서니, 민족과 종교를 초월해 사랑을 펴도록 미국적십자사를 창설한 여교사 클래라 바튼, 이 땅의 나환자와 걸인을 위해 헌신한 최홍준과 서서평 선교사. 우리가 기억해야 할 사람들이 많아 좋다.

지금은 빌 게이츠와 워런 버핏이 고액 자선기부자로 널리 알려져 있지만 이 일에 가장 앞선 인물은 사실 앤드류 카네기다. 그는 말년에 잘나가는 철강회사를 팔아 그것을 재단기금으로 만들었다. 자본금 1억 2,500만 달러. 현재의 가치로 치면 3조 3천억 원이 넘는 엄청난 금액이다. 카네기재단은 이 기금을 바탕으로 각 도시에 도서관을 세우고 대학을 세우며 보통교육의 필요성을 홍보했다. 흑인차별 문제를 공론화하고, 당뇨병 치료제 인슐린을 만들어 질병으로 고통당하는 사람들의 아픔을 덜어주며, 어린이 프로그램 <세서미 스트리트>를 만들어 어린이들에게 꿈과 희망을 선사했다. 그의 나눔 정신이 귀감이 되어 여러 나눔 재단들이 설립되었다.

기업이 나눔에 앞장서기도 한다. IBM은 카네기재단 못지않게 세상에 도움을 준 기업으로 인정을 받고 있다. 이 회사의 설립이념은 'Think(생각하라)'이다. 기술혁신을 통해 돈을 벌지만 사회기여를 제1원칙으로 삼았다. 1970년대 바코드를 개발했지만 회사의 이익이 아니라 사회 전체의 편익을 생각해 무료로 사용하게 했다. 돈이 아니라 사람들이 좀 더 편리하게 물건을 사고팔 수 있게 하는 것이 회사 이념에 부합하다고 생각했기 때문이다.

그뿐 아니다. 1970년대 남아프리카공화국에서 인종차별 문제가 불거졌을 때 IBM은 가장 먼저 사무실을 철수해 차별을 종식하도록 촉구했다. 현재 IBM 직원 42만 7천 명 대부분이 개발도상국 출신이다. 회사는 그들을 고용함으로써 개발도상국이 발전할 수 있기를 바란다. IBM은 단순한 컴퓨터 회사가 아니다. 위기가 올 때마다 나눔으로 세상을 따뜻하게 만든 기업이다. 혼을 가진 기업은 다르다.

미국의 최초고등학교인 필립스 아카데미는 '논 시비(non sibi)', 곧 '나 자신을 위해 살지 않는다(not for self)'는 정신을 가르친다. 그 학교는 부자나 권력자가 되기보다는 지역과 국가, 그리고 세계를 위해 헌신하는 인물이 나오기를 바란다. 어릴 때부터 그런 교육을 받으면 나눔의 삶이 자연스럽게 체화될 것이다.

칼 메닝거는 "베풂은 정신건강에 필수요소다. 베푸는 사람치고 정신병자는 없다"고 말한다. 나눔으로써 오히려 건강할 수 있다는 말이다. 공자는 '군자는 널리 베풀어주되 낭비하지 않는다(君子惠而不費)'고 했다. 군자라면 나누는 사람이 되어야 하고, 그 나눔도 효율적이어야 한다는 것이다.

예수님은 "너희가 먹을 것을 주라(마 14:16)" 하셨다. 주라는 말씀은 주님의 명령이며, 주는 삶은 우리의 존재론적 사명이다. 그리스도인은 이미 받은 것이 많은 사람이다. 하나님의 은혜, 나의 힘으로 얻은 것이 아니다. 주님으로부터 그 큰 사랑을 받았으니 주는 것이 마땅하다. 이제 은혜만 누리는 자리에서 일어나 나눔의 자리로 가야 한다. 베풀 때 영적 승리를 경험할 수 있다. 그런데 주님은 우리에게 약속까지 하셨다. "주라 그리하면 너희에게 줄 것이니 곧 후히 되어 누르고 흔들어 넘치도록 하여 너희에게 안겨주리라(눅 6:38)." 나누는 자에게 주실 풍성한 복이다. 황공한 약속이다.

나눔이 좋은 것이긴 하지만 물질적으로 부유하지 못한 보통 사람들은 걱정이 앞선다. 얼마를 내놓아야 하는가? 하지만 염려할 것 없다. 작은 것이라 할지라도 내놓을 수 있는 마음가짐, 그리고 실제 내놓는 용단이 중요하다. 모두 배고픈 현장에서 어린아이가 오병이어를 주님 앞에 내놓았다. 그 많은 사람들 중에 이 아이만 먹을 것을 가지고 있지는 않았을 것이다. 그러나 주님이 찾으실 때 아낌없이 내놓았다. 자녀들에게 가진 것을 달라고 해보라. 속셈을 하고, 좀처럼 주지 않으려 할 것이다. 그리고 아깝지 않았을까? 하지만 그는 순종하는 마음으로 내놓았다. 그가 기꺼이 내놓았을 때 자신뿐 아니라 많은 사람들이 배불리 먹을 수 있었다. 오병이어가 만이 넘는 사람들에게는 비록 보잘것없는 것이었지만 주님의 손에 올려놓을 때 기적이 일어났다. 나눔은 오늘도 기적을 낳는다.

오스카 와일드는 자신의 책『제2의 예수』를 썼다. '주님이 다시 오셔서 제2의 인생을 사실 때 어떤 생각을 하실까?'라는 내용이다. 예를 들어 과거 눈먼 장님이었다가 주님의 권능으로 눈을 뜨게 된 장님이 지금 와서 보니 조폭의 삶을 살고 있었다는 것이다. 창녀는 다시 창녀로 돌아가 있었다. 우리 같으면 장님을 눈 뜨게 해 문제인물이 되었고, 창녀는 다시 창녀로 더 악해졌으니 괜히 그러셨다고 지레 말하려 할 것이다. 우리가 남을 도우면서 다음에 어떻게 될까 묻지 말자. 오직 하나님의 영광만 생각하며 돕자. 죽었던 베다니 나사로를 살려낸 주님, 그 주님이 십자가에서 모진 고통을 당했을 때 그는 뭘 하고 있었는가? 왜 그 현장에 나오지 않았는가? 욕하지 말자. 그저 하나님의 영광만 생각하자. 루이제 린저의 말대로 "감사하다는 말을 꼭 들어야 하는가?" 그럴 필요도 없다. 하나님이 아시면 된다.

다음은 나눔의 삶을 위해 필요한 하나님의 말씀이다.

"한 사람이 두 주인을 섬기지 못할 것이니 혹 이를 미워하고 저를 사랑하거나 혹 이를 중히 여기고 저를 경히 여김이라 너희가 하나님과 재물을 겸하여 섬기지 못하느니라(마 6:24)."
"너희 소유를 팔아 구제하여 낡아지지 아니하는 배낭을 만들라 곧 하늘에 둔바 다함이 없는 보물이니 거기는 도둑도 가까이하는 일이 없고 좀도 먹는 일이 없느니라(눅 12:33)."
"선을 행하고 선한 사업을 많이 하고 나누어주기를 좋아하여 너그

러운 자가 되게 하라 이것이 장래에 자기를 위하여 좋은 터를 쌓아
참된 생명을 취하는 것이니라(딤전 6:18~19)."
"너는 반드시 그에게 줄 것이요, 줄 때에는 아끼는 마음을 품지 말
것이니라 이로 말미암아 네 하나님 여호와께서 네가 하는 모든 일
과 네 손이 닿는 모든 일에 네게 복을 주시리라(신 15:10)."
"구제를 좋아하는 자는 풍족하여질 것이요(the one who blesses others is
abundantly blessed) 남을 윤택하게 하는 자는 윤택하여지리라(잠 11:25)."

주님은 "오 리를 가자 하면 십 리를 가라" 하셨다. 십리는 'extra mile'
을 의미한다. 자기만을 생각하지 않고 엑스트라 마일을 간 사람이 세
상을 아름답게 한다. 나눔은 바로 그런 세상을 여는 열쇠다. 이 땅에
하나님의 나라를 이루는 주님의 삶의 방식이다.

17. 탈 기독교와 교회쇠퇴: 교회가 살아야 세상도 산다

프랑스혁명, 나치, 구소련. 이들에게 공통된 것이 있다. 바로 탈기
독교(de-Christianization)를 모색한 것이다. 이 세력은 교회를 탄압하고,
말살하려는 데 앞장섰다. 그러나 교회는 없어지지 않았다. 오히려 핍
박 속에서 교회는 더 강해졌다. 그럴수록 하나님 앞에 바로 서려 했
기 때문이다.
현재 탈 기독교의 움직임이 아주 강하다. 특히 유럽이 EU로 하나
되면서 그 성향이 높아지고 있다. 사실 EU는 교회를 비판하거나 핍박
하지 않는다. 그러나 유럽인들 스스로 교회로부터 멀어지고 있다. 많
은 교회들이 문을 닫고 있다. 문제가 아닐 수 없다.
이런 추세는 이미 20세기부터 일어난 일이다. 조르주 베르나노스
(G. Bernanos)의 작품으로 『어느 시골 신부의 이야기』가 있다. 이 작품

을 보면 젊은 신부가 앙브리쿠르 본당 사목으로 부임한다. 그런데 이 본당과 주변 마을은 이미 권태와 타성으로 물들어 있었다. 그만큼 화석화된 것이다. 비평가들은 이 모습을 20세기 초반 서구의 보편적 풍경으로, 탈 기독교 과정을 보여주는 것이라 했다. 교회가 힘을 잃어가고 있다.

이에 비해 젊은 신부는 놀랍도록 순수하다. 그는 나태한 영혼을 열정적으로 끌어안고 사랑한다. 베르나노스는 젊은 신부를 통해 '어린이 정신'을 강조했다. 세계는 선인과 악인으로 구분되는 것이 아니라 어린이 정신으로 충만한 사람과 그것을 잃어버린 사람으로 구분된다.

젊은 신부는 쓰러져가는 교회, 그리고 타성에 익숙한 문제교인들을 사랑으로 다시 일으키고자 했다. 하지만 현실은 녹록지 않았다. 그도 병을 얻어 죽게 된다. 그럼 다 쓸데없다는 말인가. 작가는 말한다. "지금 우리에게 필요한 것은 세상을 품고 다시 세우려는 어린이다운 욕심 없는 정신이다." 순수한 예수 정신만이 교회를 살릴 수 있다.

한국교회에 대한 공격이 점점 강해지고 있다. 이것은 교회가 그만큼 바로 서지 못하고 있다는 것이다. 목회자 세습, 물량주의, 교권주의, 목회자의 타락 등 지적 사항이 한두 가지가 아니다. 영혼이 그만큼 나태해지고, 타성에 빠졌다. 그 속에 하나님이 거하실 수 없다. 교회가 먼저 이를 바로잡지 못하면 한국에서도 탈 기독교의 진행속도가 빨라질 것이다. 이것은 우리 모두의 불행이다. 세상도 교회가 그리되는 것을 반겨서는 안 된다. 교회가 살아야 세상도 산다. 지금 세상을 끌어안고 교회를 똑바로 세우는 하나님의 사람들이 절실히 필요하다.

안티 기독교의 활동이 더욱 활발해지고 있는 가운데 교회를 떠나는 사람들이 많아지고 있다. 이탈자가 는다는 것은 한국기독교가 쇠퇴하고 있다는 징표다. 최근 갤럽이 전 세계 기독교 동향을 놓고 조사를 했다. 그 결과 우리나라 21세 이하 젊은이들 중 48%가 종교가 없고, 절대 갖고 싶지 않은 종교로 75%가 기독교를 꼽았다. 기독교가 급기야 비선호 종교 1순위에 오른 것이다. 그뿐 아니다. 한 기독교 명문대 교목이 학생들에게 종교를 물었다. 천주교나 불교 믿는 학생들은 손을 번쩍 드는데 교회 다니는 학생들은 주뼛주뼛했다. 주저한 이유는 교회 다닌다고 말하기 창피하기 때문이라 했다. 이것은 지금 한국기독교의 현주소가 어떤지를 극명하게 보여준다.

믿음 있는 청년들도 교회를 멀리하고 있다. 며칠 전 모임에서 부모들이 자녀들의 신앙을 놓고 걱정하는 모습을 보았다. 고등학교까지 교회에 잘 출석하던 자녀들이 대학에 가면서부터 발을 끊었다는 것이다. 부모는 그들의 신앙이 빨리 회복될 수 있기를 간절히 바랐다. 교회도, 부모도 떠나는 그들을 붙잡지 못하고 있다. 한계가 있기 때문이다. 지금 한국교회는 다음 세대를 잃어가고 있다.

갤럽 조사에 따르면 우리나라 작은 교회의 문 닫는 속도가 미국이나 영국에 비해 6배나 빠르다. 이런 속도라면 대형교회도 안심할 수 없다. 이 모두는 한국교회가 더 이상 현실에 안주해서는 안 된다는 것을 보여준다.

왜 이런 현상이 일까? 근본적으로 교회가 사회로부터 신뢰를 받지 못하기 때문이다. 신뢰 상실은 사람의 마음을 떠나게 한다. 교회로부터의 이탈 현상은 한마디로 교회가 교회답지 못하기 때문이다.

교회답지 못하다는 말에는 여러 의미가 담겨 있다. 구약의 소선지서를 보면 당시 종교지도자들이 얼마나 악했는가를 알 수 있다. 겉으로는 아주 경건했지만 착취와 부패, 온갖 불의의 온상이었다. 하나님

은 그런 모습을 간과하지 않으셨다. 신약도 예외가 아니다. 야고보는
교회가 물질주의에 빠지는 것을 경계하였다. “너희 금과 은은 녹이
슬었으니 이 녹이 너희에게 증거가 되며 불같이 너희 살을 먹으리라
너희가 말세에 재물을 쌓았도다(약 5:3).” 종교지도자들이 부패하고,
교인들이 물질주의에 빠지면 세상과 하등 다를 것이 없다. 세속화된
기독교는 더 이상 기댈 언덕이 되지 못한다.

사단은 지금 우리를 세속이 주는 순간적 기쁨에 빠지게 함으로써
영원을 잃게 하는 작전을 펴고 있다. 소리 없이 퍼지는 이 멸망 바이
러스는 우리의 영혼까지 여지없이 파괴하고 있다. 예수를 생각나지 않
게 하고, 하나님의 일을 잊게 하며, 영적으로 회복 불능 상태로 만드는
것이 사단의 궁극 목표다. 사단은 사람들이 더 이상 교회를 기대하지
않고 떠나가며, 교회가 침체되는 것을 기뻐한다. 우리는 지금 사단의
덫에 걸려 있다. 오죽하면 자크 엘룰이 “현대교회는 과거보다 3배는
더 공격을 받아 어려운 환경에 있다” 말할까. 그만큼 사태는 심각하다.

예수님도 말세에 믿음을 갖기가 얼마나 어려운가를 아셨다. “내가
너희에게 이르노니 속히 그 원한을 풀어주시리라 그러나 인자가 올
때에 세상에서 믿음을 보겠느냐 하시니라(눅 18:8).” 말세엔 참믿음을
찾아보기 어려울 정도로 믿음의 대혼란이 있음을 보여주는 말씀이다.

영국의 기독교인 수도 계속 감소하고 있다. 1980년과 2000년 사이
에 무려 27%나 감소했다. 그 이유를 알기 위해 2003~2004년도에 영
국과 아일랜드 사람 14,000명을 대상으로 조사를 했다. 질문은 간단
했다. “왜 교회 다니기를 포기했는가?” 91%의 사람들이 교회에 실망
하게 된 이유로 크게 두 가지를 들었다.

첫째는 교회가 성경을 믿는 이유에 대해서 분명한 답을 주지 못했

다는 것이다. 많은 교회지도자들이 진화론적 역사관과 타협하자 교회에 진화론과 자유주의 신학이 급속하게 파급되었다. 진화론은 성경의 초자연성을 외면할 뿐 아니라 사람들을 하나님으로부터 멀리하게 만든다. 다윈의 진화론, 러셀의 무신론, 그리고 도킨스의 무신론은 괘를 같이하고 있다. 이런 사조들이 자리를 잡으면서 서유럽 기독교는 서서히 무너지기 시작했다.

다원주의와 포스트모더니즘에 대한 잘못된 관용도 교회의 위상을 떨어뜨렸다. 기독교가 아니어도 구원을 받을 수 있다는 상대주의의 잘못된 시그널이 그대로 현실화된 것이다. 최근 "하나님과 나만 가까우면 됐지 교회는 왜 필요한가?" 되묻는 21세기형 영지주의도 교회의 설 자리를 잃게 한다. 이것은 말씀의 올바른 선포와 바른 신학의 정립이 얼마나 중요한가를 보여주고 있다.

둘째는 하나님과 도덕적 생활의 거룩함을 가르치고 있지 않은 교회 지도자들에 대한 좌절감이 컸다. 자유주의에 감염되자 교회는 동성애자를 성직자로 임명하고, 낙태에 눈을 감았다. 한국교회도 비리와 탐욕으로 만신창이가 되었다. 심지어 영지주의자들은 "영을 알면 됐다. 육은 어떻게 해도 좋다"며 육신적 죄악에 대해 관용하라 외쳤다. 이것은 악에 대한 감각을 잃게 한다. 이제 우리에게 필요한 것은 말씀을 회복하고, 그리스도 안에서의 행실과 규범을 확실히 하는 것이다.

교회의 머리는 예수 그리스도시다. 그래서 교회는 언제나 영광스럽다. 그런데 우리의 잘못으로 인해 그 영광을 잃고 있다. 영광을 잃으면 사회는 교회를 등지고 욕할 수밖에 없다. 사회를 바른길로 이끌어가야 할 교회가 오히려 사회로부터 지탄을 받는다는 것은 우리가 얼마나 잘못된 길을 가고 있는가를 일깨워준다. 이런 의미에서 사회를 탓할 순 없다. 오히려 감사해야 한다.

교회에 문제가 보이면 우리는 세상 사람들 따라 욕만 해서는 안 된다. 잘못을 범한 당사자로서 교회의 건전성 회복을 위해 엎드리고 기도해야 한다. 주님 앞에 용서를 구하고 변화되는 것 외에 다른 방법이 없다. 교회는 그리스도의 몸이다. 교회는 건강해야 하고, 악한 바이러스의 침입에 말씀과 기도로 저항력을 키워나가야 한다. 고려는 이 땅에 불교를 꽃피웠지만 불교 때문에 망했고, 조선은 유교를 꽃피웠지만 유교 때문에 망했다. 종교지도자들이 부패했기 때문이다. 한국이 기독교 때문에 망했다는 소리를 들어서는 안 된다.

이 참담한 현실로 인해 절망만 해야 할까? 아니다. 주님으로부터 새 힘을 얻어 다시 일어나야 한다. 하나님은 말씀하셨다. "말세에 내가 내 영을 모든 육체에 부어주리니 너희의 자녀들은 예언할 것이요 너희의 젊은이들은 환상을 보고 너희의 늙은이들은 꿈을 꾸리라(행 2:17; 욜 2:28)." 주님은 언제나 우리의 회복을 원하신다. 우리가 주의 영으로 거듭날 때 한국교회도 잃었던 영광을 회복할 것이다. 교회가 살아야 세상도 산다.

18. 낙심: 주님을 신뢰하며 이 세상 것을 상대화하라

1859년 9월 30일, 링컨은 밀워키 연설에서 동양의 한 군주의 반지에 관한 이야기를 소개한 다음 말했다. "'이 또한 지나가리라(This too shall pass)'는 말은 교만할 때 얼마나 우리를 단련시키고, 깊은 고통의 나락에 있을 때 얼마나 위안을 주는가!" 이 연설로 인해 세상에 유명해진 말이 있다. 바로 '이 또한 지나가리라'이다.

이 말은 고통으로 삶이 어려울 때 또는 성공으로 자만하기 쉬울 때 우리가 자주 인용하는 말이다. 이 짧은 말이 오늘도 고통 속에 있는 많은 이에게 위안을 주고, 자만하는 이로 하여금 마음을 다스리게 한다.

자료를 찾아보면 이 말의 유래가 여러 곳에서 발견된다. 중세 페르시아 수피(Sufi) 시인 사나이(Sanai)나 아타르(Attar of Nishapur)가 썼다는 주장도 있고, 솔로몬의 지혜에서 나왔다는 주장도 있다. 동양의 한 군주(an Eastern monarch)로 시작되는 버전도 있고, 터키 버전도 있다. 그리고 랜터 윌슨 스미스(Lanta Wilson Smith)의 시에도 나타난다.

먼저 페르시아 버전을 보자. 페르시아의 왕이 신하들에게 "마음이 슬플 때는 기쁘게, 기쁠 때는 슬프게 만드는 물건을 가져오라" 명령했다. 신하들은 밤새 모여 앉아 토론한 끝에 마침내 반지 하나를 왕에게 바쳤다. 왕은 반지에 적힌 글을 읽고는 크게 웃으며 만족해했다. 반지에는 이런 글이 새겨져 있었다. "이 또한 지나가리라(این نیز بگذرد)."

다음은 유대인의 지혜서 미드라시(Midrash) '다윗 왕의 반지'에 나오는 버전이다. 다윗 왕이 하루는 궁중 보석세공사를 불러 명령했다.

"내가 항상 지니고 다닐 반지를 하나 만들고 그 반지에 글을 새겨 넣어라. 내가 전쟁에서 승리하거나 위대한 일을 이루었을 때 그 글을 보고 우쭐해하지 않고 겸손해질 수 있어야 하며, 또한 견디기 힘든 절망에 빠졌을 때 용기를 주는 글이어야 한다."

세공사는 최선을 다해 최고의 반지를 만들었지만 어떤 글을 새겨야 왕의 마음에 들지 알 수 없었다. 고민을 하다가 지혜롭기로 소문난 왕자 솔로몬을 찾아가 조언을 구했다. 한참 생각하던 솔로몬이 입을 열었다.

"이렇게 써넣으세요. '이 또한 지나가리라(גם זה יעבור).' 승리에 도취한 순간 왕이 그 글을 보면 자만심은 곧 가라앉을 것이고, 왕이 절망

중에 그 글을 보게 되면 이내 큰 용기를 얻을 것입니다." 이 이야기가
'솔로몬의 인장(Solomon's Seal)'으로 소개되기도 한다.

스미스는 <이 또한 지나가리라(This, Too, Shall Pass Away)>라는 제
목으로 시를 지었다.

> 큰 슬픔이 노도의 강처럼
> 평화를 파괴하는 힘으로 네 삶을 휩쓸고
> 가장 귀하게 여겼던 것들이 시야에서 영원히 사라질 때
> 그 힘든 시간마다 네 가슴을 향해 말하라.
> "이 또한 지나가리라."
>
> 끊임없는 고통이 네 기쁨의 노래를 앗아갈 때
> 네가 너무 지쳐 기도조차 할 수 없을 때
> 이 진리로 당신의 마음에서 슬픔을 사라지게 하고
> 힘든 나날의 무거운 짐들을 가볍게 하라.
> "이 또한 지나가리라."
>
> 행운이 그대에게 미소 짓고, 환희와 기쁨이 가득하며
> 근심 없는 날들이 훨훨 날아갈 때면
> 네가 세속적인 보물들에만 안주하지 않도록
> 이 말을 그대의 마음에 깊이 새기라.
> "이 또한 지나가리라."
>
> 정직한 노동이 그대에게 명성과 영광을 가져오고
> 이 땅의 모든 고상한 이들이 그대에게 미소 지을 때
> 삶의 가장 길고 웅장한 이야기도
> 이 땅의 잠시에서 한순간만 채울 뿐임을 기억하라.
> "이 또한 지나가리라."

계속되는 역경으로 삶이 고달플 때나 성공으로 자칫 자만하기 쉬
울 때 "이 또한 지나가리라"는 이 단순한 말이 우리 마음을 다스려줄

수 있다면 얼마나 좋을까. 고난이든 기쁨이든 우리가 그것들을 상대화할 수 있는 능력만 가지고 있다면 문제는 없을 것이다.

하지만 우리의 연약함으로 인해 그 능력을 가지진 못한다. 종국적으로 주님의 절대적인 도우심과 이끄심이 우리에게 필요하다. 예수님은 예루살렘 성을 보시고 우셨다(눅 19:41). 지금은 유대인들이 자기를 죽이기 위해 기고만장하지만 언젠가 이 성도 무너질 것을 생각하니 울음이 난다. 그때 그들은 얼마나 낙심할 것인가. 주님은 우리 형편, 우리의 약함을 너무나 잘 아신다.

우리는 낙심할 수 있지만 주님은 우리를 영원히 낙심 가운데 두지 않으신다. 시편 118편 1~18절을 보자. "여호와께 감사하라 그는 선하시며 그의 인자하심이 영원함이로다 (…) 내가 고통 중에 여호와께 부르짖었더니 여호와께서 응답하시고 나를 넓은 곳에 세우셨도다 (…) 여호와는 내 편이시라 내가 두려워하지 아니하리니 사람이 내게 어찌할까." 주님은 고난 가운데서도 부르짖는 자에게 함께하시고 승리하게 하신다. 감사하지 않을 수 없다.

성공할 때 교만해서도 안 되지만 고난 중에 있을 때 낙심해서도 안된다. 주님이 계시기 때문이다. 오늘도 우리 주변엔 어려운 사람이 많다. 주님은 낙심할 때 이웃의 아픔에 동참하는 안목과 따뜻한 마음을 주셨다. 하나님의 축복이 아닐 수 없다. 그들을 위해 기도하라. 아니 그들을 위해 울라. 그리하면 세상이 줄 수 없는 기쁨을 주실 것이다.

고난이든 기쁨이든 이 세상 것을 절대화하지 마라. 그것들은 결코 영원하지 않다. 오직 주님을 의지하고, 그 모든 것을 상대화할 수 있는 힘을 길러라. 주님만이 영원하시다. 영원한 것을 위해 영원하지 않은 것을 버릴 수 있어야 한다. 주님이 없는 사람처럼 결코 자만하거나 낙심하지 마라. 우리가 주님을 신뢰할 때 이 모두 지나가리라.

19. 평강: 그리스도의 평강이 너희 마음을 주장하게 하라

차마고도. 험준한 산을 오르면서 사람을 만나면 서로 인사한다. "따시딸레!" "그대의 행복(행운)을 기원합니다"라는 뜻이다. 어려운 삶의 여정에서 서로의 행복을 빈다. 격려의 뜻이 담겨 있다.

인도나 네팔 사람들은 "나마스떼(Namaste)!"라 인사한다. 문자적으로는 "당신에게(te) 정중한 인사(namah)를 드립니다(astu)"라는 뜻. 이것은 "내 안에 있는 영이 당신 안에 있는 영을 존중합니다(the spirit in me respects the spirit in you)"라는 뜻을 가지고 있다. 인사에 있어서도 상대방에 대한 정중함과 상대의 영을 귀하게 보는 마음이 있는지 생각하도록 만드는 인사이다.

한국인은 "안녕하십니까?" 묻는다. 외침과 빈곤으로 순탄하지 못한 역사를 이어온 우리이기에 평안이 중요했을 것이다. "밤새 안녕하셨습니까?"라는 인사를 받으면 간밤에도 그렇게 불안했는지 다시금 생각해보게 된다.

유대인들은 "샬롬(shalom)"을 외친다. 평화라는 뜻이다. 무슬림들도 "살람"을 외친다. 같은 말이다. 그런데 그 평화는 '하나님의 평화'라는 점에서 공통된다. "하나님의 평안이 당신에게 있기를 빕니다"는 뜻이다. 무슬림의 경우 "앗살람 알라이쿰" 하고 인사해오면 "와 알라이쿰 앗 살람"이라 응답한다. "당신에게 알라의 평화가 깃들기를", "당신에게도 알라의 평화가 깃들기를"의 뜻이다.

그리스도인에게 어떤 인사가 가장 적합할까? 예수님이 제자들에게 나타나시어 이렇게 말씀하셨다. "너희에게 평강이 있을지어다(Peace be with you!, 요 20:19)." 평강은 샬롬이라는 뜻이다. 이 인사법이 가장 좋은 것이 아닌가 싶다. 이것은 성경의 여러 곳에 소개되어 있다.

이사야를 보면 여호와께서 말씀하신다. "입술의 열매를 창조하는 자 여호와가 말하노라 먼 데 있는 자에게든지 가까운 데 있는 자에게든지 평강이 있을지어다 평강이 있을지어다 내가 그를 고치리라 하셨느니라(사 57:19)." 평강의 인사가 두 번이나 이어진다.

시편을 보면 이스라엘을 향해서도 평강을 기원한다. "네 자식의 자식을 볼지어다 이스라엘에 평강이 있을지로다(시 128:6)."

바울은 은혜와 평강이라는 단어를 자주 사용한다. 그리고 이것은 하나님과 예수님으로부터 온 평강이어야 함을 강조한다. "하나님 우리 아버지와 주 예수 그리스도로부터 은혜와 평강이 너희에게 있을지어다." 이 인사는 데살로니가후서 1장 2절, 에베소서 1장 2절, 빌립보서 1장 2절, 그리고 빌레몬서 1장 3절에 똑같이 나타난다.

베드로나 요한도 예외가 아니다. "너희는 사랑의 입맞춤으로 서로 문안하라 그리스도 안에 있는 너희 모든 이에게 평강이 있을지어다(벧전 5:14)." "평강이 네게 있을지어다 여러 친구가 네게 문안하느니라 너는 친구들의 이름을 들어 문안하라(요삼 1:15)."

이쯤 되면 그리스도인의 인사법에 "당신에게 그리스도의 평강이 있기를 기원합니다!" 하며 인사를 해도 틀린 말이 아닐 것이다. 너무 길다고 생각된다면 "샬롬!" 한마디로 족하다. 다 이해하리라 믿기 때문이다.

이스라엘 사람들이 가장 원하는 것은 샬롬이다. 하나님으로부터 오는 평강 이상 없기 때문이다. 기드온은 하나님께 제단을 쌓고, 그 제단을 '여호와 샬롬(Jehovahshalom)'이라 불렀다(삿 6:24). "여호와는 평화이시다(The Lord is Peace)"는 뜻을 가지고 있다. 블레셋으로부터 궁극적으로 보호해줄 이는 바로 하나님이시기 때문이다. 예루살렘의 살렘(salem)도 샬롬이다. 예루살렘(Jerusalem)은 '평화의 터전'이라는 뜻을 가지고 있다.

키푸리누아누스가 도나투스에게 보낸 편지 중 초대교인에 대해 언급한 대목이 있다. 그들은 비록 핍박 가운데 있었지만 평안했다는 것이다. 그들은 한마디로 평온하고 거룩한 사람들이었다는 말이다.

허드슨 테일러는 중국 선교에 헌신한 인물이다. 그의 친구가 그를 보며 "그는 평강의 사람이다" 평하였다. 딸과 아들, 마침내 아내를 잃어도, 본인이 그토록 아파도 그는 마치 하늘의 은행에서 평안을 꺼내 쓰는 것 같다는 것이다. 그는 구세주가 동요하지 않고, 성령님이 화내지 않는 일 외에는 평온하다고 했다.

평강의 인사를 했다고 그 평안이 저절로 찾아오는 것이 아니다. 그리스도인의 평강은 바로 주님으로부터 온다. 바울은 우리에게 권한다. "그리스도의 평강이 너희 마음을 주장하게 하라 너희는 평강을 위하여 한 몸으로 부르심을 받았나니 너희는 또한 감사하는 자가 되라(골 3:15)." 그리스도가, 주의 성령이 우리 마음을 주장하게 하면 우리는 달라진다. 주의 사람으로, 성령의 사람으로 변한다. 그때 우리는 비로소 그 어떤 상황에서도 그리스도께서 우리에게 허락하신 샬롬을 말할 수 있다. 그 샬롬이 풍성하게 임할 때 우리는 고백할 수 있다. "주님, 당신은 진정 샬롬이십니다."

20. 행복 업그레이드: 주님은 오늘 당신을 행복 전도사로 부르셨다

미국행 비행기를 탔다. 기내에서 음료수를 마시는데 티슈에 그려진 광고물이 내 시선을 끌었다. 병 옆에 'open happiness'라고 쓴 빨간색 코카콜라 로고다. 콜라를 따 마실 때 그 느낌이 마치 행복을 여는 것과 같다 선전하는 것이리라. 서울에 돌아와 TV 광고에서 유심히 코카콜라 선전물을 보았다. 그 속에 등장한 사람들도 한결같이 "행복을 여세요!"라고 외치고 있었다.

행복, 인간이 얼마나 열망하는 단어인가. 중국에서도 최근 행복 열풍이 불고 있다. 원자바오 총리가 외형적 성장 일변도에서 벗어나 소득분배 개혁과 복지확충 등 삶의 질을 높이는 쪽으로 경제발전모델을 전환하겠다는 약속을 한 후 전국적으로 행복 캠페인이 일고 있는 것이다. 베이징 시내의 대형 스크린에서는 노동자들이 다투어 "나는 행복하다"라는 간증이 소개되고, 국영방송에서도 각 분야 근로자들의 일상을 통해 행복 시리즈를 소개하고 있다. 지방도 예외가 아니다. 광둥 성은 '해피 광둥'을 내걸었고, 충칭 시도 '행복 중심도시'를 시정 목표로 삼았다.

행복 광풍이 일고 있는 중국인들은 과연 행복할까? 갤럽이 124개국을 대상으로 실시한 행복도 조사에서 중국은 92위였다. 중국인 응답자 중 71%가 "생활고를 겪고 있다"고 답했다. 잘나가는 중국이지만 행복을 충분히 느끼기엔 아직 이르다는 말이다.

콜라를 마실 때, 정부가 복지를 확충할 때 진정 행복할까? 물질이 잠시 만족을 줄 수는 있다. 그러나 우리는 그것을 행복의 모든 것이라 말하지 않는다. 우리가 행복을 말할 땐 차원이 좀 다르다고 생각하기 때문이다.

차원 이야기하면 으레 철학자들이 생각난다. 플라톤에게 중요한 개념은 정의였다. 그는 정의로운 삶(just life)을 추구했다. 이에 비해 아리스토텔레스는 행복을 추구했다. 그에게 있어서 행복은 궁극적인(final) 것이고 자족적(self-sufficient)이며, 행동의 목적(the end of action)이다. 그가 바란 행복한 삶(happy life)은 아퀴나스에게도 연결되었다. 아퀴나스는 행복을 신앙생활과 연결시켰다. 우리는 그리스도인이다. 행복을 기독교인답게 말해보자.

빌리 그레이엄이 뉴욕에서 전도 집회를 할 때 레이시온 항공회사 CEO 탐 필립스(T. Phillips)가 주님을 영접해 많은 영향을 주었다. 필립스는 37세에 부사장이 되고, 40세에 사장이 된 신화적 인물이었다. 찰스 콜슨이 친구인 그를 찾아갔다. 콜슨은 닉슨 보좌관으로 워터게이트 사건에 연루되어 수감된 바 있다. 훗날 그는 교도소 선교사가 되어 교도소 문화를 바꾼 인물이 되었다. 그는 브레이크 포인트 진행자가 되었고, 템플턴상을 수상하기도 했다. 콜슨은 필립스를 만나 물었다.

"자네에게 무슨 일이 있어났는지 말해줄 수 없겠는가?"

"나는 세상적으로는 성공한 사람이지만 허전한 사람이었다네. 내 안에 구멍이 숭숭 나 있었지. 그래서 빌리 그레이엄 집회에 참석하지 않았겠나. 그 집회에서 나는 그동안 예수님을 내 삶에 모시지 않았다는 것을 느꼈지. 내 몸을 주님께 드리겠다고 헌신했다네. 이제 삶에 대해 만족하고 있으며 회복되고 있다네."

그러자 콜슨이 말했다.

"그것은 변화된 것처럼 보이는 걸세. 중요한 것은 예수님을 구주로 받아들이는 것이네. 함께 기도하세.”

콜슨은 필립스를 안고 30분간 기도했다. 필립스의 가슴은 뭉클했고, 눈물이 솟구쳐 나왔다. 회개하며 울었다. 달라진 것이다. 주님으로 인해서 그는 더 이상 허무하지 않았다. 아니 행복했다. 주님을 만나면 이렇듯 영적으로 업그레이드된다.

주님은 우리가 얼마나 행복을 갈망하는지 잘 아신다. 그 예로 예수님이 삭개오를 만난 사건이 있다. 주님은 인류구원이라는 큰 사역을 앞두셨지만 개인의 구원사역을 결코 잊지 않으셨다. 주님은 부러 그를 만나기 위해 여리고를 방문하셨다. 주님은 지금 그에게 무엇이 필요한가를 아셨고, 그를 만나주심으로써 영적인 갈증을 채워주셨다. 삭개오는 주님을 만나 참 행복이 무엇인가를 깨닫고, 과거의 삶으로부터 완전히 벗어났다. 그리고 서원했다.

“주여 보시옵소서 내 소유의 절반을 가난한 자들에게 주겠사오며 만일 누구의 것을 속여 빼앗은 일이 있으면 네 갑절이나 갚겠나이다(눅 19:8).”

그동안 일궈놓은 재산이 문제가 아니다. 그걸 다 내놓아도 주님과 바꿀 수 없다. 그는 참으로 기쁘고 행복했다. 그 주님이 오늘도 우리를 찾아오신다. 자신보다 우리를 더 귀히 보시는 주님을 생각해보라. 정말 행복하지 않은가.

그럼에도 불구하고 우리는 마치 전혀 행복하지 않은 것처럼 행동할 때가 있다. 조금만 무엇이 안 되어도 한숨이 나오고 팔자타령을 한다. 자기중심으로 살면 그럴 수밖에 없다. 자기중심, 자기 연민은 자기만을 귀하게 보려 한다. 그러나 그리스도인은 자기보다 주님과 이웃을 더 귀하게 보는 사람들이 아닌가. 우리 인생의 목표는 하나님을 위한 것이다. 그렇다면 매 순간 주님에 대한 믿음을 다지며 자기

중심으로부터 벗어날 필요가 있다.

엘리야도 한때 자기 연민에 빠져 아뢴다.

"내가 만군의 하나님 여호와께 열심이 유별하오니 이는 이스라엘 자손이 주의 언약을 버리고 주의 제단을 헐며 칼로 주의 선지자들을 죽였음이오며 오직 나만 남았거늘 그들이 내 생명을 찾아 빼앗으려 하나이다(왕상 19:10)." 그러나 주님은 말씀하셨다. "내가 이스라엘 가운데에 칠천 명을 남기리니 다 바알에게 무릎을 꿇지 아니하고 다 바알에게 입 맞추지 아니한 자니라(왕상 19:18)." 하나님은 흔들리지 않는 믿음을 원하신다.

자기 연민에서 자기 부정의 삶으로 가라. 예수님은 십자가 사건을 앞에 두고 이렇게 기도하셨다. "그러나 나의 원대로 마시옵고 아버지의 원대로 하옵소서 (…) 내 아버지여 만일 내가 마시지 않고는 이 잔이 내게서 지나갈 수 없거든 아버지의 원대로 되기를 원하나이다(마 26:39, 42)." 자기 연민과는 거리가 멀다. 주님은 말씀하신다. "누구든지 나를 따라오려거든 자기를 부인하고 자기 십자가를 지고 나를 따를 것이니라(마 16:24)."

우리는 육체적인 문제에 봉착할 때 곧잘 행복을 밀어낸다. 당신에게 손과 발이 없다면 과연 행복할까? 결코 행복하다 말하지 않을 것이다. 그런데 닉 부이치츠(Nick Vujicic)는 달랐다. 그는 선천적으로 팔과 다리 없이 작은 발 한쪽만 가진 채 태어났지만 "나는 행복하다"고 외친다. 그는 자신이 쓴 책 『허그』에서 주님이 자신을 그런 자로 이 땅에 부르시고, 오늘도 그 부르신 소명에 따라 살아가게 하시니 감사하다고 고백한다. "나는 하나님의 독특한 피조물이다. 하나님의 특별한 목적을 가지고 태어났다. 그것을 생각할 때마다 감사하다." 그는 자신의 장애를 통해 오히려 하나님의 섭리를 깨달았다. 자신의 장애까지 사랑하며 하나님의 뜻과 섭리에 기쁨으로 반응하는 존재야말로 칭찬받아 마땅하다. 참 그리스도인은 고통 가운데서도 감사하고, 행복해하는 사람들이다. 바로 주님이 있기 때문이다.

"지혜를 찾으면 얼마나 행복하랴! 슬기를 얻으면 얼마나 행복하랴(잠 3:13, 공동번역)." 하나님을 아는 것이 지혜의 근본이 아니던가. "그러나 너희의 눈은 볼 수 있으니 행복하고 귀는 들을 수 있으니 행복하다(마 13:16, 공동번역)." 주님을 볼 수 있는 눈, 그분의 말씀을 들을 수 있는 귀를 가진 자는 어떤 상황에 있든지 행복한 사람이다.

그리스도인은 누구인가? 행복의 근원이신 주님을 기쁘시게 함을 행복으로 삼는 사람들이다. 하나님만이 우리를 행복하게 해줄 수 있다. 하나님이 우리와 함께하실 때 우리는 행복하다. 그의 전능하신 손 안에 있을 때 우리는 안전하다. 하나님은 오늘도 이 하늘의 행복을 나누는 종들을 찾으신다. 하나님의 행복, 하나님으로부터 받은 그 한량없는 복을 이웃에게 나눠주는 것이 그분의 뜻이다. 주님이 주신 행복을 자기만의 울타리에 가두지 말자. 그것을 기쁨으로 나눌 때 우리 속에 하나님의 나라가 풍성히 임한다. 행복 전도사가 따로 있지 않다. 주님은 오늘 당신을 이 땅에 행복 전도사로 부르셨다.

21. 장수: 네 하나님 여호와를 사랑하고 그 말씀을 청종하라

사람은 오래 살고 싶어 한다. 그것도 무병장수를 원한다. 오죽하면 9988234라 할까. 병은 피하고 싶다. 동의보감에 무병장수 건강비법으로 7가지가 있다.

- 말을 적게 해서 내부의 기운을 기른다. 말을 많이 하면 기를 소모하기 때문이다.
- 무분별한 성행위를 경계한다. 지나친 성행위는 정기를 소모하기 때문이다.
- 음식을 담백하게 먹어 혈기를 기른다.
- 침을 뱉지 말고 삼켜 오장의 기운을 기른다. 침이 몸의 진액 가운데 하나이기 때문이다.
- 화를 내지 말고 간의 기운을 돋운다.
- 음식을 맛있게 먹어 위의 기운을 기른다.
- 생각을 적게 해 마음의 기운을 기른다.

이것을 보면 말, 음식, 화, 침, 성, 생각 등을 절제하여 기를 소모하지 않도록 한다는 데 초점이 맞춰 있다. 그런데 성경을 보면 장수법이 전혀 다르다.

첫째, 여호와를 사랑하고 그 말씀을 청종하면 장수한다. "네 하나님 여호와를 사랑하고 그의 말씀을 청종하며 또 그를 의지하라 그는 네 생명이시요 네 장수이시니 여호와께서 네 조상 아브라함과 이삭과 야곱에게 주리라고 맹세하신 땅에 네가 거주하리라(신 30:20)." 이와 반대로 악인의 수명은 짧다. "여호와를 경외하면 장수하느니라 그러나 악인의 수명은 짧아지느니라(잠 10:27)."

그 이유는 이렇다. "악인은 잘되지 못하며 장수하지 못하고 그날이 그림자와 같으리니 이는 하나님을 경외하지 아니함이니라(전 8:13)." "내 아들아 나의 법을 잊어버리지 말고 네 마음으로 나의 명령을 지키라 그리하면 그것이 네가 장수하여 많은 해를 누리게 하며 평강을 더하게 하리라(잠 3:1~2)." 하나님을 경외하고, 그 말씀을 지키는 것이다.

둘째, 부모를 공경하면 장수한다. "네 부모를 공경하라 그리하면 네 하나님 여호와가 네게 준 땅에서 네 생명이 길리라(출 20:12)." "자녀들아 주 안에서 너희 부모에게 순종하라 이것이 옳으니라 네 아버지와 어머니를 공경하라 이것은 약속이 있는 첫 계명이니 이로써 네가 잘되고 땅에서 장수하리라(엡 6:1~3)."

셋째, 지혜를 사랑하면 장수한다. "그의 오른손에는 장수가 있고 그의 왼손에는 부귀가 있나니(잠 3:16)." 그는 바로 지혜를 가진 자다. "늙은 자에게는 지혜가 있고 장수하는 자에게는 명철이 있느니라(욥 12:12)." 지혜와 명철을 가진 자는 다르다.

끝으로, 탐욕을 버리면 장수한다. "무지한 치리자는 포학을 크게 행하거니와 탐욕을 미워하는 자는 장수하리라(잠 28:16)."

그런데 이 말씀이 제대로 실행되지 않은 것을 보면 화가 난다. 욥기나 전도서를 보자. "내 허무한 날을 사는 동안 내가 그 모든 일을 살펴보았더니 자기의 의로움에도 불구하고 멸망하는 의인이 있고 자기의 악행에도 불구하고 장수하는 악인이 있으니(전 7:15)." "어찌하여 악인이 생존하고 장수하며 세력이 강하냐(욥 21:7)." "죄인은 백 번이나 악을 행하고도 장수하거니와(전 8:12)." 그래서 화가 난다. 하지만 이 세상에서 그들이 잠시 그렇게 보인다 할지라도 하나님 앞에 가서 결국 심판을 받을 것이나 그것은 영원하지 못하다. 그러니 화낼 일이 아니다.

사람들의 소원이 있다면 가족이 건강하고 행복하게 사는 것이리라. 이것은 결코 잘못된 일도 아니고, 지극히 당연한 소원이다. 그런데 우리를 향하신 하나님의 소원은 다르다.

하나님이 솔로몬에게 구하라 했을 때 그는 세상적인 것을 구하지 않았다. 하나님은 이에 크게 감동하셨다.

"하나님이 솔로몬에게 이르시되 이런 마음이 네게 있어서 부나 재
물이나 영광이나 원수의 생명 멸하기를 구하지 아니하며 장수도
구하지 아니하고 오직 내가 네게 다스리게 한 내 백성을 재판하기
위하여 지혜와 지식을 구하였으니(역하 1:11)."

이것은 무엇을 가르쳐줄까? 그것은 간단하다. 삶에 있어서 건강,
행복, 부, 재물도 중하지만 그보다 더 중한 것은 하나님을 사랑하고
그 말씀을 따르는 것이며, 이 세상에서 보이는 부모를 공경하는 것이
며, 지혜를 사랑하는 것이며, 탐욕을 버리는 것이다. 이런 삶을 살면
건강과 장수는 덤으로 온다. 하나님은 우리에게 소원에 있어서도 우
선순위가 있음을 가르쳐주신다.

22. 그리움: 그리스도인에게는 그리워하고 기다릴 것이 따로 있다

사람들에게 특이한 것이 있다면 그리워하는 것이리라. 그리움은
문자 그대로 어떤 대상을 좋아하거나 곁에 두고 싶어 하지만 그럴 수
없어서 애타는 마음, 과거의 경험이나 추억을 그리는 애틋한 마음을
담고 있다. 마음이 요동하니 당해낼 재간이 없다. 사람마다 민족마다
그리움을 달래는 방법도 다양하다.

안데스 산맥에 치파야(Chipaya) 족이 살고 있다. 기원전 2500년경부
터 이 땅에 터 잡고 살아온 부족이다. 한곳을 떠나지 않고 그토록 오
래 자리를 지켜온 그들 가운데 요즘 이산가족이 늘고 있다. 칠레로
가면 돈을 더 벌 수 있기 때문이다.

5명의 자녀를 둔 한 치파야 부부. 아내는 자녀 둘을 데리고 칠레로
갔고, 남편은 세 자녀를 데리고 고향 집을 지키고 있다. 그런데 고향

에 있는 아이들은 늘 멀리 간 엄마를 그리워한다. 그럴 때마다 아빠는 엄마의 옷가지를 가지고 근처 호숫가로 간다. 그리고 그 호수에서 옷을 빤다. 아이들은 옷에서 나오는 물을 마시며 엄마에 대한 그리움을 달랜다. 빨랫물을 마시다니 우리네 정서론 이해할 수 없다. 하지만 그것도 그 사회가 가진 독특한 문화다.

빨랫물을 마시는 아이들의 모습을 생각하니 코끝이 찡해온다. 이 땅에 멀리 떨어진 엄마를 그리워하며 우는 아이들이 한둘이랴. 하나님은 그 눈물을 다 담을 수 없어 이따금 비를 내리신다.

당신은 그리움을 달래기 위해 무엇을 하는가? 어떤 이는 그리움을 달래기 위해 커피 한 잔을 마신다고 한다. 가득한 그리움을 마심으로 정녕 비워낼 수 있을까. 열심히 자수를 하는 사람도 있다. 뜸 하나하나에 그리움을 담을 것이다. 가까운 친구들을 만나 이야기를 나누는 사람도 있다. 그래 마음에 담긴 것들일랑 쏟아내는 것이 약이지. 어떤 이는 그리운 사람이 올 길목에 나가 기다리겠노라는 사람도 있다. 그럼 얼마나 자신이 외로워 보일까.

바울은 말년에 멀리 있는 젊은 목회자 디모데를 그리워했다. "겨울 전에 너는 어서 오라(딤후 4:21)." 그가 세운 빌립보교회를 그리워했다. "내가 예수 그리스도의 심장으로 너희 무리를 얼마나 사모하는지 하나님이 내 증인이시니라(빌 1:8)." '얼마나 사모하는지'는 '얼마나 그리워하는지'의 다른 표현이다. 부모가 멀리 떨어진 자식을 그리워하듯 바울은 옥중에서 자신의 영적인 자녀들을 이렇듯 그리워하며 갔다. 이것을 보면 바울은 참 정이 많은 사람임을 느끼게 한다. 마지막으로 보고 싶은 얼굴들이 왜 없으랴. 사람은 사람을 그리워한다. 그래서 우리는 인간이다.

그런데 베드로는 우리를 향해 지금 그리워할 것이 있다고 말한다. "갓난아기들처럼 순수하고 신령한 젖을 그리워하십시오. 여러분은 그것을 먹고 자라서 구원에 이르러야 합니다(벧전 2:2)." 그것은 바로 하나님의 말씀이라는 것이다. 영적으로 성숙하기 위해선 날마다 그 말씀을 그리워하고 갈급해야 한다. 그래야 살 수 있다.

그리워할 것이 어디 그뿐일까? 우리는 종국적으로 오실 주님을 그리워하며 사는 그리스도의 신부들이다. 오늘도 오실 주님을 기다린다. 그런데 기다려도, 기다려도 오시지 않는다. 헨리 반다이크는 말한다. "시간이란 기다리는 사람들에겐 너무 느리고, 걱정하는 사람들에겐 너무 빠르고, 슬퍼하는 사람들에겐 너무 길고, 기뻐하는 사람들에겐 너무 짧으며, 사랑하는 사람들에겐 영원하다." 기다리면 시간은 더 늦게 간다. 그렇다고 포기할 수도 없다.

그런데 모세는 말한다. "주의 목전에는 천 년이 지나간 어제 같으며 밤의 한 경점 같을 뿐 임이니이다(시 90:4)." 주님 앞에서는 천 년도 지나간 어제와 같고, 밤의 한순간과도 같다는 말이다. 베드로도 이것을 확인해준다. "사랑하는 자들아 주께는 하루가 천 년 같고 천 년이 하루 같은 이 한 가지를 잊지 말라(벧후 3:8)." 하나님에게 있어서 천 년은 한 경점과 같다 했으니 우리가 생각하는 시간의 개념을 초월한다. 그러니 감히 기다렸노라고 말하기도 어렵다.

시편기자는 우리에게 귀띔해준다. "너는 여호와를 기다릴지어다 강하고 담대하며 여호와를 기다릴지어다(시 27:14)." 마음 단단히 먹고 기다려야겠다. 그런데 주님은 어리석은 다섯 처녀처럼 잠자며 기다려선 안 된다고 하신다. 잔에 기름 가득 담고 기다려야 한다. 영적인 그리움 문제, 결코 쉽지 않다. 그러나 우리가 영원의 길을 가기 위해 이 땅에서 풀어야 할 문제이다.

"파수꾼이 아침을 기다림보다 내 영혼이 주를 더 기다리나니 참으로 파수꾼이 아침을 기다림보다 더하도다(시 130:6)." 마치 빨랫물을 마시며 엄마를 기다리는 아이들을 보는 것 같다. 이렇듯 갈망하며 그리워하며 기다리는가? 그렇다면 이런 자에게 기쁜 소식이 있다.

- "기다리는 자들에게나 구하는 영혼들에 여호와는 선하시도다(애 3:25)."
- "그들은 비를 기다리듯 나를 기다렸으며 봄비를 맞이하듯 입을 벌렸느니라(욥 29:23)."
- "내가 여호와를 기다리고 기다렸더니 귀를 기울이사 나의 부르짖음을 들으셨도다(시 40:1)."
- "모든 눈물을 그 눈에서 닦아주시니(계 21:4)."

신실하신 주는 자녀의 기다림에, 그 긴 그리움에 응답하신다. 우리는 마침내 주님이 베푸는 천국잔치에 기쁨으로 참여한다. 우리의 그리움엔 바로 이런 소망이 있다. 그리스도인에게는 그리워하고 기다릴 것이 따로 있다. 그것을 그리워하며 기다리고 또 기다려라.

양창삼

서울대학교 정치학과(학사, 석사)
서울대학교 대학원(경영학 석사)
웨스턴일리노이주립대학원(MBA)
연세대학교 대학원(경영학 박사)
총신대학교 대학원(M.Div., Th.M.)
연변과학기술대학교 상경대학 학장
한양대학교 경상대학 학장
한양대학교 산업경영대학원 원장
현) 한양대학교 경상대학 경영학부 명예교수, 목사

양창삼의 『메디타치오 시리즈』
『주님과 함께하는 고요한 이 시간』(2008)
『견고한 진을 파하는 강력』(2008)
『하나님을 향한 열정이 소진될 때』(2009)
『공의를 행하며 인자를 사랑하며』(2009)
『너희가 사랑 가운데서 뿌리가 박히고』(2009)
『나의 눈물을 주의 병에 담으소서』(2009)
『육에 속한 사람과 성령에 속한 사람』(2010)
『성령이 임하시면 너희가 권능을 받고』(2011)

자아의식과
예수의식

초 판 인 쇄 ㅣ 2012년 11월 30일
초 판 발 행 ㅣ 2012년 11월 30일

지 은 이 ㅣ 양창삼
펴 낸 이 ㅣ 채종준
펴 낸 곳 ㅣ 한국학술정보㈜
주　　　소 ㅣ 경기도 파주시 문발동 파주출판문화정보산업단지 513-5
전　　　화 ㅣ 031) 908-3181(대표)
팩　　　스 ㅣ 031) 908-3189
홈 페 이 지 ㅣ http://ebook.kstudy.com
E-mail ㅣ 출판사업부　publish@kstudy.com
등　　　록 ㅣ 제일산-115호(2000. 6. 19)

ISBN　　978-89-268-3907-2 93230 (Paper Book)
　　　　978-89-268-3908-9 95230 (e-Book)